KB069053

관상철학

관상철학

오서연 지음

목 차

제2편 표정관리와 관상철학

제3편 진실성과 관상철학

제4편 관상학의 철학화

제5편 관상철학의 과제

제6편 관상철학의 응용

머리말

이 세상에서 가장 중요한 것은 무엇인가? 돈인가, 가족인가, 명예인가, 재산인가? 인간이 어떻게 살아야 하는가가 가장 중요한 일이며 이것이 바로 '철학'의 역할이다. 여기에서 필자는 관상학사이면서 철학자인 척이라도 하고 싶다. 우선 말하고 싶은 것은 "인생을 어떻게 살아야 행복할 것인가?"의 해법을 제시하는 것이 관상학이며 관상철학의 공통분모라고 본다.

기원전 6세기의 유명한 철학자들 가운데, 아테네의 피타고라스라는 사람이 있었다. 그는 "이 세상에서 제일 중요한 것이 무엇인가?"에 대하여 질문하였다. 이에 대한 반응은 다양하였다. 사람마다 "돈이다, 권력이다, 행복이다, 명예다, 재산이다, 애인이다."라고 대답했다. 여기에서 피타고라스의 대답이 우리에게 심금心琴을 울린다. "인생을 어떻게 살아야 하느냐, 그것을 가르쳐 주는 일이 가장 중요하다."는 것이다.

'관상철학'이라는 용어를 처음으로 등장시킬 때 예상되는 것으로, 생경한 학술용어에 어색할 수 있다는 점이다. 그 어색함을 의식하면서 나름의 식견識見을 가지고 논리를 전개하는 것이 답이라 본다. 베르나르 시세르는 철학적 능력이란 것은, 외부로부터 공격을 당했을 때 즉시 철저하게 재검토할 수 있는 것이 중요하다고 하였다. '관상철학의 전제조건'이라는 까다로운 논제를 하나하나 풀어가려는 노력이 그 해법이라 본다.

무엇이든 '처음'이라는 것이 두려운 것이다. 그러나 고전의 지혜를 빌려본다면 『주역』 송괘訟卦에서 말하기를 "군자가 보고서 일을 하되 처음을 잘 도모한다."는 말을 새겨봄으로써 '관상철학'이라는 용어의 첫 사용에 용기를 가져본다. 독자제현의 지적 포용성이 필요하다는 이유가 된다. 이에 울퉁불퉁한 길을 개척하려는 용기의 지혜를 발휘하려고 한다.

무엇보다도 인문학이 외면 받고 있는 오늘의 현실에 관심을 가져야 할 것이다. 인문학이 외면 받는 이유는 여러 가지가 있겠지만 대학의 인문철학 강좌가 실용학문의 요구에 부응하지 못하고 있다는 지적을 하곤 한다. 문화다원주의 시대에 관상학과 철학의 만남이 요구되는 것도 이 때문이다. 명리와 풍수와 관상이 다 실용적 인문학이 아닌가?

관견管見으로 관상철학의 길을 열어놓게 되었다. '관상철학'이라는 주제 설정과 논리에 설득력으로 다가오기를 기대한다면 무리라 본다. 시인 두보는 "사람의 타고난 성품 속에는 아름다운 글귀를 탐내는 병이 있으니, 자기가 한 말이 사람을 놀라게 하지 못하면 죽어서도 편히 쉬지 못한다."라고 하였는데, 필자의 희망적 기대가 아무리 생각해도 무리라 본다. 그러나 문구 한 마디에 고혈膏血을 짜내는 마음이 스며있음을 알아준다면 그것은 작은 울림의 나비효과처럼 먼 훗날 필자의 학술의 도전적 마음을 따뜻하게 해주리라 믿는다.

혹자는 소재가 흥미로운 관상학을 '주제가 딱딱한 철학'으로 끌어들이는 이유가 무어냐고 의아해할 수 있다. 이에 필자는 어느 철인의 다음 독백이 생각난다. "철학은 매우 쉬운 것이며, 재미있는 것이며, 아름다운 것이다." 관상철학을 어렵다고 생각하는 것은 관상학을 학문적 심연深淵으로 이끌어내려는 마음을 단념시키는 일이다.

저술은 산고를 수반한 '잉태의 작업'이라고 말을 한다. 그만큼 저술 작업이 힘들다는 뜻이다. 어떻든 본 저술이 발간되도록 까지 도움을 준 가족과 학연學緣들께 감사함을 전한다. 교정을 정성스럽게 봐준 최정희 선생, 그리고 출판에 협력해준 학고방 하운근 사장님께 고마움을 전하고자 한다.

2021. 9. 13.

진천서재에서

청민 오서연 배상

총설

관상철학의 단상

1 십인십색의 종종걸음

길을 걸을 때 고개를 숙이고 걷거나 요즘처럼 마스크를 하고 걷는 사람을 보면 그 사람이 누구인지 잘 모른다. 얼굴에 어떠한 형상도 잘 보이지 않을 것이기 때문이다. 인생의 세상살이가 십인십색十人十色이므로 서로의 얼굴을 모르고 사는 경우가 다반사일 것이다. 여기에서 삶의 예리한 풍자나 조소에 의하여 기질희극氣質喜劇을 묘사하는 영국의 벤 존슨(1572~1637)의 '십인십색' 시구가 떠오른다.

> 고개를 들어라. 그래야 네가 어떤 사람인지 드러날 것이야. 네 얼굴을 보고 사람들이 관상을 볼 것이다. 이 얼굴이란 곳은 진실, 미덕, 그리고 성공한 괴물 또는 자연이 낳은 기적을 한꺼번에 보여주는 곳이란다.[1)]

세상을 풍자한 얼굴관상을 거론한 희극 작품을 감상한다면 관상학이란 인간의 치유나 개선의 장에서 역할을 한다는 단서가 성립된다. 근대의 관상학자 라바터(1741~1801)의 관상과 메스머리즘의 공통점은 무엇일까? 그것은 몸을 중심에 둔다는 것에 초점이 맞추어져 있다. 지상의 모든 것에는 '자기磁氣'가 흐르고 있으며, 이 자기는 사람의 몸을 움직이는 원초적 힘이라는 메스머의 주장은 보이지 않는 것을 '보이는 것'으로 꿰뚫어 보고 조율하려 한다는 점에서 라바터의 관상학과도 일맥상통한다.[2)] 라바터는 인간의 외형에서 보이지 않는 내면 심상을 읽음으로써 그를 치유하거나 더욱 발전적인 사람으로 유도하기 위해서 관상학의 역할을 강조했다.

현대의 시대사조에 걸맞게 '치유'라는 개념이 자주 회자되고 있다. 나와

---

1) 영국의 극작가이며 시인인 B.존슨의 희곡 내용이다.

2) 설혜심, 『서양의 관상학, 그 긴 그림자』, 한길사, 2003, p.263.

너의 비교심리에서 열등감을 느끼며 고통 받고 살아가는 사람들이 많기 때문일 것이다. 라바터 관상학이 열풍을 일으킨 것도 그가 살았던 시대의 흐름에 맞춘 관상학을 주창한 것과 관련된다. 라바터가 살았던 18세기는 산업혁명의 시작과 더불어 물질중심의 가치가 점증하던 시대였다. 여기에는 경험주의적 과학의 덕택이기도 하다. 이에 라바터의 관상학 법칙을 보면, 많은 사람의 관상을 참조할 때 더욱 과학적이고 정교하고 가르칠만한 관상학이 될 것을 예견하였다. 관상학을 과학의 한 분야가 될 것임을 거론하였으니 그것은 오늘의 관상철학으로까지 이어질 수 있겠다는 한 가닥의 희망이 엿보인다.

잘 알려져 있듯이 관상학 분야에서 희대의 베스트셀러로는 라바터의 『관상학』이다. 그는 스위스 취리히 태생으로 목회자이며 교육자, 시인, 의사로 활동하였다. 일생을 취리히에서 살면서 그는 소설가 괴테, 신학자 슐처 등과 깊은 우정을 나누었던 인물이기도 하다. 그의 『관상학』은 원래 취리히 자연과학 학회 강연을 토대로 한 것으로, 역시 절친 치머만에 의해 1772년 처음 출판되었다.[3] 라바터의 저술이 보급되면서 관상학이 전 유럽에 알려졌고, 심지어 유럽 황실의 왕과 황태자들이 관상을 보기위해 취리히로 그를 찾아 왔던 것이다.

2 나의 얼굴에 고민할 것 없다

지구상에서 자신의 얼굴에 만족하는 사람들은 과연 얼마나 될 것인가? 그만큼 미모에 대하여 기대감이 크기 때문에 자신의 얼굴에 아쉬움을 표출하는 심리가 크다는 뜻이다. 클레오파트라도 자신의 얼굴에 아쉬움이

3) 설혜심, 『서양의 관상학, 그 긴 그림자』, 한길사, 2003, pp.255-256.

있었을 것이라 보며, 그것은 자신의 외형적 미모에 대한 한없는 기대가치의 상승으로 자리하고 있다고 본다.

그러나 선천적으로 나타난 자신의 얼굴 관상에 대해 크게 고민할 것은 없다고 본다. 후천적으로 이를 극복하거나, 또한 운명은 변하며 관상은 고정불변이 아니기 때문이다. 얼굴의 미모가 인생의 가치 가운데 최상은 아니며, 인생사는 외형적 미모에 비해 내면적 자아성취가 적지 않다. 또한 인상은 우리가 어떻게 살아가느냐에 따라 흉상이 길상으로 바뀔 수도 있다는 사실을 말해 준다.

길상과 흉상의 갈림길을 상기할 때, 인상학 박사 수선희에 의하면 상(相)에는 눈에 보이는 것과 보이지 않는 것이 있다고 했다. 눈으로 보이는 상은 눈빛, 언상, 웃음소리, 체상이 있고 보이지 않는 것으로는 생각, 태도, 실천의지 등이 있기 때문이다. 좋은 얼굴을 가지기 위해서는 어떤 마음을 품고 어떤 생각과 행동을 하느냐에 따라 얼굴은 바뀌는 것이다.

다음으로 마의 선생은 외모에 대하여 말하기를 "눈 주위가 검다 해도 개선하기 위해 노력하면 얼마 안 가서 눈 주위가 깨끗해질 수 있다. 그리고 눈 주위가 검거나 사마귀가 있다고 해서 비관하지 말 것이다. 검은 점도 윤택하면 좋다. 상相이란 변하기 때문이다."[4]라고 했다. 선천적으로 타고난 인간의 운명을 고칠 수 없다고 생각하는 사람도 있겠으나, 운명은 변하는 것이다.

일본 관상학자인 미즈노 남보쿠도 자신의 삶에서 자연의 순리에 따라 바르게 살면 운세는 변화되면서 차차 좋아진다고 했다. 그는 운을 좋게 하기 위해서는 성실하게 살면서 천리天理에 따르라고 하였다. 태양은 새벽에 동방에서 떠오르기 시작하여 잠시도 쉬지 않고 지구상의 생명체를 살리고 있다며 말하기를 "사람도 그와 같이 태양이 떠오르는 시간에 일어나

---

4) 地平 編著, 李成天 監修, 『관상해석의 정석』, 도서출판 문원북, 2019, p.99.

서 집안일을 게을리 하지 않고 노력하면 천리에 합당하므로, 그 사람의 운세는 차차 좋아진다."[5]라고 하였다. 나태하지 않고 열심히 인생사를 개척하면서 자연의 섭리에 따를 경우 운세는 나의 편이다. 성실하지 못할 경우가 아니라면 대체로 운명은 좋게 풀린다.

그렇지만 선천적으로 타고난 관상을 보고 조상 탓을 한다면 운명은 원하는 방향과 달리 저 멀리 달아나버릴 것이다. 누구나 타고난 선천적인 운명을 무시할 수는 없지만 타고난 운명이 내 인생에 영향을 미치는 것은 50퍼센트 정도에 불과하므로 나머지 50퍼센트의 노력으로써 다른 50퍼센트의 운명을 뒤 바꿀 수 있는 것이 바로 인생이며, 삶의 묘미이기도 하다.[6] 조상 탓만 하는 선천 운과 달리 노력 갱생하려는 후천 운 가운데 어느 것을 선택할 것인가의 판단은 각자의 몫이다. 자신의 주어진 관상에 고민하는 못난 사람보다는 후천적으로 노력하는 의지의 주인공이 되어야 하리라 본다.

운명의 주인공이 됨으로써 마치 깊은 산속에서 바다로 흘러가는 물줄기와 같이 물줄기를 틀거나 물꼬를 바른 방향으로 터주면 드넓은 바다로 수월하게 내려가는 것이 산하대지의 물이 갖는 속성이다. 막혀버린 물꼬에 물이 갇혀 있다면 그 물은 살아있는 물로서의 역할이 끝나버린 셈이다. 이에 자신의 얼굴 생김새에 고민하는 것보다는 얼굴을 가꾸어도 보고, 마음도 밝게 사용한다면 나의 운세는 환하게 열릴 것이다. 거울 속에 비추어진 자신의 얼굴을 보고 예쁘지 않다고 투덜거린다면 그의 인생사는 거울에 갇혀버린 굴곡진 삶에서 벗어나지 못하게 된다. 『마의상법』에 "여러 별은 하늘에 엎드려 있으니 모든 형상은 거울 속에서 열린다."[7]라는 언급

5) 미즈노 남보쿠, 화성네트웍스 역, 『마음 습관이 운명이다』, 유아이북스, 2017, p.165.

6) 신기원, 『신기원의 꼴 관상학』, 위즈덤하우스, 2010, pp.21-22.

7) 『麻衣相法』 第2篇 各論, 第7章 「相目」, 群星天上伏, 萬象鑑中開.

처럼, 나의 얼굴 형상이 거울 속에서 밝게 열리도록 상상하고 노력하는 지혜가 필요하다.

3 『관상철학』이라는 저술가치

『서양의 관상학』이라는 저술을 펴낸 설혜심은 자신의 책은 관상을 보기위한 것이 아니며, 역사 속에서 관상의 전통과 의미를 찾아보려는 것이라 했다. 그러나 "내 관상도 좀 봐주라."는 말처럼 실제로 학력, 직업, 기타 사회적 계층과 상관없이 대부분의 사람들은 관상이라는 것이 매우 흥미롭다고 생각한다. 이 같은 관상의 관심에도 불구하고 본 주제는 역사학에서 진지하게 다루어진 적이 없는지, 그리고 그는 "왜 관상은 그 동안 역사적 고찰의 대상에서 제외되어 왔을까?"라는 고민을 털어놨다. 필자 역시 『인상과 오행론』(2017)과 『관상학 내비게이션』(2020)을 선보인 후 근래 "왜 관상학을 철학과 연결시키는 노력을 기울이지 않았을까?"라는 고민 속에서 운명철학의 선구자처럼 본 연구의 의미부여를 하고자 한다.

의미부여에 더하여 본 저술의 가치는 '관상학이 곧 과학'이라는 틀로 이해되는 장을 마련하는 것으로서 『서양의 관상학』의 의미부여와 맞닿는 부분이다. 왜냐하면 『관상철학』은 관상학을 철학이라는 이성적 사유의 틀로 이해되는 장을 마련하는 것과 같다는 사실에 기인하기 때문이다. 고대에서 현대에 이르기까지 과학의 틀에 바탕을 두어 그러한 저술의 탈바꿈을 하였듯이 철학의 틀에 근거하여 철학적 접근방법을 흉내 내면서 오늘의 젊은 철학세대에 맞도록 관상학과 관련한 지식과 지혜를 한껏 도모하고자 하였다. "관상학은 경험과 관찰을 바탕으로 하기에 인간 일반과 동물의 종에 대한 경험적 지식에 정통한 사람만이 관상학을 연구할 수 있다."[8] 원광대학교 대학원의 관상학 강의시간에 대학원 박사생들과 관상학 지식을 동원하는 시간들이 관상철학으로 유도되어온 삶의 궤적이다.

삶의 궤적을 돌이켜 보면서, 일상적으로 사람들이 말하듯이 "생긴 대로 산다."는 관상의 고정된 얼굴 모습을 극복하는 것이 필요하다. 과거와 현재 그리고 미래를 읽어 내는 포괄적이고 종합적인 학문인 "사는 대로 바뀐다."는 신념을 가지고 인상학을 전파하는 주선희[9]의 견해에 공감이 가는 이유이다. 일반적으로 인상학의 특징은 어떤 마음을 품고 어떤 생각과 행동을 해야 하는지를 알려주는 지표라고 할 수 있기 때문이다.

그리고 우리는 '인간정보학'이라는 말에 익숙해 있다. 곧 최형규는 인간의 예지욕豫智欲 충족을 위해 "제 운명은 제 얼굴에 있다."는 전래의 관상법을 현대인의 감각에 맞게끔 손질해서 '인간정보학'이라는 부제를 붙여 세상에 내놓게 되었다.[10] 그는 인간이란 누구나 지난날의 부진했던 삶을 만회하기 위해 내일의 자신을 내다보고자 한다는 예지욕을 거론하면서 인간정보학으로서의 자부심을 드러내고자 하였다.

필자 역시 '관상철학'이라는 학문적 이정표를 세우기 위해 고군분투하는 모습을 보여주고자 한다. 이 역시 예지욕의 범주와 소통하지만, 학술의 전당이라는 최고의 지성이 모인 곳[11]에서 '철학 범주'의 필터를 동원하면서 관상지식의 학술적 가치화를 위해 철리哲理의 심오함을 축적해 보려는 것이다.

관상가들이 철리를 통해 눈에 보이지 않는 심상을 짧은 시간에 볼 수 있는 이유를 살펴볼 때, 백수진은 형상은 운명의 좋고 나쁨을 판단하는 하드웨어이고, 심상은 소프트웨어라고 하였다. 이에 관상가들은 형상을

---

8) 아리스토텔레스 지음, 김재홍 옮김, 『관상학』, 도서출판 길, 2014, p.158.

9) 주선희, 『얼굴경영』, 동아일보사, 2014, p.20.

10) 최형규, 『꼴값하네』, FACEinfo, 2008, p.4.

11) 구체적인 일례를 들면 필자가 현재 강의하는 학술공간으로서 원광대학교 대학원 한국문화학과(명리, 풍수, 관상학)에 박사과정 학생들이 모인 곳이다.

통해서 심상의 흔적을 찾아 교화하는 역할을 해야 하며 심리학적 자질을 갖추어야 한다[12]는 것이다. 철학적인 사유를 심오하게 만드는 화두라고 여겨진다.

세상에 화두를 던지듯이 등장하는 각종 저술들은 나름의 기대가치가 있을 것이다. 플라톤의 수많은 저술들은 고금을 통해서 그 진실성에 관하여 변동하는 가치평가를 받았다. 이를테면 『편지』, 『소크라테스의 변명』 그리고 한두 편의 시에 더하여 그의 저술들은 모두 대화 형식으로 창작자의 철학적 발전을 반영하고, 철학적 발전과정에 따라서 3집단으로 구분되었다.[13] 그는 많은 저술 속에 철학적 발전과 철학적 사유를 도모함으로써 저술의 진실성을 드러내며 저술 가치를 인정받은 것이다. 오늘날 서점에 진열된 관상학 저술들이 그간 흥미 위주로 되어 있는 점에 아쉬움을 가지고 있던 차, 일상의 관상학을 이성적 사유의 철학과 접목을 시도하려는 필자의 당찬 포부가 표출되었다.

필자의 학술적 포부를 표출하면서 언급할 것으로, 현대적 수요를 대변하는 관상학의 분야로서 얼굴과 경영을 하나의 소재로 한 『얼굴경영』(주선희, 2005)에 주목하지 않을 수 없다. 원광디지털대학에 얼굴경영학과라는 학과가 탄생한 것은 본 저술의 가치가 크다는 것을 말해준다. 여기에서 인상학은 몸의 미학이라거나, 좋은 인상은 내가 만든다고 함으로써 그동안 '관상'의 영역에서 '인상'이라는 숙성된 영역으로 이끌어낸 저술에서 영감을 얻는 것은 전혀 이상하지 않다.

영감의 철학이라는 학술로서 인정받는 저술의 가치는 플라톤의 제자 아리스토텔레스의 관상학 저술의 경우도 마찬가지이다. 서양 고대에 쓰인 가장 영향력 있는 관상학에 대한 작품을 꼽는다면 단연 '아리스토텔레스

---

12) 백수진, 『관상수업』, 나들목, 2017, p.295.

13) 쿠르트 프리틀라인 저, 강영계 역, 『서양철학사』, 서광사, 1985, pp.65-66.

의 이름'으로 떠돌아다니고 오늘에까지 전해지고 있는 『관상학』일 것이다.[14] 물론 본 저술에 진위 여부는 있다고 해도 그것은 관상학의 전형이 되었으며, 오늘날 널리 알려진 작품이다. '관상철학'이라는 이름으로 미래 관상학 세대들에게 회자된다면 그것은 희망의 수레가치에 편승한 영광일 것이라 본다. 필자에게 관상학의 지혜를 가져다준 선학先學과 공감해준 후학들, 그리고 미래 관상학자들에게 고혈膏血을 짜내려는 이 같은 시도는 여한이 없을 것이다.

4 예언의 학문은 미래학

모든 학문 가운데 '예언의 학學'은 생각할수록 매력적이다. 로마시대에 들어서 관상학에서 커다란 변화가 일어났으니 바로 고대 메소포타미아 문명에서 볼 수 있었던 예언적 관상학이 부활하였다.[15] 그리스 시대에는 이론에 치중한 자연과학이 발달하였지만 로마 시대에는 실용과학이 흥미를 끌었다. 소크라테스, 플라톤, 아리스토텔레스 시대의 실용과학은 달리 말해서 오늘날의 실용과학이라기보다는 순수과학에 가까웠다. 이에 대해 로마시대의 예언과학을 예고하는 새로운 지식인들이 출현한 것이다. 그들의 예언적 학문에 지식인들이 합류하여 실용과학에 가까운 천문학 중심의 점성술적 과학이 발전하였다. 이것이 관상학과 연결되어 관상학적 점성학이 유행하면서 예언적 가치를 지닌 관상학이 등장하였던 것이다.

이처럼 예언적 관상학이 가장 큰 발전을 이룬 데는 서기 2세기였으며, 당시의 관상학자 폴레몬이 등장하였다. 서기 88년에 소아시아의 라오디케

14) 아리스토텔레스 지음, 김재홍 옮김, 『관상학』, 도서출판 길, 2014, p.19.
15) 설혜심, 『서양의 관상학, 그 긴 그림자』, 한길사, 2003, p.65.

아에서 출생한 그는 당대 유명한 학자들로부터 수사학修辭學을 섭렵하였고, 웅변가로 이름을 떨쳤으며 로마의 트라야누스 황제에게 보내진 후(113년), 외교관의 임무를 띠고 세계 곳곳을 여행하면서 웅변가와 관상학자로서 활발한 활동을 펼쳤다.[16] 세기의 관상학자로서 여러 나라를 돌아다니면서 수사학적 웅변에 더하여 사람들의 얼굴을 관찰하면서 예언가로서의 관상학적 유명세를 지니게 되었다. 폴레몬이 히포크라테스를 만나서 그의 관상을 평가했다는 전설적인 이야기는 흥미를 더하였으니 이것으로 아라비아의 지식인들은 아리스토텔레스의 철학적 주제를 놓고 갑론을박했을 성싶다.

언제나 갑론을박을 통한 세상에 회자되는 소제의 '관상'은 세인들의 관심을 끌기에 충분하다. 자신의 얼굴 형상을 통해 예언자로부터 미래 길흉을 듣는다는 것은 밤새 들어도 오히려 시간이 부족할 것이다. 물론 관상을 본다고 하는 것은 얼굴만이 아닐 것이다. 몸의 형상 곧 체상體相 전체를 포함하기 때문이다, 머리끝에서 발끝까지 나아가 한 올의 체모에 이르기까지, 인체에 속하는 모든 부위가 관상의 대상이며 일체의 행동거지 즉 걸음걸이나 앉은 자세, 갖가지 버릇도 빼놓지 않고 관찰해야 한다.[17] 몸 전체를 통해서 그 사람 자신의 미래사를 가늠하는 것은 매년 연초, 도심가의 철학관 상담이 늘어나는 이유가 되기에 충분하다.

관상학의 생존력은 이처럼 자신의 미래사에 대한 불안 심리의 극복 요인과 관련이 있다. 사실 과학기술이 고도로 발달되고 수많은 정보가 넘쳐나는 오늘날에도 예측할 수 없는 미래에 대한 불안 때문에 원시적 점서占筮 행위는 아직도 사라지지 않고 여전히 행해지고 있는 것이다.[18] 불안

---

16) 설혜심, 『서양의 관상학, 그 긴 그림자』, 한길사, 2003, p.73.

17) 최형규, 『꼴값하네』, FACEinfo, 2008, p.14.

18) 김학권, 「주역의 吉凶悔吝에 대한 고찰」, 『범한철학』 제47집, 범한철학회, 2007, p.2.

심리에 상술적 행위가 기승을 부린다면 그것은 관상철학의 영역이 아니라 유사과학의 술수학이 되고 만다. 미래사에 대한 불안 심리를 잠재울 수 있는 실증과학이자, 실용과학이 등장해야 하는 이유가 된다. 여기에 더하여 철학적 지혜가 발휘된다면 그러한 예언은 합리적 가치를 지니고 신비의 마법에서 벗어나는 기회가 될 만한 일이다. 대중들에게 흥미 위주로 어필하는 유사과학은 미래에 대한 불안 심리를 치유하기는커녕 더욱 가중시킨다.

혼란스런 사회의 시대상은 각종 예언이 대중심리를 자극하는 것에 극대화된다는 것이 상식이다. 몽테뉴(1533~1592)는 그러한 현상을 다음과 같이 정리한다.

> 내가 나 자신의 눈으로 보아온 것은, 세상이 어지러워지면 자기의 운명에 놀란 사람들이 완전히 미신에 빠져 자신의 불행 원인과 징조를 하늘에서 찾는 일에 매달리게 된다는 것이다.[19)]

몽테뉴의 지적에서 나타나듯이 관상학이 점복으로만 점철된다면 여기에서 거론되는 예언은 많은 사람들에게 위기나 두려움을 가져다주는데 급급해진다. 몽테뉴가 살다간 16세기의 일반적인 위기라는 것이 실제 당시를 살고 있던 사람들에게 샌더스의 수상학手相學을 떠오르게 한다. 그의 수상학 내용에는 17세기 위기감이 얼마나 크게 작용하였는가를 짐작하게 하며 그것은 인간이 감성적 존재임과 더불어 철학적 존재를 부추기기에 적절하다.

인간이란 감성적 존재이면서도 어떠한 존재인가에 대한 질문을 받는다면, 우리는 언어를 사용하는 것이라든가, 도구를 사용함으로써 만물의 영

---

19) 설혜심, 『서양의 관상학, 그 긴 그림자』, 한길사, 2003, p.215.

장이라고 자부한다. 인간은 감성적 동물이면서도 '철학적 동물'이라는 것에 대해 우리는 그동안 소홀히 하지 않았는가를 성찰해야할 시점에 이르렀다. 동양의 지혜에 의하면 유교는 인간의 심성, 윤리, 정치 문제를 철학의 주제로 하는 인간 중심의 철학이었다.[20] 중국의 송대철학과 한국철학에서는 인문학으로서 형이상학적 주제를 인간학과 연계함으로써 인간이 철학하는 존재임을 강하게 부각시켰다. 대학의 명리학 강의에 동양철학 강의가 필요한 이유이며, 한국문화학과의 박사과정에서 중국철학, 노장철학, 도교철학을 강의하는 것(『중국철학사의 이해』, 류성태)은 어쩌면 당연한 일이다.

5 철학과 관상철학의 만남

프랑스 고등학교 3학년은 '철학학년'으로 통한다. 그것은 프랑스에서 대학에 들어가려면 반드시 '바칼로레아'라는 대학입학자격 시험에 합격해야 하는데, 이 시험의 첫날, 철학시험을 보아야 한다. 프랑스에서 고등학교 3학년생을 '철학학년'이라고 부르는 것은 무엇보다 1년간 철학이 매우 중요한 학과로 되어 있다는 사실에 있다. 고3생들에게 철학시간에 주로 가르치는 것은 "정열이란 무엇이냐?" "시간이란 무엇인가?' 등으로서 그것은 본질적 인간학과 관련된다. 물론 인간이란 무엇인가에 대한 의심에서 발생하는 원초적 질문들이 철학적 화두들로서 그들의 철학적 사유 기초를 만들어준다. 학문의 전당에서 관상학을 공부하는 명리학자들이나 얼굴경영학자들에게 기본적으로 철학적 사유가 필요하며, 무엇보다 '철학

---

20) 김길환, 「장횡거의 형이상학과 천인합일사상」, 『사총』 17집, 고대사학회, 1973, pp.161-162.

학년'으로서의 출발이라는 상징성을 기억해 두었으면 한다.

철학학년들에게 '철학'이라는 주제는 이를 가르치는 교수들만이 탐구하는 것이 아니라 철학학년 모두가 탐구하는 것이 바람직하다. 세상을 살아가는 인간들마다 자기 나름대로 세계관이 있고 인생관이 있으며 생활관 등이 있기 때문에 이러한 철학적 존재의 의미를 이해해야 할 것이다. 여기에서 우리가 유념해야 할 것은 '관상'이라는 주제는 전문 교수만이 탐구하는 것이 아니라 관상학을 탐구하는 학연學緣으로서 모든 도반들의 과제가 되어야 한다는 것이다.

철학과 관상학을 공부하는 과제로서 명리, 풍수, 관상학자로서 중시해야 할 것으로는 관상학은 물론 철학에 공을 들여야 한다는 점이다. 달마는 입산하여 관상법을 터득하는데, 실로 9년이라는 오랜 세월을 보냈다. 달마는 종교적 명상으로서 철학적 화두를 통해 선가들의 상술에다 불교사상을 가미해 새로운 관점의 관상법으로 대중 앞에 다시 나타났으니, 달마의 관상법은 이때부터 효력을 발휘했다.[21] 전통종교의 교리를 응용하면서 관상학에 관심을 가진 달마는 면벽 9년의 철학적 명상을 통하여 '달마상법'을 탄생시켰다. 달마대사의 '불교와 관상학'의 만남에 더하여 '철학과 관상학'의 만남은 생각만 해도 설렘으로 다가오리라 본다.

여기에서 상법의 관상학자로서 만족할 것이지 관상에 철학이라는 용어를 굳이 덧붙여 '관상철학'을 거론하는 이유는 무엇인가라고 의문을 제기할 수 있다. 지혜사랑, 학문사랑의 심연深淵에는 고정된 색깔의 테두리가 없다. 철학이나 관상학에는 하나같이 지혜의 사랑과 학문의 사랑이 깃들여야 한다는 뜻이다. 철학이란 무엇이며, 철학은 무엇을 다루는가 하는 물음에 대하여 답을 얻으려면 인간의 지혜에 대한 사랑, 학문에 대한 사랑이 깨어남에 있다[22]는 쿠르트 프리틀라인의 언급에서 그 실마리를 찾아

21) 최형규, 『꼴값하네』, FACEinfo, 2008, pp.369-370.

보면 좋을 것이다. 이러한 맥락에서 관상학이란 무엇이며, 관상철학은 무엇을 다루는가에 대한 답은 인간의 지혜사랑과 학문사랑에 직결된다.

이처럼 관상학에 철학을 붙이는 이유는 철학은 지혜사랑과 관련되며, 그것이 널리 활용될 경우 모든 학문의 등불이 된다는 사실이 중요하다. 『문다카 우파니샤드』는 모든 학문의 토대인 영원자에 대한 학문, 즉 사르와 비드야 프라티슈타로서 브라흐마 비드야를 언급하고 있는데, 카우틸리야는 "철학이란 모든 학문의 등불이며, 모든 일을 수행하는 수단이며, 모든 의무의 지주이다."[23]라고 말하였다. 모든 학문의 등불이 된다는 것은 무명無明의 어두움을 파헤치고 새롭게 개척하는 등불이라는 것에 있으며, 이러한 등불의 원료로는 이성적 지혜가 뒷받침된다.

이성을 사랑하는 철학이 모든 지식의 근본이라는 사실에서 아인슈타인이나 뉴턴이 탄생하였으며, 근대 관상학의 대가로서 라바터나 폴레몬이 탄생하였다. 프랑스의 고등학생들에게 철학이 필수과목으로 되어 있는 것만이 아니라 케임브리지대학에서 뉴턴이 맡았던 강좌에 오랫동안 '자연철학'이 전승되고 있었음은 다 아는 사실이다. 그들은 철학이라는 과목에서 유난히 강조되는 것으로 '왜?'를 묻는 것과 관련된다. '왜?'라는 질문은 모든 지식 탄생의 기본이 된다는 것이며, 아인슈타인도 '공간은 상대적인 것'이라는 지식을 화두로 삼으면서 라이프니츠의 철학에서 암시를 받아 '상대성 이론'이라는 근대지식의 결정체를 이루었다. 얼굴경영, 관상철학이라는 저술 표제로써 현대지식인들에게 '왜?'라는 질문을 부단히 던져야 하는 이유가 된다.

그렇다면 관상학의 입문자에 덧대어 관상철학의 입문자가 되기 위한

---

22) 쿠르트 프리틀라인 저, 강영계 역, 『서양철학사』, 서광사, 1985, p.28.

23) Kautilya, Indaian Antiquary, p.102참조, 또한 『바가바드기타』X 32참조)라고 말한 바 있다(라다크리슈난 저, 이거룡 옮김, 『인도철학사』 I, 한길사, 1996, p.45).

자격조건을 살펴보도록 한다. 이것은 철학자로서 인도대통령을 지낸 라다크리슈난의 『인도철학사』와 관련된다. 그는 샹카라에서 제시하는 철학 입문자의 자격요건들이라며 몇 가지를 언급하였다.[24] 진리를 추구하는 사람으로서 첫째 조건은 영원한 것과 덧없는 것을 분별하는 지식이다. 둘째 조건은 현재의 삶이나 미래의 삶에 있어서 행위의 결과에 대한 욕망을 제어하는 것이다. 셋째 조건에서 고요함, 자제, 포기, 인내, 마음의 평화, 그리고 신념을 지니도록 명해진다. 관상철학에서 시사 받는 것은 이성적 통찰의 지혜에 접목, 관상학을 연결할 필요가 있다. 또 미래의 지나친 술수의 욕망을 극복하고, 관상철학자로서 명상을 통한 마음의 수양력이 필요하다는 것이다.

6 관상철학의 울타리

인간관계에서 울타리를 만들어 격리시키면 나와 상대방의 간격이 생긴다. 그러나 울타리를 없애버리면 서먹한 격리감도 없어지고 사이좋은 이웃으로 살아간다. 값이 비싼 은색 털의 여우를 번식시키려고 울타리 안에 가두어 기르면 의심 많은 여우는 절대로 새끼를 치지 않는다고 한다. 이에 한 지혜로운 사람이 인위적인 울타리를 치지 않고 여우를 방목하여 길렀는데 많은 새끼를 치게 되었다는 것이다. 어느 생명체든 좁은 울타리에 가두면 얼마나 답답할 것인가?

학문에서도 어느 한 전공만의 울타리에 가둔 때가 있었다. 그러나 이제는 '학제간' 연구를 통해 울타리를 걷어내 버리는 성향이 많아졌다. 이를테면 '철학'이라는 좁은 울타리를 벗어나 어떠한 테제에 철학이란 용어를

24) 라다크리슈난 저, 이거룡 옮김, 『인도철학사』 I, 한길사, 1996, p.74.

붙이는 것이 학제간 연구로서 붐을 일으키는 지혜이다. 즉 철학의 영역에 자연철학, 역사철학, 사회철학 등이 붙여진 것이 바로 자연과 철학, 역사와 철학, 사회와 철학이 합류한 것이다. 르네상스 이래 근대 개별과학의 진보와 병행하여 영혼에 관한 학문(심리학) 그리고 자연과학의 철학(자연철학), 역사철학 및 문화철학, 말하자면 정신과학의 철학(딜타이), 인간의 철학(철학적 인간학)이 성립되었다.[25] 철학과 관상학의 울타리를 허무는 것은 이제 시간문제이다.

울타리를 벗기고 보면 철학과 관상학이 무엇이며, 어떻게 하는 것이 진정한 학문인가의 난해한 질문은 필요 없다고 본다. 우리가 철학과 관상학을 배운다는 가벼운 마음으로 접근하면 좋다는 뜻이다. 사람들이 철학할 줄은 모르면서도 어떤 점에서는 철학을 배울 수 있다는 것도 사실이며, 본래 철학자가 되려는 사람은 자신의 이성을 자유롭게 구사하는 법을 연습하면 된다.[26] 철학이든 관상학이든 간에 자신의 통찰적 학문 이성을 자유롭게 구사하는 연습을 해야 한다. 그것이 상호 학문의 울타리를 걷어내는 일이며, 여기에서 인간에게 유익한 관상학 정보가 제공된다.

실용적인 학문 지식의 유익함을 고려할 때 이곳 울타리 지식과 저곳 울타리 지식의 우위를 거론하는 것은 시간낭비가 되는 시대가 되었다. 우문愚問으로서 풍습의 관상학자가 철학의 울타리를 왜 넘보느냐는 지적이 있을 수 있다. 그것은 관상학을 전공으로 하는 전문 지식인이 대학에서 길러지고 있다는 사실을 모르는 소치이다. 그들로서는 철학과 관상학에서 지향하는 이성적 호기심으로서 공통적 학문의 경이감이 발동할 것이다. 철학은 경이감에서 출발하며, 이에 철학이란 삶의 궁극적인 문제들과 근본적인 관심사들의 해결을 위한 인간의 끊임없는 모색인 것이다.[27] 사유

25) 쿠르트 프리틀라인 저, 강영계 역, 『서양철학사』, 서광사, 1985, p.29.

26) 하인리히 오트 著, 김광식 譯, 『신학해제』, 한국신학연구소, 2003, p.15.

의 통찰적 지혜에 근거함으로써 인간 본질에 대한 경이감, 인간의 미래에 대한 경이감을 고려할 때 철학과 관상학의 상보적 교두보가 필요하다.

이러한 경이감에서 표출되는 것은 철학의 지식사랑과 관상철학의 지혜 축적에 직접적인 도움이 된다. 철학자이자 문학자로서 세상을 풍미한 소강절을 예로 들어보자. 그는 철학자이면서 또한 탁월한 문학시인이었으니, 그가 남긴 시는 철학에서 독창성을 비할 수 있을 정도로 시풍을 개척했다.[28] 문학박사나 철학박사의 테두리에 상념을 두지 말고 문학과 철학을 아우르는 관상철학자로서 한 울타리에서 지혜를 창출해낸다면 인간 본질을 추구하는 철학의 영역은 확대될 것이고, 관상학의 영역도 술수에만 머무르지 않고 새로운 영역을 개척할 수 있을 것이다. 각자 자신의 아집我執에 집착하고 관념의 울타리 안에 갇혀 있다면 새끼를 낳지 못하는 여우가 되고 만다.

7 관상학 박사들의 역할

명리를 전공하는 대학원생들의 경우, 박사과정 수료 후 논문을 제출하면 문학박사, 동양학박사, 철학박사를 받는 것으로 알려져 있다. 명리학 전공으로 원광대학교의 박사학위 수여자들은 전공이 한국문화학과 이기 때문에 문학박사 학위를 받는다. 그러나 명리학 전공자들로서는 문학박사를 받는 것보다 철학박사를 선호하는 성향이 있다. 직업전선에서 철학관을 운영하는 경우가 있기 때문일 것이다. 그것은 철학박사로서 자신의

27) 길희성, 『인도철학사』, 민음사, 2007, p.11.

28) 이창일, 『소강절의 先天易學과 상관적 사유』, 한국학중앙연구원 박사학위논문, 2004, p.4.

철학적 지혜에 의해 역할을 가속시킴[29]은 물론 철학 상담을 심화하는 것이 원인이겠지만, 내면에 철학적 심화를 얻기 위함도 포함될 것이다. 여기에서 문학박사든, 철학박사든 수요자의 희망에 부응하여 문학박사 및 철학박사를 수여함으로써 관상학과 철학을 합류시킨다면 명리학자들로서는 문학과 철학의 깊이에서 상담의 공통분모를 이루어 가리라 본다.

철학이라는 영역과 문학이라는 영역은 모두 인문학인 점에서 공통성을 지니고 있지만, 철학박사와 문학박사라는 자신 영역에서 전혀 애매성이 없는 것은 아니다. 실제 메를로 뽕띠도 외양적으로 철학적 표현과 문학적 표현은 동일한 애매성을 띠게 될 것[30]이라 했는데, 그것은 철학박사로서의 언어표현과 문학박사로서의 언어표현이 갖는 한계일 것이다. 진리탐구 영역에서 철학의 수직적 깊이와 문학의 수평적 넓이를 공유한다면 서로의 독창성을 보완하는 것이 바람직하리라 본다. 명리학의 포괄적 범위를 철학의 심오한 진리에 합류시키는 노력은 명리학 전공의 문학박사들이 참조해야 할 일이라 본다.

필자도 2017년 문학박사를 수여받은 후 철학적 영역에 진입하고자 노력해 왔으며, 그 일환으로 학계에 베일을 드러낸 '관상철학'으로서 수직·수평의 균형을 이루도록 시도하고 있다. 이러한 과업은 앞으로 세월이 흐르면 학적 노력과 더불어 가능할 것이라 보며, 이에 관상학을 철학적 시각으로 연마함으로써 학문적 역사성을 남기려는 의도를 굳이 숨기려 하지 않을 것이다. 토마스 아퀴나스는 "남이 무엇을 생각했는가?"가 중요

---

29) 1910년 이승만이 미국 프린스턴대에서 Ph.D(철학박사)를 받았고, 철학 전공으로 최초의 철학박사 학위를 받은 한국인은 훗날 언론인으로도 활약하는 李寬容으로 1912년 스위스 취리히대학에서였다. 또한 여성으로서 김활란(1899~1970)은 이화전문학교 출신의 독신녀로서 미국 보스턴대학을 나오고 칼럼비아 대학에서 철학박사를 받은 교육자로 조선 여성들의 존경 표상이다.

30) 메를로 뽕띠 지음, 권혁면 옮김, 『의미와 무의미』, 서광사, 1988, p.44.

한 것이 아니라 했으며, 임마누엘 칸트는 "어떤 인식은 역사적일 수 있다."[31]라고 하였다. 이를 바꾸어 말한다면 주변에서 감히 '관상철학'이라는 주제를 무모하게 설정, 세상에 드러낼 수 있을까라고 하겠지만, 필자의 철학적 인식과 해법은 관상철학의 지남指南이 될 수 있으리라 확신한다.

더욱이 명운命運을 업으로 삼는 상학相學에 철학적 깊이가 깃들어야 한다는 점에서 '관상철학'이라는 주제이자 과업을 선보인 점이 설득력이 있다고 해도 생경한 시각에서 본다면 다소 무리일 수도 있다. 그러나 이러한 과업은 철학 전공자보다는 관상학 전공자에게 던져지는 것이 당연하다고 본다. 철학의 학문이 보편학문이라면, 관상학은 특수학문인 관계로 기초교양의 철학적 지혜에 바탕하여 전공필수의 관상학을 확대하는 것이 보다 바람직하기 때문이다. 현장의 삶과 이론 간의 참다운 동질성을 이해하는 사람들에게 철학은 영적인 실현을 가능케 하는 길이며, 단순히 언어의 유희로 끝나거나 하는 가르침은 일찍이 없었다.[32] 문학박사 수여자로서의 문학 영역이 언어의 유희로 끝나지 않기를 바라는 점에서 철학 영역의 영성靈性을 빌려오는 일이 바로 관상철학의 과제이기도 하다.

결과적으로 관상학과 철학을 접붙이는 일이 관상학자들의 영역이며, 여기에는 삶의 미학 내지 도덕철학으로 귀결하는 것이 중요하다. 소크라테스와 플라톤, 아리스토텔레스라는 철학자들이 관상학의 영역에 들어와 관상학의 철학적 깊이를 더해준 것이 바로 철학이라는 뿌리에 관상학이라는 가지를 접붙이는 관상철학의 지혜가 발동한 것이다. 비유컨대 학제간 연구에 부합하듯이 '문학'에 치료라는 말을 굳이 접목시키지 않더라도 문학의 한 주요 기능이 인간의 '정신치유'에 있다는 데는 이론의 여지가 없다[33]는 점을 상기해 보자는 것이다. 곧 문학과 정신세계의 접목은 문학

---

31) 하인리히 오트 著, 김광식 譯, 『신학해제』, 한국신학연구소, 2003, p.15.
32) 라다크리슈난 저, 이거룡 옮김, 『인도철학사』Ⅰ, 한길사, 1996, p.50.

과 철학, 문학과 종교가 접목된 본질적 치유라는 것이다.

8 관상철학의 비판론

오늘날 학계에서는 '관상학'이 학문적 기초에서 출발하고 있는 실정에서 새롭게 '관상철학'이라는 말을 떠올린다면 여기에 비판적인 시각이 있을 수 있다. 이는 오늘날 관상학계에 익숙해 있지 않은 용어이기 때문이며, 비유하면 종교의 경우도 '종교학'의 영역에 있다가 '종교철학'의 영역으로 확대할 때도 이러한 현상이 없지 않았을 것이다. 이와 관련하여 다음의 언급을 소개해 본다.

> 종교는 신학이 아니다. 종교는 철학일 수도 있는 것이요, 종교는 문학일 수도 있는 것이요, 종교는 예술일 수도 있는 것이요, 종교는 과학일 수도 있는 것이다. 어찌 종교가 신학이어야만 하는가?[34)]

위의 언급을 상기한다면 관상의 영역은 어찌 관상학이어야만 하는가? 관상학은 철학일 수 있고, 문학이나 예술일 수도 있는 것이다. 따라서 관상학이 관상철학으로 분리될 수 있는 것은 관상학자들의 부단한 학적 노력 여부에 달려 있다. 곧 철학적 관상학 혹은 관상학적 철학으로서 '관상철학'의 성립 여부란 관상학의 주체가 되는 교리가 철학자들에게 타당할 경우[35)] 더욱 가능한 것이다.

---

33) 김익진, 「문학과 마음치유」, 제334회 학·연·산 연구성과교류회《인문학적 마음치유와 한국의학의 만남》, 마음인문학연구소; 한국연구재단, 2012, p.42.

34) 김용옥, 『금강경강해』, 통나무, 1999, p.22.

35) 철학적 종교란 어느 철학설을 종교적으로 신봉한다는 의미에서가 아니라 한

하지만 '철학'이란 용어가 고루하고 비현실적이라는 선입견을 지닌다면, 여기에 파생되는 '관상철학'이란 용어에도 비판적 시각이 드러날 수 있는 것이 피상적·감각적 고정관념에 쉽게 좌우되는 인간감정이다. 이를테면 감각적인 것들 속에서 살아가며, 되는 대로 생각하는 사람들에게 철학적인 문제들이란 비현실적이고 불합리한 감을 지니는 것일 수 있기 때문에, 철학을 조롱하는 것은 어렵지 않다[36]는 지적이 이것이다. 이러한 비판이나 조롱에 대하여 합리적 이성으로 설득하고 관상학 이론체계화에 철학적 지식을 동원함으로써 인간의 관상학이 인문철학의 깊이에 더하여 경험과학의 시각을 지니게 됨으로써 그러한 조롱은 사그라질 것이다.

무엇이든 처음 등장하는 것에는 익숙해지지 않지만 개척과 선구先驅의 역할을 수행한다면 어느 영역이든 오히려 긍정적으로 수용될 것이다. 한국인으로서 1910년 국제법 전공으로 처음 철학박사를 수여받은 사람은 이승만이었고, 철학 전공으로 최초의 철학박사 학위를 받은 사람은 이관용李寬容으로서 1912년 스위스 취리히대학에서였다. 이관용은 첫 철학박사의 수혜자로서 연희전문학교에서 선진적인 철학이론을 소개했다. 연희전문학교, 보성전문학교 등에서 철학, 심리학 등의 강좌는 개설됐지만 철학과가 처음 생긴 것은 1926년 경성제국대학 법문학부에서였다. 이때 독일 유학을 막 끝내고 돌아온 신진학자들이 있었고, 광복 후 한국 철학계를 이끌게 되는 김계숙과 박종홍 등이 그때의 학생이었다는 점에서 한국철학 발전사의 초석을 마련했던 것이다.

어떠한 학문이든 출발의 시점이 어설픈 것은 사실이다. 관상철학의 물꼬를 트는 상황에서 어둔하고 세련된 이론을 잘 표출해내지 못하더라도

종교의 주체되는 교리가 철학자들에게도 타당하게 되어 있는 종교라는 뜻이다(柳炳德, 『圓佛敎와 韓國社會』, 圓光大 宗敎問題硏究所, 1978, p.18).

36) 라다크리슈난 저, 이거룡 옮김, 『인도철학사』Ⅰ, 한길사, 1996, p.85.

관심어린 마음으로 읽어주고 먼 훗날 평가해준다면 지적 개척의 가치가 보상받을 것이다. 이와 관련하여 유명한 관상학자의 다음 고백을 소개해 본다.

> 내가 어리석고 둔해서 문자로 잘 표현해내지 못했거나 독단적인 편견도 있을 수 있겠다. 하지만 이러한 것들은 이 책을 세 번 이상 읽은 사람의 생각에 맡기도록 하겠다. 거듭 말하지만 지엽적인 것에 사로잡히지 말고 부디 반복해서 세 번을 읽어주기 바란다. 또한 이 책을 아무렇게나 읽고 비웃으면서 버리는 일이 없기를 바란다. 세상에 아무 쓸모없는 유생이나 문장을 요리조리 반죽하는 재주밖에 없는 인간들은 이 책을 읽고 결점만을 찾아내어 비웃을지 모른다.[37)]

누가 뭐라 하던 간에 명리학자로서, 풍수학자로서, 관상학자로서, 관상철학 탐구에 자신의 명리 지식과 주변학문과의 교류를 통해서 현실문제에 무관심하지 않고 학문적 완성도를 높이는 일이 요구된다.

여기에는 고준한 학술가치에 커다란 포부를 가지고 접근하는 개방의 자유정신이 필요하다. 만약 철학사상이 역사적 현실 문제에 대해 무관심하거나, 이에 대한 문제의식을 전혀 지니지 않았다면 그것은 그 시대에 영향을 끼칠 수 있는 살아있는 철학사상이 될 수 없다.[38)] 명리학자들의 역할이 미래의 길흉만을 논하거나 운명론적 판단에 치우치고 인간의 본질적 문제의식에 다가서지 못하거나 철학적 깊이를 더해주지 못한다면 지금까지 풍자된 비판적 시각을 면하지 못할 것이다. "인간이란 무엇인가?"에 대한 철학적 해법을 제시하지 못하고서 "앞으로 흉한 일이 닥칠

---

37) 미즈노 남보쿠(화성네트웍스), 『마음 습관이 운명이다』, 유아이북스, 2017, pp.19-20.

38) 金恒培, 「老子 道思想의 特性과 構造」, 『道家哲學』 창간호, 韓國道家哲學會, 1999, p.35.

것이니 부적이나 쓰세요."라고 한다면, 관상학이 점복의 수준을 벗어나지 못하는 술수학에 정체되어 있다는 점을 명심해야 하리라 본다.

제 1 편

관상철학의 전제조건

1 철학의 개념과 관상철학

일반적으로 학생들의 교과목 선호도에서 본다면 수리탐구의 수학을 싫어하는 경우가 있고, 또 철학을 고리타분하다고 싫어하는 경우도 있다. "구구단만 외울 줄 알면 되지 굳이 수학 공부를 왜 하느냐?"라든가, "철학이 인생에 밥줄이 되느냐?"라는 조소적 문답이 있을 수 있다. 그럼에도 불구하고 경제 개념에 필요한 수학 못지않게 철학이 인생사에서 필요한 일이다. 그것은 철학의 개념이 현실적 인생담론의 지혜와 관련된다는 사실 때문이다. 전 숭실대 철학과 안병욱 교수는 "철학이 뭐냐고 하면 한마디로 인생을 사는 올바른 지혜와 확고한 자세라고 생각한다."라고 언급한 적이 있는데 철학의 의미가 무엇인가를 분명하게 짚어주었다.

바람직한 인생사의 담론에 더하여 철학의 의미는 '지식의 사랑'이다. 어떠한 지식을 모른다는 것은 무엇인가에 대하여 깜깜하다는 것으로 방향감각을 잃게 하는 무명無明과도 같다. 이에 인간의 발전적 삶에 있어서 지식이 필요하다는 것이다. 지식(Sophia)을 가지는 것만을 최고의 목적으로 삼는 소피스트(Sophist)에 대하여 철학자(Philosophos)를 대립시킴으로써, 철학자는 다만 지식을 '가진' 사람이 아니고, 지식을 '사랑하는' 사람이라고 하는 동시에, 오늘의 철학의 의미를 명백히 한 것은 소크라테스였다.[1] 지식을 사랑하는 철학의 의미가 "너 자신을 알라."는 소크라테스에 의해 무명이 벗겨지는 계기가 될 것이다.

더구나 철학은 우리가 견문見聞을 통해 알지 못하는 것을 밝혀내는 것으로 지식을 사랑하는 것과 관련되어 있다. 그러면 지식을 사랑하는 사람이 철학자라는 말을 처음 쓴 사람은 누구인가? 그는 바로 헤라클레이토스(BC 535?~475?)이다. 그 이전에는 지식이라고 하는 말을 많이 씀으로써

1) 金桂淑,『西洋哲學史』, 一潮閣, 1993, p.12.

'한 가지 지식'에 뛰어난 것을 의미하였으며, 음악이나 시가詩歌와 같은 것에 뛰어났을 때에도 그 말을 썼던 것이다.[2)] 어느 한 지식에 몰두하는 것을 벗어나서 우주의 이치와 인간사에 도움이 되는 모든 지식을 근본적인 의심에서 탐구해내는 것이 철학으로, 그는 지식 사랑이 곧 철학이란 말을 처음 사용하였던 것이다.

지식을 사랑하는 것이 철학이라는 말을 사용한 헤라클레이토스는 이를 통해서 어두움을 벗어나려 하였다. 곧 그는 비록 귀족출신이었지만, 정치적 타락에서 오는 심리적 고통을 토로하고 이러한 공적 생활을 떠나고자 하였다. 이 같은 체념적인 비통 속에서 그는 오늘날까지 불완전한 것으로 보존되고 있는 저술 『자연론』을 집필하였다.[3)] 본 저술 내용은 난해한 것으로 설명되었기 때문에 헤라클레이토스는 '어두운 사람'으로, 그리고 그의 체념 때문에 '우는 철학자'라고 일컬어졌다. 철학이란 고뇌와 해방이라는 사유를 통해 나타나는 단면이며, 그가 '철학자'라는 말을 처음 사용한 것도 이와 같이 타락과 불안에서 해방감을 지향하려는 고뇌에서 출발한 것이다.

여기에서 지식만으로 바람직한 삶이 가능하냐는 질문이 또 있을 수 있다. 상식적으로 지식과 지혜의 구분이 있기 때문이다. 물론 지식과 지혜를 같은 범주로 둔다면 큰 문제는 없을 것이다. 고대 그리스에서 개별 학문 전체를 나타내는 말은 '철학(philosophy)'이었으며, 철학을 표현하는 'philosophy'라는 단어는 그리스어 'philos'와 'sophia'의 합성어에서 유래된 것으로, 'sophia'는 지혜를, 'philein'은 사랑한다는 것을 의미한다.[4)] 그리스에서 지혜에 대한 사랑을 뜻하는 철학은 현대의 지식을 기반으로 한 학문으

---

2) 金桂淑, 『西洋哲學史』, 一潮閣, 1993, p.12.

3) 쿠르트 프리틀라인 저, 강영계 역, 『서양철학사』, 서광사, 1985, p.40.

4) 이경무, 「동양의 學과 서양의 學問」, 『범한철학』 22집, 범한철학회, 2000, pp.275-276.

로서의 철학이었다. 외피의 표상적 지식을 도저한 내면의 철학으로 표현해는 것이 지혜라는 점에서 철학은 지혜를 사랑하는 것으로 이해된다.

그러나 엄밀한 의미에서 철학의 본래적 의미에는 단순한 합리 지식의 사랑에 그치지 않는다는 것이다. 철학은 그 본래적 의미에서 볼 때, 오늘날 학문이 지식들의 체계 또는 옳은 명제들의 체계에 만족하는 것과는 약간의 차이가 있기 때문이다. 그리스어에서 그 차이점은 'episteme'에 대한 'sophia'의 구별에서 잘 드러나고 있듯이 그리스어의 'episteme'와 'sophia'는 각각 오늘날 영어의 'knowledge'와 'wisdom'에 해당한다.[5] 이를테면 수학이란 합리적이라는 가치에 충족하면 되지만 철학은 그러한 가치만으로 만족할 수 없다. 정확하고 분명한 수리를 추구하는 수학을 넘어서, 인간의 사유영역이 비합리적이고 애매한 면까지 포괄함으로써 가치판단이 필요한 것이 철학이라는 점에서 이러한 정도는 알아야 할 것이다.

또한 철학자로서 내면에서 분출하는 고뇌와 사유의 자유를 만끽하려는 것도 무시할 수 없다. 철학적으로 사유한다는 것은 외부의 피상적 세계에 대한 감각작용의 사유와 관련되는 것이 아니다. 그것은 내면의 심연에 찬 고뇌를 통로로 하면서 우주와 인간의 본질적 궁금증을 접근하는 것에서 출발한다. 이러한 궁금증은 본질적인 사유과정에 나타난 모든 지적 호기심과 관련된다.

지적 호기심이 뒤따르는 철학은 부단한 앎의 추구와 깊은 사유에 의한 본질적 가치판단이 요구된다는 속성을 지닌다. 우주의 탄생 기원은 어떻게 이루어졌는가에 대한 것에서부터 인간이란 무엇인가를 포함하여 부단히 알고자 하는 인간 본능에 의해 철학이 존재한다는 것이다. 야스퍼스는 이에 말하기를, 내가 어떻게 나의 앎을 아는가 하는 것은 앎이 시작된 시초부터 철학적 사유의 근본문제의 하나로 되어 있다.[6] 철학자 야스퍼스

---

5) 이경무, 「동양의 學과 서양의 學問」, 『범한철학』 22집, 범한철학회, 2000, p.276.

의 지적처럼 내가 어떻게 이것을 알게 되었는가에 대한 본질적 질문이 바로 철학의 근간이자 출발로 볼 수가 있다.

그렇다면 철학의 이 같은 본질을 알기 위해서 어떻게 해야 하는가? 철학자는 지식확보를 위한 필요조건과 충분조건이 무엇인지에 관심을 가져야 한다. 곧 철학자는 어떤 사람이 지식을 갖기 위한 필요 충분의 조건, 혹은 더 정확히 말해 어떤 사람이 'p'라는 것을 알기 위한 필요 충분의 조건이 무엇인가 하는 바로 그 물음에 관심을 가질 수 있다.[7] 필요조건만이 아니라 충분조건까지 속속들이 파헤쳐 들어가 알아내는 탐구의 열정이 요구되며, 그것이 철학의 깊이를 알아가는 길이기도 하다.

이러한 철학의 깊이에 근거하여 관상철학이란 무엇인가에 대하여 그 개념을 유추하려는 노력이 필요하다. 그것은 관상이란 본질적으로 무엇을 말하며, 이와 관련하여 관상철학이란 무엇인가를 파악해내는 노력이 요구된다는 것이다. 이를 위해서 관상이란 무엇인가를 관상학자의 입장이 아닌 철학자의 입장에서 밝혀내야 한다. 철학자는 지식을 사랑하고 진리를 규명하는 것이라는 점에서, 관상학자로서 관상이란 인간의 내면과 외면의 상, 곧 심상心相과 체상體相에 관련된 규명이 필요함과 동시에 이를 철학적 지혜와 접목해야[8] 하는 과제가 부여된다.

관상철학은 위에서 말한 심상과 체상 가운데, 특히 심상에 대한 깊은 관심에서 출발하여 체상에 대한 인간심리와 연결시키는 난해한 작업 수완이 필요하다. 그것은 심상心相이 인문학에 보다 밀접한 관련이 있고, 체

---

6) 야스퍼스 著, 黃文秀 譯, 『理性과 實存』-世界思想全集 6, 三省出版社, 1983, p.458.

7) K. 레러 著, 한상기 譯, 『현대 지식론』, 서광사, 1996, p.29.

8) 철학적 이해와 힘 있는 수사학의 종합을 통해 인간은 진리를 위해 전선에 서야 한다(김홍기, 『종교개혁사』, 知와 사랑, 2004, pp.25-26)고 하였듯이 철학적 지혜와 관상학적 종합을 통해 진리규명에 진력해야 한다.

상體相은 자연과학에 다소 관련이 있다는 점에서 철학의 본연은 인문학에 기반하고 있음을 알아야 한다. 마의선사는 마음이 형상보다 우선하며 형상은 마음 뒤에 존재한다며 '미관형모 선상심전美觀形貌 先相心田'이라 하여 나타나는 현상에 혼돈하지 말고 먼저 마음을 보라[9]고 하였다. 이에 관상철학은 출발부터 심상과 깊은 관련이 있음을 알고, 또한 체상의 영역으로 넓혀가야 하는 과제를 제시하는 것이 필요하다.

생긴 대로 사는 것이 관상이라는 논제에서 사는 대로 바뀌는 인상학의 이론은 사람은 영·혼·육으로 구성되어 있는 존재이며, 영·혼·육의 끊임없는 상호작용이 바로 인간의 삶이 된다는데 그 배경을 두고 있다. 즉 인상학에서는 체형은 선천적으로 생물학적 유전에 기반 하므로 불변하는 곳이라는 차원을 뛰어넘어 사람들이 살아가면서 사회적 관계에서 상호작용의 결과로 나타나는 희로애락이 신체의 근육활동을 촉진하게 되고, 그 결과 개인의 체형도 바꾸어 놓는다는 긍정적인 해법을 제시하고 있다[10]는 점을 고려해야 한다. 심상과 체상의 접점은 공통성을 지니고 있기 때문이다.

공통성의 해법의 우선적인 것은 관상학의 과거 미신적 행태를 탈피하고 철학의 객관적이고 과학적인 방법 탐구를 그대로 수용하는 지혜가 있어야 한다. 얼굴 관상에는 자신과의 관계에 따라 왜곡될 수도 있고, 다분히 감상적인 것으로 흐르기도 하지만 이러한 모든 개인적이고 주관적인 측면을 떠나, 한 인간의 총체적인 삶이 집약되어 있는 상相을 가장 객관적이고 과학적으로 분석·연구하는 학문이 바로 상학이다.[11] 인간이라면 자의적 판단에 의해서 자신의 얼굴에 대해 왜곡된 신념을 세우는 성향이

---

9) 오서연, 『인상과 오행론』, 학고방, 2017, p.169.

10) 주선희, 「동·서양 인상학연구의 비교와 인상관리에 대한 사회학적 고찰」, 경희대학교 박사학위논문, 2004, p.2.

11) 신기원, 『신기원의 꼴 관상학』, 위즈덤하우스, 2010, p.19.

있지만 이것은 바른 상학이 아니다. 관상철학은 철학적 방법론의 힘을 빌려 객관적이고도 이성적인 과학 분석에 의해 탐구하는 방향감각을 가져야 한다.

관상철학과 사주의 관계에 있어서도 객관적인 데이터와 과학적인 분석이 뒷받침된다면 그것은 학문적 토대가 굳건하게 성립되는 근거가 된다. 관상의 길흉과 사주를 비교해 볼 때 사주가 미천한 경우 흉하거나 부귀할 경우, 길하다는 것도 상학자의 감상적 판단에 의하지 않고 관상철학자의 지성적 판단에 의해 접근하라는 것이다. 이를테면 김종순은 한국인의 『토정비결』 선호도를 조사한 결과에서 응답자의 64%가 "본 일이 있다."고 답했으며, 아산정책연구원의 여론조사 결과를 보면 점을 친 경험이 있다는 비율이 점점 높아짐을 볼 수 있다. 2014년 1월 "『토정비결』 사주 관상 등 점을 본 경험이 있는가?"라는 질문에 "있다."라고 답한 비율이 전체 응답자의 38.3%였다.[12] 이처럼 관상철학은 분명한 데이터를 통해 접근하는 관상학의 합리적 방법론을 확산시켜야 한다.

관상철학의 합리성에 근거한 철학적 방법론의 접근에 있어서 환기해야 할 것은, 사주는 문자로 추론한다면 관상은 실제의 대상을 직접 접한다는 점이다. 쉽게 말해서 사주는 문자로만 추론하는 간접적인 것이지만, 관상은 변화무쌍한 실상實相을 논하는 직접적인 것이다.[13] 이러한 실상에 대한 본질적 접근에 더하여 과학적 방법론의 도입에 의해 관상의 방법론이 동원된다면 여기에서 추출할 수 있는 길흉판단의 근거는 합리적이면서도 이성적으로 분명하다. 사주학은 문자에 근거한 통계학이지만, 관상학은

---

12) 한국갤럽조사연구소에서 1991년 조사한 결과에는 19.6%, 1995년에는 16.5%, 1996년에는 18%에 비하면 두 배 이상 높은 수치라고 한다.(김석근 외, 『한국문화대탐사』, 아산서원, 2015, p.116; 김정혜, 『토정비결의 숨결과 지혜』, 학술정보(주), 2018, pp.13-14.)

13) 신기원, 『신기원의 꼴 관상학』, 위즈덤하우스, 2010, p.24.

실상에 근거한 개체학에 가깝다는 점에서 개체에 대한 내면의 심리파악이 전과 달리 보완되어야 한다는 점에서 개체의 심리파악과 더불어 본질적 궁금증까지 해소시켜주는 철학적 지혜가 관상철학의 방향등이 되어야 한다고 본다. 즉 철학의 지식사랑이라는 개념을 추론하면서 가치화하여 관상철학의 미래예측이라는 방향감각을 가늠할 수 있다는 것이다.

2 관상학의 개념

개념화의 작업은 그 대상에 대한 엄밀한 사유와 표현의 지혜가 요청된다. 그것은 개념으로 정착되면서 그 개념화에 바탕한 사유의 체계화가 이루어진다는 점에서 잘못된 개념화 작업은 돌이키기 어렵기 때문이다. 따라서 개념화 작업은 지적 축적과 당시의 시공적 상황에 한정되어 잉태하는 것이다. 실제적으로 개념(concept)이란 어원적으로 '잉태한다'(conceive)는 단어에서 파생되었다.[14] 잉태란 개념이 탄생한 시공의 제약 속에서 학문적 출발을 확장하면서 점차 그 개념의 수정과 보완의 작업이 전개되는 것이다.

개념들이 완성되기까지 당시의 학문적 수준 속에서 보편과 특수 개념들이 질서 지어진 체계로 진입하여 점차 지식의 완성된 체계를 만들어내는 것이다. 보다 높고 보다 보편적인 개념들이 보다 낮고 보다 좁은 개념들을 포괄하면서 개념들이 질서 지어진 체계로 들어오면서 지식의 완전한 체계나 또는, 개념은 이데아 계의 질서를 반영하게 될 것이다.[15] 개념 출발의 단계는 특수의 개념들이 등장할 것이며, 이러한 특수개념의 학문적 공유와

14) 박재주, 『주역의 생성논리와 과정철학』, 청계, 1999, p.26.

15) 쿠르트 프리틀라인 저, 강영계 역, 『서양철학사』, 서광사, 1985, p.67.

토론을 통해서 보편개념과 교류하면서 학문의 질서체계에 편입된다. 그것이 지식 체계화의 숙련된 작업들인 셈이다.

이러한 숙성의 과정들을 거치며 완성되는 점을 고려하면서 관상학의 개념을 하나하나 살펴보도록 한다. 우선 전체적인 생김새가 관상학적 일반 개념이다. 스웨인과 조지 보이스 스톤스는 'epiprepeia'가 『관상학』에서 '전체적인 생김새'라는 의미로 개입되는 대목이 없음을 지적하며, 이 말이 개별적 징표와 그것들이 지시하는 성격적 특징 간의 적합함' 또는 '일치'를 의미하는 것으로 보인다고 주장한다.[16] 이를 유추한다면 관상학이란 전체적인 외모 관찰과 관련되며 그것은 관상학적 통찰에서 긴밀한 관계를 맺고 있다. 즉 관상학은 포괄적으로 인상학과 골상학을 함유하는 것으로, 전체적인 생김새를 연구하는 학이라는 의미부여가 가능하다고 본다.

구체적으로 관상학의 어원을 몇 가지로 살펴보고자 한다.

첫째, 자연과 본성을 해석하는 것이다. 관상학에 해당하는 헬라스어 'phusiognomonika'는 'phusis(자연, 본성)'와 알다, 판단하다, 해석하다를 의미하는 'gnomon'이 결합되어 생겨났고, phusiognomonika의 단수형태 phusiognomoniketechne(관상학적 기술)는 phusiognomoneo에서 파생되었으며, 결국 중성복수형의 phusiognomonika는 phusiognomonia에 관계되는 (혹은 속한) 것들'을 의미하게 된다.[17] 어원적으로 관상학은 자연, 그리고 본성을 음미하고 해석하여 삶에 도움이 되도록 하는 것으로 이해할 수 있다.

둘째, 자연, 법칙, 판단 외에 운명을 추론하는 것이다. 관상학이란 일반

---

16) 아리스토텔레스 지음, 김재홍 옮김, 『관상학』, 도서출판 길, 2014, p.174.

17) 「아리스토텔레스와 관상학-서양 관상학의 역사적 연원」 해설 : 이 책은 19세기 이마누엘 벡커가 편집한 『아리스토텔레스의 저작 모음집』에 실린 『관상학』을 번역하고 주해한 것이다(아리스토텔레스 지음, 김재홍 옮김, 『관상학』, 도서출판 길, 2014, pp.20-21).

적으로 외형적 생김새를 통해 한 사람의 성격, 체질, 나아가 운명을 추론하는 학문이다. 이를 어원적으로 접근하면 관상학(physiognomy)이란 말의 어원은 그리스어 자연(physis), 법칙(nomos), 그리고 판단 또는 해석(gnomon)의 조합에서 나온 것으로, 이에 따르면 관상학은 자연의 법칙 또는 자연(본질)의 해석이라고 풀이할 수 있다.[18] 자연의 법칙이나 본질 범주 속에 인간이 포함된다는 점에서 오늘날 인간 중심으로 관상학을 발전시켜 왔다.

셋째, 관상학의 어원은 관상을 "보다."는 동사에서 파생하였다. 관상학을 창시한 사람은 기원전 6세기의 피타고라스라고 전해지는데, 그는 친구나 제자와 교류할 때 관상이 마음에 들지 않으면 절대 택하지 않았다. 한편 갈레노스는 히포크라테스가 관상학을 창시한 자라고 주장하는데, 그 이유는 "관상을 보다.(physiognomize)"라는 동사를 최초로 사용한 사람이 히포크라테스였기 때문이라는 것이다.[19] 관상觀相에서 '관觀'의 의미가 본다는 뜻인데 히포크라테스가 말한 관상을 "보다."는 것과 어원적으로 상통하고 있다.

위에서 언급한 관상학의 어원을 참조하면서 관상학이란 개념을 추리한다면 자연과 인간의 전반적 생김새와 관련된다. 그러나 엄밀한 의미에서 그것은 인간에 집중된 양상으로 전개되어 체상, 수상, 족상, 골상, 기색, 등 전체의 외모를 일컫는다. 신체에 대한 관상, 손금, 발의 형상, 골격, 기색 등을 망라하여 인간의 전반적인 신체와 관련짓는 것이며, 나아가 인간의 마음과 관련한 성격 파악도 포함된다고 볼 수 있다.

또한 관상학의 어원을 고려하여 그 개념을 보면 자연적인 특성, 또는 변화가 만들어내는, 그리하여 획득된 특징이라 볼 수 있다. 아리스토텔레

---

18) 설혜심, 『서양의 관상학, 그 긴 그림자』, 한길사, 2003, p.29.

19) 위의 책, 2003, p.47.

스 『관상학』의 해제에서 말하는 「관상학의 정의를 참고하면 '정신적 속성에서의 자연적인 특징(겪음)들에 대한 것'과 또 '관상학에서 고찰된 그 징표들에서 (정신적 특성의 개입을 통해) 어떤 변화를 만들어내는 그와 같은 획득된 특징에 관한 것'을 다룬다.[20] 이를 유추하면 관상학은 자연과 인간의 형상에 대하여 사실적인 것을 관찰하면서 인간에게 자연적으로 혹은 본성적으로 일어나는 정신적 특성을 다루는 학문이다.

환기해보면 고대의 관상학은 예언학과 관련이 적지 않았다. 예언적 관상학은 점을 치는 것과 관련되는 것으로서 초자연적인 존재를 알고 신의 뜻을 아는 것이다. 선사시대로부터 역사 이전의 시대는 인간보다는 초자연적 존재에 대한 믿음이 강렬하였기 때문이다. 예측에는 기상변화에 대한 것도 포함되는데, 옛말에 "하늘에는 측량할 수 없는 비와 바람이 있고, 사람에게는 아침저녁의 복과 재앙이 있다."고 했듯이, 기상 관측을 통해 비바람을 예측할 수 있는 것처럼 사람의 화복도 질액궁을 살피고 기색을 살피면 미리 알 수 있다는 것이다.[21] 어떻든 예언은 신적 영역에 해당되겠지만, 신체 내부에서도 예언적 측면을 찾아볼 수 있다. 그러나 신체의 점이나 흉터, 반점 외모에 대한 관상학적 예언이라는 것이 오늘날과 같이 분석적 관상학과는 거리가 없지 않았다.

관상학의 개념은 예언에 이어, 고대 그리스 시대로부터 관상이 외형만이 아니라 성격을 추론하는 것이 포함되었다. 당시의 관상학 역사에는 아리스토텔레스 등에 의해 인체의 외형만을 관찰하는 관상학에서 학문형태로 발전하게 되었다. 그 이전에는 예언적 관상학에 머물며 신비성이 가미된 관상학의 측면이 적지 않았다. 그러나 그리스 철학자로서 플라톤과 아리스토텔레스의 관상학에 대한 관심이 증대됨과 더불어 예언적 관

---

20) 아리스토텔레스 지음, 김재홍 옮김, 『관상학』, 도서출판 길, 2014, p.168.

21) 地平 編著, 李成天 監修, 『관상해석의 정석』, 도서출판 문원북, 2019, p.101.

상학에서 분석적 관상학으로의 학문적 체계를 갖춘 관상학의 닻을 올리게 된 것이다.

오늘날의 관상학은 고대의 관상학 개념을 뛰어넘어서 외형적 관상학의 구체화는 물론 성격 전반까지를 포함하는 개념으로 확대되었다. 이를테면 '체형 관상학'을 어느 정도 알고 있으면 자신의 성격을 이해하는데 도움이 될 뿐만 아니라 보다 나은 인생을 만들어가는 데도 많은 도움이 될 것이다.[22] 여성의 체형관상에 관심을 가진 남성, 그리고 남성의 체형관상에 관심을 가진 여성들은 이를 통해 그 사람의 성격까지 파악해 내는 관상학으로서의 역할을 해온 것이다. 그리하여 남녀의 얼굴, 가슴, 배, 어깨, 다리 등이 관상의 대상으로 여겨져 그의 성격까지 알아내면서 관상학의 개념은 체형과 성격 파악으로서의 학문적 영역을 확대, 체계화한 것이다.

관상학의 개념이 체계화되면서 이를 바탕으로 내면 심리에서 발동하는 길흉화복을 체상에서 파악하는 것에 목표를 두는 성향이다. 체상 사정을 간파하지 못하면 관상은 끝내 잘 맞지 않더라는 비난을 피할 수가 없을 것이며, 빈부귀천의 요람은 오관육부에 있다 해도 길흉화복의 절대 근원자는 몸집에 있다.[23] 체상의 관찰을 통해서 빈부귀천을 파악하는 것이 관상학에서 거론하는 개념의 정설이다. 다시 말해서 외형의 형상을 통해 길흉화복을 알아내면서 빈부귀천을 미리 판단하여, 이에 대응하자는 것이다.

보다 본질적으로 관상학의 개념을 이해하는 것은 얼굴형을 관찰하여 운명판단, 피흉추길避凶追吉을 강구하는 것이다. 곧 관상학이란 사람의 얼굴형을 관찰하여 그 사람의 운명을 판단하고 그 결론으로 피흉추길(흉한 일을 피하고 좋은 일로 정진함)의 방법을 강구하는 학문을 말한다.[24] 현

22) 최전권, 『신 체형관상학 입문』, 좋은 글, 2003, p.19.

23) 최형규, 『꼴값하네』, FACEinfo, 2008, p.17.

24) 이영달, 『얼굴을 보면 사람을 알 수가 있다』, 행복을 만드는 세상, 2008, p.16.

재 또는 미래의 길흉에 대한 인간의 판단을 통해서 가능한 길한 일은 받아들이고 흉한 일은 피하자는 것이다. 사람들은 타고난 기질이나 성격이 제각기 다른데, 사람의 얼굴 또한 천태만상이라는 점에서 그의 운세에 차이가 있는 것이다. 이는 각자의 관상학적 특징이 있다는 것이며, 그러므로 길흉판단을 통하여 고통을 극복하려는 것이 관상학의 개념이자 목표로 이어진다.

한편 관상학은 넓게 보면 인상학을 포함하지만 엄밀히 말하면 인상학과 거리가 있다. 관상은 단순히 표면에 나타난 것을 보고 길흉을 판단하는 것이지만, 인상학은 "안에 있는 것은 모두 겉으로 드러난다."는 이치에 입각하여 우생학·생리학·유전적 요소 등을 합쳐 미래를 유추하는 학문이다.[25] 또한 인상학의 특징은 일반적인 관상학의 수동적 운명론을 탈피하고 마음과 생각을 다스려 인상을 바꾸고 사회적 관계를 개선하여 운명까지 바꾸도록 인도하는 적극적이며 미래지향적 특징을 갖고 있다. 인상학에 의하면 운명은 자신의 노력여하에 따라 바꿀 수 있다는 점에서 시사하는 바가 크다.[26] 이처럼 인상학 이론의 활성화에 기반하여 오늘날 인상학의 영역이 확대되고 있다.

필자의 『인상과 오행론』(2017)의 저술에 이어 『관상학 네비게이션』(2020)은 인상학과 관상학의 영역을 넘나들며 그 개념들을 포괄하고 있다. 인상학의 연구는 얼굴에만 그치지 않고 머리, 신체, 팔다리의 부위와 정신, 기색, 도량과 내외 오행의 연계 등 모든 것을 포함한다. 쉽게 말해서 생긴 대로 사는 것이 관상학의 초점이었다면 사는 대로 바뀐다는 것이 인상학의 영역이라는 점에서 의미하는 바가 적지 않다고 생각한다.

---

25) 오현리 편, 『정통오행상법 보감』, 동학사, 2001, p.6.

26) 주선희, 「동·서양 인상학연구의 비교와 인상관리에 대한 사회학적 고찰」, 경희대학교 박사학위논문, 2004, p.11.

3 관상철학의 출발

모든 학문은 그것이 목적하는 이론 정립을 위한 출발점이 있을 것이다. 『카우틸리야의 실리론』은 A.D.3세기경에 바라문 학자에 의해서 편찬된 것으로 여기에서 카우텔리야에 의하면, 그는 학문론을 철학, 베다학, 실업학, 정치학의 네 가지로 나누었고 학문의 목적은 결국 법과 실리를 아는데 있다고 주장했다.[27] 여기에서 그가 최초로 철학을 독립적인 학문으로 인정한 점이 눈에 뜨인다. 철학의 출발은 희랍시대로서 '테스형'으로 잘 알려진 소크라테스였다. 희랍의 도시국가에는 2천 년 전보다 오래 전부터 철학자나 예술가들이 존재하였다. 모든 학문의 근본인 철학의 출발은 여기에서 비롯된 것이다.

그러면 '관상학'의 기원은 어느 때부터인가? 동양과 서양 관상학의 기원에 대하여 언급해본다. 철학의 근원지인 그리스의 사람들은 수학과 천문학, 신학과 예술에 있어서는 동양 사람의 영향을 많이 받았으니 동서 관상학은 출발점에 있어 어느 곳이 앞서 있었다고 단정하기 어렵다. 관상학은 동양에서 시작된 것으로 생각하기 마련이지만, 서양에서도 기원전 2000여 년경 메소포타미아 문명에서 그 기록을 찾아볼 수 있다. 이 시대의 유적에서 발굴된 서판書板에는 "어깨에 곱슬곱슬한 털이 난 남자에게는 여자들이 따를 것이다."라고 기록하였다.[28] 이 기록은 서양관상학의 출발로 보는 것이다.

서양 아리스토텔레스 이전 헬라스시대의 관상학이나 그리스철학의 전통은 근대학문으로 이어졌으므로 그 기원은 고대에서 출발한다. 그리스 철학의 전통은 헬레니즘과 로마시대, 그리고 중세를 거쳐 근대 학문에

27) 中村 元著, 김용식·박재권 공역, 『인도사상사』, 서광사, 1983, p.70.

28) 地平 編著, 李成天 監修, 『관상해석의 정석』, 도서출판 문원북, 2019, p.14.

형성되기까지 계속 이어졌던 것처럼[29] 그리스 로마 관상학의 출발과 그 흐름은 예언, 성격파악, 관상학의 법칙화와 관련된다. 곧 고대에는 예언적 또는 점복의 성격을 지녔던 관상학이, 그리스-로마 시대에는 사람의 성격을 파악하고 인간형을 구분하는 관념으로 인식되었다.[30] 사실 그리스-로마시대의 관상이 널리 시행된 흔적은 여러 곳에서 찾아볼 수 있다. 이를테면 그리스-로마 시대의 학자가 최소한 129명이었다고 조사한 기록을 남기기도 하였다.[31] 129명 가운데 잘 알려진 관상철학자들로는 아리스토텔레스, 플라톤, 세네카, 테툴리아누스 같은 철학자로부터 크세노폰, 플루타르코스, 타키투스와 같은 역사가, 유베날리스, 루키아노스였다

그리스-로마 시대의 문화유산이 아라비아 문명권과 교류하면서 역수입된 현상도 있다. 아라비아 문명권을 거쳐 들어온 고대의 관상학은 순수한 그리스-로마 전통에 아라비아의 지적 전통도 가미된 것이었으며, 2세기경에 살았던 갈레노스는 신적인 히포크라테스가 관상학의 최초 발견자라고 한다. 아리스토텔레스의 『동물지』 제1권에서 "관상학의 연구에 대한 또 다른 작품에서"라고 말을 하고 있으며, 이에 관상학은 철학적 동기에서 유래한 것이 아니라 의학적 관심에서 발생한 것으로 추정할 수도 있다.[32] 다소 거칠지만 철학과 의학의 부분적 접합에 의해 자연스럽게 고대 관상학의 출발이 이루어진 것으로 본다. 관상학의 최초 발견자를 히포크라테스라고 하는 반면, 신 플라톤주의자인 포르퓌리오스(234~305)는 피타고라스를 최초의 관상학자로 간주하고 있다. 그것은 미리 그 사람이 어떤 성격의 인물인지에 대한 관상을 검사하지 않고는 자신이나 친구나 학생으로 삼지 않았다는 점에서 추론한 것으로 보인다.

---

29) 이경무, 「동양의 學과 서양의 學問」, 『범한철학』 22집, 범한철학회, 2000, p.278.
30) 地平 編著, 李成天 監修, 『관상해석의 정석』, 도서출판 문원북, 2019, p.14.
31) 설혜심, 『서양의 관상학, 그 긴 그림자』, 한길사, 2003, p.45.
32) 아리스토텔레스 지음, 김재홍 옮김, 『관상학』, 도서출판 길, 2014, p.30.

중세시대에 유럽의 관상학은 가톨릭 신학을 강화하는 수단으로 받아들였으나, 종교 권력의 유지수단으로서 마술 부류로 취급되기도 하였다. 르네상스 시대를 거쳐 18세기 말, 의사이자 관상학자인 라바터(Johann casper Lavater, 1741~1802)는 자신의 저작인 『관상학에 대하여』에서, 관상학을 법칙화할 수 있다고 주장하였다.[33] 중세 후반의 관상학은 손금으로 보는 수상학手相學으로 전개되었다. 오늘날 손금이 자신의 미래사를 보는 중요한 점술법이라는 점에서 이는 중세에 활발하게 전개된 수상학과 관련된다.

여기에서 세르반테스는 『집시여인』에서 당시 흔하게 볼 수 있던 것으로, 집시들이 손금을 보여주는 광경을 밝힌다. 손금으로 점술을 부탁받은 집시소녀는 부시장의 부인에게 손바닥을 내보이라고 하며, 동시에 자신의 손에 동전으로 성호를 그어달라고 부탁한다.

> 아름답구나, 아름답구나
> 은으로 된 손이구나
> 당신 남편은 알푸하라스의 왕보다도
> 당신을 더 사랑합니다. ......
> 언쟁은 많이 하고 거의 먹지 않습니다.
> 당신은 약간 질투심을 보입니다.
> 부시장은 장난꾸러기,
> 그는 부시장 직을 그만두고 싶어합니다.
> 부인, 당신은 다른 사람들을 불행하게 하고
> 즐거움을 부수는 얼굴이 잘 생긴 사람을 사랑했어요.[34]

---

33) 地平 編著, 李成天 監修, 『관상해석의 정석』, 도서출판 문원북, 2019, p.14.
34) 설혜심, 『서양의 관상학, 그 긴 그림자』, 한길사, 2003, pp.141-143.

시의 문구에 나타나 있듯이 사람의 손금 모양과 인체의 점을 통해서 그 사람의 예언을 끌어내는 매개 수단으로 삼았다는 것이다. 당시 떠돌아 다니던 집시들과 손금쟁이는 점성학적 관상학이 나오기 전부터 중세사회에서 널리 알려진 관상술을 선보였다.

14세기에 이르러 점성학적 관상학이 등장하기 시작한다. 당시 영국에 나타난 초서의 『캔터베리 이야기』에는 점성학적 관상학의 흔적이 드러나 있다. 배스의 마누라는 이렇게 말한다.

> 금성은 내게 욕망과 욕정을 주었고
> 화성은 내게 대담함을 주었네.
> 아마도 화성의 영향을 받은 황소자리에서 태어나서 그런가 보다.
> 아아, 끊임없는 사랑은 죄악.
> 내 별자리의 힘에 끌려
> 난 끊임없이 내 천성을 따르네.
> 그리고 사실, 부인할 수 없는 것은
> 내 금성자리 탓에 아름다운 젊음인
> 화성의 표시가 아직도 얼굴에 있고
> 또 은밀한 곳에도 남아 있다네.[35)]

위의 작품에 나타난 점성학적 관상에 대한 내용을 보면 점성술로서 금성과 화성이 거론되며 오늘날 서양의 점성술이 유행한 것도 이러한 흐름에서 전개되었음을 알 수 있다. 점성학적 관상서에서는 '금성'과 관련하여 태어난 여자는 신장도 크며 피부도 하얗고 우아함을 지닌 유혹의 미녀로 상징된 것이다.

근대의 유명한 관상학자로는 라바터(1741~1801)를 거론할 수 있다. 그

---

35) 설혜심, 『서양의 관상학, 그 긴 그림자』, 한길사, 2003, pp.136-137.

는 특히 유대인의 특징이라고 알려진 매부리코를 악덕의 표상이라 한 점에서 주목을 끌었다. 그는 관상에 대한 분류체계를 만들고 얼굴과 심성의 관계에 대한 가설을 세워 관상을 보는 정교한 기준을 제시하려 하였다.36) 관상의 분류체계를 만들 정도로 관상학의 학적 체계화를 도모했기 때문에 과학적 관상학을 추구하였던 그의 이론은 19세기 중엽 정신의학자이자 법의학자였던 롬브로소(1835~1909)가 응용, 관상학을 범죄학과 관련시켰다. 범죄자의 형상을 체계적으로 분류함으로써 쉽게 범죄자를 찾아내는 시스템을 고안하고자 하였던 것이다.

이어서 동양 관상학의 기원에 대하여 살펴보도록 한다. 동양 관상학의 기원은 분명하게 나타나 있지 않다. 다만 역사시대 이전부터 인재등용 등에 관상법을 활용하였다. 옛날 요임금은 용모로써 순임금은 색으로써 사람을 등용하였다. 그리고 우임금은 언술로써, 탕임금은 음성으로, 문왕은 도량으로 인재를 등용하였다. 또한 춘추전국시대의 『장자』에도 관상에 대한 언급이 나온다. 정나라에 계함이라는 무당이 있었는데, 그는 사람의 생사와 화복수요를 잘 알아 귀신과 같았다. 열자는 계함을 데리고 호자에게로 갔는데, 계함은 관상을 보고 나와서 열자에게 말하기를 "허, 자네 선생은 죽을지, 살지를 못하네. 열흘도 견디지 못할 걸세. 내, 괴상한 것을 보았네. 물에 젖은 재를 보았어."37) 동양의 관상학은 상고시대와 춘추전국시대에 인재등용과 생사, 길흉 예언에 초점이 두어졌다.

동양 관상의 원조로 알려져 있는 인물로는 춘추전국시대의 숙복叔服이다. 그는 동주의 인물로 관상학뿐만 아니라 천문학에도 능통했다고 하는

36) 地平 編著, 李成天 監修, 『관상해석의 정석』, 도서출판 문원북, 2019, p.14.

37) 『莊子』 「應帝王」 嘗試與來, 以予示之. 明日, 列子與之見壺子. 出而謂列子曰: 噫! 子之先生死矣! 弗活矣! 不以旬數矣! 吾見怪焉, 見濕灰焉. 列子入, 泣涕沾襟以告壺子. 壺子曰: 鄉吾示之以地文, 萌乎不震不正. 是殆見吾杜德機也. 嘗又與來.

데 『춘추좌씨전』에는 숙복이 주周왕의 명에 의해 노魯나라 문공의 아버지 희공僖公의 장례에 사자로 참석했을 때 관상을 본 적이 있다.

> 공손오가 숙복이 상인술에 능하다는 말을 듣고 그의 두 아들을 그에게 보였다. 숙복이 말한다. 이에 "곡穀은 당신을 먹일 것이고, 난難은 당신을 거둘 것입니다. 곡은 아래가 풍성하니, 반드시 노나라에서 후손이 있을 것입니다."[38]

이처럼 숙복은 고대의 관상가로서 오늘날 점술로 이용되는 간지법이나 팔괘이론에 의존하지 않았다. 그는 즉석에서 밤하늘의 별을 보는 것처럼 쉽게 사람의 관상을 읽을 줄 알았다고 전해진다.

숙복의 뒤를 이은 관상학자로는 공자 당대의 인물로 추정되는 공자의 상을 보았다는 고포자경이 꼽힌다. 고포자경 다음으로는 전국시대의 위나라 사람으로서 이름을 떨친 당거가 있다. 관상학을 연구하는 사람들로서 숙복과 고포자경 때의 상법은 주로 골상을 위주로 한 것이었으나 당거에 이르러 기색을 살펴보는 법이 가미돼 인상학의 학문적 토대가 구축되었다. 이후 서한 시기에 현존 상서인 『인륜식감』人倫識鑑에 보이는데 이목구비 모형을 저술한 허부가 있다. 허부는 숙복, 고포자경, 당거에 이어 인상학의 4대 명가[39]로 꼽히고 있다.

이후에 남북조시대에는 달마대사가 달마상법을 전하였으며 송나라 초기에는 마의도사가 「마의상법」을 남겼는데, 이것이 관상학의 체계가 만들어지는 계기가 되었다.[40] 뒤이어 한국적 관상학은 약 1300년 전 고대 중국

---

38) 地平 編著, 李成天 監修, 『관상해석의 정석』, 도서출판 문원북, 2019, pp.15-16.

39) 주선희, 「동·서양 인상학연구의 비교와 인상관리에 대한 사회학적 고찰」, 경희대학교 박사학위논문, 2004, pp.33-34.

40) 이영달, 『얼굴을 보면 사람을 알 수가 있다』, 행복을 만드는 세상, 2008,

에서 전수되었다. 당시의 유물에서 관상에 대한 연구가 이뤄졌던 흔적이 발견되고 있으며 관상학이 한국에 들어온 시기는 신라시대이며, 고려시대에는 혜징이 관상가로 이름을 떨쳤다.[41] 이처럼 한국의 관상학은 중국 고대로부터 송대에 이르기까지의 영향을 받았으며, 신라와 고려시대에 흥성하기 시작한 것으로 전해진다.

오늘날 한국 관상학의 발전은 2천년을 전후하여 관상학을 학문적으로 연구할 수 있도록 제도적으로 뒷받침된 대학교에서의 명리학 전공의 학과가 개설된 것[42]이 그 시발점이라 본다. 대학이 끈기 있게 연구결과를 전통의 움직임 속으로 거둬들이는 그 중심부에 철학 연구는 결코 고갈된 적이 없었다[43]는 언급처럼, 4년제 종합대학교 대학원의 철학, 명리, 풍수, 관상학에 대한 강단에서의 연구와 담론은 앞으로 한국 관상학의 무궁한 발전을 예고하고 있는 것이다. 관상학과 관련한 박사학위논문들이 대학도서관에 소장되면서 역사의 장이 형성되었다고 보면 된다. 점술적·신비적 관상학에서 합리적·과학적 관상학으로의 인생 상담과 치유의 장이 이미 펼쳐지는 계기가 되고 있다.

길거리에서 구전심수의 관상수업이 이제 학문의 전당에서 그 꽃을 피우고 있다는 것은 그야말로 길조라고 본다. 철학이라는 학문도 오랜 세월에 걸쳐 체계화되어 왔듯이 관상이라는 학문이 이제 학술의 장으로 당차게 등장한 것이다. 최근 수세기는 철학자가 언제나 완전히 최초부터 다시

---

pp.14-15.

41) 이영달, 『얼굴을 보면 사람을 알 수가 있다』, 행복을 만드는 세상, 2008, pp.14-15.

42) 국내의 효시로서 원광대학교 동양학 대학원의 동양철학 전공과 일반대학원의 한국문화 전공의 명리학을 거론할 수 있다.

43) 베르나르 시셰르 著, 유지석 譯, 『프랑스 지성사 50년』 I, 도서출판 끌리오, 1998, pp.13-14.

시작하려고 한 빈도가 많았다는 것이 그 특색인 점[44]을 상기하여, 관상학도 2010년대 전후부터 박사학위 수여의 인재가 배출되고 있다. 야스퍼스에 의하면 철학자는 완전히 최초부터 다시 시작하려고 한 빈도가 많았다고 하는 것처럼, 관상학자도 이제부터 관상학을 체계적으로 정립하려는 분연한 마음을 가져야 한다. 여기에서 이성과 지식을 사랑하는 관상철학의 새싹과 윤곽이 보이는 것이다.

4 진리추구로서의 관상철학

누구나 한번쯤 고민할법한 문제로는 "진리란 무엇인가?"에 대한 궁금증이다. 진리는 절대자의 가르침이라든가, 철학적 진리이든가에 대한 추측만 무성할 뿐 분명하게 이를 규명하기가 쉽지 않다는 것이다. 진리의 규명에 끊임없이 등장하는 의문은 인간이 사유하는 존재이기 때문일 것이며, 합리적 이성과 이상을 향하는 목표점이 있기 때문이라 본다. 진리는 곧 인간에게 이성적 사유 활동을 지속하게 하는 매개체이며, 우리가 도달해야 할 궁극점이라는 유추적 판단이 자리해 왔던 것이다.

일반적으로 동양사상에서 자주 거론하는 것으로 진리란 '도道'이다. 도는 각 종교마다 절대자의 가르침이라고 믿는다. 이를테면 유가에서 말하는 '도'란 간단히 말하면 사람이 올바로 살아나가고 세상을 옳게 다스릴 수 있는 바른 도 또는 진리 같은 것이다.[45] 도에는 인도를 말하는 것으로 인의仁義에 따르는 것이라고 공맹은 언급하고 있다. 진리는 여기에서 여러

---

44) 야스퍼스 著, 黃文秀 譯, 『理性과 實存』-世界思想全集 6, 三省出版社, 1983, p.468.

45) 김학주 옮김, 『노자』, 연암서가, 2013, p.73.

측면에서 정의할 수 있으며, 유·불·도를 망라하여 철학과 각종 학제간의 진리규명이 가능하다는 것이다.

우선적으로 모든 학문 가운데 그 기반이 되는 철학에서 말하는 진리는 무엇인가를 살펴보는 것이 관상철학에서 참조해야 할 내용이다. 철학은 일종의 관념형태이나, 그것은 다만 역사적 조건에 의하여 규정되는데 그치는 관념적인 형태가 아니고, 일정한 역사적 조건하에 있어서의 진리인식이다.[46] 진리는 일단 관념의 형태로서 어떠한 것이라고 규정하며, 이렇게 하여 정립된 진리는 시대적·역사적 상황과 맞물려 체계화되고 새롭게 정립되는 성향이 있다는 것이다.

시대와 역사적 상황과 관련하여 정립된 진리는 하나같이 개념의 발전과 합리적 이성의 역량이 뒷받침된다. 진리는 개념과 개념의 나열이며, 이성적인 합리를 추구하는 성향이 있기 때문이다. 즉 개념을 발전시킬 수 있는 이성은 모든 인간들에게 공통된 인식 능력이며, 따라서 진리의 유일한 근원으로 여겨질 수 있다.[47] 관상학에서 정의하는 진리라 해도 그것은 보편의 철학적·과학적 개념의 동원을 필요로 하며, 이것은 관상학자들의 합리적 이성이 뒷받침된다는 것이다.

고대의 진리 규명은 철학자들에 의해 부단히 탐구되어 왔다. 이것은 모든 학문의 출발이 철학이었다는 사실과 관련된다. 옛날부터 철학자들은 진리를 추구해 왔다[48]는 점을 인지한다면 진리인식의 출발은 고대철학과 직결되어 있다. 물론 철학은 그 자체로는 어떤 진리도 만들어내지 않고, 특정 시대 고유한 진리들의 체제를 보여주는 것에 만족한다는 것을 베르나르 시셰르의 『프랑스 지성사 50년』에서 언급한 적이 있다. 이는 달리

---

46) 金桂淑, 『西洋哲學史』, 一潮閣, 1993, p.6.

47) 쿠르트 프리틀라인 저, 강영계 역, 『서양철학사』, 서광사, 1985, p.65.

48) 張岱年·方立天 편(중국민중사사연구회 옮김), 『中華의 智慧』, 민족사, 1991, p.27.

말해서 철학은 진리 규명을 위해 최선을 다해왔지만 철학 자체만으로 완벽하게 규정할 수 있는 것은 아니라는 뜻이다.

여기에서 진리의 속성을 이해할 필요가 있다. 그것은 고정불변한 것이며, 공통된 것이라는 단서에서 시작한다. 우리들은 "진리는 하나이고 제2의 진리가 있을 수 없다."라고 하는 요청을 가지고 있다.[49] 일반적인 상식으로 해가 동쪽에서 뜬다는 것은 하나의 진리이다. 서쪽에서도 뜬다는 것은 진리가 아니다. 인간은 태어나면 결국 죽는다는 것도 공통된 진리이다. 인간은 죽지 않는다는 것은 진리가 아니라는 뜻이다. 이처럼 진리는 하나이며, 어떠한 상황에 따라 변하는 것이 아니다. 관상학적으로 거론되는 진리 가운데 자연과 인간의 형상을 따라 상을 보아 흉을 극복하려는 예측학이라는 사실은 일단 고정불변의 진리에서 출발한다.

그러면 관상학에서 진리의 인식은 다음 몇 가지 학문적 접근법으로 접근해야 한다.

첫째, 진리는 수많은 토론과 논쟁을 통해 정립되는 과정을 밟는다. 학술적 담론을 통해 전문성을 부여함으로써 보다 합리적이고 사실적인 이치를 찾기 위해서는 이러한 과정이 필요하다. 누구든지 대화, 대담, 논쟁, 토론을 진리발견의 근본형식으로 이해하면, 먼저 생각하고 말해야 할 것이 있는데, 공동의 노력, 혹시는 만인의 노력이 필요하다는 점이다.[50] 개인의 독단적인 결단이 아니라, 상호 공감을 갖도록 하는 노력을 통해서 진리는 규정되어지는 것이다. 철학이나 과학, 의·약학, 예술학 분야의 진리규명이 이러한 토론을 통해서 가능하듯이, 앞으로 관상철학도 이러한 토론과 논쟁을 통해서 관상학의 체계적인 진리 규명을 통해 접근되어야 한다.

둘째, 진리의 규정은 서양철학의 견해와 같이 인식론을 중심으로 출발

---

49) 中村 元著, 김용식·박재권 공역, 『인도사상사』, 서광사, 1983, pp.55-56.

50) 하인리히 오트 著, 김광식 譯, 『신학해제』, 한국신학연구소, 2003, p.22.

한다. 고대 소피스트들의 출발점은 인식론적인 숙고였는데 그들은 오직 인식론적인 숙고로부터만 판단의 진리가 확정될 수 있다는 근거를 가지고 있었다.[51] 어떠한 사실이나 원리에 대한 탐구를 통해서 하나하나 합리적인 가치를 찾아내고 진리적 학설에 대한 진리적 규명을 하는 것은 지식의 동원과 탐구의 효율성을 찾는 것으로 그것은 인식론적인 작업의 하나이다. 존재론과 인식론, 가치론 가운데 인식론적인 탐구 작업이 진리 규명의 출발이라는 점은 서양철학적 사유에서 더욱 타당성을 지닌다. 서양관상학의 흐름에서 알 수 있듯이 『관상철학』의 지적 탐구 작업도 이 같은 인식론적 작업의 하나이다.

셋째, 진리규명에는 논리학적 사유를 필요로 한다. 모두가 인정하는 삼단논법이 있듯이 학술적 진리규명에 있어서 합리성과 사실성을 담보할 논리가 필연적이라는 뜻이다. 논리학의 연구는 고대 인도에서 행해졌고 의학서인 『차라카 본집』 가운데에조차 논리학을 설명하는 구절이 있으며, 니야야 학파는 논리학을 조직적으로 정리하였는데 '니야야'의 어원은 정리正理라는 의미이다.[52] 바른 이치라는 정리의 의미가 시사하듯이 인도의 논리학은 서양철학자들에게 그 가치를 인정받는다. 인도의 철학적인 정신 속에 진리가 심오하다는 것은 인도에서 발달한 논리학적 가치와 맞물린다. 이를 비유할 경우 관상학의 논리가 뒷받침되어야 한다는 것이다.

넷째, 진리 인식론에 더하여 깨달음이라는 수양을 통한 방법도 참조될만한 일이다. 진리규명에는 학술적 이치만이 아니라 성자의 깨달음도 포함되기 때문이다. 명상을 하는 하나의 목적은 마음의 눈을 뜨는 것이며, 노자의 도, 부처의 깨달음, 예수의 "진리가 너희를 자유롭게 한다."는 가르침, 그리고 수많은 영성의 스승들이 말하는 달관의 경지라는 것도 사실은 마음의

---

51) 쿠르트 프리틀라인 저, 강영계 역, 『서양철학사』, 서광사, 1985, pp.51-52.

52) 中村 元著, 김용식·박재권 공역, 『인도사상사』, 서광사, 1983, p.124.

눈을 뜨는 것이다.[53] 자연과학적 지식만이 진리라고 하는 것은 인식영역의 측면을 말하는 것이라면, 명상의 수련을 통한 깨달음을 포함하는 진리는 인문과학의 철학적 영성의 진리이다.

이러한 여러 맥락에서 볼 때, 관상학에서는 진리인식의 방법론을 터득함으로써 관상학의 이론적 체계화작업이 이뤄져야 할 것이다. 관상학자 이정욱은 말하기를, 마음은 더 복잡하고 미묘한 진리 하에 보장하고 미묘한 진리 하에 움직이면서 몸체를 관리하고 유지시키며 운명을 만드는 역할을 한다.[54] 그가 말하듯이 관상학의 이론적 체계화 작업에는 마음의 세계를 파악하고, 나아가 몸체의 이치를 파악함으로써 운명론의 진리를 전개하는 것이다. 곧 관상학의 진리는 마음과 몸, 즉 심상과 체상의 이치를 규명함으로써 체계화된 이론을 수립해야 할 것이다.

관상학자 라바터가 말하는 진리는 진실이나 지식이 정해진 원칙에 의해 설명되는 것이라 하였다. 그가 말하는 과학은 "진실이나 지식이 정해진 원칙에 의해 설명될 때 그것은 과학적인 것이 된다. 그것이 단어나 문장, 법칙이나 정의 등으로 전달될 때 말이다."라고 정의한다.[55] 관상학적 시각에서도 진리란 과학적 지식이 동원되어 원칙을 규정하고, 여기에는 관련 언어라는 매개수단을 통해 진리가 규정된다는 것이다. 관상학도 일종의 과학적 방법론을 통원하는 이상 길흉화복의 원칙을 파악하고, 이를 관상학적 용어를 동원함으로써 관상학의 진리가 규정된다고 보면 좋다.

실제 관상학에서 거론되는 것처럼, 자연과 인간의 이치를 통한 길흉판단이 미래의 불안을 극복하도록 치유하는 이론들로서의 진리이다. 만물의 덕을 아는 사람은 진리를 구명해서 자연과 자연에 존재하는 만물을 존귀

---

53) 윤종모, 『치유명상』, 정신세계사, 2009, p.257.

54) 이정욱, 『음성관상학』, 천리안, 2011, p.25.

55) 설혜심, 『서양의 관상학, 그 긴 그림자』, 한길사, 2003, p.272.

하게 여긴다는 관상학자의 언급처럼, 만물을 존귀하게 여기는 사람은 만물을 함부로 소비하지 않고 절약해서 스스로 우주 만물의 진리를 획득한다[56]는 것이다. 만물의 덕을 아는 것은 자연의 섭리를 알아서 그대로 따르자는 것이며, 그로 인해 만물을 귀하게 여길 때 우주와 인사人事의 길일吉日을 만들어가는 관상학 상담가가 되어야 할 것이다.

만일 관상가로서 자연과 인간의 본래 이치를 망각하고, 우주만사의 섭리를 거스를 때 길은 멀리 보내고 흉을 맞이하는 꼴이 되고 만다. 그리고 자신뿐만이 아니라 내담자의 앞길도 암담하게 만든다는 점을 알아야 할 것이다. 관상을 아름다운 빛깔로 채색하기 위해서 가장 중요한 것이 '덕'이 되는 이유는 덕은 인간을 비로소 인간답게 하는 가장 중요한 요소이기 때문이다.[57] 그리하여 관상가는 자연과 인간의 진리에서 발현되는 덕을 알고 있다. 이에 먼저 자기 자신의 관상부터 시작해서 이것을 온전하게 보급시키고 일반 대중이 따라 수신하게끔 하는 것을 목적으로 한다.[58] 관상학의 진리를 규명하도록 지식을 사랑하는 철학적 사유가 적극적으로 필요한 것이며, 수행자적 명상을 통해서 관상철학의 진리규명에 최선을 다하면 좋으리라 본다.

5 관상철학은 인문학이다

오늘날 인문학이 외면당하는 현실이 안타까운 일로 되어버렸다. 물질

---

56) 미즈노 남보쿠, 화성네트웍스 역, 『마음 습관이 운명이다』, 유아이북스, 2017, pp.193-194.

57) 주선희, 『얼굴경영』, 동아일보, 2007, p.341.

58) 미즈노 남보쿠, 화성네트웍스 역, 『마음 습관이 운명이다』, 유아이북스, 2017, pp.193-194.

가치의 지향과 과학문명의 발달에 따른 영향도 있겠지만 그간 현실을 외면했던 인문학이 한국의 현실로부터 외면당하는 실상이 된 것이다. 1970년대에 프랑스는 경제부흥을 위해서 인문학 중심의 교육에서 '실용적'인 지식의 교육으로 바꾸자는 교육 개혁안을 내놓은 적이 있다. 이때 프랑스 고등학교 필수과목이었던 철학이 선택과목으로 바뀌게 되었다. 당시에 경제 지향의 정부를 비난한 것이 철학자 자크 데리다였다. 프랑스의 희극작가 몰리에르는 그의 작품에 등장하는 한 인물의 입을 통해 인간의 병은 의사보다 인문학적 방법을 통해 이를 극복할 수 있도록 도와줄 수 있다면 그것은 가장 바람직한 치료형태일 것[59]이라 했다. 이제라도 자연과학의 학문에만 취해 있지 말고 인문과학의 소외를 극복하는 지혜가 요구된다.

중세 르네상스 때 인문학이 발전했다는 것은 잘 아는 사실이다. 르네상스의 사상적 기초는 인문주의에 있었으며, 인문주의는 당시의 학자들과 사상가들에게는 오랜 중세문화의 침체와 몰락 이후에 고전적 가르침과 지혜의 부활을 일으키는 계기를 만들어주었다.[60] 중세 암흑시대의 신 중심적 사유에서 인간의 존엄성, 잃어버린 인간의 자율성의 회복을 위한 운동이 일어나야 한다. 인간의 가치, 인간의 존엄성을 드러내는 학문적 역할이 인문학인 것이다.

인문학은 인문주의를 지향하는 학문으로서 시, 문학, 역사, 철학 등을 지칭한다. 이 '인문주의'라는 용어는 희랍과 라틴의 고전문학에 강조점을 둔 교육의 한 형태를 지칭하기 위하여 1808년 처음으로 사용되었다. 우리가 잘 아는 인문주의란 이탈리아어 'umanista'라는 말이 자주 쓰였던 것에

---

59) 김익진, 「문학과 마음치유」, 第334회 학·연·산 연구성과교류회《인문학적 마음치유와 한국의학의 만남》, 마음인문학연구소, 한국연구재단, 2012, pp.45-46.

60) The New Encyclopaedia Britannica, Vol.9, 15th edition, Chicago:Encyclopaedia Britannica, Inc., 1020. ; 이 거듭남과 회복을 위해 고전으로 돌아가자는 사상이다(김홍기, 『종교개혁사』, 知와 사랑, 2004, p.21).

서 발전하지만, 이 말은 '인문학'(studia humanitas)은 시, 문법, 수사학과 같은 학에 과목들을 가르치는 대학의 교수를 지칭하는 것이다.[61] 이와 관련한 교수들의 공헌으로 인해 학문으로 발전한 인문학은 인간의 감성을 다루는 시상詩想에 이어서 문학, 사학, 철학 등을 포함하는 것이다. 관상학의 영역은 이러한 인문학적 범주의 배경에 근거하고 있다는 점을 강조하고자 한다.

이러한 맥락에서 천문天文을 관찰하여 시대변화를 살피고, 인문人文을 관찰하여 천하를 교화한다는 점에서 『주역』의 사상을 소개해 본다. "천문을 보아 시절의 변화를 살피고 인문을 보아 세상을 감화시킨다."[62] 길흉을 판단하고 감화시키는 『주역』의 정신과 관상학의 영역이 크게 다를 것이 없다. 송대의 철학자 정이천은 인문학의 중요성에 대하여 다음과 같이 대화형식으로 드러내고 있다.

> "자유와 자하를 문학文學이라 칭함은 어째서입니까?" 이천은 다음과 같이 말하였다. "자유와 자하도 어찌 일찍이 붓을 잡고서 사장詞章을 짓는 것을 배웠겠는가? 또 '천문을 관찰하여 시변時變을 살피고 인문을 관찰하여 천하를 교화하여 이룬다化成'와 같은 것이 어찌 사장詞章의 글이겠는가?"[63]

---

61) Peter Burke, The Italian Renaissance: Culture and Society in Italy(Oxford: Revised edn, 1986(비록 초기의 어떤 연구들은 인문주의가 대학 바깥에서 연원했다고 주장하기도 하지만, 우리가 이용할 수 있는 증거들은 의심의 여지없이 인문주의와 북부 이탈리아 대학들 사이의 긴밀한 연관을 지시해주고 있다). ; A.E.맥그래스(박종숙 옮김), 『종교개혁 사상입문』, 성광문화사, 1992, pp.56-57.

62) 『周易』, 賁卦 觀乎天文, 以察時變, 觀乎人文, 以化成天下.

63) 『近思錄』「爲學」 57章, 曰 : 遊夏稱文學 , 何也 ? 曰 : 遊夏亦何嘗秉筆學爲詞章也 ? 且如"觀乎天文以察時變 , 觀乎人文以化成天下" , 此豈詞章之文也 ?

『주역』의 천문지리를 관찰함으로써 인간사의 길흉을 예측하는 관상학은 이러한 인문학적 기초에 바탕하여 자연의 형상과 인간의 생김새를 통해 길흉을 판단하게 하고 있다.

미래 예측학으로서 천문과 인문의 연관성에서 고려할 수 있는 것은 천지와 인간을 일체로 보는 『주역』이 그 초석이 되었다. 옛사람들은 자신과 천지만물을 일체로 보았기 때문에 자연계의 객관적 법칙 또한 인간의 주관적 특징과 인문적 특징을 갖추고 있으며, 자연계의 변화 역시 길흉선악에 있어 서로 다른 결과를 낳게 된다고 보았다.[64] 동양철학은 천지만물과 인간의 관계를 일체화하는 천인합일天人合一로써 인간의 고통과 불안을 없애고자 하는 점에서 점술적인 성향이 나타나며, 이 역시 인간가치를 중시하는 인문학적 소양과 직결되어 있다.

그리하여 『주역』은 점술의 가치에 더하여 철학적 가치가 지대하다. 그것은 술수주역에 더하여 의리주역이라는 부분으로 나뉘는데, 철학의 역할은 이러한 의리주역과 밀접한 관련성을 지닌다. 하여튼 철학은 시·정치·과학의 세 분야에 끊임없이 어떤 역할을 담당하려고 하는 것처럼 존재에 대한 인간 주체의 관계에 대해 분명한 입장을 표명하고 있다[65]는 점에서, 인간의 가치와 주체를 강조하는 주역철학과 관상철학의 밀접한 관련성을 지닌다.

동양의 점술과 관련한 관상학의 영역은 술수주역과 상관성이 있다. 이에 유가들이 주목하였던 『주역』의 관점 가운데 하나로서 천지의 운행에 근거하여 인문적 가치를 논하는 『주역』의 관점을 이용하여 유가는 우주와 인간을 유비적으로 대응시키는 방식으로 예적 질서에 형이상학적인

---

64) 유장림 지음, 김학권 옮김, 『주역의 건강철학』, (주)정보와 사람, 2007, p.14.
65) 베르나르 시셰르 著, 유지석 譯, 『프랑스 지성사 50년』Ⅰ, 도서출판 끌리오, 1998, p.18.

근거를 부여하려고 한다.[66] 인문학이란 다름 아닌 우주와 인간을 대비시켜 상호 조화적 관계와 순응적 관계 등을 논함으로써 인간의 가치를 강조하고 인간의 영역을 확장하는 인문학적 가치로서 술수주역의 본의와 통하는 것이며, 그것이 관상학에서 깊이 있게 응용되는 것이다.

이처럼 관상학은 중국철학에서 지향하듯이 유교 인문주의가 추구하는 인간과 자연의 연계성을 강조하는 점에서 소통하는 점이 적지 않다. 유교 인문주의는 인류문명의 차축시대를 통과한 성숙한 문화형태이기 때문에, 인간과 자연의 동형동성론을 주체적으로 자각하고 그 책임을 감당하려고 성실하게 노력한다.[67] 인간과 자연의 주체적 관계를 확립하는 것은 곧 유교의 인문주의적 성향으로, 관상철학에서 주시해야 할 '천인합일'의 조화적 관계가 여기에 관련된다.

그리하여 주역철학과 관상철학에서 강조될 수밖에 없는 인문학적 가치는 아무리 강조해도 지나치지 않다고 본다. 그것은 인간의 존엄에 더하여 우리들에게 행복 추구를 위한 길흉화복의 길을 제시하고 있기 때문이다. 더구나 인문학이란 철학 문학 등을 통해서 형이상학, 인식론, 존재론, 가치론을 정립하는 것[68]으로, 관상학은 이러한 인문학적 틀을 중시함으로써 철학적 영역을 확대하고, 인식론과 존재론의 영역까지 참조하여야 할 것이다. 관상학의 분야가 아무리 외부적 형태를 관찰하는 것에 초점을 둔다고 해도 인간 내면의 가치를 중시하는 철학적 가치에 소홀히 한다면

---

66) 정병석, 「주역의 질서관」, 『동양철학연구』 제25권, 동양철학연구회, 2001, p.238.

67) 김경재, 「기조발표-동서종교사상의 화합과 회통」, 《춘계학술대회 요지-동서종교사상의 화합과 회통》, 한국동서철학회, 2010, p.19.

68) 근래에 들어 서양에서는 철학이 형이상학, 혹은 인식과 존재와 가치에 관한 난해한 논의와 동일한 의미로 쓰이게 되었다(라다크리슈난 저, 이거룡 옮김, 『인도철학사』 I, 한길사, 1996, p.56).

기복 중심의 술수에 떨어지고 말 것이기 때문이다.

더구나 술수문화에서는 미래사를 예견하는 신비주의적 성향으로 이어져 왔다는 점에서 인문주의의 절충이 중요하다고 본다. 그것은 관상학이 기복의 신비주의를 극복하는데 인문주의적 성향, 천인합일의 정신에 바탕한 인간다운 삶을 성취하고 인간과 자연이 조화로울 수 있는 길을 제시해주기 때문이다. 그 접점으로 신비주의와 인문주의의 절충, 자연天과 인간人의 어울림에 관련된 『주역』으로써 하늘과 인간과 사물이 어울림을 성취해야 하고, 이를 통해서 인간 생존과 인간다운 삶 그리고 궁극적으로 참으로 문명화된 세계를 성취해야 하는 것이다.[69] 인문학의 강점이 이것이며, 그로 인해 초자연의 기복신앙에 치우친 신비적 관상학을 탈피할 수 있다.

이제 인문과학이 왜를 새롭게 하는 힘을 가져다준다. 인문학에 속하는 도덕이나 철학이 나를 새롭게 한다[70]는 데카르트의 견해를 보면 인문학이 얼마나 중요한가를 알게 해준다. 자연과학이 현대문명의 발전을 통해 문명의 이기利器를 사용하게 한다면, 인문과학은 문명의 이기를 사용한 인간에게 지혜를 가져다준다는 점에서 그 의의가 더없이 크다고 할 수 있다.

따라서 삶의 격조를 잉태하는 것이 인문학임은 자명하다. 고대의 헬레니즘 고전, 근대 초기의 르네상스 인문주의, 그 후의 문학, 예술, 철학 같은 것들이 문명 발전의 밑거름이 되어주었다는 것이며, 격조를 갖춘 인간지성들의 역할은 인문학 독서를 통해서 마음의 양식을 얻게 되는 것이다.[71] 인문학으로서의 마음의 양식을 가져다주는 철학서적의 독서는 인간의 존엄가치를 향상시켜 준다. 고전 상학으로서의 가치, 근래 간행된 관상서적,

---

69) 권정안, 「주역의 세계관」, 『초자연현상연구』 창간호, 공주대 초자연현상학연구회, 1993, p.48.

70) 데카르트 著, 김형효 譯, 『方法序說』-世界思想全集 11卷-, 三省出版社, 1983, p.46.

71) 현용수, 『IQ는 아버지 EQ는 어머니 몫이다』, 國民日報社, 1997, p.97-99.

현금現今의 관상철학도 인문학의 영역에 속한다는 점에서 격조를 높여주는 역할에 소홀히 할 수 없다.

인문학이 인간의 격조를 높이는 길은 앞으로의 인간 치유에 적극 뛰어드는 일이라 본다. 인간의 병 치료는 인간의 이해로부터 출발하는데, 이 문제는 인문학은 인간의 문제를 고민하고 인간의 행복을 찾는 인간학이다.[72] 메를로퐁티는 몸의 중요성을 부각시키며 몸과 마음이 분리될 수 없는 하나임을 주장하는 몸의 현상학을 설파하는 인문학적 소양을 키워주었다. 이를 참조하여 관상철학은 몸의 형상과 마음의 심상을 분리하지 않고 심신의 고통을 극복하게 하는 인문학적 치유의 길에 더욱 관심을 더욱 가져야 할 것이다.

여기에서 다시 관상철학이 인문과학으로서 역할을 해야 한다는 것은 그 효능의 주체성을 확인하자는 것이다. 넓게 보면 관상학이 인문과학과 사회과학 나아가 자연과학으로도 분류가 될 수 있다. 그것은 사회적 관계로서의 관상학에 더하여, 자연현상의 분석적 과학으로서의 관상학도 포함된다. 일반적으로 과학은 학문을 주제에 따라 형식과학과 경험과학으로 분류하고, 다시 경험적 주제를 인문과학, 사회과학, 자연과학 등으로 분류하는 것은 이런 맥락에서 비롯된다.[73] 따라서 관상학은 다양한 학제간 영역에서 거론될 수 있음을 간파하면서, 이를 응용한 관상철학은 인간과 자연의 현상 등을 논하면서도 인간존엄의 가치와 인간중심의 과학으로서, 인간의 격조를 키워야 한다. 여기에서 필자가 기대하는 관상철학은 바로 인문과학적 가치를 높이고 철학적 사유를 키워주는 역할 확대와 관련된다.

---

72) 김익진, 「문학과 마음치유」, 제334회 학·연·산 연구성과교류회《인문학적 마음치유와 한국의학의 만남》, 마음인문학연구소, 한국연구재단, 2012, p.45.

73) 이경무, 「동양의 學과 서양의 學問」, 『범한철학』 22집, 범한철학회, 2000, p.272.

6 철학이론과 관상철학

서양철학의 이론체계를 언급할 때, 존재론, 인식론, 가치론이 큰 틀로 거론된다. 이를 구체학의 이론체계를 언급할 때, 우주론, 인성론, 수양론이 그 대표성을 지닌다. 서양철학은 밖으로 개방과 주지주의主知主義의 객관성을 심화하는 학문으로 인식론적 전개와 가치론적 심화를 가져다주는 것에 대해서, 동양철학은 인간 주위에 사유영역과 주관성을 심화시키는 것에서 대비가 된다.[74] 인간 중심으로 사유하고 인성의 수양이라는 주관성이 가미된 철학으로 전개되는 것이 바로 동양철학이 갖는 특성이다. 우주의 존재적 의미와 인성의 선악문제와 기질의 수양이라는 큰 흐름에서 중국철학과 한국철학이 발전되어온 점을 참고할 필요가 있다는 것이다.

보다 엄밀하게 말해서 서양철학은 개념에 초점을 맞춘 인식론을 중심으로 이론체계가 정립되어 왔다면, 동양철학은 인간의 품격에 초점을 맞춘 인성론을 중심으로 이론체계가 정립되어 왔다는 점에서 그 차별성을 말할 수 있다. 즉 서구 전통은 인간의 본질적, 법적 개념에 초점을 맞춘데 비해, 동아시아 전통은 인성론에 대한 다양한 논의가 있으면서도 인성을 이룬 인격자, 곧 최종 개념에 더 큰 관심을 두었다.[75] 근래 서양철학의 언어철학이라는 발전과 더불어 인식론적 깊이를 추구하는 개념 정의의 차원에서 서양철학이 조명을 받고 있으며, 동양철학의 경우 인성의 규명과 수양론적 전개가 조명을 받고 있다는 점에서 상호 정체성이 있다는 것이다.

동서철학의 이 같은 이론체계를 참고하면서, 본 장에서는 주로 동양철

74) 金忠烈, 「東洋人性論의 서설」, 『동양철학의 본체론과 인성론』, 연세대학교출판부, 1984, pp.169-170.

75) 金勝惠, 「道敎의 人格理解」-老子 · 莊子 · 抱朴子를 중심으로-, 제8차 학술세미나 『道敎와 倫理』, 한국도교사상연구회, 1995, p.2.

학 사유에 바탕한 우주론과 인성론, 그리고 수양론을 중심으로 관상학과 관련지어보고자 한다.

먼저 동양철학의 우주론과 관상학의 관계성을 살펴보도록 한다. 우주를 대자연이라 하고, 만물의 영장인 인간은 자연의 정기를 받고 태어났기 때문에 소우주라고 부른다. 여기에서 인체의 머리는 하늘天, 넓적한 발은 땅地, 두 눈은 해와 달, 몸의 오장육부와 365경락은 월月과 시時, 년年으로 비유한다. 이러한 비유를 통해서 사람의 얼굴과 몸 전체를 보고 미래의 운명을 예지하는 기법이 관상학으로서 그 근본은 인간을 우주와 자연에 비유하고 사람을 소우주라고 보는 데서 그 관상학의 연유를 찾을 수 있다.[76] 관상학의 발달은 이처럼 천인상응이라는 한대의 우주론적 영향을 받으며 전개되었다.

송대에 이르러 우주론이 체계화되면서 관상학과의 접근이 구체화되었다. 송대유학이 우주론과 체계적으로 접목되면서 음양오행설과 도가학이 발달하였고, 관상학도 더욱 발전하고 보급되어, 이 시기에 오늘날 관상서의 고전으로 알려진 『마의상법』麻衣相法이 저술되었다.[77] 이 책은 당시 화산 석실에서 수도하였던 마의선사에게 진단이 사사師事한 후 기록으로 남긴 것으로 『마의상법』은 『유장상법』과 더불어 관상학의 고전으로서 그 역할을 다하고 있다.

고전상법의 이론은 관상학이 응용되는 과정에서 송대에 체계화된 우주론에 근거한 인성 수양론을 중심으로 전개되었다. 송대철학의 특징은 우주·자연 및 인성에 대한 본체론적 형이상학의 탐구와 심성수양의 철저화에 있으며, 그 중 심성수양에 있어서는 인간의 도덕성을 기존의 유교에다 불교와 도교를 원용하고 철학화하고 내면화하였다[78]는 점을 참조할 일이

76) 엄원섭, 『관상보고 사람 아는 법』, 백만문화사, 2007, p.13.

77) 地平 編著, 李成天 監修, 『관상해석의 정석』, 도서출판 문원북, 2019, p.18.

다. 우주론적 시각과 인성론적 시각을 겸비한 불교와 도교의 영향과 더불어 관상학 역시 큰 발전의 전기를 맞이하였는데, 상법고전이 전파되면서 더욱 유행하게 되었다. 우주론의 도가적 시각과 인성론의 유교·불교철학이 관상학에 응용되면서 전통성의 기복신앙과 형상관찰의 관상학을 기반으로 한 관상철학이 구축된 것이다.

따라서 우주론에 이어서 철학체계의 두 부류인 인성론·수양론을 관상학과 연계하여 관상철학의 체계화를 시도해 보고자 한다. 서양은 '신(God)' 중심의 사유라면 동양인들은 '인간' 중심의 사유를 오랫동안 해왔다. 유교적 사유에 길들여진 한중일 3국은 공맹과 노장철학의 인간중심적 사유를 통한 인성의 문제에 깊은 관심을 가져왔던 탓이다. 인간 중심의 동양 인생관에 많은 관심을 보인 서양의 헌팅턴에 의하면, 서양보다 동양에는 경제력보다는 철학, 가치관, 인생관의 차이에 더 강조점이 있다[79]고 하였다. 동양의 인성론은 인간의 성품과 수양을 같은 맥락에서 보면서, 주요 초점은 지식과 행동의 실천력을 겸비한 지행합일의 인품을 지향한다.

이 같은 지행합일의 인품은 동서를 막론하고 모든 철학자가 영혼과 신체에 대등한 관심을 가져야 한다는 것으로, 이는 세계 공통의 관상학과 관상철학의 도출을 위해서 지속적인 관심을 가져야 한다. 예컨대 키케로는 자신의 저서에서 관상학자 조퓌로스가 소크라테스의 관상을 어떻게 평가했는지를 자세하게 언급하고 있는데 그것은 철학자가 영혼의 본질과 신체의 관계에 대해 관심을 기울인다면, 철학자는 필연적으로 관상학에 관심을 갖지 않을 수 없다는 것을 보여준다.[80] 당시에 여러 지역에서 관상

---

78) 송희준, 「『近思錄』의 도입과 이해」, 『한국학논집』 제25집, 계명대한국학연구소, 1998. p.131.

79) 새뮤얼 헌팅턴 著, 이희재 譯, 『문명의 충돌』, 김영사, 1997, p.34.

80) 「아리스토텔레스와 관상학-서양 관상학의 역사적 연원」 해설 : 이 책은 19세기 이마누엘 벡커가 편집한 『아리스토텔레스의 저작 모음집』에 실린 『관상학』을

학에 대한 저서가 번역되었으며, 이것은 사람의 생김새와 성격에 대한 호기심에 머무는 것이 아니라 그 시대의 문화가 요청하는 지적 통찰력과도 같았다.

여기에서 관상철학이 인성수양과 직결되는 측면을 모색할 필요가 있다. 인간의 성격은 저마다 다르다. "이 세상 누구도 똑같이 생긴 사람은 없다는 것 자체가 사람들이 모두 다른 독립적인 개체라는 것을 보여준다는 것이다."[81]라는 관상학자의 견해를 참고할 필요가 있다. 얼굴이 캔버스라면 채색을 하는 물감과 붓은 그 사람의 마음과 행동이다. 선천적으로 타고난 뼈대야 고치기 힘들다지만 얼굴의 색이나 분위기는 자신이 어떻게 마음먹고 얼마나 노력을 하느냐에 따라 달라질 수 있다.[82] 관상철학이 외형만 탐구하는 것이 아니라 내면의 성격과 심리까지 접근해야 하는 점에서 독립적 개체들의 성격파악을 통한 인격수양으로 유도해주어야 한다는 것이다. 서로 다른 외모와 성격을 파악하는데 있어서 관상학이 그 자체 연구만으로 만족할 수 없으며, 나아가 내담자에게 길흉의 불안에 흔들리는 것을 방지하기 위해서 수양의 길을 제시하는 관상철학의 지도자가 요구된다.

인간이 아름다운 인성을 견지하기 위해서 수양을 해야 하는 이유는 인간이 감정에 휘둘릴 수 있는 감성적 존재라는 사실에서 기인한다. 우리는 순간순간 주변의 상황 변화에 감정과 생활이 그대로 노출되고 있다. 옛 속담에 건전한 정신은 건전한 육체에 깃든다고 하는데 관상을 좌우하는 것은 마음으로서 수양에 의해 사람의 마음은 점차적으로 변화된다는 것이다.[83] 그러므로 주변에서 희로애락 감정을 야기하는 상황 변화에 대해

번역하고 주해한 것이다(아리스토텔레스 지음, 김재홍 옮김, 『관상학』, 도서출판 길, 2014, pp.51-52).

81) 설혜심, 『서양의 관상학, 그 긴 그림자』, 한길사, 2003, p.274.

82) 주선희, 『얼굴경영』, 동아일보사, 2007, p.339.

서 마음은 어떻게 대처해야 할 것인가의 고뇌가 필요하다. 인간의 내면적 정신세계에서 앞으로 닥칠 길흉이라는 상황에 온전히 대처하는 마음자세를 갖는 것이 바로 수양력인 것이다.

인간의 관상에서 인성 수양이 필요한 경우를 한 예로 들면, 눈썹의 산란함이다. 눈썹이 산란하거나 극히 드물고 지저분해서 보기 흉한 사람은 형제간의 인연이 박하고 참을성이 없으며 융통성이 적어 자기주장만 내세우는 경우가 많으므로 이러한 사람은 눈썹을 보기 좋게 그리거나 마음을 수양하면 어느 정도 고독을 면하게 된다.[84] 관상학적으로 흉한 상을 가지고 있다고 해도, 자신의 내적인 수양을 통해 어느 정도 흉함을 극복할 수 있다는 것이다. 눈썹이 거친 사람은 마음 또한 거칠다는 상념에 매달리는 것보다, 마음의 수양에 더하여 눈썹을 보기 좋게 화장하는 것이 필요한 일이다.

또한 관상학의 시각에서 볼 때 신체에 점이 있거나 흠결이 있다면 이 또한 재액이 밀려올 수 있다. 즉 산근에 흠이 있는 사람은 학문을 많이 닦았다 해도 경쟁에서 산근이 좋은 사람에게 밀리며, 산근이 약한 사람은 항상 병을 조심하고 수양을 쌓아야 한다.[85] 산근이 높으면 책임감이 강하고, 아랫사람을 돌보기 좋아하는 형상이지만 이와 달리 산근이 낮으면 책임감이 약하고 의지가 약하고 책임전가를 해버리고 만다. 이러한 경우, 수양력을 통해서 이러한 약점을 극복하고 책임감을 키워야 하며, 통솔력을 가져야 하는 것이다.

오행의 얼굴형상을 예로 들어 마음의 자세를 거론해 보고자 한다. 수극화형의 경우가 그것으로 그의 장점은 두뇌의 회전속도가 빠르며 상식과

---

83) 이영달, 『얼굴을 보면 사람을 알 수가 있다』, 행복을 만드는 세상, 2008, pp.16-17.

84) 地平 編著, 李成天 監修, 『관상해석의 정석』, 도서출판 문원북, 2019, pp.93-94.

85) 위의 책, p.102.

일반적인 사무 처세의 지식이 풍부하다. 그러나 수극화형은 물질적인 방면에는 발달됐으나 정신적인 가치에 대한 식견과 가치관이 짧으므로 마음을 수양하는 정신통일이나 종교적 수양을 한다면 단점을 개선하여 장점으로 발전시켜 나중에는 큰 업적을 남길 수가 있을 것이다.[86] 물론 얼굴이 둥글다면 대인관계도 좋아서 성격이 원만하지만 주체적 나의 본래 모습을 잃어버리기 쉬우므로 수양을 통해서 이를 극복하는 일이 요구된다.

요컨대 관상철학이란 외부적인 형상만을 말하기보다는 내면적 마음의 상까지 고려한다면, 여기에는 인성론에 더하여 수양론이 필요한 이유를 알 것이다. 이를테면 수신修身하여 복, 재산, 장수를 지키고자 한다면 번저 절제하고 복, 재산, 장수를 기도해야 한다.[87] 심신의 절제가 없다면 아무리 관상학적으로 길한 운이라고 해도 좋은 인상을 흐리게 만들고 만다. 복덕에 더하여 수명까지 좋은 운명을 가진 사람이 수양의 절제력이 없다면 그 복덕은 사라질 것이고, 단명할 운세에까지 이를 수 있다는 점을 고려하지 않을 수 없다.

7 길흉판단의 관상철학

누구나 길운을 좋아하고 흉함을 피하는 피흉추길避凶追吉이 인간의 행복추구의 본능이다. 길흉의 운이란 필연적인 것도 있지만 인간의 처신 여부에 따라서 흉을 피할 수 있는 것이다. 운運이라고 하는 글자는 돈다는 의미로써 길흉지간에 자기가 하는 탓에 따라서 돌고 돌아온다는 말이

86) 오서연, 『인상과 오행론』, 학고방, 2017, pp.239-240.

87) 미즈노 남보쿠, 화성네트웍스 역, 『마음 습관이 운명이다』, 유아이북스, 2017, pp.211-212.

다.[88] 일시적인 향락을 추구하는 처신을 한다면 순간적인 쾌락이 올 수 있으나, 그 쾌락 뒤에는 또한 흉이 기다린다. 따라서 순간의 쾌락을 위해 본능적인 일에 매달리는 것보다 선행을 통해 은덕이 쌓이도록 한다면 그것은 길운이 보상을 해준다는 뜻이다.

이처럼 길흉에는 관상학적으로 심상의 덕과 관련되는 경우가 많다. 일반적으로 체상體相이 길흉의 근원이 된다는 것은 사실이다. 체상 사정을 간파하지 못하면 관상은 진정한 깨달음이 주어지지 못하는 이유이다. 빈부귀천의 요람은 오관육부에 있다고 해도 길흉화복의 절대 근원자는 체상 곧 몸집에 있으므로 체상은 조금도 소홀히 해서는 안 된다.[89] 나의 신체적 형상이 길흉의 기반이라는 점을 고려하면 관상학에서 학습할 영역이 무엇인가를 체상을 간파하도록 노력해야 한다. 사람들의 생김새를 세밀하게 관찰해야 하는데 임상실험이 많을수록 명관상가라는 말이 회자되는 것이다.

그렇다면 체상에서 13부위의 의미와 길흉에 대하여 살펴보도록 한다.

천중: 얼굴 중앙의 가장 위쪽에 위치하고 존귀의 부위다. 조상, 관공서 등을 의미한다.

천정: 하늘의 정원으로, 재판이나 관청, 윗사람에 관한 일을 의미한다.

사공: 사공 역시 관청 및 윗사람 일에 관한 것을 나타낸다.

중정: 이 역시 윗사람과의 일을 나타내고 코는 자기 자신, 이마는 윗사람에 해당한다.

인당: 자기 자신이나 마음 상태, 타인과의 관계에 대한 길흉, 재난 등 일신상의 길흉을 의미한다.

산근: 질병이나 재난, 가정의 길흉이 나타난다.

---

88) 미즈노 남보쿠, 화성네트웍스 역, 『마음 습관이 운명이다』, 유아이북스, 2017, pp.160-161.

89) 최형규, 『꼴값하네』, FACEinfo, 2008, p.17.

연상: 가정과 건강의 이상 유무를 나타낸다.

수상: 건강과 재물에 관한 상황을 나타낸다.

준두: 재물에 관한 사항을 나타낸다.

인중: 자녀에 관한 일과 물에 관한 일을 나타낸다.

수성: 물과 관련된 것이나 언어와 관련된 일에 대한 성사 여부를 나타낸다.

승장: 음식물이나 약의 길흉 등을 나타낸다.

지각: 토지와 건물, 주거에 관한 일을 나타낸다.[90]

위에서 열거한 13부위 가운데 모두가 길흉이 내재해 있으며, 그 가운데 인당, 산근, 승장 등은 직접적인 길흉을 언급하고 있다. 또한 천중, 연수상, 수성 등을 망라하여 미래의 길흉이 암시되고 있다.

관상학에서 길흉과 기색이 매우 중시되는 만큼 이에 대하여 살펴보도록 한다. 기란 관상학에서 오장육부와 인체의 피부 안에 있는 것을 말하며, 피부 밖으로 나타나는 것은 색이라 한다. 『마의상법』에서 골격은 일생의 영고성쇠榮枯盛衰가 되고, 기색은 행년의 길흉을 정한다고 하였으며 『유장상법』에서도 골격으로 인생의 빈부를 정하고, 부위로 일생의 성장과 쇠락을 정하고, 형체와 정신이 바뀌는 것을 정하고, 기색으로 그 해의 길흉을 정한다고 하였다.[91] 양대의 고전상서에 의하면 유사한 점도 있으나, 청색에 대해 『마의상법』에서는 죽는 기색이라 하고 『유장상법』에서는 청색이 많고 안에 황색이 뜨면, 근심 중에 반대로 재물과 기쁨이 있다고 한다.

기색에 대하여 『유장상법』에서는 구체적으로 언급하며 그 길흉을 다음과 같이 밝힌다.

---

90) 地平 編著, 李成天 監修, 『관상해석의 정석』, 도서출판 문원북, 2019, p.77.

91) 위의 책, p.200.

> 기氣가 피부 안에 생기면 100일 안에 이루어진다. 해왈, 피부 안에서 기가 발생하면 100일 후에 색이 발생하여 나타나니 길흉으로 반응하게 된다. 기가 좋다고 곧 좋은 말을 하지 말고, 기가 체했다고 나쁜 말도 하지 말라. 기는 혈에서 생하니 기가 발생한 후에 색이 나오고 나서 길흉이 정해진다. 기색을 분별하는 것이 가장 중요하다.[92]

기색이 좋다거나, 좋지 않거나를 즉흥적으로 판단하는 것을 벗어나야 하며, 신체적으로 건강하여 기가 체하지 않도록 하는 노력이 필요하다. 기색은 건강과 관련되며 그로 인해 길흉으로 나타나므로 항상 기색의 세밀한 정도를 파악해야 한다.

다음으로 얼굴표정으로 본 길흉은 어떠한가? 관상학이란 사람의 얼굴을 관찰하여 그 사람의 운명을 판단하고 그 결론으로 피흉추길避凶追吉이라 하여 흉한 일을 피하고 좋은 일로 정진의 방법을 강구하는 학문을 말하는데, 얼굴형상 또한 천태만상이다.[93] 얼굴에는 다양한 희로애락이 나타난다는 점에서 그 형상과 표정에 따라 길흉이 있는 것이다. 얼굴에 길흉화복이 나타난다는 것은 그 사람의 현재 감정을 숨길 수 없는 것이 얼굴이기 때문이다. 슬픈 표정을 지속적으로 한다면 그것이 바로 흉이며, 여유가 있고 미소의 표정이라면 그것이 바로 길상으로 이어지는 것이다.

얼굴표정에 더하여 얼굴형상과 길흉의 문제를 접근해 보도록 한다. 인간의 얼굴형상을 오행과 연결시키면 목형, 화형, 토형, 금형, 수형 등의 얼굴을 분별할 수 있다. 각 오행의 정正을 얻은 사람은 정국正局이 되고, 겸兼을 얻은 사람은 겸국, 잡雜을 얻은 사람은 잡국의 얼굴이 된다. 이에

---

92) 『柳莊相法』 下篇, 「氣色分解-氣生皮內」, 氣生皮內, 百日方成O解曰, 凡氣發於皮內, 一百日後, 發出爲色, 方應吉凶. 氣好卽言美, 氣滯勿就言凶, 凡氣乃血生, 氣後生色, 方定吉凶, 氣血最要辨明.

93) 이영달, 『얼굴을 보면 사람을 알 수가 있다』, 행복을 만드는 세상, 2008, pp.16-17.

얼굴 형상의 오행이 다른 형의 정正을 얻게 되면 귀하지도 부유하지도 못하며, 오행이 다른 형의 겸을 얻게 되면 부유하지도 장수하지도 못하게 되므로 오행의 형질이 순수한 사람, 즉 정국은 상을 판별하기가 쉽고 길흉도 쉽게 밝힐 수 있다.[94] 정국과 달리 겸국이나 잡국의 얼굴형상은 길흉을 판별하기가 쉽지 않다.

이어서 얼굴에 난 점点의 위치와 길흉의 관계에 대하여 살펴본다. 점이란 살 위로 약간 솟아있거나, 평평한 것으로 이를 주근깨라고도 하며, 반斑이란 살 속에 묻혀 평평한 것으로서 검버섯이나 저승꽃이다. 곧 얼굴이나 몸 피하에 박힌 새까만 염색체가 점이며, 사마귀는 피부 밖으로 돌출된 일종의 종양 성격을 띠고 있다. 점과 사마귀는 각자의 길흉 운명에 끼치는 내용은 다르다. 얼굴에 난 흑점은 길점이 없으나 표면에 드러나지 않는 은밀한 곳에 숨어있는 흑점은 길한 것이 많은데, 손바닥, 발바닥, 겨드랑이 밑, 사타구니 등이 그것이다.[95] 사마귀 가운데 복사마귀가 있으며, 또 사마귀는 얼굴 부위에 따라 길한 것과 흉한 것으로 구분된다. 점의 색깔도 흑색, 백색, 황색, 적색이 있어 흉한 측면이 많다.

얼굴 가운데 눈의 관상은 그 비중이 매우 크다. 그런 면에서 눈으로 본 길흉은 새겨볼만한 일이다. 『마의상법』에 눈과 관련한 길흉이 다음과 같이 구체적으로 언급되고 있다.

> 눈 광채에는 3탈이 있다. 근심이 없는 사람은 깊이로 병과 죽음을 구분하며, 근심이 없고 눈의 광채가 벗어나 보이면 병이 발생함이다. 그러므로 벗어남의 깊이로 병들고 죽음을 구분한다. 병이 있으면 눈빛의 움직임과 안정으로 살고 죽음을 구별한다. 병이 있은 뒤에 눈의 광채가 없어지면 동자瞳子는 일정하게 죽음의 징조로 삼게 된다. 일을 만남은 음양으로

94) 오서연, 『인상과 오행론』, 학고방, 2017, p.194.
95) 최형규, 『꼴값하네』, FACEinfo, 2008, p.326.

선과 악을 구분하니, 변고가 있으면서 눈 광채가 벗어나면 눈의 좌우를 구분하여야, 일의 길흉이 좌우에 있음을 징험하니 좌측이면 흉하며 우측이면 길하다.[96)]

눈의 광채가 길흉과 관련되고 있음이 위의 상법에 잘 나타나 있다. 눈의 광채가 없거나 일탈하면 흉함이라는 것이다.

다음으로 인간 형상에 있어서 여러 가지가 있는데, 오행의 생극生剋을 잘 파악해야 길흉을 변별할 수 있다. 『유장상법』에는 이와 관련하여 구체적으로 언급하고 있다. 즉 남자에게 18개의 상귀上貴, 18개의 중귀, 18개의 하귀와 72개의 천상賤相, 32개의 형상刑相, 51개의 고신孤身의 상이 있다며 이를 길흉과 관련하여 언급하고 있다.

연령에는 장수와 단명이 있고, 아들을 늦거나 일찍 낳는 것이 있으며, 운이 막히고 통하는 게 있으며, 득세와 실세가 있으며, 병을 얻거나 어려움을 겪으며, 곤고하고 영화로움이 있으니 이러한 것들은 각각의 설명이 되어 있다. 심도 있게 자세히 봐야 하며, 후에 여러 가지 사례에서 상세히 알아야 할 것이다. 다시 오행의 생극의 이치를 반드시 능통해야 사람의 길흉을 판단할 수 있게 된다. 사람의 귀천을 말하는데, 만약 오행의 이치를 모르면 곧 무례한 잡술에 속하니 세상의 술사들의 불찰로 사람들을 오인하게 만들 수 있다.[97)]

---

96) 『痲衣相法』 第3篇 「總結第三」, 日光有三脫 無憂者 以深淺 分病死, 無憂而日光脫 ,病所發也. 故以脫之深淺 分病死. 有病者 以動定 別存亡. 有病而後 日光脫則以瞳子之定者 爲死兆. 遇事者, 以陰陽分善惡, 有變故而目光 脫則分目之左右, 以驗其事之吉凶 左凶右吉.

97) 『柳莊相法』 「男人貴相」, 年有壽有夭, 子有遲有早, 有滯有通, 有得有失, 有病有難, 有困有榮, 此數端, 各有一說, 見得甚明, 後列數論, 可知其詳, 更有也五行生剋之理, 必宜貫通, 方可斷人吉凶, 言人貴賤, 若離五行之理, 則屬亂道, 世之術士不察, 是以誤人.

위의 언급에 나타나듯이 길흉을 가려내는 기준은 인간 신체의 특정부위 어느 하나에 집착하지 말아야 한다. 어느 한 부위가 길하고 다른 부위가 흉하다면 길과 흉에 인간의 마음이 불안해지기 때문이다. 각 부위는 반드시 또 다른 부위와의 조화와 균형 여부를 따진 뒤에 비로소 길흉여부를 판단해야 하는데, 이를테면 두상은 큰데 비해 체상(몸집)이 왜소하다거나, 코는 큰데 눈은 작다는 등의 불균형 형상이면 결코 길상으로 보지 않는다.[98] 어느 부위에 흉상이 있지만 체상 전반의 형상에 조화와 균형을 이루고 있다면 길한 운으로 변화될 수 있으며, 마음 또한 수양력으로 절제한다면 길상으로 이어진다.

마음 수양으로서 심상心相을 고려할 경우, 마음의 절제를 통해서 분수에 맞는 생활이 길한 상이고 과분하게 넘치는 삶은 흉이라는 것이다. 선천적 외형의 모습만으로 길이니, 흉이니 타령에 매달리는 것보다 자신의 후천적 마음사용에 따라 길흉을 찾아가는 지혜가 요구된다. 자기 분수에 맞는 것이 길이고 지나치게 화려한 것은 흉이다.[99] 절대적인 길이라든가 흉이 있다고 생각하는 것이 망념이며, 길상은 지속하고 흉상은 극복하는 노력이 요구되는 것이다.

비관적 시각에 의한 죽음의 관상이 수동적 삶을 살아가는 것이라면 살리는 관상은 미래의 길을 향도한다는 인간의 자율의지가 필요하다고 본다. 관상은 그 사람의 이력서이기도 하고 미래의 청사진이기도 하므로 관상을 경솔하게 판단해서는 안 된다.[100] 우리가 점술가를 찾고 관상가를 찾는 이유가 흉을 확인하고 슬퍼하는 상황으로 전개된다면 그것은 주술

98) 최형규, 『꼴값하네』, FACEinfo, 2008, p.15.

99) 미즈노 남보쿠, 화성네트웍스 역, 『마음 습관이 운명이다』, 유아이북스, 2017, p.163.

100) 이영달, 『얼굴을 보면 사람을 알 수가 있다』, 행복을 만드는 세상, 2008, pp.16-17.

사에게 내 인생을 맡기는 꼴이다. 설사 흉상이 있다고 해도 미래를 대비하고 자신의 행동을 바르게 처신하도록 관상학자들은 유도해 주어야 한다. 외모만 탓하는 것보다 내면의 심리 치유의 상법이 중요한 이유가 여기에 있다.

이처럼 긍정적 자율의지에 근거하여 길흉의 상법을 살려 써야 한다. 흉을 길로 만드는 상법이 바람직한 상법이기 때문이다. 선한 상善相을 길이라 하고 악한 상을 흉이라고 말하는 것이 점쟁이의 버릇인데 그러한 관상법은 죽은 상법이다.[101] 점쟁이의 버릇이 흉상에 대한 불안을 부추긴 나머지 금전에 더욱 어두워져 부적을 만들어야 한다면 고대의 악습을 그대로 지속하는 일이다. 관상의 상법을 살려 쓰느냐 죽은 상법을 전수하느냐는 관상학자들의 몫이다. 관상학을 가르치고 지도하는 대학이나 대학원 교수들의 역할이 중요한 이유이다. 2010년을 전후하여 탄생한 관상학 석·박사들이 길흉에 대한 이해와 대처법에 있어서 새 시대에 맞는 패러다임을 제시해야 하리라 본다. 결국 관상학에 대한 관상철학의 가치가 관상의 길흉에 대한 이성적·합리적 판단으로 이어진다는 점을 직시해야 한다.

8 관상학과 관상철학

지상에 '학문'이라는 이름으로 처음 세상에 선을 보인 것은 아무래도 '철학'이었으리라 본다. 제반분야의 학문이 본질적으로 철학에서 파생되었다는 학자들의 주장이라는 사실을 고려하면 관상학의 탄생에 대한 기원도 철학에서 출발한 것이라 해도 가히 틀린 말은 아닐 것이다. 필자의

---

101) 미즈노 남보쿠, 화성네트웍스 역, 『마음 습관이 운명이다』, 유아이북스, 2017, p.130.

『관상철학』이라는 저술이름도 크게 어색하지 않은 이유가 여기에 있다.

이러한 맥락에서 볼 때 관상에 대한 철학적 사유를 하는 철학자가 있었기에 후에 관상학으로 정착되었을 것이다. 각 학문이 분기分岐된 점을 주장하기에 앞서 월쉬의 다음 주장을 소개하고자 한다.

> 우리는 우리가 획득하는 결과에 통일성과 체계성을 부여하는 그와 같은 일단의 원리를 염두에 두고 소재에 접근하는 것이 사실이다. 여기에서 중요한 점은, 우리는 어떤 일정한 전제들로부터 질문을 제기하고 또 바로 그렇기 때문에 우리의 대답들은 서로 연관된다는 사실이다.[102)]

명리학의 큰 범주로는 명리, 관상, 풍수를 들고 있으며, 이러한 학문의 영역에 통일성과 체계성을 부여할 수 있는 것이 서양철학과 중국철학이 직결된다는 점이다. 명리학 박사, 풍수학박사, 인상학 박사들은 하나같이 중국철학에 기반하고 있으며 한국의 학계에서는 2010년대부터 명리학 전공자들로서 철학박사·문학박사들이 탄생하고 있다.[103)] 이제 명리학, 관상학, 풍수학의 통일성과 체계성을 부여하는 일은 본 학문들이 "우리의 대답들은 서로 연관된다."는 월시의 언급과 같이, 비컨대 이들 학문이 철학과 불가분의 관계 속에 있다고 본다.

좁혀 말해서 관상학과 관상철학은 이제 서로 연관된다는 전제 속에서 논리 전개가 필요하다는 것이다. 그럼에도 불구하고 관상학과 관상철학의 상호 고유한 영역은 학문의 엄밀성에 비추어볼 때 판별해 볼 수 있다고 본다. 다음과 같이 상호 관련성 속에서 그 특징에 대하여 하나하나 살펴보고자 하며, 여기에서 관상철학의 정립과제가 무엇인가를 시사 받는다.

---

102) W.H.월쉬 지음, 김정선 옮김, 『역사철학』, 서광사, 1989, p.46.

103) 2010년대부터 한국학계의 명리개설 관련 대학원의 일반적 추세이며, 원광대학교 대학원에서는 명리학, 관상학, 풍수학 박사들이 점차 탄생하기 시작하였다.

첫째, 관상학이 상相을 보는 학문이라면, 관상철학은 상을 보는 사유를 키워준다. 관상학과 관련하여 이를 설명한다면 인당印堂은 사유 계통인 뇌조직의 중심이고 눈은 사유 및 운동 계통의 합류점이므로 눈은 영혼의 창이라고 하는데[104] 인당이나 산근을 살펴보는 것이 관상학이라면, 인당의 사유계통을 살려내고 눈을 사색의 창으로 확대해 가는 것이 관상철학이다. 즉 우주와 인간의 상에 대한 외적 인식의 지평을 키워가는 것이 관상학이라면 그 지평 속에서 사유와 명상의 나래를 펼쳐가는 것이 관상철학이라 본다.

둘째, 관상학이 여전히 상相을 보는 것에 초점을 두고 있다면 관상철학은 왜 그렇게 상을 보는지의 근원에 관심을 둔다. 곧 생김새의 표피적인 결과가 문제가 아니라, 결과를 얻는 근원적 이유를 살펴보는 것이 관상철학의 역할이다. 근원을 파헤치는 일이 상을 보는 일보다 우선인 것은, 근원을 먼저 파악한 후에 상을 보는 여러 시야가 열린다는 점에서 매우 중요한 일이라 본다. "보이는 것이 타고난 것보다 중요하다."[105]는 언급을 보면, 관상의 타고난 외모보다 이를 바라보는 시야가 더 중요하다는 뜻이다. 관상철학을 통해 근원에 대한 통찰의 지혜가 열리는 일이 왜 중요한가를 알게 해주는 것이다.

셋째, 관상학이 우주 대자연의 변화 현상에 초점이 있다면 관상철학은 우주 대자연의 존재 가치에 대하여 초점이 있다. 관상학의 관심사는 우주의 변화에 대한 길흉화복이지만, 관상철학은 우주 변화에 대한 이해에 앞서 우주의 존재 자체에 대한 이해가 우선한다. 인간의 외형적 변화읽기에 초점을 두느냐, 아니면 인간의 존재자적 의미부여에 초점을 두느냐는 언뜻 판단하기 쉽지 않지만, 관상학과 관상철학의 미세한 특징이 여기에

---

104) 오현리 편, 『정통오행상법 보감』, 동학사, 2001, p.224.

105) 설혜심, 『서양의 관상학, 그 긴 그림자』, 한길사, 2003, p.189.

나타난다.

넷째, 관상학이 인간의 외모에 치중한다면 관상철학은 인간의 내면에 치중한다. 관상을 본다는 것은 인간의 외형적 생김새를 파악하는 것이다. 이제 관상학의 학문적 지평이 넓혀진 만큼, 관상학 전공자들의 외형적 형상을 살피는 것은 물론 철학적 사유의 내면적 성찰을 감당해야 한다. 예를 들면 관상학에서 거론되는 활염색滑艶色이란 얼굴에 기색이 뜨고 윤기가 있으나 기름을 바른 듯 반들거리거나, 지나치게 튀는 것을 말한다. 곧 외형적 활염색의 반들거림은 일반적인 고운 색의 기운이 아니라 속은 비었는데 겉만 화려한 모습이다.[106] 외형으로 화려하게 드러나 반짝거리는 활염색의 기색은 본래의 색을 위장한듯하여 길한 색으로 판단하는 오류를 범할 수 있으므로, 관상학이 범하기 쉬운 외형의 위장僞裝을 벗겨내도록 관상철학자로서 내면적 사유를 통한 직관의 힘이 필요하다는 것이다.

다섯째, 관상학이 자연과학과 유사한 면이 있다면 관상철학은 인문과학과 유사한 면이 있다. 그리스의 철학자들로서 탈레스, 피타고라스, 데모크리토스 가운데 자연철학자가 있었으며, 소크라테스, 플라톤, 아리스토텔레스 같은 인본주의 철학자가 있었고, 디오게네스, 에피쿠로스 등 실천주의 철학자가 있었다. 관상학이 경험의 축적에 의한 외형적 상을 보는 성향이므로 자연과학의 성향을 띠지만, 소크라테스, 플라톤, 아리스토텔레스들은 인본의 인문주의 철학에 근간[107]을 두면서 관상철학의 입지를 확고하게 열어주었다.

---

106) 地平 編著, 李成天 監修, 『관상해석의 정석』, 도서출판 문원북, 2019, pp. 209-210.

107) '인문주의'라는 용어는 그리스와 라틴의 고전문학에 강조점을 둔 교육의 한 형태를 지칭하기 위하여 1808년 처음으로 사용되었다. 이 말은 '인문학'(studia humanitas)-즉 시, 문법, 수사학과 같은 학에 과목들-을 가르치는 대학의 교수를 지칭하는 말이다(A.E.맥그래스 著, 박종숙 옮김, 『종교개혁 사상입문』, 성광문화사, 1992, pp.56-57).

여섯째, 관상학이 물리적 경험의 축적에 의한 것이라면 관상철학은 심리적 축적에 의한 것이다. 물리적 축적이란 경험과학과 실용과학의 학문 방법론에 의한 관상학 발전의 근간이 되었다는 것이다. 그러한 관상觀相의 물리적 축적과 더불어 심리적 축적이란 인간의 상을 바라보는 심리를 이해하고, 내면적 직관이 뒷받침되는 것을 말한다. 관상을 보러 온 사람이 "선생님께서 심리는 묘법이라고 말씀하셨는데 무엇이 묘妙이며 무엇이 법法입니까?"라는 질문을 하였다. 이에 "상은 모두가 다 미묘한 데까지 와서 분명한 법형이 생긴다. 자기 자신의 심신은 모두가 다 묘법이고 천지에 골고루 충만해 있다."[108]라고 어느 관상학자가 대답하였다. 관상학에서 심리의 묘법을 거론한다는 것은 관상철학의 영역을 분명하게 밝힌 것으로 본다.

일곱째, 관상학에는 상을 보는 대상이 여러 가지이지만 관상철학은 그 대상이 하나이다. 관상을 보는 대상이란 우주 만물과 인간을 포함한 천태만상이 포함될 것이다. 그러나 관상철학에서 말하는 대상이 하나라는 것은 다음 『마의상법』의 언급에서 시사 받고자 한다.

> 기氣는 한가지일 뿐이되 구별하여 논의하면 3가지가 있다. 세 개의 기는 자연의 기이며, 기르는 기이며, 습격하는 기이다. 자연의 기는 오행의 빼어난 기이니 내가 품수한 것이니 맑음이 항상 존재한다. 기른 기氣는 의義가 낳는 기를 모음이라, 내가 스스로 편안할 수 있고 만물이 동요하지 못한다.[109]

---

108) 미즈노 남보쿠, 화성네트웍스 역, 『마음 습관이 운명이다』, 유아이북스, 2017, pp.125-126.

109) 『麻衣相法』 第3篇 「總結第五」, 夫氣一而已矣, 別而論之, 則有三也. 日: 自然之氣, 日: 所養之氣. 日: 所襲之氣. 自然之氣, 五行之秀氣也 吾稟受之 其清 常存. 所養之氣, 是集義所生之氣也. 吾能自安, 物不能擾.

지상에 존재하는 우주와 인간의 형상에 흐르는 기氣는 본래 하나인데, 이것이 생성 변화하면서 세 가지의 기가 된다고 하였다. 관상학은 이 세 가지三의 기를 다양하게 살펴봄으로써 학문을 정립해 간다면, 관상철학은 세 가지의 기를 근원으로 환원시켜 하나一의 기, 즉 생성변화의 근원적 이치로서의 기를 파헤치는 사유를 가져야 한다는 것이다.

여덟째, 관상학이 외형에 나타난 길과 흉을 판가름한다면 관상철학은 길이 무엇이고 흉이 무엇인가를 본질적으로 가늠하게 해준다. 이를테면 관상학의 입장에서 눈썹이 가늘고 길며, 눈과 눈썹 사이가 넓은 사람은 총명하지만, 눈썹이 거칠고 빽빽하거나 헝클어져 있고 또한 눈썹 중간이 끊어진 사람은 복이 없는 편이라는 것을 가늠한다.[110] 그런데 관상철학의 입장에서는 눈과 눈썹 사이게 넓으면 왜 길하고 거칠고 헝클어져 있으면 왜 흉한가의 본질적 문제에 대하여 숙고熟考의 장을 마련한다. 길흉이 인간의 형상과 왜 관련이 있는지에 대한 사색의 공간을 마련하는 일이 관상철학의 학문 정립의 핵심이라는 것이다.

아홉째, 관상학이 상에 대한 실제에 대한 분석적 특징이라면, 관상철학은 상을 바라보는 시각이 보다 본질적이고 궁극적이다. 철학은 그 성격에 있어서 구성적이므로 그것은 본질적이며, 궁극적인 원리로 올라간다.[111] 관상철학이 갖는 매력은 상을 보는 피상적 시각이 아니라 추상적이면서도 본질적이고, 궁극적인 방향으로 이끌어가는 것이다.

한편 관상학과 관상철학의 공통점에 대하여 살펴보고자 한다. 이를테면 관상학과 관상철학의 공통된 것으로 미학美學이 있다. 관상은 '남'의 모습을 판단하기 위한 도구로 사용되는 경우가 많기 때문에 도덕철학, 심리학, 사회학, 나아가 미학을 아우르는 분야이다.[112] 여기에서 거론되는

---

110) 최전권, 『체형관상학』, 좋은글, 2003, p.229.

111) 라다크리슈난 저, 이거룡 옮김, 『인도철학사』Ⅰ, 한길사, 1996, p.66 참조.

도덕철학과 미학은 또한 철학의 영역이기도 하다. 본 저서의 제4편 '미학으로서의 관상철학'을 거론한 것이 이와 관련된다.

또한 관상학과 관상철학의 공통된 것으로 '학문'의 영역에서 만난다. 학문이란 체계화 과정을 거치는 성향을 고려하면 관상학과 관상철학은 여전히 이론의 체계화가 요구되는 것이다. 이에 송대의 철학자 장횡거(1020~1077)가 말한 다음의 경구를 소개하고자 한다. 그것은 학문의 공통점으로 나타나는 것으로서 '외워야' 하는 관상학이라는 과제에서 '생각해야' 하는 관상철학의 과제를 설명하는 비유법이 되기에 충분하기 때문이다.

> 책은 모름지기 외워야 하니, 정밀하게 생각하는 것은 대부분 밤중에 있으며, 혹은 고요히 앉아서 터득하기도 한다. 기억하지 못하면 생각이 일어나지 않을 것이니, 다만 큰 근원(원리)을 관통한 뒤에는 글도 쉽게 기억할 수 있다.[113]

어떻든 고전의 보고寶庫로서 대표적인 것은 『마의상법』과 『유장상법』이다. 본 고전에 나타난 뜻을 하나하나 기억해야 하는 관상학의 영역을 인지하면서도, 그 원리를 관통해야 하는 관상철학의 영역을 끌어들이는 것이 요구된다. 결국 관상학과 관상철학의 동이점을 고려할 때 '활연관통豁然貫通의 심회心懷를 펼치는 장을 마련하는 것이 앞으로의 과제라고 본다.

---

112) 설혜심, 『서양의 관상학, 그 긴 그림자』, 한길사, 2003, p.32.

113) 『近思錄』「致知」75章, 書須成誦. 精思多在夜中, 或靜坐得之. 不記則思不起.但貫通得大原後, 書亦易記.

9 ▸ 관상철학가의 자격

어떠한 학문 탐구의 방법이든 학자에게는 다 요령과 지혜가 있을 것이다. 이를테면 철학연구는 방법론이 중요하므로 다음과 같이 몇 가지로 고려해야 한다. 철학사를 연구할 때, 사료를 고찰하고 나서 철학사상의 발전을 탐구하는 것인데, 다음 네 가지 방법이 필수적이다.114) ① 넓게 참고해야 한다博覽. ② 깊이 고찰해야 한다深觀. ③ 주의하고 엄밀해야 한다謹嚴. ④ 역사적 관점을 견지해야 한다. 이것은 관상철학이 완성되기 위한 방법론으로서 누구나 공감하는 상학의 결론을 도출해내는 관상철학가의 임무이기도 하다.

그러면 여기에서 탐구논리의 근간이 되는 항목으로서 관상철학가의 자격 12가지를 제기하고자 한다.

첫째, 명상을 통한 철학적 사색을 하는 것이다. 명상이란 정관靜觀을 통한 지혜 터득이다. 그리스 철학(philosophy)의 발생기에 이르자 'sophia'는 정관(contemplation)을 통해 얻은 지혜를 의미하게 되었으며, 이러한 의미로 'sophia'를 처음 구별한 사람은 자기 자신을 철학자라고 말한 피타고라스였다.115) 정관이 필요한 이유는 철학적 사색의 시간을 온전히 갖는 것으로 불교의 좌선과 같은 것이며, 서구에서는 'meditation'이라도 한다. 관상철학자의 철학적 사색은 그의 깊은 사색에서 나오는 품격이며, 지식으로 바라보는 세상이 아니라 지혜로 터득하는 세상과 연결된다.

둘째, 관상학의 역사적 관점을 제시하는 것이다. 여기에 독보적인 서양 관상학의 역사를 저술한 설혜심을 거론하지 않을 수 없다. 역사적 관점에

---

114) 張岱年 著, 양재혁 外 2人 共譯, 『中國哲學史 方法論』, 理論과 實踐, 1988, p.127.

115) 이경무, 「동양의 學과 서양의 學問」, 『범한철학』 22집, 범한철학회, 2000, p.277.

서 제시된 그의 해박한 관상학적 지식은 동서 관상학의 균형적 지평을 가져다주는데 큰 기여를 하였다. 이를테면 17세기의 제주이트 학자 니퀘티우스는 관상에 대하여 언급한 그리스-로마 시대의 학자가 최소한 129명이었다고 조사한 기록을 제시하며, 그들 가운데에는 아리스토텔레스, 플라톤, 세네카, 테툴리아누스 같은 철학자로부터 크세노폰, 플루타르코스, 타키투스와 같은 역사가, 유베날리스, 루키아노스와 같은 시인들도 포함되어 있다[116]는 것이다. 관상학 인물사를 제시한 설혜심의 학문적 깊이에 더하여 서양관상학 서적을 번역, 소개한 저술은 역사적 가치를 깊이 평가해야 할 것이다.

셋째, 탐구에 있어 '왜'라는 문제의식을 가지라는 것이다. 탐구대상에 대하여 부단한 문제의식을 가질 때 '까닭'이 생긴다. "내가 왜 관상학을 공부하지?"라는 본질적 질문이 이와 관련된다. 본래 철학의 깊이는 질문과 해답이 계속 고리를 만들어가면서 전개되는데, 최초의 철학적 물음이었던 "아르케란 무엇인가?"에 이어서 등장한 것은 "존재란 무엇인가?"라는 물음이었다.[117] 이러한 문답은 존재철학의 전통으로서 파르메니데스로부터 시작한다. 따라서 관상철학을 공부하는 학자로서 본질적인 질문을 통해 인간은 왜 존재하는가, 관상학은 왜 필요한가에 대한 부단한 자문자답을 통해서 스스로 해법을 제시하는 경지에 이르도록 노력해야 한다.

넷째, 인문학적 지식을 활용하면서 '미래학'에 관심을 가지는 것이다. 관상학과 관상철학의 정착을 위해 명리 전공자는 철학의 임무처럼 '지식(sophia)'을 사랑해야 한다. 그리하여 관상의 의미부여와 더불어 관상학에 대한 방법론적 접근에 해박한 지식과 관상의 실제 경험을 축적해야 한다. 그리고 지식을 통해 나타나는 예지叡智를 베풀어야 하는 것이다. 『주역』

116) 설혜심, 『서양의 관상학, 그 긴 그림자』, 한길사, 2003, p.45.

117) 박재주, 『주역의 생성논리와 과정철학』, 청계, 1999, p.34.

「계사전」 상上의 제5장에서 "수를 궁구하여 미래를 알아내는 것이 점이다."[118]라고 했듯이, 관상철학 탐구에 천지의 도수度數를 궁구함으로써 예지를 갈고 닦아 미래를 알아내는 혜안을 마련하는 것이 무엇보다 중요하다고 본다.

다섯째, 상법고전에 익숙해지는 것이다. 그것은 『마의상법』과 『유장상법』, 나아가 『면상비급』 『신상전편』 등의 원전 파악이 필수적이다. 원전의 독해실력이 관상철학의 응용으로 이어진다면 곧 공자가 말한 '술이부작述而不作'과 같은 구전심수의 길이 되는 것이다. 『마의상법』은 송대에 만들어진 것으로 알려진 마의선사로부터 구전으로 상법을 전수받은 진단陳摶이 그 내용을 기록하여 후세에 남긴 상서이다. 또한 『유장상법』은 명대의 관리였던 원충철이 저술한 관상책이다.[119] 이러한 고전의 독해에 많은 시간을 할애함으로써 이를 응용하여 『관상학 네비게이션』(2020)을 저술한 계기가 된 것을 밝히지 않을 수 없다.

여섯째, 개척자적 능동의 명운론을 견지하는 것이다. 길흉의 운명을 수동적으로 볼 수도 있겠지만, 능동적으로 관점을 바꾸어본다면 생긴 데로 사는 것이 아니라 사는 데로 된다는 주선희 교수[120]의 인상학 영역을 개척한 혜지慧智가 있는 것이다. 생긴 데로 살면 수동적 운명론과 관련된다면, 사는 데로 바뀐다는 것은 자신의 자율의지가 포함된 능동적 운명론과 관련된다. 인생의 길흉화복을 수동적으로만 바라보면 피해갈 수 있는 입지조건이 좁아진다. 그러나 이를 능동적으로 대응해가면 어떠한 난관도 극복할

---

118) 極數知來之謂占.

119) 地平 編著, 李成天 監修, 『관상해석의 정석』, 도서출판 문원북, 2019, pp.20-21.

120) 필자가 처음으로 접한 관상학의 내력을 보면 원광대지털대 얼굴경영학과 1회 졸업생으로, 당시 인상학교수로서 주선희 교수의 얼굴읽기는 센세이션을 불러일으켰다. 이어서 원광대 대학원 한국문화학과 동양문화 전공을 통해서 2017년 류성태 지도교수의 인도로 인상학 분야의 문학박사 학위를 받았다.

수 있는 관상철학의 미래안未來眼이 그려진다.

일곱째, 자신수련을 통한 깨달음의 시간을 가지는 것이다. 아리스토텔레스의 관상철학이라는 것은 행동과 성찰에 의한 깨달음이 필요함을 알려준다. 그의 앎에 이르는 방법들로서 데오리아(theoria), 프락시스(praxis), 푀이에시스(poeiesis) 가운데 프락시스적인 앎이 그것인데, 이는 관상적이고 비참여적인 데오리아적 앎이 아니라 행동과 성찰에 의한 깨달음이다.[121] 그의 관상학 저술도 이 같은 성찰적으로 수행된 행동으로 이루어지는 깨달음과 관련되어 있다.

여덟째, 지혜의 호기심으로 과학적·합리적 방법론을 도출하는 것이다. 오늘날 각종 학문 방법론(methodology)이 부상하고 있는데 관상철학의 발전 여부는 이와 관련한 학문방법론의 개발과 관련된다. 왜 새로운 형태의 관상이 나타났을까를 보면, 그것은 새로운 과학적 방법론이 생겨났기 때문이다.[122] 각종 학문에서 새로운 체계가 출현하는 것은 기존의 지식과 관행에 대한 새로운 설명방식이 출현한다는 것을 말한다. 기원전 6세기경 그리스인들의 관상학이 19세기에 이르러 과학의 영역 속으로 들어와서 관상학의 합리적 사유를 촉발시켰다. 즉 관상학이 고대의 신화와 무속의 관상학적 방법을 탈피함으로써 획득되는 과학적 방법론이 그것이다.

아홉째, 상담 패턴의 매너리즘적 단순함을 극복하는 것이다. 올바른 상학이란 우주 운행의 이치와 과학을 근거로 하여 한 사람의 지혜와 성격을 추론하고 일생의 길흉을 판단하는 것으로, 단순한 통계나 성향에만 의존하는 소술小術과는 큰 차이가 있는 것이다.[123] 길흉판단의 단순 통계에만 의존하는 것은 과거의 유산에 불과하다. 사람의 관상과 성격을 추론하는

---

121) 이재영, 「수행과정 공유를 통한 종교간의 대화에 관한 연구」, 『종교교육학연구』, 제20권, 한국종교교육학회, 2005, p.170.

122) 설혜심, 『서양의 관상학, 그 긴 그림자』, 한길사, 2003, p.46.

123) 오현리 편, 『정통오행상법 보감』, 동학사, 2001, p.6.

데 단순통계만으로 접근하는 것은 바람직하지 않은 세상이 되었다. 길흉판단에 있어서 다양한 과학적 방법론의 상담해법을 제시하는데 익숙해져야 한다는 뜻이다.

열 번째, 학문 성취에 시간적으로 아쉬운 만학도의 심경으로 탐구의 지속성을 견지하는 것이다. 명리학에 호기심을 가진 사람들이 젊은 시절부터 공부를 지속적으로 해서 명리학을 전공하지 못하는 경우가 많다. 젊은 시절 내면의 갈등을 겪다가 중반기에 철학적인 사유와 조우를 하면서 늦게야 학문을 시작하여 만학晩學을 하는 경우가 많다. 근래 대기만성으로 문학박사와 철학박사 학위를 취득하는 경우가 보편적 현상이다. 아이가 말을 늦게 배우고 늦게 걸음을 배우면 대기만성형이며 큰 그릇이 된다[124]는 관상학자의 지적을 새겨보자는 것이다.

열한 번째, 관상철학자의 인재풀을 가동할 필요가 있다. 관상학 전공박사들이 배출되고 있는 상황에서 '관상철학회'를 만들어 연구와 토론을 진지하게 함으로써 인재들에게 관련 지혜를 제공해 주어야 한다. 지금까지 명리, 풍수, 관상의 상담가들은 제도적 학문배경이 크게 뒷받침되지 못했다. 이제 '학문공동체'의 출현을 통한 재야의 명운론자들에게 인재의 지혜가 공유되어야 한다는 것이다. 학문공동체의 주요 기능은 지식체계 간의 경합이며, 누구의 이론이 앞선 것이냐에 대한 예리한 대립이 있을 수 있으며, 그러한 치열한 경합을 통해서 학문은 발전할 수 있다.[125] 관상철학의 학문공동체 출현과 관상철학의 지식 공유가 매우 실질적인 발전 방향이라 본다.

열두 번째, 우리가 당면한 시대의 문제를 직시하면서 그 해법으로서 이론을 숙지하면서도 직관의 안목을 키워야 한다. 만일 개인이 시대의

---

124) 이남희, 『하루만에 배우는 실전관상』, 도서출판 담디, 2008, p.59.

125) 張相浩, 『人格的 知識의 擴張』, 敎育科學社, 1994, p.24.

흐름에 빠져 죽지 않고자 한다면 그는 자신의 힘으로 그 흐름과 싸우지 않으면 안 된다.126) 현실정치가와 관상학자는 별개의 것이라는 사고를 갖는다면 그는 현실문제에 방관하는 꼴이 되고 만다. 사회 현실문제와 내담자의 인생고민이 별개의 것이 아니라면 현시대의 구조적 문제가 개인의 고통으로 결부된다. 왜냐하면 우리는 시대의 문제를 안고 살아가는 존재들이기 때문이다. 관상철학자들은 이러한 현실문제의 해법 제시를 위해 고민의 시간을 가져야 하며, 그것이 관상철학의 위상을 높이는 활력이 되는 것이다.

결과적으로 관상철학가는 통시적 보편성을 지녀야 한다. 관상학의 관습적 성향, 신비주의적 갈애, 타학문과의 학제간 보편성 확보가 필요하다. 이러한 통시적 시야를 반추해 보는 지혜가 필요하다. 철학사상이 현실을 초월해서 통시대적인 보편성을 지니지 못했다면, 그것은 인간의 문제를 궁극적으로 해결하려는 철학적 목적에 부응할 수 없는 것이다.127) 관상학과 철학의 교량橋梁 확보를 위해서는 철학의 보편적 지혜가 요구되기 때문이다. 관상학의 토대를 튼튼히 하기 위해서는 관상철학의 통시와 보편의 학문적 축적을 미룰 수만은 없는 시점이다.

---

126) 쿠르트 프리틀라인 저, 강영계 역, 『서양철학사』, 서광사, 1985, p.86.

127) 金恒培, 「老子 道思想의 特性과 構造」, 『道家哲學』 창간호, 韓國道家哲學會, 1999, pp.35-36.

제2편

표정관리와 관상철학

1 관상철학의 표정연구

대인관계에 있어서 상대방에게 가장 먼저 시선이 가는 것은 얼굴로, 사람의 얼굴표정을 훑어보는 것은 그의 현재 감정이 어떠한가를 알기 위해서이다. 설령 무표정이라 해도 그것마저 감정이 실려 있는 것이며, 인간은 자신 내면에 나타난 감정을 무심코 얼굴 표정으로 드러내는 것이 대부분이다. 따라서 사람들의 얼굴 표정에 대한 연구는 흥미로운 일이다. 재미있는 현상이 있는데, 선진국에서는 지도자들이 혼자 있을 때는 심각한 표정을 하고 있다가도 사람이 나타나면 이를 다 드러내고 환하게 웃지만, 후진국에서는 지도자들이 혼자 웃고 있다가도 사람이 나타나면 엄숙한 표정을 짓는다.[1] 이러한 인간 표정에 관심을 갖고 깊이 연구하는 것이 관상학이며, 여기에 그 사람의 심리철학을 연구하는 것은 관상철학의 역할이다.

이처럼 사람들의 표정은 자신 마음작용에 의해 변화되는 것이지만, 대체로 자신의 주변상황이 긍정적이고 밝다면 표정은 밝게 나타나며, 부정적이고 어둡다면 그들의 표정도 어두운 것이다. 김용옥의 여행담을 보면, 여행객에게 비친 알렉산드리아는 국제도시답게 매우 개방적이었기 때문에 사람들의 표정이 밝았고 적극적이면서 유머가 풍부했다[2]고 한다. 표정이란 자신 내면의 고민이 표출되며, 그의 외모에서 나타나는 성격에서 표출되고, 또한 주변상황의 명암 여부에 따라 표정이 다르게 표출된다. 관상학에서는 상대방의 현재 얼굴표정을 읽고 그의 심리를 감지함으로써 길흉을 판단한다.

또 다른 여류 여행가 한비야에 비친 이방인의 표정은 어떠한가를 소개

---

1) 윤은기, 『하트경영』, 디자인하우스, 1998, p.57.

2) 김용옥, 『도마복음이야기』 1, 통나무, 2008, pp.78-80.

해 본다.

> 러시아 사람들의 무표정, 무관심, 무반응은 혹독하기 이를 데 없다. 우선 사람들은 웃지를 않는다. 옆을 보지도 않는다. 지하철 안에서도 부동자세. 열심히 연습한 러시아말로 한껏 미소를 띠고 물어보아도 본 척도 않는다. 그 정도는 또 다행. 물어보기도 전에 "난 그런 것 몰라." 소리를 꽥 지르며 지나가기도 한다.[3]

알렉산드리아를 여행한 이방인들의 밝은 표정을 전한 것이라든가, 러시아를 여행한 이방인들의 무표정을 전한 경우를 음미하면 기왕이면 밝은 표정으로 살아가는 지혜가 필요하다. 행복해서 웃는다기보다는 웃어서 행복하다는 표정이 얼마나 좋은 일인가?

어떻든 사람을 관찰하는 두 가지 관상방법으로서 하나는 선천적인 인간 형체의 외모를 연구하는 것이 있다면, 다른 하나는 후천적인 얼굴표정의 감정을 통해 연구하는 것이 있다. 구체적으로 상학相學에서 사람을 관찰하는 방법 가운데 『신상전편神相全編』이 있는데, 관인십법觀人十法의 십관十觀 중 ①~③은 사람의 정신상태, ④~⑧은 형체와 외모, ⑨는 음성과 마음, ⑩은 앞의 9法을 총결하여 실제적 대상을 파악하는 방법을 논하였다.[4] 관인십법 가운데 하나는 형체와 외모를, 다른 하나는 정신과 마음을 통해서 이루어진다는 것이다.

그런데 철학의 탐구를 세분화하고 관상법을 체계적으로 밝힌 사람은 아리스토텔레스였다. 곧 철학의 포괄성은 철학적 탐구의 여러 영역을 세분화하고 그에 대한 지식을 분류하여 대상화함에 따라 학적 체계를 형성

---

3) 한비야, 『바람의 딸 걸어서 지구 세바퀴 반』 1, 도서출판 金土, 1999, pp.328-329.

4) 김연희, 『劉昭 '人物志'의 人材論에 관한 상학적 연구』, 원광대 박사학위논문, 2008, pp.99-122참조.

하면서, 합리적 탐구를 분화시켜 학문으로 체계화해 간 사람은 아리스토텔레스였다.[5] 철학자로 잘 알려진 그였지만, 저자의 진위 여부를 떠나서 『관상학』을 저술한 인물로 널리 알려져 있어 관상철학의 연구방향을 시사 받을 수 있다.

얼굴의 표정 연구를 체계화하는 것이 관상학 연구의 핵심 테마라면 아리스토텔레스의 지혜를 빌려볼 필요가 있다. 고대 그리스 철학자이자 관상가였던 얼굴표정 연구에서 주의할 사항으로서 다음 두 가지가 있다.

첫째, 얼굴 표정은 수시로 변할 수 있다는 것이다. 아리스토텔레스는 말하기를, 얼굴 표정은 영속적일 수 없고 수시로 변할 수 있으며, 또 수시로 변하는 감정 표정을 통해 자신에게 귀속되는 성격이나 자신의 전형적이고 영속적인 얼굴 표식을 감출 수도 있다.[6] 어느 누구든 한 순간의 체상은 대체로 고정된 형태로 나타나지만, 감정에 의해 좌우되는 표정은 변화될 개연성이 있으므로 관상학자들은 이를 유의해서 살펴봐야 한다는 것이다. 이는 감정에 휘둘리는 얼굴 표정에 현혹되어 운명을 판단하는 일에 있어서 세심한 주의가 필요하다는 뜻이다.

둘째, 상대방의 얼굴 표정이 무표정으로 신체적 징표가 없을 때 관상학자의 숙련된 다양한 임상경험의 지혜를 발휘하여 명운을 판단해야 한다. 만일 질투하는 사람의 신체 징표가 없다면, 다른 성격으로부터 질투하는 사람을 찾아내는 것이 관상학자에게 가능할 것이며, 이와 같은 방법은 철학적 훈련을 거친 사람에게 고유한 것이다.[7] 또 표정연구에 있어서 무표정인 사람의 상相을 볼 때에, 과거 비슷한 유형의 관상사례를 참조한다면 유익한 지혜를 얻을 것이다.

---

5) 이경무, 「동양의 學과 서양의 學問」, 『범한철학』 22집, 범한철학회, 2000 가을, p.277.

6) 아리스토텔레스 지음, 김재홍 옮김, 『관상학』, 도서출판 길, 2014, p.164.

7) 위의 책, 2014, p.96.

이러한 표정의 세심한 관상법에 바탕을 두면서 눈 표정에 관한 아리스토텔레스의 관상학 원칙을 소개해 보고자 한다.

> 눈을 깜박거리는 것은 비겁함을 나타낸다. 왜냐하면 도망치는 것은 눈에서부터 시작되기 때문이다.
>
> 길게 곁눈질하는 것은 멋쟁이처럼 뽐내는 것이다.
>
> 눈동자를 고정시킨 채 한쪽 눈만 반쯤 윙크하는 것, 그리고 눈동자를 위로 올려서 지그시 바라보다가 감는 것, 그리고 일반적으로 부드럽고 촉촉하게 바라보는 것 모두가 멋쟁이인 척하는 것이다. 우리는 이런 식으로 바라보는 것이 여자들에게 공통적으로 나타나는 현상이라는 것을 안다.
>
> 눈의 흰자위가 항상 보일 만큼 천천히 눈을 굴려서 거의 정지된 것처럼 보이는 것은 사려 깊다는 것을 표시한다. 왜냐하면 정신적으로 깊은 생각에 빠져 있을 때는 눈동자도 움직이지 않기 때문이다.[8)]

얼굴의 표정읽기에 있어서 쉽게 숨길 수 없는 부분이 눈의 표정이므로 눈빛 하나라도 놓친다면 표정연구의 중요한 부분을 간과하는 셈이다.

이와 달리 관상학자 라바터는 관상연구에 있어서 얼굴 표정을 배제하고자 하였다. 그가 관상에서 표정을 배제한 이유는 표정이란 후천적인 것으로, 본성을 투영하는 것이 아니라고 믿었기 때문이다.[9)] 이를테면 아름다운 얼굴이 웃는 순간 멍청해 보이는 수도 있다는 점에서 이러한 언급을 하였다. 관상학에서 표정배제의 이유가 타당한 것은 표정만이 아니라 다른 신체적인 것으로도 성격을 알 수 있다는 점에서 그 의의가 있어 보인다. 얼굴표정 외에도 몸가짐, 머리, 피부색, 목소리를 통해서 인간의 성격을 추론해낼 수 있기 때문이다.[10)] 관상철학에서 얼굴 표정에 몰입되어 연구하

---

8) 설혜심, 『서양의 관상학, 그 긴 그림자』, 한길사, 2003, p.93.

9) 위의 책, p.269.

10) 아리스토텔레스 지음, 김재홍 옮김, 『관상학』, 도서출판 길, 2014, pp.164- 165.

는 것보다는 신체적 형상을 균형 있게 접근하는 것이 요구된다.

한편 근대 철학자들인 데카르트와 샹브르 등의 학자들은 표정의 변화와 인간의 감정 사이에 어떤 관계가 있는가에 고민하였다. 17세기 표정을 연구한 대표적 인물인 르브룅은 '슬픔'이라는 감정에 보편적으로 나타나는 얼굴 표정의 변화를 다음과 같이 제시하였다.

> 극단적인 경우에는 근육이 모두 쳐지는 것으로 나타나며, 덜 심한 경우 즉 절망에서 슬픔으로 전환하는 과정에서는 미간이 올라가며 양 눈썹이 거의 붙다시피 내려가기도 한다. 양 눈두덩의 안쪽은 올라가며 눈썹 아래쪽은 솟는다. 입술의 양끝은 내려가고 입술이 떨린다.[11]

자신의 감정에 솔직한 성향이라는 점에서 그 사람의 표정을 통해서 성격과 감정을 이해할 수 있었던 시기가 17~18세기의 일이었다.

19세기의 진화론자 다윈(1809~1882)의 표정연구는 피부의 근육과 관련시켜 그의 표정을 과학적으로 접근하였다. 그는 피부 위로 드러난 표정을 피부 아래 근육의 기계적 움직임과 연계하는 연구를 하였는데 그는 다음과 같이 말한다.

> 병에 걸린 아들을 간호하고 있던 어머니의 얼굴 표정을 관찰한 적이 있었는데, 이 경우에도 눈썹의 모양은 양쪽으로 기울어진 모습이었다. 눈썹이 이러한 모양을 갖게 되는 것은 여러 가지 근육의 수축 때문이다. 즉 구근, 추미근, ... 이 모두는 수축과 동시에 눈썹을 아래로 잡아당긴다. 또한 부분적으로는 앞이마 근육의 중앙 근막이 강하게 움직이기 때문이기도 하다. 이 근육이 수축되면 눈썹의 안쪽 끝부분만 치켜 올린다. 그리고 이와 동시에 추미근도 이 부분을 잡아당기기 때문에 눈썹 안쪽 끝은 오므

---

11) 설혜심, 『서양의 관상학, 그 긴 그림자』, 한길사, 2003, pp.185-186.

라들며 주름이 잡힌다.[12)]

다윈이 피부근육과 표정을 깊이 있게 연구한 것은 당시 발달한 의학의 발달, 곧 해부학의 영향 때문이다. 관상학과 의학의 관계성이 관상학의 표정연구에 획기적인 발전을 가져다주었다.

의학적인 표정 접목 외에도 심리적 감정에 영향을 받는 신체적 표정에 대한 관상학적 임상실험은 앞으로 더욱 필요하다. 관상학의 의학적 도움 못지않게 심리학적 협조가 필요한 것은 관상학의 영역이 인문학의 범주에 속한다는 점에서 더욱 그렇다. 이를테면 표정의 다양한 모습으로 큰 소리를 자주 하고 얼굴색이 자주 변하는 자는 박복한 사람의 습관이고, 웃고 꾸짖을 때 시비를 살피지 못하는 자는 친한 벗과 의절한 경우이며, 어려운 일을 당해도 태연한 자는 복이 무궁하다.[13)] 얼굴의 다양한 표정들은 당시의 심리적 영향과 관련된다는 점에서 관상철학자들이 참조해야 할 것은 그 사람의 외형적 관상 외에도 심리적 복잡한 측면까지 투시해야 한다.

결과적으로 관상철학의 표정연구에 있어서 많은 사람들의 상을 봄으로써 경험적·심리적 실험을 참조한다면 표정읽기에 많은 도움이 된다. 어린이와 백치의 경우에는 100퍼센트 감성만으로 느끼기 때문에, 상대방이 자신에게 호감을 가진 사람인지 자신을 해칠 사람인지 본능적으로 알아차리는 능력이 뛰어날 때가 있다거나, 동물 역시 사람의 눈빛에 대해 매우 민감하여, 애정이 깃든 눈과 살기가 어린 눈을 구별할 줄 안다.[14)] 이점에서 남녀노소 모든 층에 대하여 실험적 지혜가 요구되는 것으로 관상철학

---

12) 설혜심, 『서양의 관상학, 그 긴 그림자』, 한길사, 2003, pp.270-271.
13) 地平 編著, 李成天 監修, 『관상해석의 정석』, 도서출판 문원북, 2019, p.25.
14) 신기원, 『신기원의 꼴 관상학』, 위즈덤하우스, 2010, p.17.

의 표정탐구 영역은 다양하다고 본다.

이제 표정관리가 중요함을 알아서 관상철학자들은 관상학을 연구할 때 표정관리에 대한 의학적, 심리적, 철학적, 예술적 지혜를 모두 동원해야 한다. 단지 외형의 표상적 관상을 통해서 그 사람의 운명을 말하고 길흉을 말한다면 수박 겉핥기식의 방식으로 중요한 것을 놓치고 만다. 관상이 중요함에도 불구하고 인상학을 체계적으로 연구하는 인력이 부족할 뿐만 아니라 연구풍토가 조성되지 못했다는 점을 꼽을 수 있을 것이다.[15] 표정관리 외에도 다양한 분야의 상에 대한 관상철학의 체계적 연구를 위해 관련 지성들은 고군분투할 필요가 있다.

2 피부관리와 관상철학

세간에서 듣기 좋은 말로 상대방이 자신의 얼굴을 보고 동안童顔이라고 하면 기분이 좋다. 여기에서 동안이란 피부가 젊고 탱탱하며 곱다는 뜻이다. 고대의 철학자 장자는 피부가 좋은 사람을 세상 밖에서 노니는 신선이라고 하였다.

> 막고야 산에 신인이 살고 있는데, 그 피부는 얼음이나 눈처럼 희고 처녀같이 부드러우며 곡식을 먹지 않고 바람과 이슬을 마시며 구름을 타고 용을 몰아 천지 밖에서 노닌다. 정신이 한데 집중되면 모든 것이 병들지 않고 곡식도 잘 익는다는 거야.[16]

---

15) 주선희, 「동·서양 인상학연구의 비교와 인상관리에 대한 사회학적 고찰」, 경희대학교 박사학위논문, 2004, p.5.

16) 『莊子』「逍遙遊」, 邈姑射之山, 有神人居焉, 肌膚若氷雪, 綽約若處子, 不食五穀, 吸風飮露, 乘雲氣, 御飛龍, 而遊乎四海之外, 其神凝, 使物不疵癘, 而年穀熟.

얼마나 피부가 좋고 고우면 처녀 같다고 하였는가를 상상해본다. 물론 그가 수련을 한 신선으로 풍자한 언급이지만 피부색이 아름다운 모습은 고금을 통하여 부러운 것이다.

피부의 외형적 가치가 인지된 이상 피부 관리도 필요한 일이라 본다. 관상의 접근방법에 있어서 그 사람의 인지 범위는 거시적인 평가와 미시적인 평가가 있다. 그 가운데 사람을 거시적으로 평가하는 방법은 생물학적 방법이 있는데 그것이 피부와 관련된다. 이를테면 대상의 전형적인 머리 모양을 보고 남자인가 여자인가, 피부색이 검은 흑인인가 아니면 흰 백인인가, 얼굴의 피부 및 주름살 상태에 따라 젊은지 아니면 나이가 들었는지 등을 파악하는 방법이다.[17] 피부에 대한 관상학적 인지방법이 거시적인 것으로 이해되는 것이다.

이처럼 피부색이 백인인가, 흑인인가에 대한 것은 세계인의 인종을 연상하게 한다. 인종에 대한 언급을 보면, 독일의 나치 아래의 인종차별주의는 신체적 종족주의를 극단적으로 보여주는 것이었다. 인종주의 정책 아래서 동원된 작가들은 당대의 가장 순수한 인종이 아리안종이라며 금발, 큰 키와 긴 두개골, 갸름한 얼굴, 우뚝 솟은 높은 턱, 높고 뾰족한 코, 부드러운 직모의 머리카락, 큼직하고 연한 색깔의 눈, 하얀 연분홍 피부가 전형적으로 이상화되었다.[18] 오리엔탈리즘의 사고방식이 연분홍 피부를 이상화시키거나 거무스름한 피부를 미개하다고 보는 차별주의적 성향을 야기하기도 하였다.

그렇다면 피부관리가 어떻게 자신의 건강과 연결되는가를 관상학적 시각에서 살펴보고자 한다. 피부와 관련된 것은 기색이다. 『마의상법』에서

17) 주선희, 「동·서양 인상학연구의 비교와 인상관리에 대한 사회학적 고찰」, 경희대학교 박사학위논문, 2004, p.3.

18) 설혜심, 『서양의 관상학, 그 긴 그림자』, 한길사, 2003, p.317.

는 오행인의 피부와 건강에 관련되는 기색을 다음과 같이 언급하고 있다.

> 피부 위에 있으면 그것을 색色이라고 한다. 피부로 싼 것을 그것을 기氣라고 한다. 기는 마치 좁쌀과 같고, 콩과 같고, 실과 같고, 모발과 같고 피부 안에 숨어서 가늘기가 봄에 누에의 실과 같다. 5가지 방方의 정색正色을 관찰하건데 목형인은 청색이어야 하며, 화형인은 홍색이어야 하며, 수형인은 흑색이어야 하며, 토형인은 황색이어야 사람 몸의 정기正氣가 된다. 목형인은 청색이니 흑색을 띠어야 하며 백색은 금기이다. 화형은 홍색이니 청색을 띠고 흑색은 금기이다. 금형은 백색이니 황색을 띠어야 하며 홍색은 금기이다. 수형은 흑색이니 백색을 띠어야 하며 황색은 금기이다. 토형은 황색이니 홍색을 띠어야 하고 청색은 금기이다. 위가 오행의 상생과 상극의 정기이다.[19)]

마의선사는 위에서 얼굴 형상을 오행으로 분류하여 기색이 좋아야 건강이 좋고 그 바탕이 되는 피부를 기氣로 보아, 오행형상에 맞는 건강한 피부색을 언급하고 있다.

피부가 건강하다는 것은 기색이 윤택하고 그리하여 자신의 젊음을 오랫동안 간직하는 것이다. 노년의 기색은 젊은 사람과 달리 피부로 분별되는 이치에서 보면 더욱 그렇다. 관상을 보는 순서에 있어서는 기국이나 형용을 기색에 앞서 보아야 한다. 그런데 노년의 기색은 젊은 사람과 달리 피부로 분별해야 하는데, 이는 피부의 윤택과 혈색이 노년 운의 흐름을 나타내고 있기 때문이다.[20)] 피부와 얼굴 근육의 섬세함을 살펴볼 때에는

---

19) 『痲衣相法』 第3篇 「總結第五」, 在於皮上者, 謂之色. 皮髮者, 謂之氣. 氣者如粟, 如荳, 如絲, 如髮, 隱於膚之內, 細如春蠶之絲. 凡察五方正色 木形人要青, 火形人要紅, 水形人要黑, 土形人要黃 乃人身之正氣. 木形色靑 要帶黑, 忌白. 火形色紅 要帶靑, 忌黑. 金形色白, 要帶黃, 忌紅. 水形色黑 要帶白, 忌黃. 土形色黃 要帶紅, 忌靑. 乃五行生克之正氣也.

20) 地平 編著, 李成天 監修, 『관상해석의 정석』, 도서출판 문원북, 2019, p.60.

또한 기색이 중시되기도 한다. 젊은 기색과 노년의 기색은 다를 것이며, 아울러 피부의 윤택함이라든가 혈색이 밝다는 것은 자신이 노화되는 정도와 직결된다는 점에서 피부 관리는 중요한 일이다. 피부의 윤택과 혈색이 노년 운의 흐름을 나타낸다는 점에서 더욱 그렇다.

무엇보다도 피부와 건강의 문제에 있어서 피부 안의 혈색이 관통해야 좋다. 혈액순환이 잘 된다는 것은 건강이 좋다는 것이며, 피부색깔을 윤택하게 만든다. 『유장상법』에서는 이에 대하여 다음과 같이 말한다.

> 피부 안의 혈색이 관통하여 피부 밖으로 풍만하면 한 해의 복록을 지킨다. 해왈解曰, 이는 내기內氣가 비록 풍족해도 외기가 열리지 않으면 일년 후에 혈이 충족되고, 기가 군세기를 기다려야 색이 열리게 된다는 뜻이다. 피부의 표리가 환히 밝고, 색이 윤택하며, 빛이 선명하면 자연 복록이 모두 이르게 된다.[21)]

『마의상법』이나 『유장상법』에서 피부에 대하여 깊은 관심을 가지고 있다는 것은 피부 관리가 건강에 매우 중요하다는 사실에서 기인한다.

이제 서양의 피부에 대한 시각은 어떠한가를 살펴보도록 한다. 로마시대의 의학자이자 해부학자인 갈레노스에 따르면, 피부가 부드러운 사람은 점액질과 다혈질이고, 체액들의 촉촉한 기운이 사람을 단순하고 멍청하게 만드는 역할을 한다면, 살이 단단한 사람은 담즙질과 우울질이며, 이것들은 지혜와 이해력을 파생시킨다[22)]고 하였다. 그에 의하면 현대적 의학상식과는 다소 다른 시각을 보이며 부드러운 피부는 거친 피부보다 훨씬

---

21) 『柳莊相法』 下篇, 「氣色分解-內色血貫」, 內色血貫外如勝, 還守一春 O解曰, 此論內氣雖足, 外氣不開, 待一載後血足氣壯, 色必開矣, 表裏通明, 色潤光明, 自然福祿駢臻.

22) 설혜심, 『서양의 관상학, 그 긴 그림자』, 한길사, 2003, pp.128-129.

나쁜 표지이며 부드러운 피부는 기억력이 나쁘다는 것을 말해주고 이해력과 상상력이 부족하다는 것이다. 고대의 의학적 시각에서 그의 전문성은 이해가 가지만 부드러운 피부가 아무래도 건강관리에 좋을 성싶다.

그러나 동양의 고전 『마의상법』에서는 피부가 거칠면 재앙이 내린다고 하였다. 그것은 일반적 상식으로 피부가 거친 경우 오히려 건강이 좋지 않다는 것과 관련된다.

> 살이 솜처럼 감싸고 붙고 겸하여 또한 따뜻하면 일생에 종내 조금 흉액과 재앙이 있다. 살이 긴장되며 피부가 거칠면 가장 감당하기 어려우니 피부가 급하기가 탱탱한 북과 같으면 생명이 길기 어렵다. 살이 흑색이 많으면서 홍색이 적으면 정체함이 많으며 온몸에 두루 광채가 나면 성격이 급하며 강하다. 귀인이 3공이나 재상임을 알려면 영지와 난초를 휴대하지 않아도 자연 향이 난다.[23)]

다음으로 목의 피부가 윤택해야 길한 운이다. 원충철이 저술한 관상학 고전에서는 기색과 피부에 대하여 그의 견해를 비교적 섬세하게 밝히고 있다. 관상학에서 길흉의 관상을 판단하는데 있어서 피부색이 매우 중요한 요건이라는 점에서 다음 언급이 흥미롭다.

> 젊어서 발달하는 것은 신神과 기氣가 굳건해서이며, 노년에 흥왕하는 것은 혈기와 피부가 윤택하기 때문이다. 신·기·색 세 가지가 온전하면 유용하게 된다. 노인의 상은 다만 혈분이 굳건한 것이 있어야 하며, 그 두피와 목의 피부가 모두 온화하고 윤택해야 흥왕하게 되며, 만약 피부가 메마르고 혈기가 약하면 죽게 된다.[24)]

---

23) 『痲衣相法』第2篇 各論, 第2章「相肉」, 揣着如綿兼 又煖, 一生終是少凶災, 內緊皮粗最不堪, 急如繃鼓命難長. 黑多紅少須多滯, 遍體生旋光性急剛. 欲識貴人公輔相, 芝蘭不帶自然香.

피부를 기와 신에 관련시키면서, 피부가 윤택해야 건강이 유지되어 장수한다는 것이다. 그러나 피부가 메마르고 혈색이 좋이 않으면 생명을 온전히 유지하지 못한다고 하였다.

다음으로 피부 관리와 건강의 문제를 피부의 후박厚薄에 관련시킨다. 여기에서는 피부가 두터워야 건강에 좋다는 것이다. 특히 머리의 경우 이러한 것으로, 이상적인 머리 형태는 머리의 골격은 야무지고 단단한 느낌이 들면서 둥글게 솟아야 하고 그것을 피부가 두텁게 감싸야 좋다.[25] 하지만 건강한 체형과 상반되게 머리 골격을 감싸는 피부가 엷으면 가난하고 흉하게 됨은 물론 신체 건강도 좋지 않은 것으로 알려져 있다.

피부의 두터움에 더하여 피부가 들뜨지 않는 것도 건강에 있어서 중요한 요소이다. 기색이 피부 안에서 고와서 은은하지 못하고 들뜨거나 하는 것을 광부색光浮色이라 하는데 이는 인간의 수명을 재촉한다. 이에 더하여 피부에 드러나는 색의 종류 못지않게 그 색의 선명함과 여린 정도가 중요함을 전하고 있다.[26] 피부가 들뜨거나 기색이 여리고 미혹하는 색상이면 이 역시 흉색이라고 한다. 이는 건강에 좋지 않고 단촉한 명으로 이어진다.

한편 피부색과 성격의 측면을 살펴보도록 한다. 곧 자신의 성격이 격정적이라면 피부색은 어떠한 것인가에 대하여 궁금한 일이다. 선명한 피부색은 격정적이라는 측면에서 아리스토텔레스의 관상학 정의에서 다음과

---

24) 『柳莊相法』 下篇, 「氣色分解-氣足色足」, 氣足色足神不足, 難言福祿. O解曰, 凡氣色乃神之苗裔, 神若不壯, 雖有氣色亦不發, 雖發達難許長壽. 少年發達神氣壯, 老年興旺血皮潤, 神氣色三者全, 方為有用, 凡老相只有血壯, 其頭皮項皮俱和潤, 方言興旺, 若皮枯血弱則死.

25) 이남희, 『하루만에 배우는 실전관상』, 도서출판 담디, 2008, p.113.

26) 地平 編著, 李成天 監修, 『관상해석의 정석』, 도서출판 문원북, 2019, pp.210-211.

같이 말한다. 관상학의 징표들에 대한 구체적인 사례를 보면 선명한 피부색은 격정적이고 열혈적인 기질을 나타내지만, 창백하고 흰 피부는 그것이 부드러운 피부에 동반할 때에는 본성적으로 좋은 소질을 특징적으로 나타낸다.[27] 선명한 피부색과 창백한 피부색의 비교에 있어서 전자의 경우 다혈질이라면 후자의 경우 여유로운 성격이라는 것으로, 고대 관상가들의 견해가 오늘날 절대적이지는 않다고 해도 참고해 볼만한 것이다.

이에 더하여 겁이 많은 사람들의 피부색은 어떠한가? 피부색이 창백하고 당황한 사람들은 겁이 많다는 것이며, 이 점은 공포로부터 생겨난 감정상태로 되돌려서 확인할 수 있다.[28] 또한 담황색인 사람들은 냉담하다거나 피부가 붉은 사람들은 재빠르고, 불타는 붉은 색깔이 있는 사람들은 미치기 쉽다는 것은 고대 관상학자들의 견해로서, 피부색을 인간의 감정에 이입시켜 관상학적 심리 성향을 언급하고 있다. 이 역시 피부색만으로 인간의 성격을 정확하게 판단하는데 다소 무리가 있겠지만 고전적 관상학의 시각에서 음미하는 것도 필요하다.

근래 관상학의 시각에서 피부 관리와 건강의 문제에 관심이 많은 현대인들로서 참고해야 할 것이 있다. 고대철학자 묵자의 견해와 미즈노 남보쿠의 다음 견해를 소개해 보도록 한다.

> 부부가 절제하면 하늘과 땅이 조화롭게 되고, 바람과 비가 절제되면 다섯 가지 곡식들이 잘 익고, 의복을 절제하면 피부가 조화 있게 되는 것이다.[29]

> 음식을 절제할 줄 모르고 그 중요성을 모르는 자는 기운이 처지고 기氣

27) 아리스토텔레스 지음, 김재홍 옮김, 『관상학』, 도서출판 길, 2014, pp.93-94.
28) 위의 책, p.136.
29) 『墨子』「辭過」, 夫婦節而天地和, 風雨節而五穀孰, 衣服節而肌膚和.

> 가 야위었다 할 수 있으며 혈색 또한 기백을 찾아볼 수 없다. 사람의 몸이 말랐다는 것은 심장, 간장, 폐가 피로하여 내장이 쇠약해지고 살이 빠져 피부색이 어두워지는 것이다. 이렇게 된 것이 진짜로 마른 것이다. 하지만 음식을 절제해서 마른 자는 얼핏 보기에는 야윈 것 같아도 혈색이 좋고 피부에 윤기가 흐른다.[30]

전자의 견해는 오늘날 설득력이 있는 것으로 입는 의복과 피부건강의 연관성을 언급하고 있다. 또한 후자의 경우 매우 실용적 시각에서 언급한 것으로, 피부와 음식의 절제를 설득력 있게 제시하고 있다. 후천적으로 음식조절을 잘 하면 피부가 좋아지고 건강이 좋아진다는 일상의 상식에서 볼 때 위의 언급은 선천적 관상학에 맹종하는 것에 대해 보다 호소력이 있다.

이처럼 관상철학에서 피부 관리의 문제를 접근할 때 고대철학자들의 관상과 관련한 언급들을 깊이 있게 새겨볼 일이다.

3 희로애락의 감정관리

인생사를 거론할 때 희로애락을 생략하고 언급할 수 있을까를 고려하면 인간은 감정의 동물이라는 점을 새삼 확인하게 된다. 인생의 미래를 거론하는 상학 역시 삶의 희로애락을 위로하는 장이다. 인생의 모든 희로애락을 표현하는 창구요, 과거와 미래의 삶이 교차하는 척도로서의 얼굴을 연구하는 것이 상학이므로 인생을 신중하고 진실하게 살고자 한다면 사람 보는 법을 익히지 않을 수 없다.[31] 관상은 인간의 실존 감정을 간파

---

30) 미즈노 남보쿠, 화성네트웍스 역, 『마음 습관이 운명이다』, 유아이북스, 2017, p.62.

하고, 진실한 삶을 유도하는 가치적 의미가 있으므로, 내담자 감정의 희로애락에 대하여 소홀히 할 수 없다.

아리스토텔레스의 외형적 관상법 역시 인간의 감정과 연관된 표정을 보고 판단한다. 『관상학』의 해제에서 보면, 인간의 성향은 각각의 심적 성격에 부수해서, 즉 화를 내고, 두려워하고, 성적 흥분에 도취하는 것, 그 밖에 각각의 감성적 겪음에 부수해서 판단하는 것[32]이라 했다. 인간은 심적 자극에 의해 화가 나서 격화되고 그리하여 두려운 감정이 생기곤 한다. 감정에 좌우되기 쉬운 인간이므로 이러한 인간의 감정 성향에 대하여 관심을 갖고 관상철학을 연마하는 것이 중요하다는 것이다.

관상철학을 연마함에 있어서 아리스토텔레스가 본 다양한 감정을 살펴보도록 한다. 그가 관상을 통해 보고자 했던 인간의 특성은 예컨대 용기, 비겁함, 좋은 기질, 무감각, 뻔뻔함, 반듯한 행동, 쾌활함, 우울함, 여자 같은 성격, 잔혹함, 불같은 성격, 부드러운 기질, 내숭, 비열, 도박성, 욕설, 동정, 대식, 호색, 비몽사몽, 기억력 등 감정, 사고, 행위에 이르기까지 다양한 범주를 포괄한다.[33] 인간의 다양한 감정은 그가 현재 겪고 있는 마음 작용이라든가 행동을 통해 반응하는 것이며, 이를 관찰함으로써 좋지 않은 감정을 극복하도록 해야 한다.

이 같은 감정이 표출되는 것은 관상학의 주요 관찰대상인 얼굴이다. 얼굴에 희로애락이 쉽게 노출되기 때문이다. 희로애락과 빈부귀천을 빠짐없이 새겨놓은 게시판이 얼굴이므로 여기에 그려진 운명을 탐색하고 그에 맞는 길을 안내하고자 하는 일종의 정보제공 행위로서 '얼굴은 제 인생을 그려놓은 게시판'이다.[34] 따라서 얼굴에 그려진 하나하나의 감정을 미

---

31) 신기원, 『신기원의 꼴 관상학』, 위즈덤하우스, 2010, p.19.

32) 아리스토텔레스 지음, 김재홍 옮김, 『관상학』, 도서출판 길, 2014, p.164.

33) 설혜심, 『서양의 관상학, 그 긴 그림자』, 한길사, 2003, p.56.

34) 최형규, 『꼴값하네』, FACEinfo, 2008, pp.4-5.

리 읽어낼 줄 알아야 한다.

특히 인간은 사회적 존재로서 대인관계를 하므로, 그들과의 관계에 나타나는 감정이 얼굴에 그대로 표출된다. 얼굴은 인간관계에 있어서 중요한 역할을 담당하며, 얼굴에는 다양한 희로애락의 표정을 비롯해 쾌감, 불쾌, 건강, 병중 등의 상태까지 분명하게 나타난다.[35] 관상학은 사회적 관계속의 인간이 느끼는 희로애락의 감정과 생활이 그대로 노출되고 표시되는 것에 대하여 연구하고 관찰함으로써 감정표현을 원활하게 하도록 유도해야 한다. 관상학의 사회적 역할이 이와 관련된다.

고대로부터 주시해 왔듯이 관상학의 역할이란 본질적으로 감정이 얼굴에 나타나므로 표정을 주목해야 하는 것은 상식에 속한다. 이들 감정이 어떻게 구체적으로 얼굴에 변화를 가져오는가에 대한 진지한 고찰은 16세기의 에라스무스를 필두로 이후의 저술들은 '표정'에 주목하였다.[36] 인간의 표정을 주목하기 시작한 것은 관상학의 지극히 인간주의적 측면에 역할이라 본다. 왜냐하면 인간사에 나타난 표정을 주목함으로써 혹시 화가 나거나 두려워하거나 하는 행동표출을 미연에 방지할 수 있게 해주기 때문이다. 관상철학자들은 내담자들이 스스로 겪는 좌절감이나 사회에 대한 분노감의 표출에 대하여 누그러뜨릴 수 있는 상담해법까지 제시해주는 방향이 바람직한 것이다.

또한 관상학에서 세밀한 관찰이 필요한 것은 눈이며, 눈에는 희로애락이 그대로 나타난다. 눈은 마음의 창이므로 희로애락이 그대로 표현되는 곳이며, 눈꼬리 부위는 올라가지도 내려가지도 않은 평행이어야 하며, 흉터가 없어야 한다.[37] 마음의 창으로서 눈은 섬세한 인간의 감정에 의해

35) 이영달, 『얼굴을 보면 사람을 알 수가 있다』, 행복을 만드는 세상, 2008, pp.16-17.

36) 설혜심, 『서양의 관상학, 그 긴 그림자』, 한길사, 2003, pp.183-184.

37) 최전권, 『체형관상학』, 좋은글, 2003, pp.229-230.

그 표정이 달라진다. 더욱이 눈에 흉터가 있으면 애정생활이 순조롭지 못하고, 점이 있으면 원만한 부부생활을 할 수 없게 되므로 가정불화가 일어나며 이때 나타나는 분노의 감정은 이혼과 같은 인생사의 파멸로 유도할 수 있다.

관상학에서 눈과 직결된 눈 놀림의 의미와 희로애락도 간과할 수 없다. 눈 놀림이 재빠른 사람은 눈치가 빠르고 재치가 있다거나, 눈 놀림이 느린 사람은 희로애락의 감정표현이 무디거나, 눈동자를 좌우로(곁눈질) 자주 움직이면 제 마음이 불안정할 때이다.[38] 또한 눈을 내려 깔고 상대방에게 말할 때에는 무시하거나 거짓말을 하는 것이다. 아울러 눈을 자주 깜박거릴 때는 자신의 신경과민 현상이기도 하다. 이처럼 눈 동작의 표정에는 희로애락이 무의식적으로 노출되어 있음을 말한다.

다음으로 얼굴이나 피부에 나타난 기색에서 희로애락을 파악하기 쉽다. 기쁠 때는 화사하고 슬플 때는 어두운 색깔을 띠는 것이 기색인데, 기색을 살필 때는 인당과 준두가 중요하다. 기쁠 때는 명궁이 환해지고, 슬플 때는 명궁이 찌푸려지며, 웃을 때나 슬플 때 모두 명궁에 표현되므로 그러므로 명궁을 잘 살피면 현재 상태를 잘 알 수 있다.[39] 명궁은 수명과도 관련되며 명궁 기색이 깨끗하면 수명이 길지만 그렇지 못한 사람은 비관적인 성격이므로 단명하게 된다.

기색과 관련하여『마의상법』에 나타난 희로애락에 대하여 살펴보도록 한다.

> 침습한 기氣는 사기邪氣이다. 내가 보존함이 두텁지 않고 양성함이 차지 않으면 사기가 침습한 바가 된다. 또한 추론하여 넓히면 청색, 적색, 황색, 백색, 흑색의 5색이다. 신神이 큰은 신이 남음이 있음이며 신이 겁내

38) 최형규,『꼴값하네』, FACEinfo, 2008, pp.228-229.

39) 地平 編著, 李成天 監修,『관상해석의 정석』, 도서출판 문원북, 2019, pp. 80-81.

> 함은 신이 부족함이다. 기가 신에 과다함은 기가 유여함이 되며, 기가 신보다 낮으면 기가 부족함이 되니, 의당 뜻으로 단정하면 징험할 수 있다. 기가 오장五臟에 통하면 소견이 있으니, 세상의 사람이 기쁨, 분노, 슬픔, 즐거움이 한번 마음에 이르면 신과 색이 변화하는데 또한 하물며 질병과 생사는 어떻겠는가?[40]

오장육부에 기가 소통하면 희로애락의 영향으로 기색이 변화한다는 것이다. 그러므로 오장육부의 심신의 건강을 통하여 사기를 극복하고 밝은 기색을 갖도록 하는 것이 필요하다.

이처럼 오장육부는 마음의 바탕으로서 다양한 심적 변화를 파악하는 곳이다. 오장이 본래의 위치보다 위쪽으로 몰려 있으면 자부심이 많고, 오장이 본래의 위치보다 낮으면 마음도 쳐져서 남에게 잘 엎어지며 남의 의견에 잘 따르며, 오장과 육부의 상호작용이 그 사람의 마음의 바탕이라 할 수 있어 운명의 시발점이라 할 수 있다.[41] 오장육부가 신체구조에 있어서 제 역할을 한다면 본래의 마음도 편안하여 성격도 원만해지는 것이다. 그리하여 오장육부가 마음에 의해 영향을 받아 희로애락에 민감하게 반응하므로 건강관리에도 노력해야 할 것이다.

다음으로 밝은 기색을 드러내는 것은 마음의 안정과 관련된다. 만일 불안한 기색이라면 희로애락 가운데 슬픔이 다가와서 공포를 느낄 것이다. 곧 마음작용에 슬픈 감정이 복받치거나 할 때 가슴 한복판이 뭉클해지거나 메어지듯 통증이 느껴지고, 공포에 질려 무서움이 극에 달할 때 가슴 한 곳이 뛰는 느낌이 드는 그곳이고, 기쁘고 환희심이 찰 때와 기분이

---

40) 『麻衣相法』 第3篇 「總結第五」, 所護之氣, 乃邪氣也. 爲所存不厚, 所養不充, 則爲邪氣所襲矣. 又推而廣之則有青赤黃白黑 五色也. 神大爲神有餘, 神怯爲神不足. 氣過於神 爲氣有餘, 氣下於神 爲氣不足, 宜以意致斷 可驗矣. 氣通五臟有所見, 世之人 喜怒哀樂 一至於心則神色斯變矣 又況疾病死生乎?

41) 이정욱, 『심상 관상학』, 천리안, 2006, pp.52-53.

고조될 때 가슴 한 곳이 환하게 밝아지는 느낌이 든다.[42] 마음이란 인간의 자율신경을 조정하고 지배하므로 마음의 안정이 무엇보다 필요하다. 밝은 기색으로서 마음이 안정된다면 그에게는 희로애락 가운데 즐거움과 기쁨으로 가득할 것이다.

이어서 둥근 이마와 희로애락에 대하여 언급해 본다. 둥근 이마란 머리카락이 난 부위가 아치형이며, 여성에게 많은 이마이다. 둥근 이마의 경우, 감수성이 풍부해 감각과 감성을 따르며, 희로애락이 얼굴에 솔직하게 드러난다.[43] 이러한 이마를 가진 사람은 감수성이 풍부하므로 예술가나 문학가, 시인, 작사가가 많다. 둥근 이마의 감수성에 더하여 그러한 사람은 자신의 감정을 숨기지 않고 그대로 표출하는 성향이 있으며, 그로 인하여 얼굴에 희로애락을 굳이 숨기지 못한다.

어떻든 희로애락을 잘 단속해야 하는 것이 관상학에서 길조로 본다. 고전상법의 이와 같은 언급을 다음과 같이 소개해 보고자 한다.

> 기쁠 때 분노를 띠는 것은 반드시 고생하는 사람이다. 분노할 때 반대로 웃는 사람은 바로 주로 노력하며 굳세고 사나운 성질이다. 사람을 대하여 자주자주 훔쳐보면 교제하여 놀지 말라. 사람이 없는데 갑자기 혼잣말을 하면 어찌 원대함을 감당하겠는가?[44]

고생하는 사람은 분노를 표출하므로 흉한 일들이 닥칠 수 있으며, 이를 인내하면서 미소를 띠는 사람은 노력하는 사람이다. 분노와 미소 사이는 멀고도 가까운 것이다. 화가 난다고 버럭 화를 내거나, 고통스러울 때에도

42) 이정욱, 『심상 관상학』, 천리안, 2006, p.51.

43) 地平 編著, 李成天 監修, 『관상해석의 정석』, 도서출판 문원북, 2019, p.167.

44) 『麻衣相法』 第3篇 「總結第五」, 喜時帶怒, 必是艱辛苦之人. 怒時反笑, 定主刻厲堅狠之性. 對人頻頻偷視, 莫與交遊. 無人忽忽而自言, 豈堪遠大.

미소를 머금은 사람은 그 고통을 감내하며 난관을 극복하는 사람이다. 관상학에서 내면적 희로애락의 절제가 외형의 피상적 관상보다 더 중요하다는 것을 알아야 할 것이다.

4 얼굴의 균형

관상을 보는 여러 방법 중의 하나가 체상이나 얼굴의 균형을 본다. 얼굴이 크고 눈·코·입·귀 등이 밸런스가 맞아야 길하다는 것으로, 밸런스가 좋으면 의지가 강하고 총명하며 상식도 풍부하다.[45] 눈·코·입 가운데 어느 하나가 크거나 작다면 그것은 균형이 없다는 것으로 길한 운이 아니다. 코가 크면 자존심이 강하고, 눈이 크면 감수성이 강하고, 콧망울이 퍼져있으면 물질욕이 강하며, 입이 특히 크면 터프하며, 귀가 옆으로 넓으면 신경질이 있다는 점에서 모든 것이 크다고 좋을 수 없다. 그렇다고 가냘프게 작다고 해서 좋은 것도 없다. 얼굴 각 부위에 균형이 갖춰져 있을 때 좋은 관상이라는 것이다.

고대의 의사, 히포크라테스(B.C.460?~B.C.377?)의 관상학은 예언이 아니라 분석적인 것이 특징이다. 이를테면 체액설은 균형적이어야 한다는 것이다. 그는 최초로 "관상학을 보다."라는 동사를 사용하였는데, 의사로서 그는 바람직한 외모를 갖추어야 한다며 균형성을 강조하고 있다. 그는 의학에서 미신이나 마술을 멀리하고 경험적 토대를 통해서 의술을 펼친 인물이다. 그가 적용한 관상학은 예언적인 관상학이 아니라 철저히 분석적 관상학의 전통에 따른 것이었다. 예컨대 체액설이란 인체가 혈액, 황담즙, 흑담즙, 점액 등의 네 가지 체액으로 이루어져 있다고 보는 것인데,

---

45) 엄원섭, 『관상보고 사람 아는 법』, 백만문화사, 2007, p.16.

이 체액들이 서로 적당한 균형을 이룰 때 건강이 유지된다고 본다.46) 그가 말하는 네 가지의 체액은 공기, 불, 흙, 물이라는 원소와 춘하추동을 대표하면서 의술에는 이 체액의 균형을 중시하는 것이라고 하였다.

고대의 철학자, 아리스토텔레스(BC.384~BC.322)가 말하는 관상학의 경우 전체적인 신체균형의 골격으로부터 운명을 판단하고 있다. 그가 말하는 관상학에서 얼굴의 길한 관상학은 중간, 조화, 균형과 관련되는 것들이다.

> "얼굴은 작지도 크지도 않아야만 하기 때문에, 이 둘 사이의 중간 상태가 가장 알맞다."
>
> "눈은 돌출되지도 깊게 파이지도 않아야만 하기 때문에, 그 중간 상태가 우세해야만 한다."
>
> "이것들 중의 중간 상태가 가장 조화로운 것이다."
>
> "품종이 가장 좋은 개들이 중간 크기의 귀를 가지고 있음을 우리는 관찰할 수 있다."
>
> "그래서 지나치게 털이 많아도 안 되고 지나치게 적어도 안 되기 때문에, 이 중간 상태가 최적이다."47)

이처럼 고대 관상학자로서 아리스토텔레스는 얼굴의 균형을 강조하며, 조화로운 균형이야말로 길상이라고 본 것이다.

동양의 고전인 『주역』에서도 생명활동의 균형이 강조된다. 『주역』의 64괘에는 극즉반極則反의 운동이 있다. 한 괘상의 효爻 변화 또한 극즉반의 원리에 따른다. 극즉반은 생명을 향한 운동으로서 자연은 극즉반의 운동에 의해 저절로 생명의 최적 상태인 중中을 향해 변화하며, 이러한 변화

---

46) 설혜심, 『서양의 관상학, 그 긴 그림자』, 한길사, 2003, pp.95-96.

47) 아리스토텔레스 지음, 김재홍 옮김, 『관상학』, 도서출판 길, 2014, pp.181-182.

과정상에 나타나는 생명의 최적 상태가 중으로서 중은 생명이 부단히 생성 화육할 수 있는 균평성均平性 그 자체이다.[48] 변화원리가 균형을 지향하는 점에서 모든 생명활동도 중의 원리를 통해 조화를 이루며 생명활동을 전개한다. 관상학의 영역도 이러한 자연의 균형에 따른 인간의 균형을 유지하는 것이다.

무엇보다 인간의 체상은 균형 발전이 중요하다. 뼈와 살은 보기 좋게 균형 잡히고 어깨와 가슴팍, 옆구리와 엉덩이 등이 상호 균형을 이루었다면 최상의 체상으로서 그 자체만 해도 부귀한 상이며, 수명장수의 요건도 함께 갖추었다.[49] 이러한 균형성을 상실한 채 엉덩이는 큰데 가슴팍이 얇다면 길상이 아니라는 것이다. 이것은 어깨는 넓은데 허리는 약하다는 것도 포함될 것이다. 짧은 다리보다는 긴 다리가 선망의 대상이 되고 보기도 좋지만 관상으로는 다리만 길다고 해서 좋은 것은 아니다.[50] 다리만 길고 상체가 약하다면 균형을 갖추지 못한 점에서 바람직한 상이 아니라고 본다.

얼굴의 상정, 중정, 하정의 균형을 고려하는 것도 인생사의 길흉을 판단할 수 있다. 얼굴을 삼등분할 경우 상정은 머리에서 눈썹 위까지, 중정은 눈썹에서 코끝까지, 하정은 코끝에서 턱 끝까지를 가리킨다. 상정은 유아기에서 25세까지의 운세를, 중정은 26세에서 50세까지의 운수를, 하정은 51세부터 말년까지의 인생을 가리키는데 관상을 보려면 상정, 중정, 하정으로 구분해 나이에 더하여 전체 균형을 한 눈에 파악한 뒤 개별 부위의 상호작용과 장단점을 체크해야 실수를 않는 것이다.[51]

이처럼 삼정의 균형이 잘 잡힌 사람은 인생이 평화롭지만 균형이 깨진

---

48) 심귀득, 『주역의 생명관에 관한 연구』, 성균관대학교 박사학위논문, 1997, p.40.

49) 최형규, 『꼴값하네』, FACEinfo, 2008, p.17.

50) 이남희, 『하루만에 배우는 실전관상』, 도서출판 담디, 2008, p.10.

51) 이남희, 『하루만에 배우는 실전관상』, 도서출판 담디, 2008, p.112.

사람은 인생에 고난이 적지 않다. 상정으로서 선조, 부모의 운세, 중정으로서 삶의 의지, 하정으로서 생명력과 애정의 깊이를 보는데 이의 균형이 관상의 길상으로 이어진다.

얼굴의 균형은 또한 자신 얼굴 전체에서 십자선을 그려보면 알 수 있다. 상대방의 얼굴을 대면할 때는 의중에서 상대편 얼굴 산근을 중심으로 상하좌우 십자선을 그어보면, 4분면으로 구분되어진 얼굴에서 그 중 이마 한편을 기점으로 상하좌우를 대비해 보면 높낮이가 다르거나 비틀어진 곳을 쉽게 발견할 수가 있다.[52] 십자선을 중심으로 좌우 균형 정도를 살펴보고, 상하의 균형성을 살펴보아 상하좌우에 균형이 잡혀 있다면 그러한 얼굴은 길상으로 본다.

관상에 있어서 얼굴의 균형이 중시되는데, 이는 달마상법에서도 강조되고 있다. 곧 달마상법에서 말하는 얼굴 6푼, 신체가 4푼으로 그 균형의 중요성 정도를 본다. 이에 대하여 달마조사의 관상비결에서 비밀전수의 제3법은 사람과 몸을 10푼으로 나눈다는 점이며, 이에 다음과 같이 언급하고 있다.

> 얼굴이 10의 6푼이며 얼굴은 평평하고 바르며 휴손虧損이 없어야 분수를 얻음이다. 몸은 4푼이니 몸은 단단하며 뜨고 약하지 않아야 분수를 얻음이다.[53]

관상에서 길상의 비중을 차지하는 것으로 신체에 비해서 얼굴의 비중이 크다는 것이며, 이러한 양자의 비중에 더하여 양자의 균형도 생각할 수 있다. 즉 얼굴의 균형에 있어서 더 중요하고, 신체의 비중이 그 다음으

52) 최형규,『꼴값하네』, FACEinfo, 2008, p.78.

53)『痲衣相法』「達摩祖師相談秘傳」第3法 人身分十分, 面六分 面而平正, 不虧損, 爲得分數. 身四分 身堅硬不浮弱, 爲得分數.

로 중요하다고 볼 수 있다. 이를 응용하면 얼굴의 균형이 매우 중시된다는 점이며 아울러 신체의 균형을 고려해볼 수 있다는 것이다.

얼굴의 균형 정도에 대한 관상학적 입장은 또한 얼굴의 육부六腑가 균형을 이루지 못할 때 흉한 일을 당한다는 것으로 판단한다. 얼굴의 육부는 오관상법 즉 운명을 판단하는 자리로서 오관 못지않게 소중하다. 즉 육부 중 1-2부는 눈썹 끄트머리 상단에 접한 이마의 일원이며. 3-4부는 좌우 관절에 해당하며, 5-6부는 좌우 빰(시골 포함) 부분이다. 이 육부 가운데 뼈대가 함몰하고 살집이 깎였거나, 주름살이나 흉터, 흑점 등의 잡티가 그 자리를 어지럽힌 경우라면 복을 감하거나 흉한 일이 일어나며, 얼굴의 육부는 체내 장기의 육부를 관장하고, 위, 쓸개, 대장, 소장, 방광, 삼초 등에서 일어나는 변화는 즉시 얼굴 육부에 반영된다.[54] 육부 가운데 어느 한 부분이 어지럽혀지거나 불균형을 이룬다면 흉한 상으로 이어진다.

다음으로 인체의 뼈와 균형은 어떠한가를 살펴보자. 『마의상법』에서는 다음과 같이 언급하고 있다.

> 시에서 말하길 뼈가 솟지 않고 또한 노출되지 않고 또한 둥글고 맑고 빼어난 기氣를 겸한다. 뼈는 양이 되며 살은 음이 되니 살이 많지 않으면 양[뼈]이 붙지 않는다. 만약 음과 양인 뼈와 살이 고르면 소년에 귀하지 않으면 종신토록 부유하다. 뼈가 솟음은 요절한다. 뼈가 노출되면 힘이 없어 출세하지 못한다. 뼈가 연약하면 장수하나 즐겁지 않다. 뼈가 가로지르면 흉하다. 골경자는 빈천하다.[55]

뼈와 살의 적당한 균형관계를 언급한 것이 이것이며, 뼈가 솟거나 노출

---

54) 최형규, 『꼴값하네』, FACEinfo, 2008, pp.88-89.

55) 『麻衣相法』 第2篇 各論, 第1章 「相骨」, 詩曰: 骨不聳兮且不露, 又要圓淸兼秀氣. 骨爲陽兮肉爲陰, 陰不多兮陽不附. 若得陰陽骨肉均, 少年不貴 終身富. 骨聳者夭. 骨露者無立. 骨軟弱者, 壽而不樂. 骨橫者凶. 骨輕者貧賤.

되거나 연약하면 좋지 않다는 것이다. 인체에 있어서 뼈와의 조화, 살과의 균형이 어느 정도 갖추어져 있어져야 한다는 뜻이다. 이를테면 좌우 광대뼈가 균형을 이루어 살집이 두꺼운 사람은 재운이 있다는 것이다.

이어서 입의 균형에 대하여 살펴보고자 한다. 입이 너무 적거나 클 때, 또는 입이 다소 비뚤어져 있을 때를 고려해 보자는 것이다. 입을 볼 때는 눈과 함께 보는 것이 관상함에 있어 관찰력을 적극적으로 키우는 길로서, 입이 작아 소심하다는 것은 마음의 바탕이 얇고 작아 여리다는 것을 말한다. 그러할 경우 슬픔에 민감하고 기쁨에도 쉽게 반응하지만, 입이 커도 입의 좌우 균형이 맞지 않아 한쪽으로 쳐지거나 삐뚤면 마음도 바르게 있지 못하고 한쪽으로 편향되거나 쳐진 것으로 이 또한 근심과 걱정을 사서 한다.[56] 입의 균형 여부가 그의 인생사에 있어서 행·불행으로 갈린다는 점이다.

얼굴의 균형에 있어서 코의 균형도 중요하다. 코가 지나치게 크고 둥글면 얼른 보기에는 무척 사람이 좋아 보이고 부드럽게 보일 것 같으나, 과유불급過猶不及으로 순수마음의 바탕이 허랑하여 고독하고 오히려 마음의 바탕이 무거워 운명에 악영향을 미쳐 우선 매사 일에 막힘이 많고 주위를 편안하게 하지 못하고 불안하게 한다.[57] 얼굴이 지나치게 크거나 얼굴의 부위 중에 어느 한 부위가 다른 부위보다 지나치게 크면 큰 부위로 마음바탕의 균형이 기울어져 좋지 않은 운명으로 이어진다는 것이다.

얼굴의 균형에는 기색과 형상을 살펴보는 것도 필요하다. 곧 기색과 형상의 조화와 균형 여부를 잘 살펴야 한다[58]는 것으로, 기색으로는 행년위주의 운 흐름, 질병, 길흉, 사망 여부 등을 분별한다. 기색이 너무 어둡거

56) 이정욱, 『심상 관상학』, 천리안, 2006, pp.187-188.

57) 위의 책, p.167.

58) 地平 編著, 李成天 監修, 『관상해석의 정석』, 도서출판 문원북, 2019, p.60.

나, 골상의 균형이 기색에 어울리지 않게 흐트러져 있다면 좋지 않다. 기색의 균형에 있어서 피부라든가 근육 등의 미세한 균형 정도를 보는 것이 필요하다. 어두운 가운데 한 줄기 빛과 기운이 나오는지, 밝은 가운데 어두운 기색이 뜨기 시작하는지 한편으로 치우치는지 신체에 있어서 기색의 전반적 균형성을 세심하게 분석하면 좋을 것이다.

어떻든 인간의 관상에 있어서 체형의 균형이 맞지 않으면 악운이 끼친다. 얼굴이 과분수라든지, 상체에 비해서 하체가 부실할 경우를 망라하여 전반적 신체의 균형이 매우 중요하다. 얼굴의 밸런스가 맞지 않으면 성격도 원만치 못하고 극단적이며 가정에서는 양친부모의 사이가 좋지 않아 심적으로 고뇌가 있으며 성격도 이중적이다.[59] 균형의 비중이나 정도에 있어서 얼굴의 균형이 중요할 수밖에 없으며 신체 또한 중요하다는 점에서 균형감각으로 관상을 보는 철학적 지혜가 요구된다.

5 음식을 절제하라

어린 시절 편식한다는 핀잔을 듣고 자란 사람들이 적지 않으며, 또한 음식에 대한 욕구가 까다로운 사람들이 의외로 많다. 자신의 구미에 따라 음식을 먹고 싶은 것이 인간의 심리인데, 건강 문제가 뒤따른다는 점에서 음식의 적절한 섭취는 중요한 일 가운데 하나이다. 관상학에서도 음식에 대한 부분을 중요하게 다룬다. 입술이 얇으면 음식에 대한 욕구가 까다로워 가려서 섭취하고 이에 따라 몸이 가냘프거나 활동력이 떨어지기도 한다.[60] 음식의 투입구인 입과 입술은 불가분의 관계로, 입맛 당기는 과식하

59) 엄원섭, 『관상보고 사람 아는 법』, 백만문화사, 2007, p.18.
60) 이정욱, 『심상 관상학』, 천리안, 2006, pp.196-197.

면 상학적으로 건강에 좋지 않다.

같은 맥락에서 배꼽에서 흉골까지가 흉골에서 목까지의 길이보다 더 긴 사람이 있는데 그러한 사람들은 게걸스럽게 먹어치우고 둔감하며, 그 이유로 게걸스럽게 먹어치우는 것은 음식물을 받아들이는 큰 도구를 가지고 있기 때문이다.[61] 음식에 둔감하다는 것은 음식섭취에 주저하지 않고 먹는 경우이며, 그렇게 하다보면 과식하게 되어 소화불량으로 고통을 받게 된다. 음식을 게걸스럽게 먹는다는 것은 어떠한 음식이든 거리낌없이 섭취한다는 것으로, 음식을 섭취하는 것에 절제가 없을 경우 건강에 이상이 생기는 것은 당연한 일이다.

인간의 3대 욕망인 식욕, 성욕, 명예욕 가운데서도 가장 강한 것이 식욕이라고 했다. 불가에서 말하는 오욕 속에 식욕이 있을 정도로 인간의 생존본능에 식욕은 탐낼 때가 문제이다. 폴레몬은 식욕이 왕성할뿐더러 탐욕스럽다며, 음식이 차지하는 부분이 커지는 만큼, 마음과 지성이 자리할 지역이 짓눌리는 것[62]이라고 하였다. 따라서 이 식욕을 조절할 수 있는 마음의 컨트롤이 된다면 인생에서 승리할 수가 있다는 말이 있다. 그러므로 식욕을 정복할 수 있다는 것은 극기심의 근본이 되어 개운開運까지도 가능하다는데 의미를 부여하고 싶다.

음식과 건강의 중요성은 물론 관상학적으로 음식에 대한 관심은 고금을 통하여 지속적으로 증가되고 있는 상황이다. 『마의상법』에서 사람의 형상을 논한 관인팔법觀人八法의 여섯 번째로 음식에 대하여 언급하고 있는데 이를 소개하고자 한다.

---

61) 아리스토텔레스 지음, 김재홍 옮김, 『관상학』, 도서출판 길, 2014, p.128.

62) 설혜심, 『서양의 관상학, 그 긴 그림자』, 한길사, 2003, pp.73-74.

박薄이니 박은 몸과 모습이 열등하고 약하며 형체가 가볍고 기가 겁내서 안색이 혼탁하고 어둡고 정신이 노출되어 기두어지지 않아서 마치 일엽편주와 같이 떠서 거듭 파도치는 위에 있는 듯하다. 그를 보면 모두 미천하고 엷음을 아니 주로 빈천하고 하급이라. 비록 음식이 있으나 반드시 요절한다.[63]

박약한 몸을 가진 자는 음식을 섭취하는데 문제가 있다는 것이다. 박약하다는 것은 건강이 좋지 않다는 것으로, 건강이 좋지 않기 때문에 음식섭취에 병약할 가능성이 크다.

『유장상법』에서도 음식과 관련하여 천한 관상에 대하여 관심을 표명하고 있다. 곧 여자의 천한 72상 가운데 두 가지가 여기에 해당한다. “뱀처럼 걷고, 쥐처럼 먹으면 천한 상이 된다.(蛇行鼠餐), 음식을 끝없이 먹으면 천한 상이 된다.(飮食無盡)” 여자든 남자든 간에 천한 상으로 음식을 절제하지 못한다거나, 소리 내어 먹는다거나, 상한 음식을 먹을 경우 그것은 건강에 적신호가 되는 것이므로 음식을 주의해야 하는 것은 고전상법은 물론 관상가들의 지론이다.

다음으로 13부위의 의미와 음식에 대하여 언급해 보고자 한다. 천중天中은 얼굴 중앙의 가장 위쪽에 위치하고 존귀의 부위이며, 천정天庭은 하늘의 정원으로, 재판이나 관청, 윗사람에 관한 일을 의미하며, 승장承漿은 음식물이나 약의 길흉 등을 나타낸다.[64] 음식물에 길흉이 있다는 것은 음식물 자체의 길흉보다는 음식을 섭취하는 사람의 습관이나 방식에 문제가 크다는 뜻이다. 독을 가진 음식이 있으나, 그것은 식용이 아니므로 여기에서 논의의 대상은 아니다. 다만 관상학 13부위 가운데 하나가 승장

---

63) 『麻衣相法』第1章「觀人八法」, 六曰薄 薄者 體貌劣弱 形輕氣怯 色昏而暗 神露不藏 如一葉之舟 泛重波之上. 見之에 皆知其微薄 主貧下賤 從有食 必夭.

64) 地平 編著, 李成天 監修, 『관상해석의 정석』, 도서출판 문원북, 2019, p.77.

으로서 음식에 길흉이 있다는 뜻을 새겨보아야 한다는 것이다.

사실 관상학에는 본래 길흉이 없지만 음식으로 정해진다. 그 당시의 길흉화복은 혈색으로 나타나는데 음식을 절제하는 것이 중요하고, 음식을 절제하는 것이 복, 재산, 장수를 지키는 최고의 방법이며, 그 외에 다른 방법은 없다.65) 음식을 절제하는 것만이 삶이 행복해지는 길운이 찾아온다는 것이다. 음식을 절제하는 것을 관상학의 가장 중요한 이슈로 삼은 미즈노 남보꾸의 견해는 확신에 찬듯하다. 우리에게 생기는 병은 모두 음식으로 인해 나타난다는 그의 견해는 신념과도 같아서 음식의 절제 여부가 반드시 길흉을 가른다고 본 것이다.

음식의 섭취에 따른 버릇도 길흉 여부가 나타난다. 관상학적으로 취식상取食相이 그것으로, 이는 식사할 때 나타나는 버릇들을 말한다. 수저 놀림은 약간 빠른 편이 길하고, 입은 크게 벌리고 받아들인 음식은 잘 오므려 씹는 입 모양이 복상이며, 돼지가 먹이를 먹듯 게걸스럽게 소리를 내며 먹으면 흉하게 죽는다.66) 또한 말이 먹이를 먹듯 목을 쭉 빼고 음식을 먹으면 일생을 통해 일복만 많으며 식복은 없다. 호식용찬지상虎食龍餐之相의 부귀한 복상, 후식서찬지상後食鼠餐之相의 빈천한 상이라는 것도 음식을 먹는 형태에 따라 길흉 여부가 결정된다는 것이다.

이러한 맥락에서 음식을 먹을 때 정숙하지 못하거나 교만하면 복이 달아난다는 과거 부모의 언급은 음식 예절이 중요하다는 의미이다. 이를테면 음식을 먹을 때 지나치게 많은 말을 하거나 성을 내면 복이 새나간다67)는 것이 이와 관련된다. 따라서 음식을 먹을 때 교만을 부리거나 욕심을 갖고 덤빈다면 아무리 관상이 좋더라도 운세가 좋다고 할 수 없다. 음식을

---

65) 미즈노 남보쿠, 화성네트웍스 역, 『마음 습관이 운명이다』, 유아이북스, 2017, pp.213-214.

66) 최형규, 『꼴값하네』, FACEinfo, 2008, p.351.

67) 이남희, 『하루만에 배우는 실전관상』, 도서출판 담디, 2008, p.58.

겸손하게 대하여 절제하는 것만이 좋은 운세이며, 음식을 섭취할 때 요란하거나 교만할 경우 복이 달아난다는 부모의 언급은 오늘날에도 공유되는 교훈이다.

음식복이 없는 사람에 대한 고전상법의 견해는 어떠한가? 『마의상법』의 다음 견해를 소개해 보고자 한다.

> 이문耳門이 엷고 작으면 생명이 짧고 음식이 적다. 시詩에는 다음과 같다. 이륜과 이곽이 분명하면서 귓밥이 있으면 일생의 인의가 가장 서로 의당하다. 목성(우측귀)이 땅(지고, 지각)을 얻으면 문장 짓는 재주를 부르며 스스로 명성이 황제의 도읍에 도달한다. 귀가 뒤집혀서 정情이 없음이 가장 불량하며 또한 화살 깃 모양의 귀가 더하여지면 재물과 식량이 적다.[68)]

음식복이 적은 사람의 관상으로는 이문이 짧은 사람이며, 귀가 뒤집힌 사람의 경우도 마찬가지라는 것이다. 관상학적으로 음식복이 없는 사람이라도 성심성의로 노력하여 노동을 하면 그에 맞는 대가가 있으므로 반드시 관상만으로 음식복이 적다고 낙담할 필요는 없다.

다음으로 미각이 예민하여 음식으로 성공할 운세가 있다. 그것은 아랫입술과 아래턱 사이에 나타나는 궁상의 가로선을 말하며, 미각이 예민해서 음식 관련 분야에서 크게 성공할 상이다.[69)] 과거에는 여자들이 요리를 했는데, 요즘은 남성요리사들이 많으며, 특히 요리를 잘하는 사람들은 미각에 예민하다는 것이다. 이러한 사람들은 만년운이 좋으며, 가정적으로

---

68) 『麻衣相法』第2篇 各論, 第14章「相耳」, 耳門薄小, 命短食少. 詩曰: 輪廓分明有垂珠, 一生仁義最相宜. 木星得地招文才, 自有名聲達都帝. 耳反無情最不良, 又加箭羽少資糧.

69) 地平 編著, 李成天 監修, 『관상해석의 정석』, 도서출판 문원북, 2019, p.180.

도 운이 좋다. 음식을 잘하는 부인을 만난다는 것은 행복한 남편이라고 하는데, 여성의 미각이 예민함과 더불어 요리솜씨가 좋기 때문이라 본다.

아무리 음식솜씨가 좋다하더라도 소박한 음식, 소식하는 사람이 건강하며 장수하는 것이다. 음식솜씨가 좋아서 입맛이 좋다고 하여 과식을 하면 건강이 상한다. 절식으로 소박한 음식을 먹는 사람이 길상이라는 것이다. 소박한 음식을 먹는 사람, 소식小食하는 사람은 악상惡相, 빈상貧相이라 할지라도 건강하게 장수하며 자손에게까지 재산이나 명예를 물려준다.[70] 음식을 간소하게 먹는 경우와 과식하는 경우는 다르다. 설사 간소한 음식을 즐긴다고 해도 과식을 할 경우 악상惡相이 되어 질병을 앓거나 재산을 소실할 수 있으니 주의해야 한다.

일반적으로 양생철학은 대식을 금지하고 음식을 절제하는 것에 초점을 둔다. 아리스토텔레스는 '대식가'에 대한 관상의 표지로 "배꼽에서 가슴까지의 길이가 가슴에서 목까지의 길이보다 길다."는 논지를 제시한 적이 있는데 폴레몬은 이를 수용하면서 "식욕이 왕성할뿐더러 탐욕스럽다. 음식이 차지하는 부분이 커지는 만큼, 마음과 지성이 자리할 지역이 짓눌리는 것이다"라는 명쾌한 추론의 근거를 제시했다.[71] 식욕이 탐욕스럽게 되면 길상이 아니라는 폴레몬은 133년에서 136년 사이에 당시의 관상학을 집대성하였으며, 여기에서 그의 음식에 대한 관상학적 관심도를 잘 드러내고 있다.

이와 달리 음식복이 있는 사람은 어떠한가? 『마의상법』에서는 이에 대하여 관심을 갖고 관상학적으로 다음과 같이 설명하고 있다.

---

70) 미즈노 남보쿠(화성네트웍스), 『마음 습관이 운명이다』, 유아이북스, 2017, pp.22-23.

71) 설혜심, 『서양의 관상학, 그 긴 그림자』, 한길사, 2003, pp.73-74.

> 코가 3곳이 오목함(굽음)이 있으면 골육(6친)을 서로 버린다. 준두가 둥글고 곧으면 외부의 의식을 얻는다. 준두가 풍성하게 일어나면 부귀함을 비할 수 없다. 준두에 홍색을 띠면 반드시 동서로 분주하게 된다. 코가 위험하게 뼈가 노출되면 일생에 골몰한다. 준두에 살이 드리워지면 탐욕스럽고 음란하여 부족하다. 준두가 둥글고 살찌면 음식이 풍족하며 풍부한 옷을 입는다.[72)]

준두가 상학적으로 길상이라면 음식복이 있다는 것이다. 즉 준두의 살이 드리우면 탐욕스럽고, 대신 준두가 둥글고 도톰하면 음식의 복록이 적지 않다고 본다.

음식을 통해 관상학의 길흉을 독보적으로 언급한 미즈노 남보쿠의 견해는 아무리 부각시켜도 지나치지 않다. 그는 음식절제야말로 길상이요 음식낭비야말로 흉상이라는 이분법적 견해를 분명히 하고 있기 때문이다. 그는 이에 다음과 같이 말하고 있다.

> 관상의 길흉을 정확히 알고 싶다면 내가 늘 말했듯이 음식을 낭비하지 않고 엄중히 정해진 양을 먹으며 만물이 천명天命을 헛되이 하지 않도록 하며, 스스로 만물을 낭비하지 않고 3년 동안 이를 실천하고 절약하면 관상법의 오묘한 진리를 알 수 있다.[73)]

그는 일상의 삶에서 음식절제를 하면서 남의 관상을 보는 것이야말로 관상가의 도라 여기고 있다. 관상가로서의 가장 중시하는 길상이 소식과

---

72) 『麻衣相法』 第2篇 各論, 第8章 「相鼻」, 鼻有三曲, 骨肉相抛. 準頭圓直 得外衣食. 準頭豊起, 富貴無比. 準頭帶紅, 必定走東西. 鼻危露骨, 一生汨沒. 準頭垂肉, 貪淫不足. 準頭圓肥, 足食體衣.

73) 미즈노 남보쿠, 화성네트웍스 역, 『마음 습관이 운명이다』, 유아이북스, 2017, p.216.

같은 음식 절제라는 것이다. 모든 병은 음식 섭취와 관련된다는 견해가 설득력 있게 다가온다.

6 걷는 모습의 성격

걸음걸이 가운데 '우보牛步'라는 말이 있다. 소걸음이라고 하는데, 과거 선사들은 자신의 호를 우보라 하는 경우가 있다. 어떻든 우보로 걷는다는 것은 우직하지만 뚜벅뚜벅 걷는다는 의미이다. 건방지게 걷는 것보다는 느리지만 소처럼 계속 걷는 모습이 듬직하다는 의미에서 거론됨직한 일이다. 김지하 시인은 한국 전통종교들의 활동상에 대하여 느릿한 우보로 걷는 인상을 거론하며 민족 전통성 회복운동의 계획에는 보다 적극적으로 앞장서야 한다[74]고 하였다. 우보가 우직하여 좋은 면이 있으면서도 다소 느린 모습도 있는 관계로 관상학에서 본다면 양 측면에서 평가해볼 만한 일이다.

헤르만 헤세가 미녀의 걸음걸이에 관심을 가진 적이 있다. 그는 인도 여행을 하면서 자바출신의 여성에 홀린 듯 다음과 같이 말한다. "여자 배우들 중에는 자바섬 출신인 듯한 대단한 미녀가 있었는데 그녀의 걸음걸이는 넋을 빼앗을 만큼 우아하고 품위 있었다."[75] 그에게 비추어진 미녀의 우아함은 아름다운 코, 널찍한 이마, 큰 눈이 아니었다는 것이다. 그의 시선을 빼앗을 만큼의 모습은 다름 아닌 걸음걸이였다. 한 여인의

---

74) 또한 그는 말하기를 "虎視 정도도 괜찮다. 우보 정도에 만족하지 말고 호랑이 눈으로 관심을 집중할 필요가 있다."고 하였다(특별대담-김지하 詩人」, 『圓光』 299호, 1999, 월간원광사, p.30).

75) 헤르만 헤세 지음, 이인웅 외 옮김, 『헤르만 헤세의 인도 여행』, 푸른숲, 2000, p.59.

걸음걸이가 사람의 외모 품평에 있어서 매우 중요하게 다루어지고 있음을 알 수 있다.

인간의 걸음걸이를 보고 사람의 인품을 평가한다는 것은 어제 오늘만의 일은 아닌 것 같다. 중국 송대의 유명한 철학자로서 주자(1130~1200)도 걸음걸이에 관심을 가졌다. 이에 그는 다음과 같이 말한다.

> 의관을 바르게 하고 시선을 존엄하게 하라. 마음을 가라앉혀 상제를 대하듯 하라. 발걸음은 무겁게 하고 손 모양은 공손히 하라. 땅을 택하여 걷고 개미집도 피하라. 외출하여서는 손님 대하듯 하고 일을 함에 있어서는 제사 모시듯 하라. 조심하고 조심하여 안이하지 마라. 입 다물기는 병같이 하고 뜻을 지키기를 성城같이 하라. 성실하고 성실하여 경솔하지 마라.[76]

의젓한 인품을 간직하기 위해서 행동을 주의하라는 뜻에서 이러한 언급을 한 것으로 그는 "발걸음은 무겁게 하라."고 하였다. 촐랑촐랑 가볍게 걷는 모습이 흉상인 것은 뻔한 일이기 때문이다.

인격상에 더하여 무엇보다 관상을 본다는 것에는 걸음걸이도 빠뜨리지 말아야 한다는 것이다. 관상을 본다는 것은 얼굴에 한정하는 경우가 많지만 이는 잘못된 견해이다. 관상의 범위는 인체의 전모를 말하는데, 머리끝에서 발끝까지 나아가 한 올의 체모에 이르기까지, 일체의 행동거지 즉 걸음걸이나 앉은 자세, 갖가지 버릇도 빼놓지 않고 관찰해야 한다.[77] 걸음걸이에 더하여 앉거나 누운 자세, 심지어 밥을 먹거나 말하는 모습도 관상의 대상

---

76) 『朱熹集』 卷85, 「敬齋箴」, 正其衣冠, 尊其瞻視. 潛心以居, 對越上帝. 足容必重, 手容必恭. 擇地而蹈, 折旋蟻封, 出門如賓, 承事如祭. 戰戰兢兢, 罔敢或易. 守口如瓶, 防意如城, 洞洞屬屬, 罔敢或輕.

77) 최형규, 『꼴값하네』, FACEinfo, 2008, p.14.

이다. 행동거지로 보는 관상법 6가지로는 걸음, 앉음, 누움, 식사모습, 언변모습, 미소 짓는 모습을 거론하는 것도 이와 관련된다.

따라서 모든 행동에는 부귀빈천이 있다고 보면 좋을 것이며, 여기에 영향을 받아서 길흉화복이 나타난다. 관상철학에서 새겨보아야 할 것은 『유장상법』의 다음 언급이다.

> 행동에 관하여 논하니, 부귀빈천이 있다. 해왈解曰, 행동할 때는 단정하고 곧게 당당함이 있어야 하며, 삐뚤고 기울고 휘고 구부정하면 안 된다. 걸음 폭이 넓어야 하고 머리는 반듯해야 하며, 허리는 굳건해야 하고 가슴을 펴야한다. 체형이 치우치고 머리를 흔들며, 뱀처럼 행동하고 참새처럼 뛰듯이 걸으며, 허리가 꺾이고 목이 바르지 않은 것은 모두 좋지 못한 격이다. 시왈詩曰, 걷는 모습이 마치 물이 흘러가듯 걸어가고, 몸이 곧고 머리를 들며, 몸과 목이 균형적이어야 한다. 만약 머리를 흔들거나 머리가 걸음보다 앞서는 자는 실패하여 전원이 모두 없어지고, 노인이 되어서 가난하게 된다.[78]

걸음걸이가 이처럼 구체적으로 거론되면서 인간의 부귀빈천과 연결되어 있음을 주의 깊게 살펴보도록 하고 있다.

흥미롭게도 인간의 걸음걸이가 『마의상법』에 등장하여 동물과 비교되고 있다. 곧 맹수를 거론하면서, 봉황을 또한 언급하고 있다.

> 신神이 유여한 사람은 일에 임하여 강직하며 굳셈이 마치 맹수가 깊은 산을 걸음과 같다. 신이 유여한 사람은 여럿을 대처함에 멀리 산책하듯 함이 마치 붉은 봉황이 눈 내리는 (구름) 길로 비상함과 같다. 신이 유여한

---

78) 『柳莊相法』「論行」, 論行, 富貴貧賤O解曰, 凡行欲正直昂然, 不可偏斜曲屈, 步欲闊, 頭欲直, 腰欲硬, 胸欲昂 , 凡偏體搖頭, 蛇行雀竄<躍>, 腰折項歪, 俱不好之格. 詩曰, 行如流水步行來, 體直頭昂身項停. 若是搖頭過步者, 田園敗盡老來貧.

사람은 앉음이 반석이 움직이지 않음과 같다. 신이 유여한 사람은 누움에 깃들여 사는 갈가마귀가 흔들리지 않음과 같다. 신이 유여한 사람이 다님에 바다가 한이 없이 평평한 물이 흐름과 같다.[79)]

인간의 걸음이 동물과 비교되는 것처럼, 여자 72가지 천한 상으로는 동물과 같이 걷는 것이라 하였다. 이를테면 72 가지 가운데 하나라도 범하게 되면 반드시 사사로운 음탕함이 있다면서 다음 세 가지가 거론되고 있다. "거위나 오리처럼 걷는다. … 참새의 걸음걸이처럼 걷는다. … 뱀처럼 걷고 쥐처럼 먹는다."[80)] 인간의 걸음걸이가 거위나 오리처럼 엉덩이 걸음을 한다거나, 참새처럼 촐랑촐랑 걷는다거나, 뱀처럼 살금살금 걷는다면 이러한 모습은 무언가 가벼운 행동을 보이는 사람의 표상이다. 걸음걸이의 천한 상이 남녀 모두에게 포함되는 것으로, 걸음걸이가 관상에서 차지하는 비중이 적지 않다.

또한 걸음걸이에 있어서 다른 곳에 신경을 쓰면서 걷는 사람도 바람직하지 않다. 현재 무엇인가 나쁜 짓을 하려고 마음먹고 있거나 나쁜 짓을 하고 있는 '진행형'이라고 볼 수 있다.[81)] 물론 초행길을 걸을 때 방향감각을 잘 몰라서 여기저기 두리번거리며 걷는 행동이란 별개의 문제이다. 도가에서 수행을 하는데 있어서 행주좌와 어묵동정 간에 마음을 집중하는 것이 요구되는데, 여기에서 행行으로서의 걸음걸이는 선보禪步라고 하며, 다른 곳에 신경을 쓰면서 선보를 바르게 할 수 없다.

다음으로 고개를 쳐들거나 숙이고 걷는 사람이 있는데, 이는 관상학적으

---

79) 『麻衣相法』第7章 形神聲氣,「論神有餘」, 臨事剛毅, 如猛獸之步深山. 處衆迢遙, 似丹鳳而翔雪路. 其坐也, 如磐石不動. 其臥也, 如棲鴉不搖. 其行也, 洋洋然如平水之流.

80) 地平 編著, 李成天 監修, 『관상해석의 정석』, 도서출판 문원북, 2019, pp.235-237.

81) 최전권, 『체형관상학』, 좋은글, 2003, p.92.

로 좋지 않다. 이남희는 실전관상에 대하여 관상학적으로 판단하고 있다. 이를테면 자주 뒤를 돌아보며 걷는 사람은 매사에 의심이 많고 허풍이 심하며, 고개를 쳐들고 걷는 사람은 몽상가적 기질을 갖고 있고 현실적이지 못하며, 고개를 아래로 잔뜩 숙이고 걷는 사람은 소심하고 우울한 성격이며 가정적으로도 불운하며, 남성이 안짱다리로 걷는 사람은 늙어서 고독하다.[82] 물론 유생들이 걷는 걸음을 양반걸음이라 하여 호젓하게 걷는 팔자걸음이 있는데, 지나친 팔자걸음도 고독하다는 것이다.

걸음 관상학에 있어서 또한 주의할 것으로 간사한 사람은 걸을 때 머리 숙이고, 앉아서 발을 떠는 것이다. 머리를 푹 숙이고 걷는다면 길을 가다가 장애물에 넘어져 다칠 수도 있으며, 식사할 때 발을 떤다면 이 역시 복이 달아날 상이다. 『마의상법』에서는 다음과 같이 말한다.

> 걸을 때 머리를 숙이고, 앉아서는 발을 떨고, 곡하듯이 웃고, 잠잘 때 입을 벌리면 간사하지 않으면 고독하다. 눈동자가 담백한 황색이며 눈썹 뼈는 솟고 들리며, 입을 항상 펴서 벌리고 말이 분명하지 않으면, 가난하지 않으면 요절한다.[83]

서양의 철학자이자 관상학자로서 아리스토텔레스도 걸음걸이에 관상학적 시각으로 접근하였다. 그는 "발바닥이 두텁고 휘어지지 않아 발바닥 전체로 걷는 사람은 악한 행동을 하는 사람이다."[84]라고 한다. 발바닥이 두터운 것에 더하여 평발로 걸을 경우 멀리 가지 못한다. 평발을 지닌 사람은 군대에서도 보충역으로 발령을 받았는데, 과거에 평발로 걷는 경

82) 이남희, 『하루만에 배우는 실전관상』, 도서출판 담디, 2008, pp.54-56.

83) 『麻衣相法』 第3篇 「總結第三」, 步垂頭 坐抖料足 笑如哭, 睡開口 不奸則孤, 睛淡黃, 眉聳昂, 口開張 語不揚, 非貧即夭.

84) 아리스토텔레스 지음, 김재홍 옮김, 『관상학』, 도서출판 길, 2014, pp.71-72.

우가 흔하지 않았다든가, 혹시 그러한 사람들이 범죄에 연루되었을 경우에 한하여 부정적 시각이 표출되었으리라 본다.

이제 관상학자들이 보는 바른 걸음걸이의 표준에 대하여 다음과 같이 소개해 보고자 한다.

> 보행할 때는 허리를 곧게 세우고 가슴을 펴고, 다리는 쭉 뻗듯 내밀며 보폭을 넓게 내딛는 행상이 길하다. 발걸음을 옮길 때마다 머리가 흔들거린다거나 몸이 좌우 한편으로 기울어져 마치 우수에 잠긴 듯한 자세이면 남성은 단명하고, 여성은 고독 궁핍하다. 사행작보蛇行雀步라 하여 걸음걸이가 마치 뱀같이 꿈틀거리거나 참새 같이 총총 걸음은 빈천하다. 행보상은 마치 강물이 흐르듯 매끄럽고 도도해야 한다. 만약 머리와 몸이 따로 논다면 제 아무리 많은 재물을 가졌다 해도 중년이 되면 말끔히 소진하고 만다.[85]

> 걸어갈 때는 몸은 바르고 곧으면서, 머리는 치켜들어야 하고, 가슴은 펴야 한다. 몸은 기울거나 치우치지 않아야 하며, 구부정해도 안 된다. 보폭은 넓어야 하고 머리는 수직으로 곧아야 하며, 허리는 단단해야 하고 가슴은 펴져야 한다. 길을 걸을 때 몸이 기울어지고 머리는 흔들거리며 뱀이 기어가는 것과 같이 걷거나, 참새처럼 종종걸음을 하며 허리가 굽어지고 목이 비뚤어져 있으면 그 모두가 좋지 않은 상격이다.[86]

걸음걸이에 대한 관상학자들이 보는 시각은 허리를 곧게 세우고 걸을 것이며, 몸은 단정히 하고 걸으라는 것이다. 촐랑촐랑 가볍게 걷지 말고, 기울어진 듯 머리를 흔들면서 걷는 것도 관상학적으로 좋지 않게 보인다.

또한 관상학적으로 걸음걸이에서 매우 중시해야 할 것으로 안정감이

---

85) 최형규, 『꼴값하네』, FACEinfo, 2008, p.349.

86) 地平 編著, 李成天 監修, 『관상해석의 정석』, 도서출판 문원북, 2019, p.61.

있고, 의젓하게 걷는 것이 필요하다. 아리스토텔레스에 의하면 걸음나비가 넓고 길고 또 걸음이 느린 사람은 굼뜨게 일을 착수하는 자이지만 일을 끝까지 완수할 수 있는 사람일 것이라 하였다.[87] 의젓하게 걷는다는 것은 시선이 다소 아래를 보며 걷는 것으로 안정된 관상이다. 또한 마음에 여유가 있고 중심이 잡힌 사람으로서 안정감과 의젓함을 동시에 드러낸다. 안정감이 없는 걸음걸이는 무엇인가에 쫓기며 빨리 걷는 경우이며, 의젓함이 없는 걸음걸이는 참새처럼 팔짝팔짝 뛰듯 것같이 걷는 것이다.

요컨대 남녀의 아름다운 모습의 걸음걸이를 보면, 우선적으로 남자의 상급 18가지 귀한 관상 가운데 길을 걸을 때와 앉아 있는 자세가 위엄이 있고 강하며, 걸을 때 보폭이 3척 (1척尺 3.3cm)정도로 넓은 것이 좋다. 또한 여자에게 7가지 어진 상이 있는데, 그 가운데 "걷는 모습이 두루 단정하다."고 하였다. 남자의 18가지 귀한 관상 가운데 두 가지가, 여자의 어진 관상 가운데 한 가지가 걸음걸이와 직결되어 있음이 흥미롭다.[88] 이는 남녀 불문하고 관상학에 있어서 걸음걸이가 어질고 귀한 상이 길상이라는 것이다. 걸음걸이에 대하여 깊이 숙고해본다면 빠르지도 않고 가볍지도 않은 것이 길상吉相이라 본다. 관상철학은 이제 걸음걸이에 대해서도 관심을 갖고 귀품 있고 품격 나는 인간상의 본질에 대해 탐구해볼 일이다.

7 체상과 이목구비

사람들의 관상을 살펴볼 때 코가 잘 생겼다든가, 귀가 못 생겼다든가를

87) 아리스토텔레스 지음, 김재홍 옮김, 『관상학』, 도서출판 길, 2014, p.139.

88) 地平 編著, 李成天 監修, 『관상해석의 정석』, 도서출판 문원북, 2019, pp.224-241 참조.

말함에 있어서 크게 이목구비를 거론하는 성향이 있다. 체상을 대체적으로 언급함에 있어서 이목구비가 거론되기 때문이다. 이목구비에 더하여 골격이라든가 기색 성격들을 거론하여 관상학의 영역을 포괄적으로 접근할 수도 있다. 따라서 관상학은 사람의 이목구비와 골격, 자세, 기색, 음성, 체취 등 외양을 바탕으로 해서, 성격, 수명, 건강 등의 타고난 본성과 미래의 운명까지 예측하는 학문을 말한다.[89] 관상학에서 체상을 거론하면서 이목구비와 여타의 성격과 수명 등을 통틀어 말하고 있다는 점을 알아둘 필요가 있다.

그렇다면 체상體相이란 무엇인가? 체상이란 몸집을 말한다. 관상에서 체상을 간과하는 경우가 있는데 체상은 관상에 임한 초기에 두상과의 관계에서 균형 여부를 필히 읽어 두어야 하며 체상은 크고 작은 규모에 연연하지 않는다.[90] 체상이 커도 두상이 작다거나, 덩치에 비해 뜬 살이 되고 뼈가 약하여 부육질浮肉質이면 바람직하지 못하다. 살이 없어 체상에 비해 야윈 형상은 관상학적으로 재물이 모이지 않으며, 주어진 목숨도 짧다고 하여 좋지 않은 상으로 본다.

이처럼 체상에 이어서 두상의 상관성에 더하여 관상은 오행으로 관찰한다. 이를테면 두상은 둥글게 생긴 수형상인데 비해 체상은 그와 다른 꼴인 목체상이 결합했다거나, 얼굴은 긴 네모꼴인 금형상에다 몸집은 화체상이 결합했다는 것처럼 상하의 관계 파악은 그 사람의 운명 절반 이상은 파악한 것이나 다름없다.[91] 사람의 체상과 두상의 형상 곧 얼굴의 윤곽과 일정한 흐름이 있기도 하며, 서로 이질적인 형상으로 결합된 경우도 적지 않다. 체상과 두상의 이러한 동질성과 이질성을 파악한다면, 그 사람

---

89) 地平 編著, 李成天 監修, 『관상해석의 정석』, 도서출판 문원북, 2019, p.14.

90) 최형규, 『꼴값하네』, FACEinfo, 2008, p.17.

91) 위의 책, p.26.

의 운명을 파악하는데 훨씬 수월하다.

운명 파악의 체상을 또한 신상身相이라고도 할 수 있으며, 이에 대응한 심상心相이 있다. 『마의상법』에서는 신상에 대하여 말하며, 대등하게 심상을 거론하고 있다.

> 신상身相 구절에 귀, 눈, 입, 코의 여러 몸의 상이 모두 좋음은 마음이 좋음만 못하다고 말하므로 만약 마음으로 상을 취해야 바른 상이다. 마음이 없으면 상이 마음을 따라서 없어질 뿐이다.[92]

마음이 있어서 상相이 함께 할 것이란 신상에 더하여 심상을 말한다. 왕부지는 신상의 이목구비에 더하여 여기에는 마음이 있어야 사유작용을 할 수 있다[93]고 하며 외형의 감각과 내면의 사유는 밀접하게 연결되어 있다고 본다. 심신의 상호 밀접한 관계로서 눈이 없으면 마음은 색깔을 변별할 수 없고, 귀가 없으면 마음은 소리를 알 수가 없다고 본 것이다.

또한 체상에 이어서 관상, 수상도 운명의 학으로 발달해 왔다. 인간의 운명과 타고난 자질을 예지하기 위해 연구된 학문은 많은데, 그중에서도 관상·수상·체상 등은 개인별로 타고난 인체의 특징을 연구하여 운명을 알아내는 학문으로 발달했다.[94] 모든 물상物象의 해석방법은 자연의 섭리와 법칙을 참고하기 때문에 상호 관련이 있으며, 타고난 대로 살아가고 생긴 대로 쓰인다는 것은 불변의 진리이며, 수상으로서 지문은 손금과 같이 운명을 가늠하는 관상학의 영역에서 발전해 왔다.

---

92) 『麻衣相法』 第3篇 「總結第一」, 身相節 言耳目口鼻諸身相 俱好, 不如心好, 故曰, 若心取相, 即是相. 無心 相隨心滅耳.

93) 정진일, 「유교의 致知論 소고」, 『범한철학』 제15집, 범한철학회, 1997년 7월, p.153.

94) 최전권, 『체형관상학』, 좋은글, 2003, p.153.

일반적으로 체상은 크게 보면 골격으로, 고대의 관상학에서는 골격을 통해서 사람의 운명을 언급하였다. 다시 말해서 고대의 상법相法은 얼굴이나 골격 등으로 사람의 운명과 성격을 판단하는 인상학人相學이었다.[95] 관상학과 인상학은 같은 범주에 있지만, 관상학은 생긴 대로 사는 수동적 운명론의 방식이라면 인상학은 사는 대로 상이 바뀐다는 능동적인 측면이 있는 것이다. 인상이든 관상이든 골상이 상相의 핵심부분이며, 그로 인해 골격이 좋으면 길한 운명으로 보는 편이다.

길운이든 흉운이든 이를 해석하는 태도가 중요하다. 이를테면 고대 소크라테스의 체상으로 관상을 음미하면 흥미를 더한다. 키케로가 전하는 소크라테스의 관상에 대한 일화는 다음과 같다. 어느 날 소크라테스의 제자는 이집트의 관상학자인 조피로스가 소크라테스에 대하여 "그는 멍청할뿐더러 고루하다. 왜냐하면 쇄골에 움푹 팬 곳이 없기 때문이다. 게다가 여자를 밝힌다."라고 말하는 것을 들었다.[96] 이를 듣고 소크라테스는 자신의 관상을 읽으면서 자신은 단지 이성을 통해 악덕을 극복하는 법을 배웠다고 하였다. 그는 체상을 통해 자신의 운명을 달관적으로 언급하고 있어 흥미롭다.

흥미를 더하는 체상론에 바탕하여 이목구비의 관상에 대하여 살펴보고자 한다. 얼굴의 오관이 넓게 보면 이목구비에 해당한다. 즉 눈썹은 보수궁保壽宮으로서 건강·품성·지력을 나타내고, 눈은 감찰관으로서 감정의 움직임·두뇌의 명석을 보여주며, 코는 심벌궁으로서 자존심 재운을 나타내며, 입은 출납관으로서 음식과 성욕·생명력·애정의 강도를 나타내며, 귀는 채청관으로서 조상의 유전인자를 나타낸다.[97] 이목구비의 상학적

---

95) 최전권, 『체형관상학』, 좋은글, 2003, pp.49-50.

96) 설혜심, 『서양의 관상학, 그 긴 그림자』, 한길사, 2003, pp.47-48.

97) 엄원섭, 『관상보고 사람 아는 법』, 백만문화사, 2007, p.19.

역할을 밝히고 그것이 갖는 상학적 특징을 언급하고 있다.

다음으로 상법서로서 고전에서 이목구비의 길상에 대하여 다음과 같이 구체적으로 언급하고 있다.

> 귀는 금성과 목성이니 옥처럼 밝고 하얗게 윤택해야 하고, 이마는 화성이니 홍색으로 윤택해야 마땅하다. 입은 수성이니 하얗게 밝아야 마땅하며, 입술은 홍색으로 밝아야 한다. 코는 토성이니 황색으로 밝고 윤택하게 밝아야 한다. 이는 오성의 본색을 얻었다고 한 것이니 이와 같이 기색이 위아래로 있으면 공명이 왕성하지 않을까 근심하게 되고, 상인은 자연히 이익을 획득하게 된다.[98]

이처럼 이목구비를 오성五星과 관련시켜 길흉의 관계를 구체적으로 설명하고 있는 것이다. 곧 이목구비의 길흉 문제를 기색과 연결하고 있다.

기색에 더하여 얼굴의 이목구비에 대한 관상의 순서[99]에 대하여 살펴보고자 한다. 먼저 형形을 보며, 이어서 에너지의 활력 즉 기氣를 본다. 그리고 얼굴 및 신체의 각 부분을 하나하나 보며, 얼굴 표정의 밝고 어두움이나 얼굴 형태를 부위별로 분석한다. 또한 얼굴의 기본형 삼정의 판단과 이목구비 등 부분별 판단, 연령 구분과 현재·미래 운세 판단을 통해 종합 운세 판단을 한다는 것이다. 또한 관상을 보는 방법으로 눈의 모양을 보고 눈동자의 색깔을 살피며, 귀의 생김새를 보고 그것의 대소를 살핀다. 입의 크기와 입술의 기색을 또한 살핀다. 코의 높고 낮음을 살펴서 그 사람의 성격과 운기를 살펴본다.

---

98) 『柳莊相法』 下篇, 「氣色分解-五星本色」, 耳為金木二星, 宜明白潤如玉, 額為火星, 宜紅潤, 口為水星, 宜白亮, 唇要紅明, 鼻為土星, 宜黃明瑩潤, 此謂五星得本色, 如此氣色上下, 何愁不旺功名, 商賈自然獲利也.

99) 엄원섭, 『관상보고 사람 아는 법』, 백만문화사, 2007, p.20.

어떻든 우리가 통제해야 할 영역은 얼굴의 이목구비이다. 선천적인 형상에 좌우되지 말고 자율적 의지의 영역이 커질수록 그에 대한 통제도 필요한 것으로 통제의 영역은 얼굴 하나를 보더라도 눈, 코, 입과 그들의 움직임으로 확대되어가고, 동시에 놀라울 정도로 복잡하게 전개된다.[100) 눈의 작용, 코의 작용 그리고 입과 귀의 작용을 분별 있게 한다면 그것이 갖는 자율적 의지영역이 확대되는 것이다. 이목구비를 절제하는 자세로 살아간다면 그의 운명이 바뀔 수도 있기 때문이다.

운명의 변화를 위해서 고대의 철학자들은 이목구비를 어떻게 통제하라고 하였는가? 중국 고대철학자 장자의 견해를 소개해 보도록 한다.

> 대체 본성을 잃음에는 다섯 가지가 있다. 첫째는 오색이 눈을 어지렵혀 시력을 흐리게 하는 것이다. 둘째는 오성이 귀를 어지렵혀 청각을 둔하게 하는 것이다. 셋째는 다섯 가지 냄새가 코를 지져 코가 막히고 머리를 아프게 하는 것이다. 넷째는 다섯 가지 맛이 입을 흐리게 하여 맛을 알 수 없게 만드는 것이다. 다섯째는 취사선택이 마음을 어지렵혀(滑心) 본성을 날아 흩어지게 하는 것이다. 이 다섯 가지란 모두 삶을 해치는 것이다. 그런데 양주나 묵적은 남달리 홀로 나서기 시작해서 스스로 그것을 본성에 알맞다고 여긴다. 하지만 그것은 내가 말하는 것과는 다르다.[101)

눈을 어지럽히는 인위적인 행동, 귀를 어지럽히고 코를 어지럽히는 행위, 그리고 마음을 어지럽히는 행위까지 절제를 하고 자연의 섭리에 따르라는 철인의 자세에서 이목구비의 절제가 필요하다는 것을 새길 수 있다.

절제를 통한 활력으로서 이목구비를 평안히 하는 것이 중요하다. 인간

---

100) 설혜심, 『서양의 관상학, 그 긴 그림자』, 한길사, 2003, pp.176-177.

101) 『莊子』「天地」, 且夫失性有五., 一曰五色亂目, 使目不明., 二曰五聲亂耳, 使耳不聰., 三曰五臭薰鼻, 困惾中顙., 四曰五味濁口, 使口厲爽., 五曰趣舍滑心, 使性飛揚. 此五者, 皆生之害也. 而楊墨乃始離跂自以爲得, 非吾所謂得也.

의 삶에서 활력이 있다면 매사 긍정적 행위로 이어져 음덕을 쌓고 건강해지는 것은 당연하다. 활력을 키우는 일은 눈, 귀, 코, 혀, 몸, 마음가짐을 항시 평안히 하는 것이며, 활력을 키우면 수명이 연장되고 복과 덕이 찾아온다.[102] 이목구비를 불안하게 하느냐, 아니면 평안하게 하느냐는 그 사람의 행동과 마음작용에 달려 있다. 성철들이 주장하듯이 이목구비의 절제가 그 사람의 운명을 바꾸게 되고 세상에 도움을 주는 것이다.

세상을 바꾸는 운명론에 있어서 좋은 체질의 표상으로 이목구비가 잘 배치되어 있어야 한다. 좋은 체질이란 목과 두상에는 군살이 없고, 외양이 떡 벌어지고 잘 배치되어 있으며, 얼굴이 훤하고 이목구비가 잘 배치되어 있고, 갈비뼈가 제대로 붙어 있고, 부드러운 피부에 더하여 머리카락이 뻣뻣하지 않고, 검거나 갈색의 눈동자가 적당히 촉촉하다.[103] 하나같이 이목구비가 잘 갖추어져 있어서 체상으로 보아 부족함이 없는 것이다. 체상과 이목구비의 관계가 이처럼 밀접하게 관련되어 있다.

8 내담자의 표정읽기

오늘날 점술이 민간신앙으로 간주되고, 사주명리를 전공으로 교육하는 대학이 설립되면서 더욱 전문인재가 양성되었다. 또 사주카페를 찾아서 미래 명운을 알려는 것이 유행하면서 내담자의 수요가 많아졌다는 것이다. 무속이나 점술 등 민간신앙에 마음을 연 많은 젊은이들이 카페를 찾고 전화나 인터넷 상담 등이 각광받는 시대가 되었다. 뿐만 아니라 기수련,

102) 미즈노 남보쿠, 화성네트웍스 역, 『마음 습관이 운명이다』, 유아이북스, 2017, p.178.

103) 설혜심, 『서양의 관상학, 그 긴 그림자』, 한길사, 2003, p.99.

요가, 풍수, 타로 등 다양한 장르의 대체종교들이 성행하는 시대가 된 것이다.[104] 과거에 비해 젊은이들의 사주명리에 대한 수요가 늘었다는 것이며, 이것은 과거 토정비결에 의존하던 것이 오늘날 다양한 점술방법으로 민중을 끌어들이고 있다는 뜻이다.

상담 수요가 늘었다는 것은 사람들이 자신의 미래사에 대하여 궁금하고, 어떠한 불안이 닥칠까를 두려워하여 사주명리에 기대는 심리가 커졌다는 것이다. 그들은 감정의 동물이기 때문에 미래의 행·불행 여부에 따라 얼굴표정이 다양하게 변한다. 모든 사람들은 기질이나 성격이 다르다. 얼굴 또한 천태만상으로서 얼굴에는 다양한 희로애락의 표정을 비롯해 쾌감, 불쾌, 건강, 병중 등의 상태까지 나타나므로 이와 함께 관상 역시 시시각각 변화되는 감정과 생활이 그대로 노출되고 표시되는 것이다.[105] 내담자의 불안 감정에 따른 표정읽기가 가능하다는 것이다.

내담자의 표정을 바라보는 관상가의 입장은 어떻게 해야 할 것인가를 프로이드의 시각에 대하여 소개해 본다. 프로이드의 제자인 플루겔은 어느 날 프로이드에게 다음과 같이 물은 적이 있다.

> "선생님, 정신분석이 진정 어떻게 환자를 치유할 수 있을까요?" 프로이드가 대답했다. "상담 중 어느 순간에 상담자가 내담자를 사랑하고 있다는 사실을 내담자가 느낄 때 치유는 일어난다."[106]

프로이드와 제자의 대화에서 나타나듯이 내담자와 인생 상담을 담당하

---

104) 김종서, 「광복이후 한국종교의 정체성과 역할」, 제32회 圓佛敎思想硏究院 학술대회《광복이후 한국사회와 종교의 정체성 모색》, 圓光大學校 圓佛敎思想硏究院, 2013, p.17.

105) 이영달, 『얼굴을 보면 사람을 알 수가 있다』, 행복을 만드는 세상, 2008, p.16.

106) 윤종모, 『치유명상』, 정신세계사, 2009, p.184.

는 사주명리의 전문가로서 숙고해야 할 것은 상담자의 자비로운 역할이 매우 중요하다는 것이다.

자신의 고통을 털어놓을 수 있는 스승을 찾아 상담받기를 원하는 것은 당연한 일이다. 이에 내담자의 표정읽기에 더욱 주의를 기울여야 하는 것이 상담 전문가로서의 역할이다. 관상을 보는 순서에 있어서 무엇보다도 내담자의 얼굴 표정의 밝고 어두움이나 얼굴 형태를 부위별로 분석하는 지혜가 필요하다는 것이다.[107] 내담자의 얼굴 표정이 어두운데 나무라는 식으로 가르치려 한다거나, 내담자의 얼굴 표정이 밝은데 분위기를 썰렁하게 하는 말을 하는 전문 상담가의 태도라면 그것은 결코 바람직하지 않은 일이다.

무엇보다 사주 상담자는 내담자의 불안 심리를 치유하는 일이 주요 과제이다. 여기에는 내담자의 표정을 깊이 있게 살펴야 한다. 「외형적 현상의 근본 성격에 근거한 방법」의 하나로는 다음과 같다.

> 다른 어떤 사람들은 외형적 현상의 (감정적인) 근본 성격에 근거해서 관상학적 연구를 수행 하는 방법이며, 이것은 특정한 감정과 연관된 표정이나 외형을 보고 판단하는 방법이다.[108]

전문 관상가로서 내담자의 표정이나 외형을 판단하는 방법으로서 그의 근본 성격을 파악하는 일이 중요하다는 것이다. 또한 내담자가 어떤 특정한 감정과 연관된 표정인지 아닌지를 판단해내라는 것이다.

내담자의 특별한 감정을 읽어내는 것은 상담자로서 쉽지 않은 일인 것은 사실이다. 이것은 우선 상호 신뢰와 레포를 형성하는 일이 필요하다는

---

107) 엄원섭, 『관상보고 사람 아는 법』, 백만문화사, 2007, p.20.
108) 아리스토텔레스 지음, 김재홍 옮김, 『관상학』, 도서출판 길, 2014, p.164.

것이며, 한 사람을 관찰한 사실이 주요 정보로 공유되어야 할 필요가 있다는 뜻이기도 하다. 이에 관상철학은 철학과 같이 상담 내역의 경험적인 사실에 의거하여 유익한 정보를 중요하게 보아야 한다. 한 사람에 의하여 관찰된 사실이 다른 모든 사람들에게도 받아들여질 것인지, 아니면 단지 주관적인 것에 불과한 것인지를 확인하기 위해서는 논리적인 반성이 필수적이다.[109] 상담 자료의 분석을 통해서 상담자와 내담자 사이의 공유감정이 무엇인지를 살펴본다면, 내담자의 아픔을 밝혀내고 불안을 치유하는 길이 열릴 수 있다.

덧붙여 외형적으로 표출된 내담자의 표정에 의해서 관상을 볼 경우, 쌍둥이의 얼굴표정은 동일하면서 서로 성격이 다른 경우는 어떻게 할 것인가? 관상학적 시각에서 볼 때 쌍둥이가 아니라도 얼굴 형상이 유사하고 표정도 비슷한 내담자들이 많다는 사실을 이해한다면 이러한 질문은 유익한 성찰이다. 곧 '용감한 사람'과 '뻔뻔한 사람'도 정신적 속성은 전혀 상이하지만 동일한 모습일 수 있기 때문이다.[110] 아무리 상담자와 내담자의 감정공유가 이루어져 있다고 해도 동일한 외모와 유사한 표정을 통해서 성격을 추론해낼 수 있는 일은 쉽지 않다고 보며, 여기에는 관상학자로서 내담자의 심리파악을 위해 많은 임상체험이 전제되어야 한다.

관상 상담가로서 노련한 임상체험에 더하여 표정연구를 과학적으로 뒷받침되는 일이 요구된다. 17세기에 이르러 인간의 다양한 표정을 만들어내는 얼굴 근육을 연구하기 시작하였다. 표정을 만들어내는 얼굴의 근육에 대한 연구는 1667년 프랑스의 궁정화가 르 브룅에 의해 처음으로 과학적으로 연구되기 시작되었고, 19세기에 들어서서 라바터의 인상학을 계승한 모로를 비롯하여 많은 사람들이 안면 근육의 움직임을 생리현상으로

---

109) 라다크리슈난 저, 이거룡 옮김, 『인도철학사』 I, 한길사, 1996, p.57.

110) 아리스토텔레스 지음, 김재홍 옮김, 『관상학』, 도서출판 길, 2014, p.164.

주목하기 시작하였다.[111] 수많은 얼굴 근육 가운데 40개 정도가 자주 쓰이는 근육이라고 한다.

실제 근육이 얼굴 윤곽에 미치는 영향은 매우 크다. 얼굴 모양의 근본은 뼈대로 결정되긴 하지만 근육운동으로도 성형수술 없이 뭉특한 매부리코나 돌출된 귀를 작게 만들 방법이 있을 뿐 아니라 강인해 보이는 눈이나 눈두덩이, 도톰한 입술, 혹은 풍성한 뺨까지도 변화시킬 수 있다. 즉 얼굴 표정을 책임지는 근육은 두세 개의 층으로 형성되어 있고 한쪽 끝이 뼈나 다른 결합조직과 밀착되어 있다는 것이다. 그래서 운동을 하면 근육의 움직임을 감지하게 되고 근육이 어긋난 방향으로 움직이는 것까지 느끼게 될 뿐 아니라 근육이 움직일 때는 피부가 동시에 움직이게 된다.[112] 이에 얼굴 근육운동이 관상읽기에 시사하는 바가 크다.

또한 관상학의 높은 상담수준은 무엇보다 내담자의 얼굴 표정을 정확히 읽어내는 것이 급선무라 본다. 내담자의 내면적 마음상태 즉 심리측면을 파악하는 것이 관상학이라는 점을 염두에 둔다면 얼굴의 표정읽기에 게으를 수가 없다. 얼굴의 어느 한 부위에서 심리적으로 표출되는 성격을 알아내어 운명의 흐름을 정확히 알 수 있도록 얼굴의 어느 한 부위에서 특징을 찾아내는 것이 매우 중요하며, 이는 얼굴의 각 부위마다 그 사람의 마음이 와 닿기 때문이다.[113] 내담자의 얼굴 표정에 마음이 표출되는 심리를 관상학자들은 놓쳐서는 안 되는 것이다.

무엇보다도 관상가는 내담자의 얼굴을 살펴봄으로써 내면을 이해하는 일이 재언의 여지가 없다. 내면을 알아내야 그 사람의 불안을 극복하게 해주고 고통을 치유해줄 수 있기 때문이다. 얼굴을 본다는 것은 단순히

---

111) 설혜심, 『서양의 관상학, 그 긴 그림자』, 한길사, 2003, pp.269-270.

112) 주선희, 「동·서양 인상학연구의 비교와 인상관리에 대한 사회학적 고찰」, 경희대학교 박사학위논문, 2004, p.216.

113) 이정욱, 『심상 관상학』, 천리안, 2006, p.293.

표면적인 얼굴을 보는 것이 아니라 그 내면을 들여다보는 것이며, 타인의 내면을 이해하는 일은 나 자신과 타인을 이어주고 서로 소통하게 해준다.[114] 내담자의 성격이 다혈질인가, 아니면 우울질, 담즙질, 점액질인가를 파악하는 일에 더하여 그의 신체를 사상학적으로 파악하는 것도 필요하다. 곧 태양인, 태음인, 소양인, 소음인인가를 파악함으로써 그의 관상을 세밀하게 살펴볼 때 내담자에 맞는 불안 치유의 길을 제시할 수 있게 된다.

그리하여 내담자의 상처 치유를 위해서 표정읽기에 못지않게 중요한 것은 내담자의 마음을 열도록 하여 치유 받도록 하는 일이다. 치유는 기법보다는 인간관계 속에서 일어난다는 이론을 처음으로 심리치료 이론에 등장시킨 사람은 칼 로저스였다. 그에 의하면 아무리 좋은 치료기법을 사용해도 내담자가 마음을 열지 않으면 치유는 일어나지 않는다[115]는 것이다. 내담자의 표정과 직결된 마음이란 묘한 것이므로, 마음으로 신뢰하는 것이 필요하다. 내담자로서 소통하는 마음을 통하여 자신의 마음을 개방할 때 치유가 일어나는 것이다.

근래 상담치료의 방법이 다양하게 전개되고 있다. 관상학의 다양한 방법론 개발이 중요한 것으로, 이를테면 내담자를 맞이하여 쉽게 그의 상처를 치유하는 방법으로 문학치료라는 것이 그것이다. 문학치료 연구자 변학수는 "문학을 분석치료에 이용할 경우 내담자는 일반적 치료에서보다 훨씬 쉽게 상처에 가까이 갈 수 있다"라고 한다.[116] 불안, 강박, 반복충동, 히스테리, 우울, 가학증을 겪고 있는 내담자로 하여금 문학텍스트가 자신의 고통 상황과 비슷하면 할수록 더욱 강하게 일어날 것이다. 관상학적

114) 신응철, 『관상의 문화학-사람은 생긴 대로 사는가』, 책세상, 2006, p.74.

115) 윤종모, 『치유명상』, 정신세계사, 2009, p.185.

116) 김익진, 「문학과 마음치유」, 제334회 학·연·산 연구성과교류회《인문학적 마음치유와 한국의학의 만남》, 마음인문학연구소, 한국연구재단, 2012, p.44.

치유에서 이처럼 내담자의 표정과 체형을 통해 고통을 치유하는 다양한 방법론 개발이 중요하다.

이러한 중요성에 비추어볼 때 명리 상담자로서는 보다 효율적이고 합리적인 방법을 개발하여 내담자의 얼굴 표정을 정확하게 보아서 상담을 해주어야 한다. 관상가 신기원의 견해를 보면 “우리의 얼굴, 정확하게 보자. 그러나 사실 어떤 사람을 바로 앞에 놓고 그의 됨됨이를 파악하기란 참으로 힘든 일이다.”117)라고 하였다. 얼굴 인상이 서글서글하고 좋더라도 관상학적으로 불길하여 나쁜 영향이 미치는 경우가 있기 때문이다. 또 사람들은 상이 나쁜 사람이라도 항상 웃는 얼굴로 잘 대해주면 그가 친절하고 좋은 사람이라고 착각하기 마련이기 때문이다. 따라서 전문 관상가로서 표정읽기에 보다 세밀하게 접근하여 그의 인생사 상담에 효율적으로 접근하도록 해야 한다.

여기에서 관상가는 ‘역지사지易地思之’의 심경으로 내담자의 얼굴에 나타난 표정 하나하나를 놓치지 않고 그의 고통을 경청해야 한다.

> 치료과정에서 치료자는 환자가 이야기하는 것을 주의 깊게, 그리고 동정적인 태도로서 경청해야 한다. 이때 치료자는 자기 자신의 욕구나 감정을 개입시키지 아니하고 순수하게 경청할 수 있어야 한다.118)

역지사지란 내 얼굴에 나타난 기쁨과 슬픔의 감정을 알아서 상대방의 심경에 대해 서로 동정심을 갖자는 것이다. 여기에서 관상철학가의 독선적 태도를 벗어나서 내담자의 표정을 밝게 열어주는 삶의 지혜가 필요하다.

---

117) 신기원, 『신기원의 꼴 관상학』, 위즈덤하우스, 2010, pp.38-39.

118) Fromm-Reichman, 1950(이현수, 『치료심리학』, 대왕사, 1998, pp.62-63).

9 관상철학가의 이미지관리

세상을 살아가면서 삶의 방식과 성격의 차이에 따라 각자 나름의 이미지가 있을 것이다. 국가마다 이미지가 형성되는 것도 그 나라 사람들의 기질과 연결되어 있기 때문이다. 일본은 질서가 정연한 나라, 영국은 신사의 나라, 프랑스는 예술의 나라, 미국은 자유의 나라, 한국은 근면한 나라라고 하는 것도 국민들의 생활양식이나 국민성에 따라 나타나는 이미지이다. 동남아 사람들은 가난한 백성, 공산주의는 독재에 길들여진 나라로 바라보는 이미지도 있는 만큼, 국민성과 국가의 특색에 따라 이미지의 선호도가 다르게 나타난다.

이미지를 관상학과 관련시킨다면 고대 로마의 경우, 외부로 표출된 이미지는 외모를 중시하는 여성들에게 민감하다. 즉 관상학은 외모가 곧 내면이라는 등식을 가정하고 성립하는 것이기 때문에 상대방의 외모를 평가하는 것이 곧 그 사람에 대한 평가가 되는 것이었으며, 이 기술은 특히 누군가를 속이거나, 공격하는데 주로 쓰였다.[119] 고대에는 그 사람의 외모를 평가하면서 그 사람의 이미지를 각인시켰다. 예컨대 키케로는 『퀸투스 로시우스를 대신하여』에서 로시우스가 카이레아를 속일 수도 있었을 것이라는 가정을 비웃었는데, 외모조차 카이레아는 속일 수 없을 정도로 간교한 사람이었다고 한다. 외형의 부정적 이미지로는 곱슬머리 머리카락의 고집이라든가, 높은 목소리는 격정적 성격이라든가, 부드러운 피부는 미모의 여성이라는 것으로 고대 관상학의 이미지는 여성들에 대한 이미지가 주로 거론되었다.

고대와 달리 중세 관상학에서의 이미지는 어떠하였는가? 헬레니즘 시기에는 생김새가 아니라 됨됨이 인격이 중시되었다. 에픽테토스는 『대화

---

119) 설혜심, 『서양의 관상학, 그 긴 그림자』, 한길사, 2003, pp.90-91.

록』(제4권 제5장 20)에서 인간임을 보이는 덕은 인간이 가지고 있는 눈이나 코와 같은 종류의 문제가 아니라 인격적 판단을 소유하고 있는지를 살펴보아야 한다고 했는데, 중요한 것은 사람의 생김새가 아니라 그 사람의 됨됨이인 인격이라는 것이다.[120] 이는 에픽테토스가 소크라테스의 철학정신을 그대로 반영하고 있는 것으로, 고대에 유행했던 외형의 이미지로부터 그 사람의 인품을 통한 이미지가 부각되었던 것이 중세의 관상학적 흐름이었다.

21세기는 매스컴의 발달로 인하여 브라운관에 나타난 인간의 외모와 사회적 위상에 관련된 이미지가 큰 영향을 미치는 시대로 변환하였다. 20세기 중반 이후에 생김새로 누군가를 판단하는 경향은 더욱 팽배되었는데, 누군가의 외모를 본다는 것은 단순한 시선이 아닌 몸에 드러난 사회적 정체성을 인식하는 것이다.[121] 그 이유로 사람의 이미지는 몸에 대한 표상을 둘러싼 자신과 타인 사이의 사회적 관계 속에서 만들어지는 현대의 성향과 맞물리기 때문이다. 근래 사회적 위치가 높은 사람들의 이미지가 고대와 중세의 외형, 성격 비중에 더하여 가미되었다고 보면 좋을 것이다.

이에 더하여 오늘날은 경제적 부와 사회활동을 하는데 있어서 직장의 취직문제가 중시되는 경쟁사회인 만큼, 인간 신체의 특별한 부위의 화장을 통한 매우 의도적인 이미지관리의 시대가 되었다. 눈썹을 짙게 그린 후 거울을 보는 것과 그리기 전과 후의 모습이 어쩌면 그렇게 다른 이미지로 보이는지에 대한 관심도가 그 어느 때보다 관상학적 의미와도 직결된다.[122] 성형수술을 통한 코 높이기라든가, 쌍꺼풀 수술이라든가, 가슴성형

---

120) 「아리스토텔레스와 관상학-서양 관상학의 역사적 연원」 해설 : 이 책은 19세기 이마누엘 벡커가 편집한 『아리스토텔레스의 저작 모음집』에 실린 『관상학』을 번역하고 주해한 것이다(아리스토텔레스 지음, 김재홍 옮김, 『관상학』, 도서출판 길, 2014, pp.36-37).

121) 설혜심, 『서양의 관상학, 그 긴 그림자』, 한길사, 2003, p.323.

등을 통한 자신감의 확보가 그 사람의 경쟁력을 높이는 시대에 사는 현실은 그만큼 이미지관리가 중요한 시대에 진입하였다는 뜻이다.

이제 관상가의 이미지에 대하여 언급해보고자 한다. 명리를 직업으로 삼는다거나, 관상을 직업으로 삼는데 있어서 그동안 긍정적 이미지보다는 부정적 이미지가 더 많았다. 관상가는 마치 길거리에 판을 깔아놓고 오가는 사람들을 대상으로 관상을 봐줌으로써 돈벌이의 수단으로 여겨왔다는 것을 부인할 수는 없을 것이다. 이러한 이미지는 부정적 시각에서 다음 몇 가지로 거론할 수 있다.

우선 이들은 오랜 관습으로 존재해 왔던 점쟁이와 같이 무속적·신비적 예언자의 성향을 벗어나지 못하였다. 그러한 관상법은 죽은 상법相法이라며 함부로 관상을 볼 때 사람을 크게 다치게 할 수 있으므로 오로지 자기의 주관을 떠나서 천지 대자연의 기에 따라 관상을 봐야 한다.[123] 심지어 "자기 마음대로 관상을 보면 천벌을 받는다."고 언급을 하는 경우가 있으므로 내담자에 대한 경외의 심정을 갖지 않을 수 없다. 관상가의 이미지가 부정적으로 비칠수록 두려워하고 신중해야 한다.

다음으로 세칭 철학관에서 상담하지만 상식적으로 생각하는 철학자는 아닌 것으로 비추어졌다. 2천 년대를 전후하여 동아일보사에서는 800여 명의 네티즌들에게 "토정비결은 어디서 보셨습니까?"라는 질문을 던진 적이 있다. 이에 대한 대답으로 "유명한 철학관을 찾아서 보았다."라고 답을 한 경우가 적지 않았다. 여전히 점을 보거나 관상을 보러 가는 곳으로 철학관이 그 대세를 이룬다. 일상적 어의語義에 의하면 철학관哲學館은 철학을 논하고 인간의 존재 이유와 그 존엄성을 담론하는 장이어야 하는

---

122) 이남희, 『하루만에 배우는 실전관상』, 도서출판 담디, 2008, p.134.

123) 미즈노 남보쿠, 화성네트웍스 역, 『마음 습관이 운명이다』, 유아이북스, 2017, p.130.

데, 자신의 미래운명을 묘하게 알아맞히는 유명한 철학관을 찾는다는 것은 명과 실이 다르다. 기왕 철학관에서 사주명리와 관상을 논하는 곳이라면 관상가의 철학적 깊은 사유가 뒷받침되어야 한다고 본다.

또한 젊은 시절부터 개인의 독학에 의하여 공부한 상당수의 명리학자와 관상학자들이 상담하는 시대가 지나고 있지만 아직도 그러한 부류가 적지 않다. 어린 시절부터 곁눈질하여 배웠다던가, 스승을 찾아가서 사사받았다든가 하는 부류들이 많기 때문이다. 물론 대학이 명리의 유일한 배움터라고 할 수는 없으며 얼마든지 독학할 수는 있지만, 무턱대고 혼자서 공부하는 것이 곧 깨달음을 얻을 수 있을지 장담할 수 없다.[124] 관상학이 전공과목으로 개설된 대학이라는 사회적 제도가 마련되기 이전은 어쩔 수 없는 일이다. 이제 대학에서 관상학 관련 석·박사가 나오고 있으니, 명리와 관상 전문가로서 부정적 이미지를 벗어나야 할 것이다.

하나 더 언급할 것은, 극히 일부이지만 관상가들이 찾아오는 사람들의 불안 심리를 이용하여 부적을 써야 한다느니, 조상에게 제사를 지내야 한다고 함으로써 이재理財를 취하는 경우가 있다. 어떠한 사람이 관상가에게 다녀와서 다음과 같이 질문하였다. "점쟁이가 저는 굴러 넘어져 죽는 상이라고 합니다. 심히 걱정이 되고 신경이 쓰입니다. 정말로 객사하는 상인가요?" 이에 관상학자는 다음과 같이 답했다. "사람이 객사하는 것은 자기 자신에게 원인이 있는 것이지 절대 관상하고는 관련이 없다."[125] 내담자에게 죽을 상이라고 속단한 후 부적을 쓰도록 한다면 그것은 잿밥에 눈이 먼 꼴이다.

그렇다면 관상가, 혹 관상철학자의 이상적 이미지상은 어떠한가? 여기

---

124) 정영태 정리, 「컴퓨터 황제-빌 게이츠 칼럼-청소년이여, 다양한 학문을 즐겨라」, 《東亞日報》, 1998.11.17. 참조.

125) 미즈노 남보쿠, 화성네트웍스 역, 『마음 습관이 운명이다』, 유아이북스, 2017, p.120.

에서 21세기에 적합한 관상철학자의 미래지향적 방향을 언급해 보고자 한다.

첫째, 신비적 예언보다는 합리적 데이터를 통한 미래방향을 제시하는 관상철학자가 나와야 한다. 헬라스어의 '관상학'에 해당하는 아라비아어는 'firasa'로, 이슬람권에서 그것은 관용적으로 예언가나 신비주의자의 신적인 'firasa' 활동이었다.[126] 그리고 헬라스에서 의사인 히포크라테스가 관상학의 최초 발견자였으며, 이때 신비적 예언에 더하여 관상학과 의학의 만남이 이루어져 신비주의에서 과학적으로 접근하는 계기가 되었다. 신비와 예언 위주에서 의학의 아버지인 히포크라테스를 만나 의학적 데이터를 통한 관상학의 합리성을 가미시켰던 점을 참조해야 할 것이다.

둘째, 관상에 대한 학력을 갖춘 전문 관상철학자의 모습을 보여야 한다. 필자는 『관상학 네비게이션』을 저술하면서 뒷면 표지에 다음과 같은 글을 실었다.

> 관상학이 요즈음 새로운 학문으로 뜨고 있다. 과거에 관상쟁이에서 이젠 관상학 박사들이 대학원의 정규과정에서 배출되고 있으며, 그로 인해 과거의 신비주의적 관상론에서 오늘날 신비주의를 넘어서 합리적인 분석이 수요자를 설득시키고 있다. 신비주의적 관상학의 개념이 중세적 사고였다면 앞으로는 합리적 관상학이 대세를 이룰 것이며, 그것은 관상학을 현실의 수요 차원에서 학술적으로 접근하기 시작했다는 뜻이다.[127]

관상학자들의 이미지관리를 위해서 신비주의를 극복하고 합리적 분석

---

126) 「아리스토텔레스와 관상학-서양 관상학의 역사적 연원」 해설 : 이 책은 19세기 이마누엘 벡커가 편집한 『아리스토텔레스의 저작 모음집』에 실린 『관상학』을 번역하고 주해한 것이다(아리스토텔레스 지음, 김재홍 옮김, 『관상학』, 도서출판 길, 2014, pp.40-41).

127) 오서연, 『관상학 네비게이션』, 학고방, 2020, 뒷면표지 참조.

과 더불어 현대인들에게 수준 높은, 또 바람직한 방향으로 유도할 필요가 있다는 것이다.

셋째, 관상과 사주팔자를 겸하여 보면서 수동이 아닌 능동적 명운을 제시하는 관상철학자의 출현을 기대한다. 요즘 멀티미디어의 시대에 어울리지 않게 사주만을 공부하거나, 관상만을 공부한다면 그것은 사람 분석의 다양한 채널을 활용하지 못할 수도 있다. 관상학자는 사주공부를, 사주학자는 관상공부를 아울러 하자는 것이다. 신기원은 이에 말하기를 "사주나 상학을 공부하면서 주어진 운명과 천성에 안주해버리면 그야말로 생긴 대로 살아갈 수밖에 없어 공부를 하지 않음만 못하다."[128]고 하였다. 그의 언급은 명리학적 사주도 공부하고 관상학도 아울러 공부하되 미래 개척의 운명을 주도하자는 것이다.

넷째, 학덕을 겸비한 수양력 갖춘 관상철학가가 나와야 한다. 관상을 좌우하는 것은 마음인데, 사람들이 마음가짐을 어떻게 하느냐에 따라 그 풀이가 완전히 다르게 나오며, 수양에 의해 사람의 마음은 점차적으로 변화된다는 것이다.[129] 인간 내면의 마음 수양을 통해서 표출되는 것이 안정된 얼굴의 표정이다. 내면의 수양력 없이 살아가는 사람은 항상 불안한 표정을 지을 것이며, 고요히 침잠된 삶에서 수양심으로 살아가는 사람은 얼굴의 환한 표정이 엿보이기 때문이다. 관상철학자 자신이 솔선 수양을 통해서 불안한 표정으로 찾아오는 내담자에게 마음의 안정과 밝은 미래를 인도해야 한다.

따라서 관상철학자는 어느 하나만으로 충족할 수 없으므로 학력을 갖추고, 인품을 갖추며, 독서의 사유력을 갖춘 관상철학자라는 겸비적 이미지는 더할 나위 없이 좋을 것이다. 『체형관상학』을 저술한 최전권은 남녀

128) 신기원, 『신기원의 꼴 관상학』, 위즈덤하우스, 2010, p.25.

129) 이영달, 『얼굴을 보면 사람을 알 수가 있다』, 행복을 만드는 세상, 2008, p.17.

가 사업운과 가정 행복을 위해서는 계획성도 뛰어나고, 용기와 행동력도 겸비한 경우[130]라고 하였다. 전반 분야에서 상담 실력과 인품을 겸비한다면 미래 운명을 논할 자격을 갖춘 전문가로서 손색이 없을 것이다. 이에 명리학자는 물론 관상철학자는 학력과 철학적 사유력, 그리고 인품을 구비함으로 자신의 이미지 관리에 최선을 다해야 하리라 본다.

---

130) 최전권, 『체형관상학』, 좋은글, 2003, p.156.

제3편

진실성과 관상철학

1 미소표정과 관상철학

동물과 달리 인간은 웃을 줄 아는 존재이다. 우리가 웃는 미소에는 마력이 대단하다. 그만큼 미소는 인간의 감정을 좋게도 하고, 기분 나쁘게도 한다. 카네기는 전자의 입장에서 다음과 같이 미소의 장점에 대하여 설명하고 있다.

> 미소는 밑천이 하나도 들지 않지만 소득은 크다. 미소는 아무리 주어도 절대로 줄지 않고 받는 사람은 더욱 풍성해진다. 아무리 부자라도 미소가 없이는 못 살고, 아무리 가난해도 미소가 있으면 풍성해진다. 미소는 가정을 행복하게 만들고, 친구들에게는 우정을 심어준다. 미소는 피로한 사람에게 휴식을, 실의에 빠진 사람에게 위로를, 애통해 하는 사람에게 기쁨을, 근심걱정에 빠져있는 사람에게 희망을 주는, 자연이 주는 최고의 해독제이다.[1)]

그가 언급한 미소는 삶의 스트레스를 풀어주는 최고의 해독제가 되는 셈이다. 그러나 미소에도 진실성 여부가 있으니 미소 속에 숨겨진 인간의 심리를 알아보는 것이 관상학적으로 많은 도움이 된다.

흥미진진하게도 미소가 갖는 해학諧謔을 소개하고자 한다. 미소 이면에 가리어진 인간의 심리가 묘하게 나타나 있어 흥미를 더하는 내용이 바로 이것이다. 웃음으로 본 성격이라 할 수 있는데, 사람의 웃음에는 심리적으로 여러 종류가 있다.

> 남자가 여자를 유혹해 성공했을 때의 웃음소리는 희희희喜喜喜, 여자가 사랑하는 남자 앞에서 웃는 간드러진 웃음소리는 호호호好好好, 윗사람이

---

1) 윤종모, 『치유명상』, 정신세계사, 2009, pp.283-284.

아랫사람을 앉혀 놓고 호탕하게 웃는 웃음소리는 하하하下下下, 점쟁이가 손님 앞에서 자신 있게 웃는 웃음소리는 길길길吉吉吉, 실업자가 복권사서 꽝이 나왔을 때의 웃음소리는 허허허虛虛虛, 복부인들이 한 건해서 돈을 벌었을 때의 웃음소리는 재재재財財財라고 한다.[2)]

점쟁이가 손님 앞에서 웃는 소리가 참으로 해학적이다. '길길길吉吉吉'이 그것으로 점술가들은 길흉을 가늠한다는 점에서 '길길길'이라 할 것이다. 우리는 일반적으로 참다못해 조심스럽게 웃는 소리를 '낄낄낄'이라고 하는데 어쩌면 이렇게 묘사를 잘 하였는가 대단한 발상이다.

웃음이란 나와 상대방이 주고받는 상황에 따른 우연한 조건반사적인 성향이지, 그것이 반드시 그 사람의 본래의 성격을 표출하는 것은 아니라 본다. 막연히 생각에 잠기는 경향, 손톱을 물어뜯는 버릇, 웃기를 잘하는 성질 그리고 그 밖의 특이한 특징들은 한 개인으로서의 사람이 지닌 특징일뿐 그의 성격을 형성하는 요인은 아니다.[3)] 웃기를 잘하는 성질이란 웃음이 헤프다는 것으로, 헤프게 웃는 사람이란 그 사람의 특성에 불과한 것으로서 그의 본래 성격은 아니라는 점이다.

만일 미소에 진실하지 않음이 담겨 있다면 관상학적으로 어떻게 볼 것인가? 웃음부터 흘리는 사람은 처음에는 호감이 가지만 얼마 가지 않아 진실하지 않다는 것을 금방 알게 된다.[4)] 웃음을 잘 흘려버린다면 그는 남의 말을 진지하게 받아들이지 못하고 함부로 말하는 습성 때문이며, 그러한 사람이 비밀을 잘 지킬 수 있을 것인가? 당연히 진실성이 부족하여 웃는 웃음의 종류일 것이다. 실성한 사람이 잘 웃는 것처럼 웃음을 잘 흘리는 경우 진실성의 여부를 떠나서 조심해야 할 대상이다.

---

2) 최전권, 『신 체형관상학 입문』, 좋은 글, 2003, pp.109-110.

3) A.V. 페트로프스키 저, 김정택 역, 『인간행동의 심리학』, 사상사, 1993, p.223.

4) 최전권, 『신 체형관상학 입문』, 좋은 글, 2003, p.111.

곁들여 웃으면서 온몸을 흔들어대는 것은 경솔해 보인다. '에토스'는 타고난 마음의 상태나 도덕적 자질과도 같은 사람의 본성인데, 에라스무스의 저술은 표정으로 드러나는 감정에 대하여 말하기를 "큰 소리로 웃으며 온몸을 흔들어대는 것은 어떤 나이에도 꼴사납지만, 특히 어린이답지 않다." 따라서 "얼굴을 가리고 웃어라."와 같은 행동의 지침을 주는 것이다.[5] 에라스무스가 말하는 것은 탄성을 지르며, 입을 크게 벌리며 함박꽃처럼 웃는 웃음을 말한다. 그는 웃을 때 온몸을 흔들 듯이 하는 경우 정말 꼴사납다는 것으로 이는 그의 단정한 몸가짐에 바람직하지 않게 보이는 상이다.

여기에서 미소에는 여러 표정의 모습이 보일 수 있다는 것이다. 호탕하게 웃는 표정이거나 얌전하게 빙긋이 웃는 표정이 그것이다. 곧 큰소리로 호탕하게 웃는 사람은 담력이 큰듯하지만 과장이 심한 편이며 빙긋이 웃는 사람은 믿음직스럽지만 성격은 꼼꼼하고 농담을 함부로 지껄이지 않는다.[6] 호탕하게 웃는 모습이나 얌전하게 웃는 모습은 자신의 성격보다는 자연스럽게 나타난 개인의 특징이라 해도, 그 속에는 그의 성격을 알아낼 수 있다. 그러므로 사람의 관상을 볼 때 외모만이 아니라 미소까지 섬세하게 보는 역량이 요구된다.

다음으로 마음이 씁쓸한 사람이 만일 웃는다면 상학적으로 이는 어떻게 볼 것인가? 아리스토텔레스는 미소에 있어서 퉁명스럽게 언짢은 징표에 대하여 부정적 시각으로 바라보았다. 즉 이를 아득 물면서 웃는 얼굴은 어두침침한 얼굴색이면서 얼굴이 수척하고 얼굴 주위에 골이 깊으며 주름이 깊게 파이고 살이 빠진 얼굴로 본 것이다.[7] 이를 아득 물고 웃는

---

5) 설혜심, 『서양의 관상학, 그 긴 그림자』, 한길사, 2003, pp.184-185.

6) 최전권, 『신 체형관상학 입문』, 좋은 글, 2003, p.110.

7) 아리스토텔레스 지음, 김재홍 옮김, 『관상학』, 도서출판 길, 2014, p.104.

사람의 경우 다소 우울한 감정에 쌓여 있는 것으로, 주변인들에게 퉁명스런 사람으로 비추어진다는 것이다.

퉁명스런 얼굴과 달리 아름다운 얼굴의 웃는 모습은 좋은 인상으로 다가설 수 있다. 실제로 아름다운 얼굴이 웃는 순간 멍청해 보이는 수도 있지만[8] 내면이 아름답다. 멍청해 보인다고 해도 웃는 모습이 순진해 보인다는 것이다. 미소가 상대방에 따라 멍청해 보일 경우, 그것은 진위 여부를 떠나서 나이가 들어 반복된 표정에 나타난 근육의 주름일 수도 있다. 이에 17세기 라바터가 인간의 축적된 근육의 움직임에 대한 연구들을 유의미하게 접근하였던 것이다.

그렇다면 관상학 고전에 나타난 미소의 진실성 여부에 대하여 소개해 보고자 한다. 우리가 기분이 좋을 때 아름다운 얼굴의 형상을 상상하는데 오히려 분노를 띠는 경우가 있다. 이에 대하여 『마의상법』에서는 다음과 같이 말한다.

> 기쁠 때 분노를 띰은 반드시 고생하는 사람이다. 분노할 때 반대로 웃는 사람은 바로 주로 노력하며 굳세고 사나운 성질이다. 사람을 대하여 자주자주 훔쳐보면 교제하여 놀지 말라. 사람이 없는데 갑자기 혼잣말을 하면 어찌 원대함을 감당하겠는가?[9]

상식적으로 분노를 띨 때에 웃는 경우는 거의 없다. 만일 있다면 그것은 조소적 비웃음일 것이다. 웃음이란 자신 감정의 다양함이 묻어나오기 때문에 웃음 속에 가려진 진실성 여부를 파악하는 것이 상을 잘 보는 길이다.

웃음의 진실성 여부는 현자의 웃음소리와 간사한 사람의 웃음소리에도

---

8) 설혜심, 『서양의 관상학, 그 긴 그림자』, 한길사, 2003, p.269.

9) 『麻衣相法』 第3篇 「總結第五」, 喜時帶怒, 必是艱辛苦之人. 怒時反笑, 定主刻厲堅狠之性. 對人頻頻偷視, 莫與交遊. 無人忽忽而自言, 豈堪遠大.

잘 나타난다. 시詩에서는 웃음에 대하여 다음과 같이 이르고 있다. "입을 벌리고 웃으며 그 소리가 멀리 가면 현덕賢德이 있는 사람이며, 웃음소리가 목구멍에서 흘러나오면 간사한 사람이다."[10] 만약에 웃음소리가 원숭이가 부르짖는 소리와 같으면 흉한 상으로 고생하며 돈이 없는 사람의 형상이다. 현자의 웃음소리는 맑고 자연스럽게 웃는다면, 간사한 사람이나 꾀가 많은 사람의 웃음소리는 가냘프고 쌀쌀하게 웃는 것이다. 웃음소리는 현자이냐, 간신이냐에 따라 다르게 나타난다는 것을 염두에 두어야 한다.

또한 여자의 웃음소리에 대하여 관상학적으로 관심을 보이고 있다. 즉 여자 72가지 천한 상 가운데 말도 하기 전에 먼저 웃는다든가, 말馬이 우는 것과 같이 웃는다는 것이 이에 해당된다. 그러나 현명한 여인의 미소에 대하여 『마의상법』에서는 다음과 같이 말한다.

> 꿈속에 놀람이 더해져 언어가 움직이면 반드시 좋은 부인이 아니다. 목소리가 맑고 안색의 감정이 일정하면서 웃음이 적고 걸음이 편안하고 잘 한 곳을 응시하여 변화의 모습이 없다. 응시함에 변화된 모습이 없음은 기쁨과 분노로 평상을 고치지 않아야 하니 5가지는 모두 현명한 여인이다.[11]

웃는 모습에 대하여 고전 상학서에서는 이와 같이 많은 관심을 가지고 있다. 웃는 모습에 대하여 『유장상법』에도 자세히 나타나 있다. 본 상서에 나타난 미소 가운데 긍정적인 것과 부정적인 것이 나타나며, 이것은 미소의 진위를 잘 알아야 하는 이유가 되기에 충분하다.

---

10) 地平 編著, 李成天 監修, 『관상해석의 정석』, 도서출판 문원북, 2019, p.64.

11) 『麻衣相法』 第3篇 「總結第四」, 加以夢中驚動言語 必非良婦. 聲淸色定 笑寡步安 喜處凝無變態. 凝無變態 喜怒不改常也 五者 皆賢女也.

> 웃는 모습에 대하여 논하니, 부귀빈천이 있다. 해왈解曰, 웃음은 기쁨에서 일어난 것인데, 항상 웃으면 안 된다. 차갑게 웃는 자는 계략과 지략이 풍족하며, 감정을 감추는 자는 일생 가난하고 간교하게 된다. 웃을 때 입을 벌리고 크게 웃어야 하니, 입을 다물고 웃으면 안 된다. 웃음소리가 없는 자는 말이 울부짖는 듯하니 모두 좋지 못한 것이다. 시왈詩曰, 입을 벌리고 오래 웃는 자는 현명하게 된다. 음성이 목 안에서 나면 간교함이 많게 된다. 만약 말처럼 울고, 원숭이처럼 울부짖으면 가난하고 고생스러우며, 돈이 없게 된다.12)

웃는 모습에 부귀와 빈천이 있다는 것은 웃음의 이중성이 있다는 것으로, 그것은 감정의 노출에 웃음이 갖는 지략의 길흉이 스며 있다는 의미이기도 하다.

그러면 웃는 모습의 관상 곧 소상笑相에 대하여 『꼴값하네』의 저자인 최형규의 견해는 어떠한가를 살펴보도록 한다.

> 웃음은 기쁠 때 저절로 지어지는 웃음이 참 웃음이다. 남녀 모두 입을 크게 벌리고 웃는 웃음에 복이 있다(破顔大笑). 단 여성은 손으로 입을 가리는 것이 예의이며 또한 아름답다. 남성의 웃음소리가 마치 메아리치듯 울리면 귀격이다. 애써 입을 오므리거나 소리를 죽여 웃는 웃음에는 복이 없다. 여성은 손으로 입을 가릴지라도 웃음 자체를 아낄 필요는 없다. 크게 자주 웃다가 입 모양이 다소 늘어났다고 해도 손해 볼 것은 없다. 입 큰 여자가 잘 사는 세상이니까. 냉소하는 자는 책략가이다. 애써 웃음을 감추려 하는 자는 음흉하다. 웃음소리가 마치 말 울음소리 같으면 어리석고 빈천하다.13)

---

12) 『柳莊相法』「論笑」, 論笑, 富貴貧賤O解曰, 凡笑乃喜之發, 不欲如常, 冷笑者多謀足智, 藏情者一世貧奸, 笑欲開口大響, 不欲閉口, 無音者如馬嘶, 皆不為美, 詩曰, 開口長聲笑者賢, 聲音喉內定多奸, 若是馬嘶猿猴叫, 又貧又若又無錢.

13) 최형규, 『꼴값하네』, FACEinfo, 2008, p.353.

이처럼 웃음에도 자연스럽게 나타나는 버릇이 있다. 이에 더하여 활짝 웃는 웃음, 천진난만한 아기의 웃음은 정의로운 사람이며 항상 밝게 사는 사람이라는 것이다.

미소의 표정에 대하여 언급한 것처럼 관상철학은 미소를 인생의 유용한 실용철학으로 정립해 나가야 한다. 얼굴의 표정은 인생의 희로애락을 표현하는 창구이기 때문이다. 모든 일에 임하여 탁월하고 섬세한 안목을 키우는 상학은 바로 인생을 살아가는 데 지침이 되는 실용철학이자 실천철학이라 할 수 있다.[14] 인생을 진실하게 살아가는 사람은 가식으로 웃지 않을 것이며, 인생을 가식으로 살아가는 사람은 진실로 웃지 않을 것이라는 점을 관상철학에서는 깊이 새기면서 웃음의 미학, 웃음의 해학을 탐구해야 할 것이다.

2 상대방의 눈빛을 보라

우리가 일상에서 상대방을 만날 때 가장 먼저 눈을 보는 성향이 있다. 대화를 할 때에도 상대방의 눈을 마주하면서 대화를 하는 것이 보통이다. 일상생활에서 우리가 타인을 마주하는 경우에 상대방의 얼굴 또는 눈을 들여다보는 것은 자연스러운 본능일 수 있다.[15] 만일 상대방의 눈을 보지 않고 대화한다면 무엇인가 숨기는 것이 있기 때문일 것이다. 눈을 보지 않고 인사하거나 눈을 보지 않고 대화를 나눈다면 이보다 어색한 일은

---

14) 신기원, 『신기원의 꼴 관상학』, 위즈덤하우스, 2010, p.19.

15) 「아리스토텔레스와 관상학-서양 관상학의 역사적 연원」 해설 : 이 책은 19세기 이마누엘 벡커가 편집한 『아리스토텔레스의 저작 모음집』에 실린 『관상학』을 번역하고 주해한 것이다(아리스토텔레스 지음, 김재홍 옮김, 『관상학』, 도서출판 길, 2014, p.62).

없을 것이다. 눈은 다양하여 상대방의 외모를 살피는데, 의견 교환하는데, 사물을 인지하는데 필수품인 셈이다.

자아초월 심리학자인 켄 윌버는 눈을 통하여 인간이 사물을 인지하는 데에는 세 가지 길이 있다고 하였다. 첫 번째는 육체의 눈으로서 사물의 형체와 감각의 세계를 인지하는 눈이요, 두 번째는 마음의 눈으로서 상징과 개념과 언어의 세계를 인지하는 눈이며, 세 번째는 정관正觀의 눈으로서 영적·초월적 세계를 인지하는 눈이다.[16] 윌버가 말하는 눈의 종류 가운데 첫 번째에 해당하는 육체의 눈이 바로 관상학에서 보는 시각이다. 관상학의 팔학당 가운데 눈을 명수학당明秀學堂이라 하여 흑광이 나면 귀상이요, 몽롱하면 천상이라고 말한다. 사람의 관상 가운데 명수학당인 눈이 차지하는 비중은 대단하다. 수秀는 빼어나다는 뜻으로 눈이 맑은 것은 학문을 이룰 수 있다는 것이다[17] 위치는 눈과 그 주위이며 귀와 천을 보는 곳이다. 눈이 맑고 깨끗하고 검은 동자에서 빛이 반짝이면 상격이다.

관상학에서 눈의 중요성은 얼굴 다음으로 거론된다. 달마상법에서는 얼굴은 10점, 눈은 5점, 이마, 코, 광대뼈, 턱은 각각 1점, 눈썹·귀·입·이를 합쳐서 1점이라고 했는데 여기에서 관상에서 눈의 모양을 얼마나 중요하게 여기는지 알 수 있다.[18] 달마대사도 말하듯이 눈은 수려하고 반듯해야 하며, 눈은 가늘고 길어야 하며, 눈은 흐리지 않고 밝게 빛나야 한다. 얼굴의 용모에 있어서도 이마가 넓어도 코가 우뚝 솟아도, 광대뼈가 나와도, 턱이 두툼해도 눈이 잘 생기지 못하면 어딘가 어색하다. 그러나 다른 부위가 어색해도 눈이 잘 생기면 그 용모는 수려하게 보인다.

결과적으로 눈은 곧 일월日月과 같고, 얼굴에서 눈의 비중이 크기 때문

---

16) 윤종모, 『치유명상』, 정신세계사, 2009, p.17.

17) 이정욱, 『실용관상학』, 천리안, 2008, p.86.

18) 오현리 편, 『정통오행상법 보감』, 동학사, 2001, p.225.

에 다른 곳이 잘 생겨도 눈이 뒤떨어지면 좋게 보이지 않는다. 사람의 얼굴에 있어 눈이라는 것은 곧 천상天上의 일월과 같은 존재이다. 눈은 나의 모든 정신과 마음과 물질의 주인이자 근본을 이루며, 일월이 삼라만상을 다 비추어 광명을 열어주듯, 부귀 복덕과 건강 장수의 모든 것에 관여하여 평생의 삶을 좌우한다.[19] 눈의 큰 비중에 맞게 건강문제에 있어서도 눈은 신체적으로 간과 연결되어 있어서 간이 나쁘면 눈이 빨리 피로해지고, 간이 좋으면 눈의 시력도 좋다. 눈에 정기精氣가 흐르면 윤택해지고 눈빛도 밝게 빛난다.

자신에게 표출된 눈빛이란 속일 수 없으므로 그 사람의 마음을 알아낼 수 있다는 점에서 그 비중은 아무리 강조해도 지나치지 않다. 맹자는 사람을 관찰할 때 눈동자를 잘 보라고 했다. 그는 다음과 같이 말한다. "사람을 관찰할 때에는 눈동자를 살피는 것보다 좋은 것이 없다. 눈동자는 그 사람의 악한 마음을 감출 수 없기 때문이다. 마음이 바르면 눈동자는 밝으며, 마음이 바르지 않으면 눈동자도 어둡다. 그 사람의 말을 들을 때 그 눈동자를 관찰한다면 사람이 어찌 선악을 감출 수 있겠는가?"[20] 그의 언급대로 선한 마음일 때 눈빛이 선하게 보이며, 악한 마음일 때 그 눈빛이 독하게 보인다.

눈동자와 눈빛의 선함과 윤택함은 물론 길상이며, 이와 반대이면 흉상으로 보는데, 달마상법에 눈을 보는 7가지가 있다며 다음과 같다.

> 눈을 봄에는 7가지가 있다. 눈은 빼어나며 정正해야 하니 빼어남은 광채를 논의함이며 바름은 몸을 논의함이다. 눈은 가늘고 길어야 하니 가늘면서 길지 않으면 조금 기교가 있는 사람이다. 눈이 길며 가늘지 않으

---

19) 地平 編著, 李成天 監修, 『관상해석의 정석』, 도서출판 문원북, 2019, p.120.

20) 『孟子』「離婁」上, "存乎人者, 莫良於眸子. 眸子不能掩其惡. 胸中正, 則眸子瞭焉, 胸中不正, 則眸子眊焉. 聽其言也, 觀其眸子, 人焉廋哉?"

> 면 나쁘다. 눈은 안정되며 나와야 하니 안정됨이란 드러나지 않음이며, 나오지 않고 푹 꺼지면 어리석은 사람이다. 눈은 나왔다가 들어가며 나오면 신神이 있고 들어가지 않으면 탕자蕩子이다. 눈은 상하로 흰자가 보이지 않아야 하며 상백안上白眼이면 반드시 간교함이 많고, 하백안이면 반드시 형벌을 당한다. 오래 봐도 시선이 벗어나지 않으면 신神이 족함이다. 변화를 만나도 시력이 흐려지지 않으면 양성함이 있다.[21)]

이처럼 상법에서 눈은 가장 길한 눈으로는 빼어나고 광채가 있어야 한다는 것이며, 간사하거나 어리석지 않아야 한다는 것이다.

고전상법에 나타난 눈의 길흉을 보다 구체적으로 언급해 본다. 눈이 불량한 사람은 마음도 불량하고 눈이 순한 사람은 마음도 순하며, 눈이 비어진 사람은 성질이 매우 급하고 곁눈질하는 사람은 도둑질하며, 삼각형 눈을 가진 사람은 성질이 매우 급하다.[22)] 덧붙여 눈이 활처럼 생긴 사람은 간사한 영웅 기질이 있으며, 눈에 물을 머금은 듯한 사람은 음란하다고 한다. 부부의 경우 한쪽 눈이 크거나 작으면 서로 두려워하는 성향이다. 눈빛에 윤기가 있으면 귀하고 없으면 천하며, 눈이 새벽별처럼 빛나는 사람은 부귀의 형상이다. 이처럼 눈의 길흉에는 성격이 급하거나 도벽이 있거나 간사하거나 음란한 경우가 흉상이다.

특히 눈의 흉한 모습이 『마의상법』에 잘 나타나 있다. 눈이란 사람의 마음이 표출되어 있는 관계로 상대방에 대한 악의적 감정이 있으면 눈의 관상이 좋지 않게 비친다는 면에서 다음과 같이 말한다.

---

21) 『痲衣相法』「達摩祖師相談秘傳」第二法 神主眼, 眼有七. 秀而正 秀者 論其光, 正者 論其體. 細而長 細而不長, 小巧之人. 長而不細, 則惡矣. 定而出 定則不露, 然不出 則愚人也. 出而入 出則有神, 然不入則蕩子也. 上下不白 上白多 必奸, 下白多 必刑. 視久不脫 足神也. 遇變不眊 有養也.

22) 地平 編著, 李成天 監修, 『관상해석의 정석』, 도서출판 문원북, 2019, p.127.

눈이 맹렬하고 위엄이 있으면 모든 사람이 귀의한다. 눈이 누운 활과 같으면 반드시 간웅奸雄이다. 눈이 양의 눈과 같으면 서로 육친을 형벌을 준다. 눈이 벌의 눈과 같으면 악하게 죽고 고독하다. 눈이 참개구리[싸움닭]와 같으면 잘못 죽음이 의심될 바 없다. 눈이 뱀 눈동자와 같으면 마음이 비뚤어져 독해서 고독하고 형벌을 받는다. 눈의 꼬리가 서로 쳐지면 부부가 서로 이별한다.[23)]

위의 언급을 보면 눈의 형상이 동물의 것에 비교되어 부정적으로 비추는 점에는 과학적 합리성에 결여되는 점이 있으나 경험에 의한 상법으로 간주한다면 참조할만한 내용이다.

어떻든 사람들은 눈은 해와 달이라거나, 또는 눈으로 말한다고 한다. 그리고 눈은 마음의 창이라고 한다. 눈을 마음의 창이라 일컫는 데는 동공 깊숙한 곳에서 우러나는 눈빛에 그 사람의 혼백이 담겨져 있고, 그 혼백은 그 사람의 정신을 대변하는 무언의 메시지라 해서 눈을 마음의 창이라 했다.[24)] 그리고 관상에서 눈은 혼백의 집이라고 하며 혼백의 집에서 나타나는 눈빛을 정기精氣라고도 한다. 맑은 눈동자의 대화에는 정기가 가득하고, 어두운 눈동자의 대화에는 탁기가 가득하므로 마음의 창에서는 맑은 기운이 솟아나오도록 마음의 탁기를 제거하는데 노력해야 한다.

마음의 탁기를 제거하지 않으면 눈빛은 어두워지고 상호 교감을 이루기 쉽지 않다. 상대방은 우리의 눈빛에 매우 민감하다는 것을 알아야 한다. 어린이와 백치의 경우에는 100퍼센트 감성만으로 느끼기 때문에, 상대방이 자신에게 호감을 가진 사람인지 자신을 해칠 사람인지 본능적으로

---

23) 『痲衣相法』第2篇 各論, 第7章「相目」, 目烈有威, 萬人歸依. 目如臥弓, 必是奸雄. 目如羊眼, 相刑骨肉. 目如蜂目, 惡死孤獨. 目如鬪雞, 惡死無疑. 目如蛇睛, 狠毒孤刑. 目尾相垂, 夫妻相離.

24) 최형규, 『꼴값하네』, FACEinfo, 2008, p.206.

알아차리는 능력이 뛰어날 때가 있다.[25] 우리의 눈에는 각자의 인성이 담겨 있고 그로 인해 선악의 감정이 눈 속에 잠재의식으로 남아 있기 때문이다. 어린 아이도 눈빛을 통해 부모가 화가 났는지, 자신에게 꾸짖는 감정을 보이는지에 대해 파악하며, 애완견도 주인의 눈빛을 보며 교태를 부리는 것이다. 마음의 탁기를 제거하여 온유한 눈빛을 가져야 하는 이유이다.

일반적으로 상대방의 눈동자를 보고 감정 상태를 0.2초 만에 파악하는 것으로 알려져 있다. 1998년 미국 듀크 대학교 신경학자 매카시는 사람의 두뇌가 상대방의 눈동자를 보고 그의 감정 상태를 0.2초 만에 감지한다는 연구결과를 발표하였다.[26] 눈동자를 보고 그 사람의 감정을 곧바로 감지한다는 것이다. 이는 과학자들이 상대방을 파악함에 있어서 즉각적으로 알아내는데 인간 신체 가운데 '눈'이 가장 큰 영향을 미치기 때문인 것으로 보인다. 골상학자들의 언급처럼 인간의 형상가운데 두뇌, 곧 얼굴표정이 각자의 감정에 의해 쉽게 좌우된다는 것으로 눈의 표정이 즉각 반응하도록 직결되어 있다는 뜻이다.

여기에서 지피지기知彼知己라는 말이 있듯이 나에게 피해를 줄 수도 있는 사람을 미리 파악한다면 좋을 것이라 보며, 상대방 눈의 움직임과 관상에 대하여 살펴볼 필요가 있는 이유이다. 그것은 눈의 미묘한 움직임이 자신의 감정을 싣고 있기 때문이다. 눈을 빨리 움직이는 경우 상심傷心, 약간의 의심, 진지함의 결여와 겁과 용기 사이의 어디쯤인가를 나타내며, 만약 눈꺼풀과 눈 속이 같이 떨리는 자라면 그는 겁 많은 자이고 만약 안쪽은 떨리는데 눈꺼풀은 떨리지 않는다면 그는 무척이나 대담하고 용감하다.[27] 눈동자가 빨리 움직일 경우, 그리고 눈꺼풀이 떨리는 경우 그의

25) 신기원, 『신기원의 꼴 관상학』, 위즈덤하우스, 2010, p.17.
26) 설혜심, 『서양의 관상학, 그 긴 그림자』, 한길사, 2003, p.324.

감정에는 심각한 기복이 있다는 것이다. 정상적인 감정의 상실이 왔을 때 눈에 핏기가 돌고 파르르 떨리는 경우가 있는데, 눈의 움직임이 그만큼 상대방의 심상한 상태를 알 수 있다. 또한 눈을 자주 깜빡거리는 경우 음모를 꾸미거나, 욕정에 불타며 소심하나 범죄를 저지를 가능성이 크다는 것이다.

눈의 움직임이나 형상을 보고 범법犯法의 흑심을 가진 사람인가를 판단하는 일은, 곧 외면에 의한 상대방의 내면적 심리상태를 피할 수 있다는 점에서 관상학에서 간과할 수 없는 부분이다. 임마누엘 칸트는 『실용적 관점에서 본 인간학』 제2부 「인간학적 성격론」에서 "관상술은 사람의 눈에 보이는 형태에 의해 한 사람의 성향이나 사유방식을 판단하는 기술로, 결과적으로 외면에 의해 내면을 판단하는 것"이라고 규정한다.[28] 관상학적으로 상대방을 감지할 수 있는 역량이 갖추어진다면 관상학이 갖는 장점의 하나라 본다. 원래 상학의 목적이란 흉함을 피하고 길함을 맞이하기 위함이라는 점이다.

어떻든 우리는 눈의 움직임이나 눈빛의 윤택한 길상을 간직하도록 노력해야 할 것이다. 그것은 눈빛이 유연해야 매사 어려움을 극복할 수 있는 길이 열린다는 의미이다. 상학고전에서는 이에 다음과 같이 말한다.

> 정신이 고정되어 시선이 흐르지 않으면 복이 완전하다. 대개 눈은 노출해서는 안 되며 핏줄은 적색이면 안 되며, 백색(흰자)은 많으면 안 되며, 흑색은 적어서는 안 되며, 눈빛이 유연해야 한다. 시야는 치우칠 수 없고,

---

27) 설혜심, 『서양의 관상학, 그 긴 그림자』, 한길사, 2003, pp.74-75.

28) 「아리스토텔레스와 관상학-서양 관상학의 역사적 연원」 해설 : 이 책은 19세기 이마누엘 벡커가 편집한 『아리스토텔레스의 저작 모음집』에 실린 『관상학』을 번역하고 주해한 것이다(아리스토텔레스 지음, 김재홍 옮김, 『관상학』, 도서출판 길, 2014, p.61).

정신은 곤란할 수 없고, 아찔함은 뒤집힐 수 없고, 빛이 흐를 수 없고, 혹은 눈이 둥글며 적고, 눈이 짧으며 깊으면 좋은 상이 아니다. 양쪽 눈의 사이를 자손궁이라고 이름하니 풍만하여야 하며 결함되어서는 안 된다.[29)]

눈의 실핏줄이 선명하게 보이고 치우친 시선을 갖는다거나 눈이 놀란 듯 둥그런 표정을 보인다는 것은 그만큼 자신 내면의 요란한 감정을 감출 수 없다는 것이다. 이에 『마의상법』에서는 "눈빛은 유연해야 한다."고 하였다.

나아가 눈은 고요하고 침착하게 떠야 길상이다. '몸에 관하여'라고 시작되는 에라스무스의 책에서는 다음과 같이 말한다.

눈은 고요해야 한다. 존경스럽고 침착하게 떠야 한다. 냉혹하게 뜨지 마라. 이것은 잔인함의 표시이니, 뻔뻔스러우면 안 된다. 불손의 표시이기 때문이다. 쏘아보거나 눈동자를 굴리지 말라. 이는 미친 자의 표시이니라. 마치 반역자나 모반자처럼 흘낏흘낏 보아서도 안 된다. 입을 딱 벌리고 정신없이 보아서도 안 된다. 이것은 바보나 하는 짓이다. 끊임없이 눈을 깜박거리는 것도 좋지 않다. 이는 변덕스러운 표시이다. ... 가늘게 뜨지 마라. 그것은 성질이 나쁘다는 표시이다. 너무 당돌하거나 캐묻는 듯하게 보는 것도 안 된다. 참을성이 없어 보이기 때문이다.[30)]

눈모양이 가늘다는 것은 외모의 문제가 아니며, 단지 자율적으로 눈을 가늘게 뜨는 것은 바람직하지 않다. 그것은 음모를 꾸미거나 경시한다는

29) 『麻衣相法』第2篇 各論, 第7章「相目」, 神定不流者, 福全. 大抵眼不欲露, 縷不欲赤, 白不欲多, 黑不欲少, 勢不欲堅. 視不欲偏 神不欲困 眩不欲反 光不欲流 其或圓而少短, 短而深 不善之相也. 兩眼之間 名日子孫宮, 欲豐滿 不欲缺陷.

30) 설혜심, 『서양의 관상학, 그 긴 그림자』, 한길사, 2003, pp.174-176.

표시와 같으므로 항상 눈은 자신의 심적 안정을 갖고 고요해야 하며, 침착한 표정을 보여야 한다. 관상학적으로 눈이 흉한 상이 있다고 해도 마음의 안정을 통해 그 흉상을 극복할 수 있도록 마음의 절제가 필요하며 고요한 마음과 침착함이 눈빛에 스미어 나오도록 하는 것이 중요하다. 눈이 마음의 창이므로 상대방의 눈빛을 잘 관찰하는 것만으로도 흉함을 벗어날 수 있다.

3 목소리의 길흉

관상의 대상에 있어서 목소리가 포함된다는 것을 잘 모르는 경우가 있다. '음성관상학'이 그것으로 얼굴의 형상을 일반적 관상으로 알고 있을 뿐 목소리까지 관상 영역에 속하느냐는 전문가들만이 아는 경우가 적지 않다. 목소리는 목청 울림을 통해서 소리의 파동이 귀 고막을 통해서 들리는 것이다. 목소리에는 높고 낮음, 짧음과 김, 깊음과 얕음, 빠름과 느림, 맑음과 어두움, 무거움과 가벼움 등의 정보가 들어있게 마련이므로 그것을 감지해 낸다면 상대방의 현재 상태를 능히 가늠할 수 있다.[31] 목소리에 그 사람의 길흉이 있다는 것으로 어떠한 음성을 가지고 있느냐에 따라 길흉 분기점이 된다.

그렇다면 목소리 가운데 서로 다른 오음五音이란 무엇인가? 『상리형진』에서는 오음에 대해서 구체적으로 말하고 있다. 이를테면 사람의 상에서 형形에 이미 오형이 이루어져 있듯이 성聲 또한 오음의 구별이 있으며, 금성金聲은 울림이 있고, 목성木聲은 건조하며, 수성水聲은 급하고, 화성火聲은 열기가 있고, 토성土聲은 잠겨 있으며 이것이 오음의 바른 상이다.[32]

---

31) 이남희, 『하루만에 배우는 실전관상』, 도서출판 담디, 2008, p.48.

오음의 소리는 그 자체가 길흉이 있다고 하기 보다는 목소리의 종류를 언급한 것이다. 즉 화성의 목소리는 열성적인 면이 있다면 금성의 목소리는 카랑카랑하다든가, 토성의 목소리는 고요히 잠기어 있다는 식으로 접근하는 것이다. 인간의 오형 얼굴을 가진 사람의 목소리는 이처럼 특색이 있다.

오음에 이어서 음성의 상학적 구분을 해본다. 이것은 음색, 소리의 대소고저와 함께 음성의 청탁, 음성의 윤택함과 메마름인 윤조潤燥, 음성 음운音韻의 유무 등을 분석하여 성격의 본질, 건강여부, 운명의 흐름, 국량의 가늠을 알아내는 운명학적 구분을 말한다.[33] 이러한 음성의 상학은 조금이라도 이상한 목소리가 나온다면 그것은 신체적으로 건강하지 못하다는 징조이다. 신체구조상 음성의 기운이 합하여져 발성되는 원리이기 때문에 목소리와 관련한 부위에 질병이 있으면 보통의 음성에 지장이 있다는 뜻으로, 이는 음성관상학에서 질병에 의한 운명이 좋지 않은 것으로 본다.

이에 음성관상학에서 목소리의 표준과 길흉에 대하여 언급하고자 한다. 일반적으로 관상의 으뜸이 소리를 보는 것이고, 그 다음이 정신을 보는 것이며, 다음이 형색을 보는 것이다. 이 말은 사람의 목소리가 인상학에서 얼마나 중요한 것인가를 알려주는데, 『상리형진』에서는 일반인의 목소리의 표준 및 길흉과 오형인의 목소리의 표준 및 길흉에 관해 상세하게 언급하고 있다.[34] 천지에는 각종 자연의 소리가 있다면 인간에게는 단전丹田에서 소리가 난다. 단전과 관련한 목소리의 표준을 볼 때 배꼽 부분인 하단전에서 나오는 소리가 길운이며, 중단전이 그 다음이며, 상단전에서 나오는 소리의 경우 좋은 목소리가 아니다.

---

32) 오현리 편, 『정통오행상법 보감』, 동학사, 2001, pp.154-155.

33) 이정욱, 『음성관상학』, 천리안, 2011, pp.23-24.

34) 오현리 편, 『정통오행상법 보감』, 동학사, 2001, p.151.

더욱 중요한 것은 외부의 기관에 의해서 나오는 소리의 길흉표준도 있지만 마음의 변화와 관련하여 목소리가 영향을 받을 수밖에 없다. 목소리가 마음의 작용에서 차지하는 비중이 막중하여 그 사람 그릇의 대소와 성격과 본질을 알려주는 근본 바탕이 되며, 음성은 그 사람의 현재 마음상태와 마음의 향방을 상징적으로 알려주며, 목소리는 그 사람의 인생길에 더 할 수 없이 영향을 미친다.[35] 마음이 울컥하거나 슬픈 사연이 있다면 그 사람의 목소리는 떨릴 것이며, 사악한 마음을 가진 사람의 소리는 사악한 습관으로 이어져 좋지 않은 성격으로 굳어지는 관계로 운명적으로 고통이 뒤따른다.

그리하여 낙담과 불평의 목소리와 부드럽고 젊잖은 목소리를 대비한 아리스토텔레스의 음성관상 구분을 소개해 본다.

> 크고 깊은 목소리는 당나귀에게서 볼 수 있듯이 오만함을 나타낸다. 낮게 시작하였지만 높이 올라가는 목소리는 소에게서 볼 수 있듯이 낙담과 불평을 표시한다. 가늘고 갈라지는 음색은 계집애의 언어이다. 깊고도 공허하고 단순한 목소리는 큰 종류의 개에게서 볼 수 있다. 부드럽고 들쩍지근한 목소리는 양한테서 볼 수 있듯이 점잖음을 나타내고, 날카로운 부르짖음과 같은 목소리는 염소가 그러하듯이 무례함을 나타낸다.[36]

인간의 목소리와 동물의 소리를 비유하여 그것이 갖는 표면적 상징성으로 비교하고 있다. 그러나 이러한 비유가 합리적인가에 대한 것은 의문점이 있다. 개의 소리와 양의 소리를 예를 들어 그것이 갖는 성격과 최령한 인간의 경우를 비교한 점에서 설득력을 적게 한다.

다만 인간의 목소리가 어떠하냐에 따라서 각자 성격을 파악하는 것은

---

35) 이정욱, 『심상 관상학』, 천리안, 2006, p.286.

36) 설혜심, 『서양의 관상학, 그 긴 그림자』, 한길사, 2003, pp.92-93.

의미가 있다. 이를테면 음성은 종소리처럼 웅장하고 은은하게 멀리 퍼지는 것이 좋으며, 여성이 남자 목소리처럼 굵고 탁하면 성격이 유순하지 못하고 남편에 해롭다든가, 가성을 써서 목소리가 가늘고 상냥한 척 하는 사람은 겉으로는 얌전한 것 같으나 실은 뱃속이 검다.[37] 동물과의 비유가 아니라 인간의 목소리가 갖는 음량의 정도를 통해서 언급하는 것은 그동안 인간의 목소리가 인간의 성격을 규정짓게 된 점에서 의미가 있다. 목소리가 빠르면 성급하다든가, 느리면 다소 느린 성격이라는 것은 인간이 대인관계에서 경험한 것이 적지 않기 때문이다.

이처럼 인간의 성격과 목소리의 유사성을 체험해온 상황에서 관상학적으로 이는 설득력을 갖는다고 본다. 음성관상학에서 목소리와 길흉의 문제는 임상체험과 직결되어 거론되는 것들이 의미가 있다는 것이다. 소리가 급하면서 쉰 듯하거나 완만하면서 느물거리는 듯하며, 깊고 꽉 막힌 것처럼 들리거나 얕으면서 바짝 마른 소리가 나며, 소리는 큰데 흩어지면 좋지 않다[38]는 판단이 이와 관련된다. 또한 징소리처럼 찢어지는 소리라든가, 사발이 깨지면서 나는 소리도 관상학에서 흉한 소리로 간주된다.

중요한 것은 분명히 귀한 상과 흉한 상의 소리가 있다는 것이다. 관상학에서 남자 중급 18가지 귀한 상 가운데 네 번째에 해당하는 것이 있다. 즉 목소리가 맑고 말씨가 소박한 것으로 이는 귀한 상의 목소리이다. 일곱 번째로 목소리가 우렁찬 소리는 도량이 넓다고 알려져 있다. 또한 여자 고독한 상 24가지 가운데 깨지고 흐트러져서 울림이 없는 목소리가 여기에 해당된다. 그리고 여자 형벌, 상해를 입히는 36가지 상 가운데 열아홉 번째 목소리가 천둥소리처럼 크다[39]는 것은 흉한 상의 목소리에 해당된다.

---

37) 이남희, 『하루만에 배우는 실전관상』, 도서출판 담디, 2008, pp.48-49.

38) 오현리 편, 『정통오행상법 보감』, 동학사, 2001, pp.152-153.

39) 地平 編著, 李成天 監修, 『관상해석의 정석』, 도서출판 문원북, 2019, p.238.

길흉의 목소리는 또한 군자와 소인의 목소리로 비유할 수도 있다. 군자의 소리는 길하고, 소인의 소리는 흉하다는 것이다. 곧 군자의 소리는 항상 분명하고 완만하며, 맑고 온화하며, 막힘이 없으며, 청량하면서 우렁차지만, 소인의 소리는 유약하면서 경박하며, 탁하고 딱딱하며, 연약하고 꽉 막혔으며, 말을 빨리 하지만 두서가 없다.[40] 당연히 인품 갖춘 군자의 소리는 맑고 온화하며, 소인의 소리는 경박하며 막힌다고 보며, 여기에서 우리는 원래 군자와 소인의 목소리가 있는 것이 아니라, 인격을 갖추어 차분한 소리를 내도록 후천적으로 노력을 해야 한다는 것이다.

목소리와 사람의 국량에 대한 비교도 필요하나. 목소리가 작은 소리보다는 큰 소리가 좋다. 특히 남자의 목소리 가운데 크고 우렁차면 길상으로, 남성은 목소리 하나만 좋아도 오관五官 중 일관을 더한 꼴과 같다하여 중귀中貴 이상의 인물로 친다.[41] 우렁찬 목소리의 소유자는 결코 얕잡아 볼 인물이 아니다. 물론 천둥소리처럼 지나치게 크면 좋지 않다. 더욱이 목소리가 크면서 착 가라앉은 목소리는 국량이 큰 심성으로서 금상첨화이다.

종합적으로 목소리의 길상과 흉상의 이모저모를 살펴보고자 한다. 인간과 동물의 직접적인 비교의 목소리보다는 목소리 자체만으로 길상을 보자는 것이다. 『정통오행상법 보감』을 편술한 오현리는 다음과 같이 말한다.

> 무릇 맑으면서 원만하고, 견고하면서 밝고, 완만함 속에 강렬함이 있고, 급하면서도 조화를 이루고, 소리가 길면서 힘이 있고, 용감하면서 절조가 있고, 용의 울음소리나 호랑이의 포효하는 소리처럼 크며, 종이 울리듯이 우렁차고, 타고鼉鼓(악어 껍질로 메운 북) 소리처럼 진동하고,

---

40) 오현리 편, 『정통오행상법 보감』, 동학사, 2001, pp.152-153.

41) 최형규, 『꼴값하네』, FACEinfo, 2008, p.299.

> 계곡물처럼 급하게 흐르듯이 울리며, 거문고가 곡을 연주하듯 아름답고, 혹은 질그릇 소리처럼 울려 퍼지며, 음량이 풍부하고, 혹은 생황의 혀처럼 소리를 내며, 훈壎(고대 吹奏악기의 일종)과 호篪(고대 竹管악기의 일종) 소리 같고, 몸체는 작은데 소리가 우렁차며, 오행五行이 화합하는 듯한 소리를 내는 사람은 모두 부귀하게 되고 복과 장수를 누린다.[42)]

목소리의 길상이 무엇인지 비교적 구체적으로 하나하나 밝히고 있다. 이를 통해서 나의 목소리는 어디에 속하는가를 꼼꼼하게 체크해볼 필요가 있다.

좋은 목소리를 타고났다면 두말할 필요가 없겠지만, 후천적으로 좋은 목소리를 내도록 음성을 곱게 다듬을 필요가 있다고 본다. 『마의상법』에서도 목소리의 온전함을 촉구하고 있다. "온전함을 구함은 목소리에 있다. 선비, 농부, 공인, 상인은 목소리가 밝으면 반드시 성공하며 밝지 않으면 끝이 없다."[43)] 선비의 목소리라고 해서 반드시 좋을 수 없으며, 농부나 상인의 목소리도 마찬가지이다. 어떠한 직종에서 일을 하더라도 온전한 목소리를 내도록 연습을 통해서 가다듬을 필요가 있다는 것이다.

그렇다면 관상학에서 보는 이상적인 목소리는 어떠한가? 이는 불가에서도 언급하는데 좌선을 할 때 하단전에 기운을 머무르게 하면 깊은 명상에 들 수 있다는 것을 참조할 필요가 있다. 관상학에서 말하는 이상적 목소리는 단전丹田에서 나오는 소리로 울림도 깊고 맑으며, 이런 사람은 상대에게 신뢰를 줄 수 있으며 설득하는 힘을 가진 사람이다.[44)] 목소리가 올라갈수록 상단전의 목소리이며, 중단전을 지나 하단전에서 나오는 목소

---

42) 오현리 편, 『정통오행상법 보감』, 동학사, 2001, p.152.

43) 『麻衣相法』「達摩祖師相談秘傳」第5法, 求全在聲. 士農工商, 聲亮必成, 不亮無終.

44) 이남희, 『하루만에 배우는 실전관상』, 도서출판 담디, 2008, p.48.

리는 뱃심에서 우러나오는 목소리로서 이상적 목소리이다. 음성관상학도 음성의 연습과 더불어 수양의 마음으로 하단전에서 나오는 차분하고도 고운 목소리가 이상적이다.

4 관상철학과 사색의 창

살아있는 철학은 '사색의 창'이 활짝 열려 있고, 여기에서 맘껏 자유롭게 사색을 유영한다면 그의 사유 폭은 한 없이 넓을 것이다. 철학이 살아있는 발전을 지속하고 거침없이 이어지는 창조적 에너지를 유지하려면, 사유에 있어서 진정한 자유를 촉진할 수 있는 끊임없는 접촉이 반드시 필요하다.[45] 자유롭게 사색을 함으로써 사색의 창은 투명하게 보일 수가 있으며, 이는 상호 공유된다면 좋을 것이다. 철학의 묘미는 사색의 담론에서 발견되기 때문이다.

사색의 창이 맘껏 창공에서 전개된다는 것은 우리에게 생각의 자유가 있기 때문에 가능하다. 만일 이념적으로 제약을 받고 있는 공산국가라면 맘껏 생각을 자유롭게 할 수 있을 것인가? 생각하는 것은 자유가 있다는 것이며, 그 생각은 깊고 넓고 높고 크게 해야 하며, 또한 깊은 철학을 담은 글이 앞서는 것이다.[46] 생각하는 자유가 있으므로 사색이 깊을 것이며, 깊은 사색은 철학적 사유를 무한적으로 가능하게 한다는 점에 철학을 하는 사람이라면 사색의 창이 무한정으로 전개되므로 더 없이 좋을 것이다.

사색의 자유가 있어도 그것을 무모하게 체계화할 경우 또한 난제이다. 철학의 장점은 자유가 있다는 것이며, 그것을 어떠한 이론으로 무장한다

---

45) 라다크리슈난 저, 이거룡 옮김, 『인도철학사』Ⅰ, 한길사, 1996, p.84.

46) 柳炳德, 『脫宗教時代의 宗教』, 圓光大學校 出版局, 1982, p.355.

면 또한 어려움에 봉착할 가능성이 있다. 사색의 자유로움은 모든 속박을 끊어버릴 수 있는 방법이 될 수는 있어도 그것이 체계화되면 그 자유로움에 구속되고 만다.[47] 체계화란 사색의 창에서 자유로운 영혼이 글로 전환할 때 '합리'라고 하는 방법론에 묶여버릴 수 있으므로, 철학을 할 때 사색의 창이라는 명목으로 이론을 위한 이론무장은 바람직하지 않다는 것이다. 그렇다면 철학이론은 어떻게 해야 한다는 것인가? 이론을 아무리 체계화한다고 해도 사색의 자유를 망각하면서 합리라는 가치에 매몰시키지 않는 지혜가 요구된다.

영혼을 드러내는 사색의 창에서 이론과 이론의 갈등과 같은 잡다한 지식보다는 인간의 사유기능을 확대하는 쪽으로 접근하는 것이 좋다. 철학자는 잡다한 지식보다 사태를 근원적 전체로 파악하고자 하며, 사태를 근원적 전체적으로 파악하려면 인간이 지닌 사유기능을 충분히 발휘해야 할 것이다.[48] 이러한 사유기능은 잡다한 지식을 걸러내고 합리라는 가치에 매몰되지 않고, 그리하여 표면적 지식으로 이론을 만들어내는 것보다는 근원적 이치를 추구하는 잠재적 영혼을 깨우치는 일을 중시해야 한다. 관상철학의 진정한 역할이 이와 관련된다.

여기에서 철학에서 본 진정한 의미의 사색을 이해할 수 있다. 철학의 진정한 의미를 '철학적 사색'에 있다고 하면, 인류가 어째서 철학적 사색을 하게 되었으며, 어떻게 사색해 왔던가를 밝혀 봄으로서 철학의 진정한 의미를 이해할 수 있을 것이다.[49] 즉 인간은 왜 철학이 필요하며, 어떻게 철학이라는 학문에 의해 사색을 해왔는지에 대한 깊은 이해가 필요하다는 것이다. 철학의 본질적 의의가 여기에서 발견되며, 이는 철학사에서

---

47) 불교신문사 편, 『불교에서 본 인생과 세계』, 도서출판 홍법원, 1988, p.172.

48) 이강수, 『중국 고대철학의 이해』, 지식산업사, 2000, p.28.

49) 裵宗鎬, 『哲學槪論』, 同和出版社, 1984, p.1.

볼 때 깊은 사색과 명상, 독서를 통해 역사철학이나, 사회철학, 관상철학 등에서 참조해야 할 일이다.

철학적 사유의 내용 가운데 물질과 정신의 도덕적 판단 곧 자유정신의 가치가 중심이 된 것은 주종의 가치를 중심으로 해서 철학적 발달을 가져다주었다. 이를테면 중세철학사의 이오니아에 있어서 철학적 발달이 시작된 것은 정신적인 조건과 물질적인 조건이 새 문화를 일으키는데 상반되었으며 구비되었기 때문인데, 그 정신적인 요소로서는 자유의 정신이었다.[50] 이러한 정신적 조건을 향한 철학적 사색은 서기전 7세기에서부터 6세기에 걸쳐 그리스식민지 이오니아에서 새 문화를 형성시킬 정신세계로 이어졌다. 그것은 철학적 사색을 일으키는데 있어서 좋은 조건이었다.

이러한 철학의 매력가치를 한껏 발휘하도록 사색의 창을 열어젖히는 철학적 순수이성을 극대화할 필요가 있다. 근대에 이르러 철학의 사유는 어떠한 내용이어야 하는가에 관심을 보인 철학자가 있다. 칸트(1724~1804)는 철학의 사유에 대하여, 인간이성의 권리를 묻고, 인간윤리를 이성 위에 기초하며, 실재 사상事像의 질서와 관련된 것이라고 하였다. 그는 『순수이성비판』, 『실천이성비판』, 『판단력비판』이라는 걸작을 남김으로서 순수이성의 권리를 찾고자 하였으며, 특히 본성의 도덕성에 입각해야 한다고 하였다.[51] 그의 실제적 삶은 정신성의 도덕적 판단에 무게를 두면서 살았기 때문이다.

이처럼 철학의 진정한 의미가 도덕성과 순수이성에 직결된 사색이라는

---

50) 金桂淑, 『西洋哲學史』, 一潮閣, 1993, pp.17-18.

51) 한용운이 본 칸트의 철학은 다음과 같다. "독일의 학자 칸트는 말했다. "우리의 일생의 행위가 다 내 도덕적 성질이 겉으로 나타난 것에 지나지 않는다. 그러므로 내 인간성이 자유에 합치하는가 아닌가를 알고자 하면 공연히 겉으로 나타난 현상만을 가지고 논해서는 안 되며 응당 本性의 도덕적 성질에 입각하여 논하지 않으면 안 되는 것이다."(한용운, 『조선불교유신론』, 1913(이원섭 역, 만해사상연구회), pp.17-18).

말은 시공을 초월하여 역사성에서 공유되므로 지금, 여기에서라는 시공의 한정된 상황으로는 접근할 수 없다. 철학의 진정한 의미를 '철학적 사색'에 있다고 하면 철학사는 철학적 사색의 역사일 것이므로 철학사는 철학적 사색과 함께 시작되었다.[52] 따라서 고금을 통하여 철학적 사색을 해온 철학자들의 사상을 이해하고 인도철학, 중국철학, 유럽철학, 한국철학 등의 철학사를 읽어보는 지혜가 필요하다. 그러한 독서를 통해서 세계인들의 사색이 갖는 독창성의 이해도 가능하다.

결과적으로 인도사람, 중국사람, 유럽사람, 한국사람의 독창적 사유 색깔은 각자 시공간에 합류한 그들의 현실과 관련되면서 성장해 왔다. 곧 철학적 깊은 사유와 더불어 그들이 새로운 현실을 맞이하면서 현실의 고루함에서 벗어날 수 있도록 사유의 창에서 사유의 자유를 누릴 수 있었다. 이처럼 철학적 사유는 그것이 참된 것이면 새로운 현실로부터 성장하고 또한 그 자체가 현실 속에 있는 것이어야만 할 것이다.[53] 세계의 보편 시민으로서 사색의 색깔이 다르더라도 공유되는 현실에서의 철학적 가치를 음미한다는 것이며, 그로 인해 현실의 가치를 창출하고 현실의 고루함을 극복하는 힘으로서의 철학은 그 호감도를 키워가게 된다.

그렇다면 현실이라는 세계 속에서 사색하는 것과 인간의 운명은 어떠한 관련이 있는가? 사람의 운명은 사람이 갖고 있는 순수의식과 전생의식인 심층에서 형상인 얼굴에 영향을 주어 사색이 발하여 행동으로 바뀌어 습성이 자연적으로 이루어지고 성격이 형성되어 운명이 결정되는 것으로 이를 간략히 하면 '심-기-사-행-습-성-운-명心-氣-思-行-習-性-運-命'이 이루어지는 것이다.[54] 이는 불교철학이나 심리철학에서 거론할법한 내용들로

---

52) 金桂淑, 『西洋哲學史』, 一潮閣, 1993, p.1.

53) 야스퍼스 著, 黃文秀 譯, 『理性과 實存』-世界思想全集 6, 三省出版社, 1983, p.376.

54) 이정욱, 『심상 관상학』, 천리안, 2006, p.27.

서 순수의식과 전생의식에서 얼굴에 영향을 미친다는 것이다. 그렇게 하여 형성된 얼굴은 관상학적으로 빈부, 길흉의 상으로 나타나는데, 여기에는 순수의식에 기반한 전생의식과 잠재의식과 현재의식 등 4개 층이 망라되어 있다.

이제 사색의 창과 네 가지의 심층에서 발현된 인간의 관상에 대하여 조망하고자 한다. 우선 머리를 통해 사유한다는 점에서 이마의 관상과 사유의 관계는 관련이 있다고 본다. 이마는 상정上停의 상중하 세 부위로 나뉘는데, 이마의 상부에 흠집이 없는 사람은 뇌기능과 신경기능이 모두 좋고 향학열과 사고력, 이해력을 천성적으로 타고나며, 학문을 구하는 과정 또한 순조롭다.[55] 이마의 상부가 어떠한 흠집도 없고 밝은 빛과 더불어 넓다면 뇌신경의 발달과 더불어 사고력, 이해력에 더하여 철학적 향학열도 불타오를 것이다.

다음으로 얼굴의 주름과 관련해 볼 때 사색의 관상에 대하여 살펴보고자 한다. 갈매기가 날 듯 끝이 위로 향한 주름이 있는 경우 사색이 깊고 철학적이며, 끝이 아래로 내려간 주름은 관찰력과 분석력이 뛰어나다.[56] 그리고 미간 양쪽으로 서 있는 주름은 사색가의 관상이라는 점은 잘 알려진 사실이다. 철학의 완성은 인생 중반기를 넘어서 이루어지는 성향이 있는 것처럼, 노교수의 얼굴에 주름이 이마 상부나, 미간 양쪽에 잡혀 있는가에 따라 그 철학가의 깊은 사색은 돋보이는 것이다.

또한 관상철학에서 볼 때 철학이라든가 우주론과 같이 추리적 사유를 하는 인상이 있다. 이를테면 상부 쪽이 외측으로 넓은 이마는 추리적 사고형이라는 것이다. 이러한 관상은 생각은 잘하지만 행동은 다소 늦으며, 철학, 우주 이론 등 어려운 학문에 호기심과 자신감을 보인다.[57] 사색의

---

55) 오현리 편, 『정통오행상법 보감』, 동학사, 2001, p.67.

56) 이남희, 『하루만에 배우는 실전관상』, 도서출판 담디, 2008, p.127.

창에서 철학적 사유의 맛을 느낄 줄 아는 사람은 모두가 호학好學의 성향을 지닌다는 점에서는 공유하며, 그리고 인간의 관상에서 사색적 성향이 있거나 철학과 관련한 독서를 좋아하는 사람이다. 이공계에서 공부하거나, 의약계에서 공부하는 사람들이 철학을 선호한다면 이러한 사색의 관상과 일면 관련이 있다고 본다. 한편 관상학의 한 분야인 골상학을 19세기 미국에서 유행시킨 콤은 뇌의 에너지를 증진시켜 사유능력을 개발한다면 고차원의 본성을 만족시켜줄 수 있는 가능성이 열린다고 했다. 관상철학에서는 그의 다음 언급에 주목해야 한다.

> 만약 우리가 기계공들에게서 도덕적 요소를 개발하고자 한다면, 그들의 열등한 능력들은 그 부분에 해당하는 뇌의 에너지를 증진시킴으로써 조절될 수 있다. 만약 우리가 그들의 지식과 사고능력을 개발한다면, 우리는 그들에게 고차원의 본성을 만족시켜줄 수 있는 가능성들을 열어주는 것이고, 실제로 사용될 수 있는 힘을 증가시키는 것이다. 또한 목적을 위해 수단을 적용할 수 있는 능력을 갖추게 하는 것이다.[58)]

근대의 골상학자 콤의 언급처럼 뇌 에너지를 증진시킨다는 것은 무한한 사유의 영역을 확대하는 것으로, 이를 통해 철학적 사유능력이 키워질 것이다. 그것은 관상에 관심이 있는 사람들뿐만 아니라 관상철학을 체계화할 수 있는 인재자원이 확보되는 셈이다. 1830년대 후반 포(Edgar Allan Poe)는 "골상학은 사유하는 존재에 대한 관심과 연관지어볼 때 가장 중요한 과학이다."라고 언급한 것과 같은 맥락이다. 관상철학에서 이를 주의 깊게 참조할 일이다.

---

57) 地平 編著, 李成天 監修, 『관상해석의 정석』, 도서출판 문원북, 2019, p.165.
58) 설혜심, 『서양의 관상학, 그 긴 그림자』, 한길사, 2003, p.286.

5 화술과 관상철학

마거릿 대처는 한때 '철의 여인'으로 널리 알려진 영국의 전 총리이다. 대처의 화술은 사람들을 움츠리게 만들었으며 영국 노조의 기세를 꺾기에 충분하였다. 그녀의 강렬한 시선에 더하여 카리스마가 있는 말솜씨는 영국의 경제를 발전시키기에 충분하였고, 어린 시절 식품가게 주인의 딸이라는 것을 숨기기 위해 웅변학원을 다녔던 것이다. 화술은 그녀로 하여금 세상을 움직이는 힘과 삶의 철학을 가져다주었다.

오늘날 면접을 통한 인재의 선발기준에서도 그가 응답하는 대화의 수준을 보고 평가하는 경우가 많다. 고대의 왕들이 인재 선발기준에 있어서 그 사람의 상相을 보고 판별하였다고 한다. 이를테면 요임금은 그 사람의 용모를 보고 사람을 선발하였고, 순임금은 색상을 보고 사람을 선발하였다는 것이다. 또한 우임금은 말하는 것으로써 사람을 취하였고, 탕임금은 목소리로 인재를 선발하였고, 문왕은 도량으로 인재를 선발하였다. 이 가운데 우임금과 탕임금의 경우, 말하는 태도와 목소리를 통해서 인재를 선발한 것을 보면 화술로서의 언어생활이 그 사람의 출세운과 직결되어 있음을 알 수 있다.

관상학에서도 언어생활의 화술이 중요하다. 그것은 관상학에 웅변술이 적용되는 이유이며, 관상학이 지닌 사회적 성격을 뚜렷이 보여주는 예로서 개인 차원의 미래에 대한 예언이 아니라, 현재를 살고 있는 사람들 사이의 의사소통의 도구로 관상학이 사용되고 있기 때문이다.[59] 인간은 사회적 동물로서 언어라는 수단을 통해서 의견을 교환한다. 이에 관상학은 사회적 관계로서의 화술이 중요하다는 것을 인정하는 셈이다. 세상을 살아가면서 개인과 조직 간에 의사소통이 잘 된다면 그것이 바로 관상학

---

59) 설혜심, 『서양의 관상학, 그 긴 그림자』, 한길사, 2003, p.94.

이 담당할 영역이며, 이는 미래 예언의 성격이라기보다는 현재적 사회생활의 적응에 관련된다.

언어생활을 관상학에 관련시킨다는 점에서 음성 역시 관련성이 적지 않다. 음성은 내기內氣에 의하여 성대에서 날 때 언어류인 독백, 노래, 말, 연설이 항상 따르나 딱히 언어라는 매개체가 없이 혀를 둔 채 얼마든지 동물과 같이 소리만으로 발성할 수 있다.[60] 그러나 동물과 달리 인간은 이웃 사람들과 소통의 도구로서 언어가 필요하다는 점에서 음성과 언어의 관계는 동전의 양면과 같다. 이는 고운 음성에서 아름다운 언어가 나오는 것이라든가, 사악한 음성에서 고통을 주는 언어가 발설되는 경우가 있으므로 상호 관계는 밀접하다고 본다.

언어생활을 좀 더 구체적으로 관상학과 관련시켜 본다면 언어생활의 길흉과의 관련성이다. 입을 통해서 전달되는 언어를 어떻게 사용하느냐에 따라 나타나는 두 가지 성격으로는 하나는 길이요, 하나는 흉이다. 입은 상벌과 시비의 근본으로서 말을 함부로 하지 않는 것을 구덕口德이라 하고, 경솔해서 타인의 허물을 함부로 말하는 것을 구적口敵이라며, 관상학자가 본 입의 길흉에 대하여 다음과 같이 언급한다.

> 말하지 않을 때 입을 움직이는 사람은 가난하여 굶기를 밥 먹듯 한다.
>
> 입이 불을 부는 것처럼 뾰족한 사람은 늙어서 자식 덕을 보지 못하고 가난하다.
>
> 입이 검붉은 사람은 일에 막힘이 많다.
>
> 입이 벌어져서 이가 드러나는 사람은 손재한다.
>
> 입술이 걷히고 이가 드러난 사람은 구설口舌이 많다.
>
> 입이 커서 주먹이 능히 들어갈 수 있는 사람은 대장이나 장관이 될 상이다.

---

60) 이정욱, 『음성관상학』, 천리안, 2011, p.22.

> 입술이 붉은 사람은 평생 배를 굶지 않는다.
> 입이 너무 작은 사람은 가난하고, 입이 크고 풍후한 사람은 천석의 부를 누린다.
> 사람이 없는데 혼잣말을 하는 사람은 빈천하다.
> 입은 작은데 입술만 큰 사람은 가난하고 요사한다.
> 입이 작고 짧은 사람은 가난하다.
> 입에 붉어야 좋고 입술은 두터워야 좋으며 말소리는 맑아야 좋다.
> 입술이 보이지 않는 사람은 큰 병권을 쥘 상이다.
> 입은 큰데 혀가 얇은 사람은 노래하기를 좋아한다.
> 말하기 전에 입술이 움직이면 음심陰心이 있다는 의미다.61)

이처럼 말을 주고받는 입에 대한 길흉을 보면 화술에 있어서 관상학적 관련성이 적지 않다. 입의 형상에 있어서 언어생활과 관련되는 만큼 화술과 관상학적 길흉론은 삶에 참고가 될 만하다.

길흉과 연결되는 화술은 입과 혀로 이루어진다는 점에서 구설口舌이라는 용어가 거론된다. 『마의상법』에서도 언어생활에 있어서 직접적인 연관성이 있다는 것을 입, 입술, 혀의 의미를 부여하며 다음과 같이 말한다.

> 입이 넓고 곧으면 녹을 만종을 먹는다. 사람이 없는데 혼잣말하면 쥐처럼 천하다. 입술은 입과 혀의 성곽이며 혀는 입의 칼날이다. 성곽은 두터워야 하고 칼끝 날은 날카로워야 한다. 입이 두터우면 함몰되지 않으며 날카롭고 둔하지 않으면 좋은 관상이다. 혀가 크며 입이 작으면 빈천하여 엷으며 요절한다. 입이 작고 짧으면 가난하다.62)

---

61) 地平 編著, 李成天 監修, 『관상해석의 정석』, 도서출판 문원북, 2019, p.147.

62) 『麻衣相法』 第10章 「相口」, 口闊而豊, 食祿萬鍾. 無人獨語者, 其賤如鼠. 脣爲口舌之城郭, 舌爲口之鋒刃. 城郭欲厚, 鋒刃欲利. 厚則不陷, 利則不鈍, 乃善相也. 舌大口小, 貧薄夭折. 口小而短者, 貧.

화술이 얼굴의 부위와 직결된 부분으로 입, 입술, 혀인데 이것의 관상이 길흉으로 나타난다는 것에 대하여 상학고전에서는 깊은 관심을 표출한 것이다. 특히 혀는 입의 칼날이라는 말을 새겨보면 혀를 잘못 내둘리면 상대방의 심신에 상처를 주는 무기가 될 수 있다는 점을 주의할 일이다.

상처를 주기도 하는 혀를 상기할 때, 관상학의 학당론에서 사람이 생긴 대로 산다는 말처럼, 얼굴이 생긴 만큼 사유하는 지적인 면을 4학당과 8학당이라 하는데[63] 팔학당八學堂의 학설 중에서 사람들에게 상처를 줄 수 있다. 총명학당聰明學堂, 광덕학당廣德學堂이 그것으로 길흉에 연결되는 언어생활과 관련된다. 귀는 총명학당으로서 남이 말한 내용을 담아두는 것이며, 혀는 광덕학당으로서 남에게 혀로 말을 전하는 것이다. 이에 귀와 혀를 어떻게 사용하느냐에 따라 따스한 훈풍이 되거나, 차가운 무기가 될 수 있다. 이를테면 귀는 총명학당이니 귀의 윤곽이 분명하고 빛이 선명하면 총명하고, 윤곽에 결함이 있거나 색이 어두우면 좋지 않으며, 혀는 광덕학당이니 혀가 길어서 준두에 닿고 붉으면 구덕口德이 있다[64]는 것이다. 특히 혀는 구덕과 관련되는 것으로 상처를 줄 수 있는 혀를 절제하는 지혜가 요구된다.

따라서 입과 혀를 어떻게 사용하느냐에 운명이 좌우된다는 것을 알 수 있다. 관상학에서 입은 오관五官 가운데 여러 가지가 들어오고 나가는 부위이기 때문에 출납관出納官이라 한다. 『주역』에서는 입을 만물의 조화를 일으키는 곳이라 표현하는데 그것은 귀, 눈, 코, 눈썹, 입 중에서 가장 많은 작용을 하기 때문이며 말 한마디에 천 냥 빚도 갚는다는 말이 있듯이, 입과 혀를 잘 사용하느냐 못하느냐에 따라 자신의 운명이 좌우된다.[65]

---

63) 이정욱, 『실용관상학』, 천리안, 2008, p.83.

64) 地平 編著, 李成天 監修, 『관상해석의 정석』, 도서출판 문원북, 2019, pp.78- 79.

65) 地平 編著, 李成天 監修, 『관상해석의 정석』, 도서출판 문원북, 2019, p.141.

출납관을 잘 단속해야 한다는 것으로 단속을 잘못하면 상호 상처를 받고, 잘만 사용하면 천 냥 빚도 갚을 수 있는 것이 입으로서 화술의 중요성을 관상학에서 밝히고 있다.

화술의 중요성에 비추어 볼 때 수월한 언어생활이 부족하면 매사가 잘 될 수 없으며, 대인관계도 틀어질 수가 있다. 이에 『마의상법』에서도 화술이 부족하면 흉하게 된다고 다음과 같이 말한다.

> 대화가 있어 말을 하려고 하나 말이 부족하면 머리는 있어도 꼬리는 없다. 말이 빠르며 입에 항상 모으려고 하면 반드시 집 재산이 깨지며 떠돈다. 일이 없이 움직이며 매번 바쁘면 마침내 종가를 떠나서 곤란하게 된다.66)

너무 말을 빠르게 하거나, 또는 말이 어눌하거나 할 경우 재물운이 없고 가정사도 바람직하지 않다는 의미에서 고전에서 위와 같이 언급하고 있다.

이 같은 화술은 『마의상법』에 이어서 『유장상법』에서도 관심을 표명하고 있다. 여인에게는 7가지 현명한 상이 있으며 반드시 현명한 남편과 빼어난 자녀를 낳는다고 했다. 행보주정行步周正으로 걸음걸이와 움직임이 반듯하고 단정해야 하며, 원체체후圓體體厚로 얼굴이 둥글고 몸이 후덕해야 하며, 오관구정五官俱正으로 오관이 모두 단정해야 하며, 삼정구배三停俱配로 삼정이 모두 균일하게 배합되어야 하며, 용모엄정容貌嚴整으로 용모가 엄숙해야 하며, 불다언어不多言語로 언어가 번잡스럽지 않아야 하며, 좌면구정坐眠俱正으로 앉거나 누울 때도 역시 단정해야 한다.67) 이러한 7

---

66) 『麻衣相法』 第3篇 「總結第五」, 有話欲言而言不足, 有頭無尾.(不盡言也.) 疾言而口常撮聚, 必見破屋飄蓬. 無事而動, 每匆忙 終是離宗困頓.

67) 『柳莊相法』 「女人七賢」, 女人有七賢, 主夫明子秀. 行步周正, 面圓體厚, 五官俱正, 三停俱配, 容貌嚴整, 不泛言語, 坐眠俱正.

가지 현명한 상 가운데 '불다언어不多言語'가 있는데 이것이 언어생활과 관련이 있다. 수다를 떠는 여성의 경우 현명하지 못하다는 것이며, 이는 남녀를 불문하고 언어생활을 가볍게 하지 말라는 뜻이다.

관상학 고전으로서 『인물지』에도 언어생활이 갖는 길흉문제를 거론하고 있다. 즉 성품이 정밀하면서 밝지 않은 사람은 그럴듯하지만 일곱 가지의 사이비 같은 유형으로 될 수 있다면서 다음과 같이 말한다.

> 깊은 생각 없이 말을 나오는 데로 늘어놓는 경우, 마치 이를 실행하는 사람처럼 보일 수 있음이다. 알고 있는 이치는 적으나 제시한 단서가 많은 경우 마치 많은 지식을 가진 박식한 사람처럼 보일 수 있음이다. 빙 둘러 말하여 다른 사람의 뜻과 영합하는 경우 찬성하여 이해한 듯 보일 수 있고, 자신의 의견은 뒤로 물리는 듯 처신하여 남의 말을 지지하는 경우 판단을 잘하는 사람 같으며, 어렵고 힘든 논란거리는 피하여 응답하지 않으려는 경우 여유를 가진 사람처럼 보이나 실제로 아는 것이 없는 사람이며, 서로 통하기를 원하며 입으로만 떠드는 경우 타인의 말을 즐겁게 느끼는 것과 같지만 속으로는 기뻐하지 않는 것이며, 이 같은 마음 때문에 실정이 어긋나고 말이 궁하다 할지라도 묘한 말로 돌리며, 불리해질 때 말꼬리를 잡고 늘어지는 것은 마치 의지가 굳어 굽히지 않는 강직한 사람으로 보일 수 있는 것이다.[68]

아무런 생각 없이 말하거나, 빙 둘러 말하거나, 입으로만 떠들거나, 말꼬리를 잡는 말들은 하나같이 흉한 상이라는 것이다. 『인물지』에서는 언어가 갖는 흉기의 마술을 적나라하게 언급하고 있다.

---

68) 『人物志』, 有漫談陳說似有流行者 有理少多端 似若博意者 有廻說合意 似若讚解者 有處後持長 從衆所安 似能聽斷者 有避難不應 似若有餘 而實不知者 有慕通口解 似悅而不懌者 有因勝情失窮而稱妙 跌則掎蹠 實求兩解 似理不可屈者 凡此七似 衆人之所感也.

사실 인간의 삶은 언어생활과 떨어질 수 없는 것이다. 이를테면 우리가 학문을 하면서 지식을 섭렵한다고 해도 그 지식을 전달하야 하는 것이 언어이다. 따라서 지식이란 언어와 떨어질 수 없는 것이기 때문에, 진정한 언어인 관상학을 습득해야 최고의 지식에 도달할 수 있다는 논지가 나오게 된다.[69] 진정한 언어의 관상학이란, 언어생활을 통해 길흉의 여부가 정해진다는 면에서 관상학의 영역이 그 길흉을 미리 예측하고 흉을 막아내는 역할을 한다는 점을 지적하는 것이다.

한편 관상에 있어서 지문의 형상도 언어생활과 연결된다. 지문指紋의 형태로서 '백진문'이 있는데, 이러한 지문을 가진다면 언어생활에 조심해야 한다. 마음은 착하나 말에 가시가 있고, 하고 싶은 말이 있을 땐 참지 못하는 관계로 남에게 원망을 사기 쉬워 친구, 형제, 친척 등의 도움을 별로 받지 못한다.[70] 말에 가시가 있거나, 하고 싶은 말을 거르지 않고 함부로 내뱉는다면 그것은 상대방의 원성을 사게 된다. 이에 언어생활에 지문의 형상과 관련이 있는 것도 흥미를 끄는 일이다.

어떻든 관상학에서 입(口)은 그 사람의 인격을 알아낼 수 있는 가장 쉬운 부분이다. 왜냐하면 입은 언어의 문이면서 마음바탕의 바깥문으로 인격을 드러내는 곳이기 때문이다.[71] 언어가 드나드는 통로가 입이며, 그로 인해 입을 어떻게 사용하느냐에 따라 그 사람이 품은 마음을 알아내는 것이다. 또한 입은 마음의 마음바탕의 바깥문이라 했는데, 순수한 마음을 가진 사람의 입은 맑은 목소리가 나오는 것이며, 탁한 마음을 가진 사람의 입은 어두운 목소리가 나온다. 관상학에서 입의 바른 사용이란 아무리 강조해도 지나치지 않으며, 여기에는 맑은 마음을 갖도록 하는 관상가

69) 설혜심, 『서양의 관상학, 그 긴 그림자』, 한길사, 2003, p.265.

70) 최전권, 『체형관상학』, 좋은글, 2003, pp.157-158.

71) 이정욱, 『심상 관상학』, 천리안, 2006, pp.186-187.

및 관상철학가의 노력이 요구된다.

6 기색의 명암

얼굴색이 창백하다는 소리를 듣거나, 피부색이 어둡다는 소리를 들을 때 자신의 건강에 적신호가 왔다는 것이다. 얼굴이든 피부든 간에 색깔을 언급하는 것이 관상학에서 말하는 기색론이며 건강과 기색은 중요한 관계로 직접적인 관계가 있다. 얼굴과 피부의 기색이 침체하여 있다면 혈색이 안 좋다는 뜻이므로 건강관리를 유의해야 한다. 미즈노 남보쿠에 의하면 "혈색을 보면 운이 보인다."라며, 신체의 기氣가 무거워지면 기색이 침체되어 혈색이 밝지 않고 어두워진다[72]며, 일생을 살아가면서 기색과 건강의 문제를 신중히 살펴보도록 하였다.

신체에 나타난 기색은 고금을 통하여 공통되고 있다. 중세의 관상서에 나타난 기색론에 대하여 소개해 보도록 한다. 『저명한 의사 아칸담』에서는 창백한 얼굴에 누런빛이 도는 것은 그 사람이 말을 더듬고 혀 짧은 소리를 하고, 곧잘 화를 내며 자세하지 못한 수다쟁이라며 17세기 에블린은 다음과 같이 말한다.

> 흰색은 까다롭고 검은색은 욕정적이다. 붉은 얼굴은 한 남자에게는 책을 읽어주고 흰 얼굴은 한 남자에게는 칼을 뽑아라. 갈색 얼굴의 남자와는 빵을 자르고 검은 얼굴의 남자로부터는 네 아내를 지켜라.[73]

72) 미즈노 남보쿠, 화성네트웍스 역, 『마음 습관이 운명이다』, 유아이북스, 2017, pp.172-173.

73) 설혜심, 『서양의 관상학, 그 긴 그림자』, 한길사, 2003, pp.159-160.

흰색의 얼굴, 붉은색의 얼굴, 갈색의 얼굴을 띤 사람들의 성격을 거론하고 있으며, 얼굴 기색에 따라 주의해야 할 사람을 나열하고 있으니, 중세의 기색관이 가히 흥미롭다.

일반적으로 기색은 크게 말해서 기氣·색色·신神이라는 이 세 가지를 말한다. 어느 하나를 떼어내어 독립적으로 말하기 어려운 점에서 관상학의 철학이론에서 거론하는 정·기·신 이론과 유사성이 있다. 『유장상법』에서는 기와 색, 그리고 신에 대하여 다음과 같이 말한다.

> 기가 충족하고 색이 풍족한데, 신이 부족하면 복록을 말하기 어렵다. 해왈, 기색은 신의 싹이니 신이 만약 굳세지 않으면 비록 기색이 있어도 또한 발달하지 못하게 된다. 비록 발달한다고 해도 장수하기 어렵게 된다. 젊어서 발달하는 것은 신과 기가 굳건해서이며, 노년에 흥왕하는 것은 혈기와 피부가 윤택하기 때문이다. 신·기·색 세 가지가 온전하면 유용하게 된다.[74]

신체에 표출되는 기색은 인간의 기운과 피부의 색상과 정신의 신이 함께 작용한다는 것으로 기색이 좋다는 것은 세 가지의 조화가 잘 이루어진다는 뜻이다.

이처럼 기색의 조화가 신체의 건강에 관련되는 측면에서 관심을 가질 법한 일이다. 관상가 고포자경 이후에 중국의 인상학은 석학들의 끊임없는 참여로 인해 발전을 거듭해 오다가, 초나라 때 당거라는 사람이 기색론을 발표하면서, 숙복의 「골육상편」에다 「기색편」을 가미하여 비로소 제대로 된 관상법이 완성되기에 이르렀다.[75] 관상학의 시조로서 숙복, 고포

---

74) 『柳莊相法』下篇, 「氣色分解-氣足色足」, 氣足色足神不足, 難言福祿. O解曰, 凡氣色乃神之苗裔, 神若不壯, 雖有氣色亦不發, 雖發達難許長壽. 少年發達神氣壯, 老年興旺血皮潤, 神氣色三者全, 方為有用.

자경, 당거가 추앙되었는데, 기색론은 이 가운데 숙복과 당거에 의해 그 기반이 구축되었다고 보는 것이다.

걸출한 관상학자들의 견해를 참고하면서 기색으로 인간의 길흉을 판단하는 것에 대하여 접근해 보고자 한다. 기색으로는 행년 위주의 운 흐름, 질병, 길흉, 사망 여부 등을 분별하고, 골격과 오악五岳의 외형으로 타고난 부귀빈천과 같은 운명의 틀을 확인하므로 기색과 형상의 조화와 균형 여부를 잘 살펴야 한다.[76] 관상은 개인의 체상이나 심상 등으로 판단하는 것이 대체인데, 보다 세밀하게 들여다보는 것이 필요하다. 이를테면 음성, 피부, 근육 등이 그것이며 기색이 건강에 중요한 만큼 건강 신호에 따른 기색의 변화에 관심을 기울여야 한다.

기색의 변화에 관심을 기울여야 하는 것은 무엇보다 기색의 명암이다. 『유장상법』에서는 기색의 명암과 길흉에 대하여 다음과 같이 말한다.

> 기색이 한 번 밝다가 다시 어두워지고, 다시 밝게 열리면 길조가 아니다. 해왈, 기색은 다만 한 가지 색이라야 하는데 밝게 빛나는 것은 마땅치 않으며, 변화하는 것은 마땅치 않다. 비록 새롭게 밝아져도 또한 복리福利가 아니며 다만 재화가 두려운 것이니, 이로써 암색이 열리면 어찌 복리를 취할 수 있겠는가?[77]

기색의 변화는 자신의 건강 정도에 따라서 다양하게 이루어진다. 어두운 색으로 변하기도 하고, 밝은 색으로 변하기도 한다. 기색의 변화가 자주 일어나면 건강운이 좋지 않다는 것이다. 어두워졌다가 밝아졌다 하면

---

75) 최형규, 『꼴값하네』, FACEinfo, 2008, p.369.

76) 地平 編著, 李成天 監修, 『관상해석의 정석』, 도서출판 문원북, 2019, p.60.

77) 『柳莊相法』 下篇, 「氣色分解-一明一暗」, 氣色一明一暗, 一亮一開, 非為吉兆 解曰, 几氣色, 只宜一色, 不宜明亮, 不宜變更, 雖得新明, 亦非福利, 恐還是禍, 所以暗色方開, 豈可就為福利耶.

길하기보다는 오히려 흉하다는 의미를 새겨야 하리라 본다.

같은 맥락에서 관상학 고전에서는 기색의 변화와 인간의 흉한 운세를 언급하고 있다. 이를테면 얼굴에 실핏줄이 생긴다거나, 도화색이 비치면 형벌을 받거나 방탕해진다는 것이 그것이다.

> 홍색 실핏줄이 눈을 두르고 산근에 근육이 일어나면 중요한 형벌을 받는다(중형을 범하게 된다.) 단사를 입술에 칠한 듯하며 온 얼굴이 도화색이면 방랑하고 방탕한다. 늙어서 안정하지 못한다. 관상의 대강의 단락이 대략 갖추어졌으나 기와 색이 화복에 징험함은 상식이 되기 어렵다.[78]

이처럼 기색의 변화가 화복에 큰 영향을 미친다는 점에서 건강 일변도의 기색을 지속적으로 유지하는 것이 바람직하다. 신체의 급격한 변화가 기색으로 표출되며, 심리적 변화 역시 기색으로 표출된다는 점이다.

기색의 문제를 구체적으로 얼굴의 찰색과 연결하여 세 가지로 살펴본다. 얼굴의 기색을 볼 때 정신형은 피부가 희고 지적 능력이 뛰어나 사고력과 판단력이 있고, 지방형은 담홍색으로 만약 붉은 색에 가까우면 다혈질로 정력이 강하며 근골형은 붉은 기가 있는 구릿빛으로 이런 타입은 의지가 강하고 자존심이 높다고 할 수 있다.[79] 기색이란 이처럼 세 가지 형태로 볼 수 있으며, 그것은 인간의 감정과 관련하여 피부의 겉에 나타난다. 그리하여 얼굴이 밝으면 담홍색이 되고 반대로 나쁘면 어두운 얼굴색으로 되어 흉사가 닥치기도 한다.

다음으로 기색과 건강의 문제를 살펴보고자 한다. 잘 알려진 사실로 얼굴색이 검푸르게 나타나면 죽음에 이른다. 『유장상법』에서는 흑색이

---

78) 『麻衣相法』 第3篇 「總結第五」, 紅絲纏眼, 山根筋起者, 重刑.(犯重刑也.) 丹硃抹脣, 滿面桃花色者, 浪蕩(不定老也) 相之大段略備, 然氣色之驗於禍福者, 難於常識.

79) 엄원섭, 『관상보고 사람 아는 법』, 백만문화사, 2007, p.19.

눈 주변을 감싸면 명의를 구하지 못할까 걱정스러우며, 입 꼬리에 청색이 덮으면 편작의 의술을 만나기가 어렵다며 옛 상법으로 맑고 깨끗한 것을 살펴봐야 한다고 했다.

> 태양(눈 주변)에 흑색이 감싸고 천창에서 흑색이 일어나니, 이와 같이 검푸른 색이 나타나면 죽게 된다. 만일 까마귀 깃털색이 나타나서 점점이 이루어지면 죽게 된다. 색이 흩어지면 살 수 있다. 청색이 口角을 덮으면 봄과 여름에는 꺼리지만, 가을과 겨울은 꺼리지 않는다. 한 조각으로 이뤄진 것은 꺼리지만, 조각들이 어지럽게 흩어진 것은 꺼리지 않는다. 옻칠처럼 밝게 빛나는 것을 꺼리고, 진흙처럼 체한 것도 꺼린다. 피부 안으로 일점의 백색 빛이 있으면 곧 죽지는 않는다.80)

기색 가운데 검은 색이란 곧 죽음과 같은 것이다. 또한 청색이라든가 밝게 빛나는 기색 내지 하얀색을 인간의 수명과 관련하여 세밀하게 언급하고 있다.

다음으로 오성五星과 관련한 얼굴의 기색을 소개해보고자 한다. 수성, 금성, 화성, 목성, 토성의 경우, 흑색과 황색, 그리고 길한 기색을 지닌 경우 정기가 채워지고 소망을 성취하며 명예가 있고 운이 열리며 발전하게 된다는 것이다. 『유장상법』에서는 이에 대하여 다음과 같이 말한다.

> 오성이 본래의 색을 얻으면 부귀하며 현달하게 된다. 해왈, 귀는 금성과 목성이니 옥처럼 밝고 하얗게 윤택해야 하고, 이마는 화성이니 홍색으로 윤택해야 마땅하다. 입은 수성이니 하얗게 밝아야 마땅하며, 입술은 홍색으로 밝아야 한다. 코는 토성이니 황색으로 밝고 윤택하게 밝아야

---

80) 『柳莊相法』 下篇, 「氣色分解-黑遶太陽」, 黑遶太陽者乃天倉起黑色, 如靛墨者死, 如烏鴉翎者生, 成點者死, 色散者生. 靑遮口角忌春夏, 不忌秋冬, 忌成片, 不忌散亂, 忌明亮如漆, 忌滯如泥, 內有一點白光, 即不死矣.

한다. 이는 오성의 본색을 얻었다고 한 것이니 이와 같이 기색이 위아래로 있으면 공명이 왕성하지 않을까 어찌 근심하게 되고, 상인은 자연히 이익을 획득하게 된다.[81]

또한 관상의 고전으로서 『유장상법』에서 말하는 육위六位의 기색이 갖는 길흉에 대하여 살펴본다. 본 고전에 의하면[82] 육위가 만약 청색과 암색이면 재산을 소모하게 되고, 밝은 황색이면 재산이 쌓이게 된다고 했다. 여기에서 육위는 삼양과 삼음으로 눈의 위를 또 용궁이라 부르며 청색과 암색을 꺼리며, 황색으로 밝으면 좋은 기색이다. 그리고 건조하면 꺼리며, 홍색으로 윤택하면 좋은 기색이라고 하였다. 본 고전에서는 기색을 중점적으로 언급함으로써 관상론에 있어서 기색을 매우 강조하고 있음을 알 수 있다.

다음으로 12궁 가운데 부모궁이 있는데, 그것은 일월각을 언급하는 것으로서 기색과 관련이 있다. 『유장상법』에 의하면 일월각이 맑고 깨끗하면 부모가 건강하게 장수하며, 낮고 꺼지면 어려서 부모를 모두 잃게 된다고 하였다. 그리고 일월각이 어둡고 컴컴하면 주로 부모에게 질병이 생긴다고 하였으며, 좌각(일)이 기울면 아버지의 건강을 예방해야 하고, 우각(월각)이 기울면 어머니의 건강을 유의해야 한다고 하였다. 덧붙여 여기에서는 다음과 같이 말한다.

---

81) 『柳莊相法』 下篇, 「氣色分解-五星本色」, 五星得本色, 顯達雲程. O解日, 耳為金木二星, 宜明白潤如玉, 額為火星, 宜紅潤, 口為水星, 宜白亮, 唇要紅明, 鼻為土星, 宜黃明瑩潤, 此謂五星得本色, 如此氣色上下, 何愁不旺功名, 商賈自然獲利也.

82) 『柳莊相法』 下篇, 「氣色分解-六位靑暗」, 六位若靑暗者消, 明黃者積. O解曰, 六位乃三陽三陰, 眼上又名龍宮, 忌靑暗, 喜黃明, 忌枯乾, 喜紅潤. 古云, 龍宮陷, 兒女無緣, 正此謂也.

일월각의 기색이 푸르면 반드시 부모에게 근심 걱정이 생기고, 또한 구설로 갖은 형상을 겪게 된다. 일월각이 검기도 하고 희기도 하면 부모 모두 돌아가시게 된다. 일월각이 홍색이나 밝은 황색이면 주로 쌍친에게 경사스러운 일이 생기게 된다.[83)]

다음으로 기색과 얼굴색의 명암 사이, 직업선택에 있어서 참고할 것이 있다. 이를테면 밝고 미소 띤 얼굴은 현실 운세가 양호하고 반대로 어두운 얼굴은 운이 나쁘다는 것은 관상법에서 잘 알려진 사실이다. 이에 근거할 경우 점포의 점원이나 스튜어디스에게 밝고 미소 띤 얼굴로 손님을 응대하라고 교육을 시키는 것은 웃으면 복이 온다는 말처럼 운세도 좋아지고 회사도 번창할 것이다.[84)] 얼굴의 미소란 그만큼 관상학에서 중요한 비중을 차지하며, 밝고 명랑한 기색의 얼굴은 서비스업계에 적합하다.

따라서 행복한 삶을 위해서는 자신의 신체에 징표로 나타나는 기색을 세밀하게 관찰해야 한다. 기색의 분별을 세밀하게 할 때 길흉 판단에 큰 영향을 미친다. 곧 색이 뜨는 부위의 오행 색상과의 일치와 경중, 오행의 생극 등 가능한 모든 기준을 종합적으로 적용하여 세밀하게 살펴야 한다.[85)] 인체의 기색은 주변의 상황에 따라, 또는 건강의 유무에 따라 자주 변하는 것임을 알아서 밝은 기색이 뜨는지, 어두운 기색이 뜨는지 자신의 기색에 관심을 가져야 하므로 기색의 명암이란 중요하다.

---

83) 『柳莊相法』「父母宮」, 氣色青, 主父母憂疑, 又有口舌傷刑, 黑白主父母雙亡, 紅黃主雙親喜慶.

84) 엄원섭, 『관상보고 사람 아는 법』, 백만문화사, 2007, p.17.

85) 地平 編著, 李成天 監修, 『관상해석의 정석』, 도서출판 문원북, 2019, p.60.

7 얼굴관상의 중요성

얼굴은 우리가 살아온 인생의 단면이라 본다. 그것은 우리의 일상적 삶이 얼굴에 그대로 표출되기 때문이다. 인간의 삶은 얼굴에 둥글게 또는 모나게 흔적을 남기므로 얼굴이란 한 사람이 살아온 인생의 일기장 같은 것이다.[86] 거칠게 살아온 사람은 얼굴이 거칠고, 온유하게 살아온 사람은 얼굴이 온유하게 보이는 법이다. 얼굴이 둥글게 생겼으면 둥글게 살아왔다는 증거이고, 모나게 생겼다면 모나게 살아왔다는 증거이다. 얼굴은 나의 지나온 삶이 여과 없이 투영되기 때문이다.

지금까지 살아온 자신의 모습을 아무리 감추려고 해도 감출 수 없는 것은 얼굴을 통해 그대로 나타나기 때문이다. 인간의 살아온 궤적은 자신의 업인業因에 맺히고, 그러한 업인은 은연히 얼굴에 드러나는 것이 보통이다. 우리가 지나온 삶을 숨기고자 하여도 사람에게는 누구나 타고난 천성이 있게 마련이며, 이러한 자신의 마음과 생각, 그리고 지금까지 살아온 삶의 모습들이 얼굴을 통해 드러나게 마련이다.[87] 관상학의 출발은 바로 이러한 얼굴표정의 원리에 따라 그 사람을 읽을 수 있으며, 이에 근거하여 미래 길흉을 예언할 수도 있게 된다.

그러면 얼굴관상의 구조적 접근에 대하여 살펴보고자 한다. 위에서도 열거했듯이 얼굴에는 사학당四學堂과 팔학당八學堂이 있다. 사학당은 눈, 이마, 치아, 귀앞이며, 팔학당은 머리, 액각額角, 인당, 눈빛, 귀, 치아, 혀, 눈썹을 말한다.[88] 모두 12학당이 되는데 얼굴 전반의 관상을 볼 때 이를 하나하나 참조하게 된다. 또한 얼굴을 삼부위로 나누는 삼정이 있고, 육부

86) 정창환, 『얼굴여행』, 도솔 오두막, 2006, p.15.

87) 신기원, 『신기원의 꼴 관상학』, 위즈덤하우스, 2010, p.17.

88) 地平 編著, 李成天 監修, 『관상해석의 정석』, 도서출판 문원북, 2019, p.78.

와 오악, 삼재와 사독이 있으며, 오성과 육요가 있다. 그 외에 얼굴의 범주를 넓히면 신체 전반으로서 체상과 관련된다. 사람의 체상 다섯 부위는 전신의 골격이 이루어 낸 머리, 얼굴, 몸, 손, 다리 등 다섯 부위의 형태와 색을 근거로 한다.[89] 넓게 보면 체상이자 골상이지만 좁혀보면 얼굴의 12학당으로 한정하여 얼굴관상의 영역을 거론할 수 있다.

얼굴은 관상영역에서 크게 네 가지 형상으로도 거론할 수 있다. 이를테면 얼굴모양에 따라서 둥근형, 사각형, 역삼각형, 삼각형 등 크게 네 가지로 나눌 수 있으며, 얼굴 모양은 그림으로 치면 바탕이다.[90] 여기에서 얼굴이 둥근형인 사람을 정과精科라 하고, 사각형인 사람을 기과氣科라 하며, 역삼각형인 사람을 신과神斗라 하고, 삼각형인 사람을 혈과血科라 한다. 정과는 둥글둥글한 성격을 소유하며, 기과는 얼굴이 모순적인 각을 이루고 있으므로 융통성이 없는 편이다. 또한 신과는 역삼각형의 얼굴이므로 하강보다는 상승기운이 강하다. 혈과는 삼각형으로 상승보다는 하강기운이 강하다. 얼굴의 관상을 볼 때 어림짐작으로 4가지 얼굴형상을 참고할 수 있다.

관상에서 인간의 길흉을 거론할 때 얼굴을 보는 것이 대체적이라는 점에서 고전상법에서도 이에 관심이 많다. 얼굴 전반에 대한 고전상법의 견해는 다음과 같다.

> 얼굴은 모든 부위의 신령함의 거처가 나열되며 5부의 신神의 길이 통하는데 있고 3재(천지인)가 형상을 완성함을 추측한다. 한 몸의 득실을 결정함이 얼굴이다. 그래서 5악과 4독은 서로 향해야 하며 3정의 여러 부위는 풍만함을 얻어야 한다. 모습이 단정하며 신神이 맑고 기氣가 조화로우면 부귀의 터이다. 만약 얼굴이 기울어져 바르지 않고 옆으로 기울어져 빠져

---

89) 오서연, 『인상과 오행론』, 학고방, 2017, p.192.

90) 정창환, 『얼굴여행』, 도솔 오두막, 2006, pp.15-16.

서 꺼지면 색택色澤은 어둡고 가려지고 氣의 모습이 추악하면 빈천의 상이다.[91)]

모든 부위에 있어서 얼굴 관상이 갖는 비중이 크다는 것이다. 그것은 삼재, 오악, 사독, 삼정으로서 얼굴의 대체적 윤곽을 거론하는 관상 영역이다.

얼굴의 대체적 형상으로 보면 이상향이 있을 것이다. 그것은 가로와 새로의 비율을 가지고 언급할 수 있다. 얼굴의 가로 대 세로 비율이 2 : 3인 경우를 이상적으로 보며, 다음으로 정과 신과 기과 혈과 등의 비율에는 차이가 있으며 정과는 1 : 1에 가까운 경우를 말한다.[92)] 물론 기본적으로 얼굴의 비율은 삼정으로 보는데 상정, 중정, 하정이 그것이다. 얼굴의 균형성을 거론하는 것은 이를 참조하면 좋을 것이다. 나아가 얼굴의 이상향은 과거와 현대의 미인상에 있어서 차이가 난다. 과거에는 얼굴이 둥글둥글한 수형을 좋아하지만 요즈음은 얼굴이 가늘고 턱선이 좁은 형상을 좋아한다. 이러한 얼굴 형상은 목형과 수형을 겸하는 겸국의 형상이 거론될 수 있다.

이어서 상법에서는 얼굴의 관상에 있어서 부위와의 연관성을 거론할 수 있다. 이를테면 얼굴과 귀의 관계, 그리고 얼굴 빰의 드러나는 정도, 얼굴의 거친 정도가 『마의상법』에서 거론되고 있다.

91) 『痲衣相法』第2篇 各論, 第5章「論面」, 列百部之靈居 通五腑之神路, 推三才之成象. 定一身之得失者, 面也. 故五嶽四瀆, 欲得相朝, 三停諸部, 欲得豐滿地. 貌端 神靜 氣和者, 乃富貴之基也. 若夫欹斜不正, 傾側缺陷, 色澤昏蘙, 氣貌醜惡者, 貧賤之相也.

92) 정창환, 『얼굴여행』, 도솔 오두막, 2006, pp.18-19.

> 시詩에서 또한 다음과 같이 말했다. 얼굴을 대하여 귀가 보이지 않으면 누구 집 자식인지 물어라.(주로 크게 귀하다.) 대면하여 빰을 보지 못하면 이 사람은 어디에서 왔는가?(주로 크게 좋지 않다.) 또 다음과 같이 말했다. 얼굴이 거칠고 몸이 가는 사람은 복이 있고 얼굴이 가늘고 몸이 거칠면 한평생이 가난하다.[93]

위의 언급은 얼굴과 부위의 관계, 얼굴의 중요부위인 빰의 노출여부, 까칠한 얼굴 등을 중심으로 얼굴의 길흉을 논하고 있다.

다음으로 얼굴의 오성과 혈색에 대하여 알아본다. 오성으로는 수성, 금성, 화성, 목성, 토성이 있는데 이를 얼굴의 형상과 관련짓는다. 이를테면 수성 얼굴의 경우 고운 색이 아니면 재난을 당하고, 금성 얼굴의 경우 어두운 황색이면 쇠멸이 되고, 화성 얼굴의 경우 건조하면 부모 중 한 분이 사망하고, 목성 얼굴의 경우 어두운 적색이면 과로와 이별상이며, 토성얼굴의 경우 어두운 청색이면 사고가 발생한다.[94] 얼굴의 관상에 있어서 혈색이 매우 중요하며 어두운 색이면 가난하거나 고독한 상이다. 얼굴의 기색이 죽어있거나 피부가 거칠면 이별이거나 고통을 겪을 상으로 잘 알려져 있다.

얼굴의 관상에 더하여 대인관계에 있어서 얼굴 관상은 어떠한 것이 좋은가? 상대방과 대화를 할 때 얼굴을 보고 대화할 것이며 따뜻하게 해야 한다. 대화를 할 때 시선이 상대의 얼굴을 따뜻한 표정으로 대하지 못하거나, 습관적으로 눈을 자주 깜빡이는 사람은 신경질적이다.[95] 누구나 따뜻한 얼굴을 마주하기가 좋으며, 온화한 얼굴 기색이 없으면 냉정하게 보이

---

93) 『麻衣相法』第2篇 各論, 第5章「論面」, 又云: 對面不見耳, 問是誰家子.(主大貴), 對面不見腮, 此人何處來.(主大不好), 又云: 面粗身細人之福, 面細身粗一世貧.

94) 엄원섭, 『관상보고 사람 아는 법』, 백만문화사, 2007, pp.15-19.

95) 이남희, 『하루만에 배우는 실전관상』, 도서출판 담디, 2008, p.60.

며, 대화의 통로가 막히곤 한다. 대화를 할 때 상대방의 얼굴을 바로 보고 눈을 정시하여 대화하는 것이 좋은 관상이다.

같은 맥락에서 관상고전에서는 얼굴의 기운에 대하여 구체적으로 다음과 같이 말한다.

> 얼굴에는 온화하고 밝은 기운이 가득차야 한다. 말을 할 때에 눈썹사이와 양볼 색의 변화가 없어야 하며 얼굴에 좋은 기운이 돌고 음성이 고르게 나와 굶주린 듯한 소리가 아니어야 하고, 눈빛이 예스러우며 자연스럽고 몸에서 나오는 움직임이 온화하며 순하고 거짓이 없어야 한다. 이러한 인품이 치우침이 없는 상이다.[96]

온화한 얼굴을 싫어할 사람은 없을 것이다. 밝은 기운이 얼굴에 감돌기 때문에 진실해 보이고 신뢰감이 있어 보이는 것이다. 더욱이 온화한 얼굴은 기색이 밝아서 거짓이 없어 보이는 것도 사실이다.

다음으로 아무리 좋은 얼굴이라도 행동으로 이어지지 못하면 그러한 관상은 빛바랜 상이라 볼 수 있다. 행동이 부실하기 때문에 결과적으로 좋은 얼굴은 진실성이 없어지는 것이다. 누구나 처음에는 좋은 얼굴을 가지고 있더라도 행동이 좋지 못하면 얼굴이 점점 악하게 변하고, 행동이 선량하면 비록 검은 점이나 흠이 있어도 점점 윤택해져서 운명도 좋게 바뀐다.[97] 이처럼 얼굴의 상법은 상대적이다. 고단한 삶이지만 긍정적으로 살아간다면 악상이라도 좋은 관상으로 비추어지는 것이 대자연의 이법이다.

얼굴의 좋은 관상은 지속적으로 관리를 해야 할 것이며, 악상은 긍정

---

96) 『面相秘笈』, 「人品法」, 滿面陽和 言談中 眉間 兩頓無變色 神氣從容 聲無變調 韻無中餒 眼光泰然 擧止溫純 無假作 無掩飾.

97) 地平 編著, 李成天 監修, 『관상해석의 정석』, 도서출판 문원북, 2019, pp.95- 96.

마인드로 살아가는 것이 연륜年輪과 이어진다. 나이가 들면 자신의 얼굴에 책임을 질 줄 아는 것이 연륜에서 묻어나온다. “나이가 들면 자신의 얼굴에 책임을 져야 한다.”는 말이 뜻하는 바가 이것으로, 관상뿐 아니라 그러한 관상을 갖게 되기까지의 과정으로 그 사람을 알 수 있다는 것이다.[98] 즐겁게 살아온 인생은 얼굴의 주름도 곱게 만들어지지만, 슬프게도 원망으로 살아온 사람의 얼굴주름은 보기에 좋지 못하다.

나의 삶이 얼굴과 직결되므로 나의 삶이 곧 얼굴 그대로의 표정이라는 점에서 맑은 영혼을 가지고 살아가는 지혜가 요구된다. 상법의 거장 마의 선사는 “머리는 백 가지 뼈의 주인이요, 얼굴은 모든 부위의 영혼이다.”라고 했는데, 이 말은 관상에서 머리와 얼굴의 골격이 얼마나 중요한가를 잘 나타내준다.[99] 의미심장한 말로써 얼굴은 모든 부위의 영혼이라는 것은 영혼이 사라져버린 얼굴은 초라하기 그지없기 때문이다. 인생사는 상대적인 속성에 따라 맑은 영혼으로 살아갈 때 초라한 모습은 잘 나타나지 않는 것이다.

얼굴 관상에서 새길 것으로, 얼굴은 아름답게 꾸미는 것도 자신감의 확보와 더불어 삶을 아름답게 꾸려갈 수 있다는 것이다. 흔히 길가에 굴러다니는 돌멩이도 둥글고 반들반들하면 아이들이 갖고 놀지만 뾰족하고 모가 나 있으면 멀리 치워버리듯 관상도 이와 마찬가지이다.[100] 나들이를 할 때 얼굴화장은 매너라는 말이 있듯이 아름답게 보이는 얼굴은 상대방에게도 좋은 인상으로 비추어진다. 나의 마음도 꾸미고, 얼굴도 꾸미다보면 나의 삶도 아름답게 꾸며지며 매사 행복한 삶으로 전개된다는 사실을 인지하자는 것이다.

---

98) 오현리 편, 『정통오행상법 보감』, 동학사, 2001, p.6.

99) 위의 책, p.17.

100) 최전권, 『체형관상학』, 좋은글, 2003, p.228.

8 마음을 직시하는 관상철학

한 인간의 온전한 존재는 신체와 마음이 합하여 이루어지는 것이다. 이를 쉽게 비유한다면 신체가 집이라면 마음은 그 집 주인이라는 뜻이다. 신체는 그 집에 속하는 것이고 마음은 그 집의 주인에 속하지만, 자기 마음을 천하게 하여 절제하지 못하고 양생을 잘못하면 병을 얻어 마침내 신체라는 집이 상한다.101) 신체를 통제하는 마음의 자세를 바르게 가지라는 것으로, 아무리 신체가 건강하더라도 마음이 비뚤어져 있다면 그 집은 무너지게 되는 것이다. 상학에서 심상으로서 마음을 중시하는 이유가 여기에 있다.

그렇다면 관상을 좌우하는 것은 과연 무엇인가? 사람의 얼굴인가? 아니면 신체의 형상인가에 대한 궁금증은 크다. 관상을 좌우하는 것은 마음인데, 사람들이 마음가짐을 어떻게 하느냐에 따라 그 풀이가 완전히 다르게 나온다.102) 얼굴의 관상에 대한 호·불호의 문제도 자신의 내적인 수양을 통해 절제될 수 있다는 점에서 관상은 마음의 작용 그대로 밖에 나타내는 것이다. 관상에서 용모도 중요하지만 마음의 수양을 통해서 흉을 길로 바꾸는 지혜가 관상의 바람직한 방향이며, 이에 관상학에서 마음을 직시해야 한다.

마음을 직시하는 것이란 내면의 기운이 외부로 표출된다는 점에서 필요하다. 상학에서 형상을 관찰하는 것은 외부에 나타난 형상을 통해 그 안에 함의되어 있는 내면을 파악함으로써 내면의 세계와 그에 따른 변화를 인지하고자 하기 때문이다.103) 외부의 형상은 내면에 있는 기운이 외

---

101) 미즈노 남보쿠, 화성네트웍스 역, 『마음 습관이 운명이다』, 유아이북스, 2017, pp.170-171.

102) 이영달, 『얼굴을 보면 사람을 알 수가 있다』, 행복을 만드는 세상, 2008, p.17.

103) 김연희, 「劉昭 '人物志'의 인재론에 관한 상학적 연구」, 원광대 박사학위논문,

부로 표출되어 영향을 미친다. 우리는 외부의 형상이 미치는 영향보다 내면의 영향이 훨씬 크기 때문에 관상에서 마음 직시는 간과될 수 없는 부분이다.

소크라테스의 못생긴 외모에 대한 관상학적 접근을 할 경우, 그의 외모에 대한 열등감은 어떻게 극복되었는지가 궁금하다. 조퓌로스가 못생긴 소크라테스를 향해 열거한 여러 단점을 사람들에게 알리자, 정작 이 소식을 들은 소크라테스는 관상가가 자신의 성격을 올바르게 말했다고 하면서 그 본성적 성격의 단점들을 스스로 지성을 통해, 즉 철학을 통해 극복했노라고 말했다고 한다.[104] 자신의 외형적 단점을 내면의 철학적 사유와 명상으로 극복하였다는 것이다. 소크라테스에 있어서 관상학적 시각은 외모 못지않게 내면적 수양이 중요하다는 것으로 이러한 수양의 방법으로는 마음의 직시와도 같이 사유를 통한 철학적 성숙성을 가미시키는 일이 포함된다.

소크라테스의 지성적 철학은 그로 하여금 외모의 열등감에서 벗어나게 하는 큰 힘이 되었다. 지속적으로 외모의 열등감에서 시달리는 사람은 지성에 바탕한 수양력이 요구된다고 본다. 그럼에도 불구하고 상처를 입은 사람들은 분노, 적개심, 질투, 열등감 같은 부정의 감정들을 마음속에서 키우다가 결국 우울증에 시달리기도 한다.[105] 자신의 외모에 대하여 자신감을 잃고 상대방과 비교하다보면 마음은 더욱 비굴해지고 우울해지는 상황으로 치닫고 만다는 점을 깨달아야 할 것이다.

자신의 외형에 대한 단점을 극복한 고대의 철인을 상기하면서 철학은 '정신문화'라는 점에서 앞으로 새롭게 정립될 관상철학에의 기대가 크다.

2008, p.149.

104) 아리스토텔레스 지음, 김재홍 옮김, 『관상학』, 도서출판 길, 2014, pp.54-55.

105) 윤종모, 『치유명상』, 정신세계사, 2009, p.18.

정신적 문화의 소산인 동시에 객관적 세계의 인식인 철학은 그것이 시대의 산물이라고 하는 것만으로는 해명되지 못한다.[106] 시공초월을 통하여 공유되는 것으로 철학을 통해 정신세계의 확충과 더불어 내면적 충실성을 가한다면 어떠한 외형적 불리함이라도 극복할 수 있는 수양력이 생기는 것이다. 관상철학도 이러한 철학이 정신문화인 점을 깊게 새김으로써 마음을 중시하는 정신문화의 가치를 확대하는데 조력해야 하리라 본다.

정신문화의 중요성을 망각한 채 여전히 얼굴의 미모에만 집착하거나, 자신의 외모에 자신감이 결여된다면 여기에는 체기滯氣가 형성된다. 체기는 몸속의 탁기가 얼굴 표면으로 올라오는 것으로 길한 기운도 흉함을 지니게 되며, 체기가 발생하면 최소한 9년 동안 운이 막히므로 몸을 건강하게 하고, 마음을 다스려 그 기운을 해소하는 것이 중요하다.[107] 마음을 직시함으로써 외형적 형상의 열등감을 극복하는 일은 체기를 떨쳐내고 자신감 회복과 더불어 정신세계를 확충해나가는 길이다.

정신세계의 확충이란 밝은 마음을 간직함으로써 어떠한 난관도 극복하는 힘을 가져다주지만, 무기력함으로 마음이 가라앉는다면 매사 고통만 가중될 따름이다. 마음가짐이 태양과 같다면 어둠이 방해를 해도 그 빛이 항상 천하를 꿰뚫을 것이나 스스로 태양처럼 강렬하지 못한 자가 곤란을 느끼게 된다.[108] 마음가짐을 태양과 같이 활활 타오르게 하느냐, 아니면 무기력한 상태의 자신을 발견하고 살면서 고통만 가중시킬 것이냐는 결국 자신의 마음가짐에 달려 있다.

관상학에서 눈이 또한 인간의 정신 상태와 연결된다는 점은 고전 상법에서도 잘 나타나 있다. 『마의상법』에서는 이와 관련하여 다음과 같이

---

106) 金桂淑, 『西洋哲學史』, 一潮閣, 1993, p.6.

107) 地平 編著, 李成天 監修, 『관상해석의 정석』, 도서출판 문원북, 2019, p.208.

108) 미즈노 남보쿠, 화성네트웍스 역, 『마음 습관이 운명이다』, 유아이북스, 2017, p.67.

비유하고 있다.

> 하늘의 크기는 해와 달의 밝음에 의탁하며 해와 달은 만물의 거울이 되니 눈은 사람 몸의 해와 달이 된다. 좌측 눈은 해가 되어 아버지를 상징하며 우측 눈은 달이 되어 어머니를 상징한다. 잠을 자면 정신이 마음에 거처하며 깨면 정신이 눈에서 논다. 이 눈은 정신이 놀고 휴식하는 궁궐이다. 눈의 선악을 보면 신의 맑고 탁함을 볼 수 있다.[109]

정신과 마음을 거론하면서 눈의 역할이란 정신이 놀고 휴식하는 공간이라고 하였다. 정신 상태의 맑고 탁한가를 알 수 있는 것은 눈빛이 맑은가, 아니면 탁한가를 보면 알 수 있다는 것이다. 맑고 순수한 마음을 직시하는 관상법으로서 눈빛을 살펴보라는 의미이다.

이 같은 맑고 순수한 마음을 직시하는 일은 인간 내면의 의식층에서 발견된다. 즉 텅 빈 마음의 의식층은 조그마한 상념체나 알음알이가 들어서면 이때부터는 의식으로 변하는 것이다. 우리는 이 당시의 상황에 따라 때로는 현재의식을 마음이라 하고 잠재의식을 마음이라 하고 순수의식을 마음이라 하고 전생의식을 마음이라 하고 우주 본래의 의식을 마음이라 하기도 한다.[110] 우주의 본래의식, 순수의식, 잠재의식, 현재의식 모두가 마음의 작용과 텅 빈 무의식층이 함께 하고 있다. 맑고 순수한 마음의 의식층을 직시할 수 있도록 인도하는 일에 관상학의 심상론에서 관심을 가져야 하리라 본다.

이어서 마음을 직시하는 관상법으로는 관상철학의 이론으로 등장하는

---

109) 『麻衣相法』第2篇 各論, 第7章「相目」, 天地之大, 託日月以爲光, 日月爲萬物之鑒, 眼乃爲人一身之日月也. 左眼爲日, 父象也, 右眼爲月, 母象也. 寐則處於心, 寤則神遊於眼. 是目爲神遊息之宮也. 觀眼之善惡, 可以見神之淸濁也. 眼長而深且光潤者大貴.

110) 이정욱, 『음성관상학』, 천리안, 2011, p.27.

형기신혈形氣神血 이론이다. 형기신 가운데 마음 곧 정신 상태와 관련되는 것이 신神이라며 『마의상법에서는 다음과 같이 말한다.

> 형체形로써 혈血을 길러주며, 혈로 기氣를 길러주며, 기로 신神을 길러 준다. 그래서 형이 완전하면 혈이 완전하며, 혈이 완전하면 기가 완전하며, 기가 완전하면 신이 완전하다. 형체는 신을 기를 수 있으니 기에 의탁하면 편안함을 안다. 기가 불안하면 신이 흉포하여 불안하다. 신을 안정시킬 수 있는 사람이 군자가 아니겠는가?[111]

여기에서 말하는 신神은 정신과 관련되며, 신의 거처는 마음이며, 형체는 신에서 거처한다는 것이다. 형기신혈의 관계가 상호 유기적으로 언급되는데, 온전한 정신 상태를 간직하는 것은 바른 마음과 관련되며, 이 정신의 상태 또한 형체가 있어 가능하다는 것이다.

또한 마음작용과 관련되어 있는 것이 인당印堂이다. 13부위 가운데 '인당'은 자기 자신이나 마음상태나 타인과의 관계에 대한 길흉이라[112]는 관상학자의 견해를 직시하면, 자신의 마음작용을 무절제하게 할 경우 인당에 표시된다는 것이다. 그리고 중정은 윗사람과의 일을 나타내며, 산근은 질병이나 재난 등 가정의 길흉과 관련되는데, 중정, 산근과 달리 인당은 마음과 직결되어 있음을 알 수 있다. 따라서 마음작용을 바르게 함으로써 자기의 일생사를 행복으로 이끌어가는 노력이 필요하다.

다음으로 관상학에 있어서 귀 또한 자신의 마음을 담당하는 부위라는 점에서 관상학적으로 주의할 사항이다. 『마의상법』에서는 마음과의 관계

---

111) 『麻衣相法』 第7章 形神聲氣, 「論神」, 夫形以養血, 血以義氣, 氣以養神. 故形全則血全, 血全則氣全, 氣全則神全. 是知形能養神, 托氣而安也. 氣不安, 則神暴而不安. 能安其神, 其惟君子乎.

112) 地平 編著, 李成天 監修, 『관상해석의 정석』, 도서출판 문원북, 2019, p.77.

는 물론 귀가 두텁고 윤곽이 분명하면 정신도 총명하다며 다음과 같이 언급한다.

> 귀는 주로 뇌를 관통하며 심장, 흉부와 통하며 마음을 맡는 바가 되며 신腎의 징후이다. 그래서 신기腎氣가 왕성하면 맑고 귀가 밝고 신기가 허하면 혼탁하니 그래서 소리와 성품은 병행한다. 귀가 두텁고 단단하며 솟고 길면 모두 장수하는 상이다. 귀의 윤곽이 분명하면 총명하고 깨달아서 귓볼은 입을 향하면 주로 재물이 있고 장수하며 부유함이 족하다.[113)]

이처럼 귀는 마음을 맡는 바가 된다고 하였는데 길상의 귀는 건강은 물론 장수한다고 하였다. 바른 마음과 귀의 관계는 결국 건강의 비결이 되는 셈이다.

요컨대 마음을 직시하는 관상철학이라는 것은 결국 인간이 '마음'을 통해서 자신의 감정을 표출하며 살아가는 존재라는 뜻이다. 인간은 마음을 쓰며 살아가는 존재요, 생각을 하며, 행동하는 존재이며, 이러한 자신의 마음과 생각, 그리고 지금까지 살아온 삶의 모습들이 얼굴을 통해 드러나게 마련이다.[114)] 미세한 마음작용, 섬세한 사유의식이 우리의 얼굴에 표출되는 이상, 마음을 바르게 직시하는 생활을 통해서 운명을 바르게 향도하는 방향으로 나가도록 앞으로 관상학자와 관상철학자들의 전 역할이 기대된다.

---

113) 『痲衣相法』第2篇 各論, 第14章「相耳」, 耳主大腦, 而通心胸, 爲心之司, 腎之侯也. 故腎氣旺, 則清而聰, 腎氣虛, 則昏而濁, 所以聲譽與性並行也. 厚而堅, 聳而長, 皆壽相也. 輪廓分明聰悟, 垂珠朝口者, 主財壽, 貼肉者富足. 耳內生毫者壽.

114) 신기원, 『신기원의 꼴 관상학』, 위즈덤하우스, 2010, p.17.

9 수양력의 관상철학가

자타를 불문하고 외형의 관상에 관심을 가진 경우, 나보다 상대방이 좋은 관상이라면 시기 질투심이 나타나고 부족한 자신의 관상에는 아쉬움을 가지기 쉽다. 체상에 대한 심상의 수양력을 키우지 않으면 안 되는 이유이다. 쓸데없는 투쟁심이나 자질구레한 일에 시기 질투심이 강하여 억지 주장을 펴거나 개인적 이익을 추구한다면, 마음을 수양하는 정신통일을 하면 단점을 개선하여 장점으로 발전시켜 나중에 큰 업적을 남길 수가 있다[115]는 점을 참조해야 한다. 수양심이 없는 사람의 행동을 타산지석으로 삼아서 자신의 미래사를 밝게 개선하는 운명 개척론자가 되어야 한다는 뜻이다.

관상법의 지론이 수신·제가라는 것은 어제 오늘만의 일은 아니다. 한 제자가 묻기를 "상법에 의하면 늘 수신·제가해야 함이 선생님의 지론인데 성인의 도를 배우지 못한 소인이 어찌 그와 같은 방법을 할 수 있겠습니까?"라고 질문을 하자 관상가는 다음과 같이 답한다.

> 관상법은 모든 진리에 통해 있고 모든 사물의 시종과 본말을 요점으로 해서 처음부터 끝까지 절약할 것을 권장하고 있다. ... 수양의 시작은 지금 하고 있는 일을 올바로 하고 게을리 하지 않는 것이다. 더욱이 인간은 본래 선하기 때문에 배우지 않더라도 무엇이 옳은가를 잘 알고 있다. 배우지 않고도 미래를 알고 몸을 수행하는 자가 많다. 또 배운 사람이라 해도 효를 모르고 수신도 몰라 생을 허비하는 자도 많다. 비록 많이 배워 박식한 사람이라 하더라도 시작과 마지막 그리고 절약을 깨닫지 못하고 자기 일을 태만히 한다면 수신·제가할 수 없다.[116]

---

115) 오서연, 『인상과 오행론』, 학고방, 2017, pp.239-240.

116) 미즈노 남보쿠, 화성네트웍스 역, 『마음 습관이 운명이다』, 유아이북스, 2017,

본래 인간이 선하기 때문에 이 선을 지속적으로 전파하기 위해 수양이 필요하다는 것이다. 설사 지적으로 배움이 있는 사람이라도 내면의 수양을 하지 못한다면 인생을 허비하기 때문이다.

수양이란 특히 유교의 고전에 그 방법론이 잘 나타나 있다. 중국 고전을 읽고 덕행을 배워 상법으로 응용하고자 한다면 좋다는 뜻이다. 문중의 고매한 학자가 몇 년 전 『대학』의 삼강령을 읽어주었다며, 47세에 처음으로 이를 듣고 상법의 훌륭한 덕행에 대해 알게 되었다[117]는 유명한 관상가의 고백을 참조할 일이다. 그에 의하면 관상이란 몸을 정갈히 하고 천하를 다스리는 대도라는 것이며, 그것은 수양을 통해 길흉화복을 잘 제어할 수 있기 때문이라는 것이다.

불교에 있어서도 수양은 강조된다. 인생의 부귀는 전생의 수양에 기인한다는 것이 불교의 삼세론이자 업業과 연결된다. 상법의 원론인 「석실신이부石室神異賦」에 의하면, 사람의 상相은 선대의 선업과 악업에 의하여 먼저 정해진 것으로 그것을 미리 알 수 없다고 했으며, 또한 인생의 부하고 귀함 모두가 전생의 '수행修行'에 기인한다고 하였다.[118] 여기에서 수행이란 곧 수양과 동의어로서 인간은 삼세를 통해서 지은 과오를 수행을 통해서 극복하자는 것이다. 그것은 인간이 현재 처한 부귀빈천이 곧 전생사의 일이고, 현생사의 업보가 또한 내생사의 일이기 때문이다. 현재의 나타난 관상만으로 희비감정을 갖지 말고 일생을 자신의 선행을 통해 악업을 극복하는 노력이 수양의 힘으로서 좋은 운명을 만든다는 것이다.

흔히 자신의 관상이 길상이라면 기쁘고 흉상이라면 고통스러워하는 성향이 있는데, 이러한 단순 시각에서 상법을 접하면 바람직하지 않다. 길상

---

pp.174-175.

117) 위의 책, p.70.

118) 이정욱, 『심상 관상학』, 천리안, 2006, p.32.

이면 절제를 통해서 지속시키고 흉상이면 조심해서 이를 극복하는 수양력이 요구되는 이유이다. 관상을 보고 길吉이라 하면 이에 즐거워하는 것이 일반 사람들의 관례이며, 수양을 갖춘 사람이라도 길이라고 하면 기분이 좋아지는 것이므로 점쟁이에게 가서 길흉을 보는 것은 그만하는 것이 좋다.[119] 오히려 관상의 수동적 길흉에 맞서서 능동적으로 매사 절제하고 삼가며 수양심으로 살아가는 것이 좋다고 본다.

따라서 자신의 맑은 거울을 바라보고 성찰하며 내면을 들여다보는 자기수양을 급선무로 해야 한다. 상은 바뀔 수 있으므로 상학 공부는 자신을 들여다보는 거울로 삼을 때 가장 그 빛을 발한다.[120] 남을 이기는 것보다 자신을 이기는 것이 더 어렵고, 남을 알기보다 자신을 알기가 더 어렵다는 성자의 말을 굳이 인용하지 않더라도 나 자신을 알고, 굴곡의 기질을 수양할 수 있는 수양공부가 필요하다는 뜻이다. 자신의 관상에만 매달리지 말고 정성껏 수양심으로 살아간다면 피흉추길避凶追吉이 가능해진다.

이제 자신에 대한 관상학적 이해에 있어서 예를 들어 설명해 보고자 한다. 먼저 산근에 흠이 있으면 항상 병을 조심하고 수양을 해야 한다. 곧 산근에 흠이 있는 사람은 학문을 많이 닦았다 해도 산근이 좋은 사람에게 밀리는데, 한창 경쟁 중에 병액에 걸려 발전이 멈추는 수가 많기 때문이다.[121] 따라서 산근이 약한 사람은 항상 병을 조심하고 수양을 쌓아야 한다. 피흉추길의 관상학적 원리를 터득하여 병마와 싸우고 마음수양을 잘 한다면 고통을 극복하는데 수월해질 것이다.

또한 자신의 관상에 있어서 눈썹이 부족하면 재운이 없고 고독하다. 이에 대하여 자신을 포기하지 말고 이를 극복하는 수양을 통해서 흉을

---

119) 미즈노 남보쿠, 화성네트웍스 역, 『마음 습관이 운명이다』, 유아이북스, 2017, pp.110-111.

120) 신기원, 『신기원의 꼴 관상학』, 위즈덤하우스, 2010, p.21.

121) 地平 編著, 李成天 監修, 『관상해석의 정석』, 도서출판 문원북, 2019, p.102.

벗어나도록 해야 한다. 눈썹이 잘록하고 산란한 사람은 학식이 부족하며 비바람의 풍파가 많으므로, 이런 사람은 눈썹을 보기 좋게 그리거나 마음을 수양하면 어느 정도 고독을 면하게 될 것이다.122) 잘록한 눈썹을 그려서 자신감을 회복하고, 재운이 부족하면 더욱 노력을 해서 재산을 조금씩 축적해 나가면 된다. 여기에는 자신의 단점을 극복하는 수양력이 요구되며, 그것이 상을 보는 이유의 첩경이다.

그러면 수양력을 갖춘 관상철학가가 되기에서는 어떠한 방법이 있는가?

첫째, 철학의 합리적 자기반성과 진리의 생기生氣를 체득하는 수양이 필요하다. 이는 관상철학이 필요한 이유이며, 관상가로서 철학적 사유가 없으면 합리적 성찰을 하기 힘들어진다. 이에 철학의 합리적 자기반성으로 자체의 상대성이나 유한성에 자각적으로 스스로의 기초를 두고, 그 자체의 심화를 통해서 자기의 소재와 진리의 생기를 지켜보려는 동기부여가 된다.123) 자기의 소재를 파악하는 것은 자신의 관상을 살펴보고 수양하는 것이 필요하다는 것이며, 진리의 생기를 보는 것은 깨달음의 체험과 같은 수양력을 기르는 것이 필요하다는 것이다.

둘째, 윤리와 도덕성을 갖추는 관상철학가가 되도록 노력할 필요가 있다. 관상가로서 윤리나 도덕성이 갖추어지지 않을 때 그것은 양심 있는 상담가가 되지 못한다. 고대의 철학가 소크라테스의 고유한 목표는 민중의 윤리의식을 높은 차원으로 이끌어 올리는 것이었고, 무엇보다도 먼저 젊은이들의 윤리적 본성을 고양시키고 강화시켜서 그들이 행복한 삶에 도달하도록 도와주는 것이었다.124) 관상가로서 고대 철인들의 윤리관을

---

122) 地平 編著, 李成天 監修, 『관상해석의 정석』, 도서출판 문원북, 2019, pp.93-94.
123) 梅原猛·竹市明弘, 編/朴相權 譯, 『해석학의 과제와 전개』, 圓光大出版局, 1987, p.64.
124) 쿠르트 프리틀라인 저, 강영계 역, 『서양철학사』, 서광사, 1985, p.55.

귀감으로 삼는다면 그것은 자신의 윤리의식을 높이는 길이며, 착한 본성을 회복시켜 행복으로 유도하는 것이다. 이를 위해 관상학자는 자신의 윤리 도덕의식을 갖추는 수양이 필요하다고 본다.

셋째, 지도자적 입장에서 무형의 마음관리가 요구된다. 관상은 유형과 무형을 꿰뚫어 보는 예측학의 측면에서 볼 때 마음관리는 무형에 속한다. 지도자는 자신의 내면을 드러내는 언행의 이미지가 많은 영향력을 미친다는 점을 간과해서는 안 되므로 상학의 입장에서는 외형의 형상도 중요하나 무형의 마음관리에 대한 중요성을 인식해야 한다.[125] 마음관리란 달리 말해서 수양력이 필요하다는 것으로, 보이지 않는 무형의 마음을 잘 다스리도록 수양을 해야 하는 것이다. 내담자를 받아들이는 입장에서 관상가도 일종의 지도자라는 점에서 자신의 마음관리에 게을러서는 안 된다.

넷째, 자신의 수신修身이라는 인식을 통해서 스스로 남의 행동에 영향을 미치도록 솔선을 하는 것이 필요하다. 관상가 스스로가 수신을 통해서 도덕적으로 귀감이 되는 것이 곧 자신을 찾아오는 일반인들의 삶에 빛이 된다. 관상가는 이 이치를 알고 있기 때문에 먼저 자기 자신의 관상부터 시작해서 이것을 온전하게 보급시키고 일반 대중이 따라 수신하게끔 하는 것을 목적으로 한다.[126] 남의 관상을 평가하는 관상가로서는 자기 자신의 관상을 성찰하고 솔선하는 것에 소홀히 할 수 있다. 그러할 경우 관상가로서 수신이 부족하여 관상을 보는 사람들에게 잿밥의 재물에 어두워지는 어리석음을 범하기 십상이다.

이러한 맥락에서 자신의 내면 수양은 상대방에 대한 건전한 정신을 갖는 노력이다. 관상을 좌우하는 것이 마음이므로 이 마음수양이 필요한

---

125) 윤영채, 「조선시대 어진과 상학적 연구」, 원광대 박사학위논문, 2018. p.207.
126) 미즈노 남보쿠, 화성네트웍스 역, 『마음 습관이 운명이다』, 유아이북스, 2017, pp.193-194.

것이다. 옛 속담에 "건전한 정신은 건강한 육체에 깃들인다."고 하지만, 몸과 마음은 만날 수 없는 평행선을 달리고 있으면서 사람들이 마음가짐을 어떻게 하느냐에 따라 그 풀이가 완전히 다르게 나온다.[127] 자신을 진지하게 수양심으로 다가서야 다른 사람의 마음에 감화되어 점차적으로 교화되는 것이다. 내 마음의 수양이 되어있지 않다면 상대방에 대한 건전한 마음과 바른 교화가 쉽게 되지 않을 수 있다.

결과적으로 수양력을 갖추어야 한다는 것은 관상가에게 도덕성을 요구하는 것으로, 그것은 관상학의 사회적 정화활동과도 관련된다. 이는 자신만의 문제가 아니라는 뜻이다. 누군가의 생김새에 도덕적 가치판단을 연결시키고자 하는 의도가 있다면 그 관상학적 상징성은 사회 속에서 누구에게든 적용시킬 수 있는 것이다.[128] 관상학은 그 대상이 개인의 생활에 한정된다고 볼 수도 있지만, 상담자와 내담자의 관계가 사회에 파급된다는 점을 인지 하지 않을 수 없다. 관상철학가의 사회학적 소금 역할이 여기에 있다.

---

127) 이영달, 『얼굴을 보면 사람을 알 수가 있다』, 행복을 만드는 세상, 2008, pp.16-17.

128) 설혜심, 『서양의 관상학, 그 긴 그림자』, 한길사, 2003, pp.153-154.

제4편

관상학의 철학화

1 천인상응론과 관상철학

중국 유교철학에서는 우주와 인간의 합일로서 천인합일이 중시되고 있다. 그것은 우주와 내가 둘이 아닌 일체라는 사유에서 강조되고 있으며, 도교철학에서도 방법상의 차이가 있지만 천인합일이 중시되어 왔다. 춘추전국시대의 도가에서는 천인이 대립하지 않고 일체가 되도록 하였다. 곧 장자는 인간과 우주와의 친밀감과 융화를 드러내면서 자연과 인간이 서로 대립하지 않는다(天與人不相勝)는 것으로부터 자연과 인간은 일체(天人一體)라는 관념을 도출해 내었다.[1] 공자는 물론 노자 철학의 근간이 천인합일이며, 다만 여기에 도달하는데 있어서 유위적·무위적 성격상의 차이가 있다.

천인합일의 연장선에서 '천인상응론天人相應論'이 거론된다. 곧 천인상응론은 관상학의 철학이론에 있어서 그 기반이 되고 있다는 점에서 의의가 있다. 고대 상술에서는 인간이 자연의 산물이면서 동시에 사회의 산물이기 때문에 자연과 사회의 규율이 인간의 운명에 직접 영향을 준다고 보았는데, 이러한 관념은 중국 고대철학의 천인합일 이론과 같다.[2] 『황제내경·영추』「사객」에서 "이것이 인간과 천지가 서로 응하는 것이다.(此人與天地相應者也)"2)라고 언급한 것처럼 인간은 천지자연의 상생적 기氣로써 생성 변화하고 있다. 우주와 인간의 상호 의존성은 아무리 강조해도 지나치지 않다.

관상학에서도 천인상응론에 대하여 관심이 적지 않으며, 그것은 『마의상법』에서 '관인팔법觀人八法'을 보면 알 수 있다. 곽임종이 보는 상법이라며 다음과 같이 소개하고 있다.

---

1) 陳鼓應 著, 최진석 譯, 『老莊新論』, 소나무, 1997, p.293.

2) 오서연, 『인상과 오행론』, 학고방, 2017, p.83.

하늘은 높고 고원해야 하고 땅은 모나고 두터워야 하며, 일월은 밝고 광채가 나야 하고, 뇌정雷霆은 음향이 울려 퍼져야 하며, 강하江河는 윤택해야 하고 금석은 튼튼해야 하며, 산악은 높이 솟아야 하고, 초목은 수려해야 하는데, 이는 사람의 형체를 논하는데 큰 개요로서 곽임종이 상을 보는 여덟 가지 법이 이것이다.[3)]

우주 대자연을 8가지로 나누고 있는데, 그것은 하늘, 땅, 일월, 뇌정, 강하, 금석, 선악, 초목으로 설명되고 있다. 이 8가지를 견주어 인간의 상을 보는데 참조하라는 것이다.

우주와 인간의 관계를 보다 구체적으로 관련짓고 있는 것이 『유장상법』이다. 위에서 언급한 『마의상법』의 경우 우주의 상징성을 강조한 것이라면, 『유장상법』의 경우 우주와 인간의 관계, 곧 천인상응을 직접적으로 다음과 같이 언급하고 있다.

하늘은 큰 하늘이며 사람은 작은 하늘이다. 하늘의 해와 달에 해당하는 것은 사람에게 있어서는 두 눈, 사계절에 해당하는 것은 인체의 사지, 쇠와 바위는 근육과 뼈, 산악은 오관, 오행은 심·간·비·폐·신의 순서로 해당된다. 대개 머리는 둥글어 하늘을 닮고 발은 넓어 땅을 몸체는 산림을 음성은 우레와 천둥을 오악은 산천을 본받았다.[4)]

일월은 인간의 눈, 사계는 인간의 사지, 산악은 오관, 오행은 오장 등으로 대비시켜 천인상응의 밀접성을 구체화하고 있는 것이다.

---

3) 『麻衣相法』,「論形」, 天欲高遠 地欲方厚 日月欲光明 雷霆欲震響 江河欲潤 金石欲堅 山獄欲峻 草木欲秀 此皆大概也 郭林宗有觀人八法是也.

4) 『柳莊相法』, 此言天乃一大天 人乃一小天 天有日月人有雙目 天有四時人有四肢 天有金石人有筋骨 天有山嶽人有五官 天有金木水火土人有心肝脾肺腎為五形 大概頭圓像天足方像也 週身像山林 聲音像雷霆 五嶽像山川.

위에서 언급한 고전상법이 관상학 실제에서 철학이론에 빗대어 구체적으로 응용되고 있다. 이를테면 머리는 하늘을 상징하고 발은 땅을 상징하니, 머리는 하늘처럼 높고 둥글어야 하며 발은 땅처럼 모나고 두터워야 하며, 양쪽 눈은 태양과 달에 해당하니, 눈빛은 해님과 달님처럼 맑고 빛나야 한다.[5] 그리고 음성은 우레를 상징하니 울려야 하고, 혈맥은 강과 하천을 상징하므로 윤택해야 한다고 관상학에서는 말한다. 이러한 관상학적 접근은 우주 자연의 원리를 관찰하여 인간의 길흉화복을 살피고 자연과 조화를 이루면서 살라는 뜻이다.

한대의 동중서(B.C.170～B.C.120)가 유교를 국교화하면서 '천인감응설'이 철학적으로 더욱 조명을 받게 되었다. 한나라 무왕은 동중서의 건의에 따라 백가百家를 폐하고 홀로 유가를 높여 BC 136년 국교화하였다. 천인상응과 참위론을 강조한 한대의 성향에서 볼 때 한대의 유생儒生 또는 일반 지식인들은 서한西漢 초년에서부터 천인상감설을 깊게 믿었다.[6] 그것은 우주론으로서 일체의 인간사를 응용하여 언급한 것이 특징이다.

회고해 보면 한나라의 천인감응론은 회남자와 동중서의 역할이 크다. 여기에서 동중서가 부여한 천天의 위상은 대단하다. "천은 백신百神의 군주요, 왕자가 가장 존경하는 바이다."[7]라고 하며 '도지대원 출어천'(道之大原, 出於天)이라 언급하였는데, 동중서의 사유에서 보면 세상만사를 주재하는 천은 조화造化의 주체이며, 길흉화복은 물론 상벌까지 주재하는 것으로서의 위상을 차지한다.[8] 그러나 천인의 관계가 무리하게 비교된 것에 대하여 이를 비판하기도 하였다.

이러한 맥락에서 왕충(27～100?)은 한대의 천인상감의 이론을 미신적

---

5) 신기원, 『신기원의 꼴 관상학』, 위즈덤하우스, 2010, pp.28-29.

6) 勞思光 著, 鄭仁在 譯, 『中國哲學史』-漢唐篇-, 探求堂, 1987, p.158.

7) 董仲舒, 『春秋繁露』「郊祭」, 天者, 百神之大君也, 王者之所最尊者也.

8) 柳聖泰 『中國哲學史의 理解』, 學古房, 2016, p.220.

이라 하였다. 왕충은 양한 시대의 가장 위대한 철학자이자 무신론자였는데 효과와 증험을 중시하고重效驗 허망한 것을 싫어하며疾虛妄 실제적인 것을 추구하는 정신으로 동한東漢 통치자들이 큰 소리로 떠벌리고 퍼뜨린 천인감응, 참위의 미신에 대해 예리하게 비판하였다.[9] 이를테면 1년 365일이 인체의 366개의 뼈마디며 사계四季가 사지四肢라는 식으로 비교한다면 과학적으로 인정하기 쉽지 않다는 것이다.

어떻든 한대 천인상응의 원리는 동중서의 『춘추번로』에서 매우 구체적으로 접근되고 있다. 그것은 『마의상법』이나 『유장상법』의 논리와 유사한 측면이 있다.

> 사람의 몸의 경우, 크고 둥근 머리는 하늘의 얼굴을 본떴고, 머리털은 별들을 본떴고, 밝은 귀와 눈은 해와 달을 본떴고, 코와 입의 호흡은 바람과 공기를 본떴고, 마음이 앎에 통달하는 것은 (천지의) 신명을 본떴고, 차고 빈 뱃속은 만물을 본떴다.[10]

합리적 사유에서 본다면 다소 무리가 있어 보이지만 동중서는 인간의 감정이 있듯이 하늘도 같은 양상으로 감정이 있다고 한다. 이에 그는 다음과 같이 말한다.

> 천天에는 기뻐하고 노하는 기운이 있고, 슬퍼하고 즐거워하는 마음이 있는데 인간과 서로 부합된다. 류類로써 합한다면 천과 인은 하나인 것이다. 봄은 기쁜 기운이므로 살리고 가을은 노한 기운이므로 죽인다. 여름은 즐거운 기운이므로 길러내고, 겨울은 슬픈 기운이므로 감추어버린다.[11]

---

9) 張岱年 著, 김용섭 譯, 『중국의 지혜』, 청계, 1999, p.260.

10) 董仲舒, 『春秋繁露』「人副天數」, 是故人之身, 首妢而員, 象天容也, 髮, 象星辰也, 耳目戻戻, 象日月也, 鼻口呼吸, 象風氣也, 胸中達知, 象神明也, 腹胞實虛, 象百物也.

다소 무리한 주장과 같아 보이는데 하늘에 희로애락이 있다는 것이 인간사에도 적용되고 있다. 그러한 논리를 펴는 것은 동중서가 천인상응이라는 원리를 확신하고 있었기 때문이다.

한대의 동중서가 천인상응론을 거론한 것과 같은 맥락에서 『마의상법』도 천인의 관계를 전개한 측면이 있다. 천지의 절기 변화와 인간 얼굴의 변화가 그것이다. 상법에 의하면 다시 네가 약간 변별함을 주었으니 말로 전할 수 없고 스스로 알아야 한다며 다음과 같이 말한다. "하늘의 도가 한 해를 돌면 24절기가 있고, 사람 얼굴도 1년에 또한 24가지 변화가 있으니 오행으로 배열하면 징험이 없을 수 없다."[12] 이는 천도와 인간의 관계를 같은 흐름에서 언급하는 것으로 천인상응을 밝히는 내용이다. 하늘의 24절기에 맞게 인간의 얼굴도 24가지 변화가 있다는 것이 다소 비합리적일 수 있지만 천인상응의 원리를 통해 '얼굴' 관상의 관계성을 구체화시키고 있다.

이 같은 천인상응의 원리는 특히 인간 얼굴의 기색과도 관련된다. 다시 말해서 천지의 기운과 얼굴 기색의 길흉 문제를 동일시하고 있는 것이 관상학적 시각이다. 『마의상법』에서는 이에 다음과 같이 말한다.

> 단지 기색이 상서로운 구름이 해에 접근함과 같아서 온화하고 순수함이 있어야만 사랑할만하여 바로 귀함이 된다. 만약 건조하고 어둡고 나쁘면 운이 발발하기 어려울 뿐만 아니라 비위와 심복부의 질병과 수재와 송사와 감옥에 갇히는 재액을 주관한다. 또한 기색은 가장 심판하기 어려우니 청명하여 아직 어두운 새벽, 정기가 혼란하지 않을 때에 보면 쉽게 본다.[13]

---

11) 董仲舒, 『春秋繁露』「陰陽義」, 天有喜怒之氣, 哀樂之心, 與人相副, 以類合之, 天人一也, 春, 喜氣也, 故生, 秋, 怒氣也, 故殺, 夏, 樂氣也, 故養, 冬哀氣也, 故藏.

12) 『麻衣相法』 第3篇 「總結第五」, 天道周歲, 而有二十四節氣 人面一年, 亦在二十四變, 以五行配之, 無不驗者.

얼굴의 기색이 구름과 태양의 변화와 관련되면서, 어떻게 하면 길운으로 접근할 것인지를 밝히고 있다. 그리고 질병에 걸리지 않도록 청명한 새벽기운을 간직하라는 것이다.

이와 같이 천인상응의 이론을 통해 관상학적인 활용의 귀감이 되는 것은, 인간과 자연의 관계를 상생의 기운으로 일체가 되도록 함으로써 갈등이 아니라 호혜적 감응의 관계를 유지하라는 뜻이다. 자연현상에서 이루어지는 변화를 근본으로 정립하여 그 안에서 한계를 설정하고, 자연과 조화를 깊이 생각하여 밝힘에 인생의 중요한 의미를 두었다.[14] 따라서 천지자연의 운행 안에서 인간의 삶을 관련시킴으로써 하늘과 인간의 윤리적 의미를 두고 있다. 그것은 인간 따로, 하늘 따로가 아니라 천인합일을 지향하는 철학의 논리와 같다.

그렇다면 천인상응론에서 보는 길한 관상은 어떻게 거론되고 있는가? 고전 상학에서 언급하는 다음 몇 가지의 예를 소개하고자 한다.

> 이마는 천天으로 넓고 둥글어야 귀함을 알 수 있고 코는 인人으로 바르고 가지런해야 수壽를 알 수 있고 턱은 지地로 네모지고 넓어야 부富함을 알 수 있다.[15]

위의 언급에 나타나듯이 천인상응의 문제를 이마, 코, 턱 등을 예로 들면서 귀하고 장수하며 부유함을 언급한다. 인간사의 부귀영화를 자연의 도에 맞게 살아가도록 하라는 것이다.

---

13) 『麻衣相法』 第3篇 「總結第五」, 但氣色若妙祥雲, 襯日 溫粹, 可愛, 方可貴也. 如枯燥, 暗惡, 不獨難發, 主脾胃心腹之疾, 水災訟獄之厄. 又氣色 最爲難審, 須於清明味爽, 精氣不亂之時, 觀之易見.

14) 오서연, 『인상과 오행론』, 학고방, 2017, p.90.

15) 『麻衣相法』, 三才者 額爲天 欲闊而圓 名曰有天者貴 鼻爲人欲正而齊 名曰有人者壽頦為地 欲方而闊 名曰有地者富.

따라서 천인상응의 조화로운 기운을 통해 인간은 자연의 기운을 받아 태어났다는 것은 자연의 원리에 거슬려 살지 말아야 한다는 뜻이다. '얼굴에 반영된 자연의 이치'에 대하여 신기원이 언급한 적이 있다. 곧 인간의 삶은 자연의 이치와 일치되게 사는 것이 가장 이상적인 것이며, 상의 조건 역시 자연의 원리에 부합되면 좋은 상이고 그렇지 못하면 악상이 되므로 자연의 조화를 인간의 육체에 적용시켜 살라[16]는 것이다. 자연의 원리와 조화를 이루어가는 것이 길상이고, 자연에 거슬려 살면 흉상이므로 관상학에서 천인상생으로 살아야 하리라 본다. 관상철학의 이론이 중국철학의 천인합일 사상에 근간하고 있음을 일 수 있다.

2 외모관상과 내면철학

어린 시절부터 성장해 나갈 때 자연의 외적 형상을 관찰하여 호·불호를 알게 되며, 자신의 내면 성찰은 사유와 명상으로 접근된다. 곧 자연은 우리가 외부로부터 관찰하지 않으면 안 되지만, 사상과 경험은 내부로부터 접근할 수 있다.[17] 내면을 성찰할 나이가 된다는 것은 자신의 내면을 들여다볼 정도의 인격 성숙의 길로 접어들었다는 뜻이다. 깊은 사유를 통한 내면의 세계로 진입하기까지 많은 시간을 보내면서 학교의 교육, 종교생활과 사회적 경험을 통해서 가능해진다.

외양의 관찰에서 내면의 성찰로 이어지기까지 많은 시간과 노력이 필요한 이상, 여기에는 인간의 고독한 사유와 훈련이 필요하다. 중세에는 외양이 내면을 투영한다고 했는데, 내면의 영혼과 외양의 육체가 균형을

---

16) 신기원, 『신기원의 꼴 관상학』, 위즈덤하우스, 2010, p.26.

17) W.H.월쉬 지음, 김정선 옮김, 『역사철학』, 서광사, 1989, p.58.

갖고 훈련되어야 한다는 것이다. 이것은 본질적으로 외양이 동시에 내면을 투영한다는 그리스시대 철학자들의 인식으로, 1580년 몽테뉴는 "플라톤의 말을 들어보면 … 영혼이 육체와 동시에 훈련되어야 하며, 결코 그 반대가 되어서는 안 된다고 생각하고 있는 것처럼 보인다."고 말한다.[18] 비록 우리가 육체 관찰에 길들여져 있지만 영혼 성찰에 많은 시간을 할애함으로써 외형의 육체와 내면의 영혼이 균형을 갖도록 철학적 훈련이 필요하다는 것이다.

송대의 성리학자도 내면의 소중함을 깊이 인지한다면 외양에 흔들리지 않는다고 하였다. 정명도(1032~1085)는 이에 말하기를 "내면이 중하면 외물外物의 가벼움을 이겨낼 수 있고, 얻음이 깊으면 유혹의 작음을 볼 수 있다."[19]라고 하였다. 내면이란 달리 말해서 인간의 정신세계를 말하며, 외물이란 인간의 체상을 포함하여 외부세계를 말한다. 내면의 영혼이 살아있다면 외형의 형상에 마음이 흔들리지 않는다는 것으로, 여기에는 정신세계의 풍요로운 영성의 성찰적 사유가 필요할 것이다.

일반적으로 관상학의 기본 전제는 인간의 내면과 외면의 상호 관련성을 통한 예측학이다. 헤겔 역시 『정신현상학』에서 관상학의 기본 전제가 되는 인간의 내면과 외면의 상호 관련성을 기본적으로 부정하지는 않으며, 다만 그는 자의적으로 선택된 인간의 얼굴 징표는 자의적으로 상정된 뭔가의 성질로 연결되는 것에 불과하다고 말한다.[20] 그가 말하는 내면의 세계란 정신세계로서 철학적 성찰에 관련되어 있고, 외면의 세계란 관상

---

18) 설혜심, 『서양의 관상학, 그 긴 그림자』, 한길사, 2003, pp.172-173.

19) 『近思錄』「爲學」 39章, 內重則可以勝外之輕, 得深則可以見誘之小.

20) 「아리스토텔레스와 관상학-서양 관상학의 역사적 연원」 해설 : 이 책은 19세기 이마누엘 벡커가 편집한 『아리스토텔레스의 저작 모음집』에 실린 『관상학』을 번역하고 주해한 것이다(아리스토텔레스 지음, 김재홍 옮김, 『관상학』, 도서출판 길, 2014, p.64).

학적 시각에서 본 체상과 골상에 관련되어 있다. 그리고 철학자답게 외형으로서 얼굴의 생김새보다는 내면으로서의 인품이 중요하다는 시사를 던져준다.

이어서 칸트도 내면의 중요성을 인지, 관상술이란 눈으로 보이는 외형을 통해 내면을 판단하는 것이라 했는데, 여기에서 내면을 판단하는 과정에는 철학적 깊은 사유가 필요하다는 것이다. 그는 『실용적 관점에서 본 인간학』 제2부 「인간학적 성격론」에서 "관상술은 사람의 눈에 보이는 형태에 의해 한 사람의 성향이나 사유방식을 판단하는 기술로, 결과적으로 외면에 의해 내면을 판단하는 것이다."라고 규정한다.[21] 그의 이러한 언급에는 외형적 모습을 통해 내면적 성격을 파악하는 것이 관상술이라 언급한 점에서 철학자로서 내면의 철학적 지혜가 필요하다는 것을 인정하고 있다.

이러한 맥락에서 근대의 관상학자 라바터(1741~1801)에 의하면 인간의 외형에서 보이지 않는 내면을 읽을 줄 알아야 한다는 것이다. 이러한 관상학은 내면을 읽되 그것은 몸을 살피는 것에 중심을 둔다. 물론 치유나 개선이라는 부분에서 그는 사람의 외형에서 보이지 않는 내면을 읽고, 그 사람을 더 나은 사람으로 만들기 위해 관상학이 사용되어야 한다고 주장하기 때문이었다.[22] 그가 말한 관상학은 관상철학의 등장을 예고하는 것 같다. 내면을 읽고 영혼의 세계를 풍요롭게 할 수 있는 관상학을 요구하고 있기 때문이며, 그것이 관상철학의 영성에 근거한 사유적 성찰과 관련된다.

---

21) 「아리스토텔레스와 관상학-서양 관상학의 역사적 연원」 해설 : 이 책은 19세기 이마누엘 벡커가 편집한 『아리스토텔레스의 저작 모음집』에 실린 『관상학』을 번역하고 주해한 것이다(아리스토텔레스 지음, 김재홍 옮김, 『관상학』, 도서출판 길, 2014, p.61.

22) 설혜심, 『서양의 관상학, 그 긴 그림자』, 한길사, 2003, p.263.

이를 위해서는 안에 있는 것은 밖으로 반드시 표출된다는 점에서, 외형에서 보이지 않는 내면을 읽는데 관상철학적 지혜가 필요하다. "안에 있는 것은 반드시 밖으로 드러난다."는 것은 관상의 가장 기본적인 원리인데, 일반적으로 사람들은 삼정, 사독, 오관, 육부, 오성, 육요, 십이궁 등의 상만을 보는 것이 관상의 표준이라고 생각한다."[23] 관상학에는 내면의 뇌를 비롯하여 몸 안의 골격 구조 및 오장육부가 다 간접적으로 표현되어 있다고 본다. 관상학의 영역이란 외형으로서 면상과 수상만을 보는 것 같으나 사람의 내면으로서 마음과 뇌, 오장육부까지 해당된다. 외형과 내면 어느 하나에 치우쳐 관상을 본다는 것은 편협되고 왜곡된 시각이다.

홀린 듯 인간의 눈으로 바라보는 외형 위주에서 내면의 세계를 충일充溢하게 하기 위하여 사유와 명상을 지속한다면 외형과 내면의 세계에 곡해가 없어질 것이다. 외형의 면상·수상과 내면의 심상이 균형 있게 전개되는 심법心法이 곧 명상과 관련되기 때문이다. 『황제내경』의 표현을 빌리면 "나로써 남을 알고, 밖으로써 안을 안다. 이로써 지나침과 모자람의 이치를 살피는 것이다."(素問, 陰陽應象)라는 것이다.[24] 내외 및 자타가 균형 있게 조망될 때, 관상학은 바르게 전개되며 이러한 역할에 관상철학이 필요하다.

만일 관상학에서 말하는 '활염색滑艶色'처럼 외모만 화려한 모습을 원한다면 화려한 외형 중시에 의한 세속적 외모지상주의에 떨어질 수 있다. 활염색이란 얼굴의 기색이 기름을 바른 듯 반들거리는 것을 말한다. 활염색의 반들거림은 일반적인 고운 색의 기운이 아니라, 마치 기름을 칠하거나 단청을 한 것처럼 반짝거리고 지나치게 선명하며 이는 안에서 기색이 응하지 않는 것이다.[25] 활염색의 성향과 같이 속은 텅 비어 있는데 외모만

---

23) 오현리 편, 『정통오행상법 보감』, 동학사, 2001, p.18.

24) 유장림 지음, 김학권 옮김, 『주역의 건강철학』, (주)정보와 사람, 2007, p.12.

화려하다면 그것은 관상학적으로 천한 상이다. 활염색으로 분류되는 기색은 얼굴 본래의 색을 위장한듯하여 길흉 관상판단의 오류가 생길 소지가 크다.

관상학적으로 활염색과 같이 부정적으로 비추어지는 것으로 암색暗色이 있다. 이 암색은 피부의 내외內外가 어둡다는 점에서 또한 흉상으로 간주된다.

> 암색은 탁한 색으로 상승한 것이나 오장에서 분류되지 않는다. 황색이 만면에 가득하고, 피부의 겉과 속이 밝지 않고, 부위를 분별하지 못하고 나타나니 고로 암색이라 한다. 서운書云, 암색이면 9년 동안 크게 곤궁하게 되니 하는 일마다 운이 따르지 않게 되고, 매우 곤궁하고, 마가 많이 낀다 하였다. 적색이 짙으면 암색이 되며, 청색과 황색이 짙어도 역시 암색이 되니 3년이 지나야 운이 열리게 된다.[26]

얼굴 기색이 암색이라면 피부의 안과 밖, 겉과 속이 다르다는 것으로, 결코 명운에 좋지 않다. 내면과 외면의 서로 다른 차이는 결국 체상과 심상만큼의 차이로 비추어진다는 점에서 어느 한편에 치우친다면 바람직하지 않다고 본다.

따라서 관상학에서 중시하는 피부의 내외, 즉 표리가 밝고 윤택해야 한다. 피부 바깥이 윤택하다면 피부 안쪽이 건강하다는 것이며, 그로 인해 내외의 기운이 소통하게 되는 것이다. 이에 대하여 『유장상법』에서는 다음과 같이 말한다.

---

25) 地平 編著, 李成天 監修, 『관상해석의 정석』, 도서출판 문원북, 2019, pp.209-210.

26) 『柳莊相法』「暗色」, 暗色乃濁色, 上升不分五藏, 橫生滿面, 表裏不明, 不分宮位, 故曰暗色. 書云, 色暗九年, 主大困, 所事不變, 多困多魔, 赤子爲暗, 青黃多亦為暗, 三年外方開.

피부 안의 혈색이 관통하여 피부 밖으로 풍만하면 한 해의 복록을 지킨다. 해왈解曰, 이는 내기內氣가 비록 풍족해도 외기外氣가 열리지 않으면 일 년 후에 혈이 충족되고, 기가 굳세기를 기다려야 색이 열리게 된다는 뜻이다. 피부의 표리가 환히 밝고, 색이 윤택하며, 빛이 선명하면 자연 복록이 모두 이르게 된다.[27)]

어떻든 관상철학에서는 외양이 내면을 투영한다는 사실을 알고 안과 밖, 곧 내외의 상호 유기체적 관계성을 인지할 필요가 있다. 곧 겉으로 드러난 몸을 읽는 관상학은 기본적으로 외양이 내면을 투영한다는 논리를 바탕에 깔고 있으므로 "얼굴이 안 좋은데 무슨 일 있어?"라는 식의 흔한 표현은 이런 맥락에서 나오는 것이다.[28)] 얼굴이 좋다는 것은 마음이 기쁘다는 것이며, 마음이 기쁘다는 것은 당연히 얼굴의 기색이 좋고 피부도 윤기가 있는 것이다. 얼굴의 기색이 좋으면 매사가 순조롭고 마음 또한 편해진다는 점에서 길사吉事가 아닐 수 없다.

따라서 일반적으로 사람을 평가할 때 외양을 보고 하는 성향이 있는데 주의할 일이다. 이는 지금까지 관상학에서 주로 접근했던 외향적 방식에서 이제 내면을 반조하는 자아성찰에 길들여져야 하며, 그것이 관상철학의 과제이다. 외모에 대한 비관이나 폄하 등은 자기 내면이 충실하지 못하기 때문임을 알아야 한다. 보통 우리가 안에서 밖을 대할 때, 우리는 자기 자신의 근본에 있으며 자기 자신에 접하고 있다고 생각하며, 자아의식이 바로 그것이다.[29)] 내면의 자아의식을 키워나갈 때 외면의 생김새에 대한 자부심도 생겨나며, 이를 위해서는 어느 한편에 기울어지는 관상학적 타

---

27) 『柳莊相法』 下篇, 「氣色分解-內色血貫」, 內色血貫外如勝, 還守一春 O解曰, 此論內氣雖足, 外氣不開, 待一載後血足氣壯, 色必開矣, 表裏通明, 色潤光明, 自然福祿駢臻.

28) 설혜심, 『서양의 관상학, 그 긴 그림자』, 한길사, 2003, p.29.

29) 니시타니 게이이치 저, 정병조 역, 『종교란 무엇인가』, 대원정사, 1993, p.34.

성화를 벗어나야 하리라 본다.

그 타성화를 벗어나는데 있어서 외형을 향한 눈을 잠시 감고 내면의 자신을 비춰보는 지혜는 과연 무엇인가? "나는 그대에게 직접 진리를 줄 수는 없다. 그것은 아무도 할 수 없는 일이다. 그러나 어디서 진리를 발견할 수 있는지는 가르쳐줄 수 있다. 진리는 달에 있는 것도 아니고 에베레스트에 있는 것도 아니다. 진리는 바로 그대의 내면에 있다. 바깥을 향한 눈을 닫고 자신의 내면을 바라보는 법을 배우라."[30] 오쇼 라즈니쉬가 강연 중에 한 말로서, 그의 지혜를 활용함으로써 외모관상과 내면철학의 지혜기 합류히는 미래의 바람직한 관상철학의 역할이 기대되는 것이다.

3 미학으로서의 관상철학

고대 그리스 철학자들의 미적 감각은 뛰어났다. 고대학자들의 미적 시각을 소개하지 않고 미학을 말한다는 것은 그 진수가 빠져 있다는 뜻이다. 플라톤이 말하는 미는 사고의 미와 물체의 아름다움은 조화와 균형미라는 적합성의 미를 의미하며, 플로티누스가 말하는 미의 본질은 '영혼의 미의 덕'으로 표현하였으며, 아리스토텔레스의 경우 미를 자연과 예술, 인간과 사회, 사물과 행위 등 매우 넓은 범위에 미치는 것으로 연구했다.[31] 이들이 하나같이 관상학에 대한 이론을 전개하였다는 점에서 미학과 철학은 공통성을 지니고 있다.

미학이라는 말을 처음 사용한 사람은 라이프니츠 볼프학파(Leibniz

30) 윤종모, 『치유명상』, 정신세계사, 2009, p.298.

31) 박경숙, 「조선시대 미인상의 인상학적 연구」, 원광대 박사학위논문, 2014, pp.9-10.

Wolffische Schule)의 A.G.바움가르텐이다. 이성적 인식에 비해 낮게 평가되고 있던 미美의 감성적 인식에 대하여 위상을 세우면서 발단이 된 것이다. 미학은 이처럼 이성적 인식의 학문인 논리학과 함께 감성적 인식의 학문도 철학의 한 부문으로 수립하였다. 그것을 오늘날 미학이라는 이름의 '에스테티카(Aesthetica)'라는 이름으로 탄생시킨 것이다. 감성적 인식의 학문은 미의 학문이라는 발판이며, 철학의 분야에서 근대 미학이 발단이 되었다.

근대 회화의 아버지인 폴 세잔(1839~1906)이 선택한 미학은 인상주의 미학이다. 그는 폴 고갱과 더불어 후기 인상주의 대표적 작가로도 잘 알려져 있다. 세잔은 자연을 모델로 하는 인상주의 미학을 깊이 새기고자 하였다. 에밀 베르나르가 그에게 고전주의 화가들에게 윤곽이나 구성, 그리고 빛의 분배가 필수적으로 요구되었다는 사실을 상기시켜 주었을 때 그는 "현실을 상상력과 추상으로써 바꾸어 놓았다"고 말했다.[32] 세잔이 말한 미학은 이처럼 상상력과 추상으로 연결되어 철학의 사색과 더불어 대자연을 대상으로 하였다.

이들이 말하는 미학이란 철학의 한 분야로서 5가지 영역 가운데 하나이다. 철학에서 보편적으로 다루는 영역은 논리학, 인식론, 형이상학, 윤리학, 미학 등 5가지 영역으로 나뉜다. 또한 전통적으로 철학은 형이상학 및 존재론, 인식론, 논리학, 윤리학, 미학이라는 분야로 구분되어 왔다.[33] 철학이라는 범주는 이처럼 다양한 영역에 대하여 문제의식으로 접근하며, 이 가운데 미학은 철학의 영역에서 공통적으로 접근되는 경우가 있다. 자연을 대상으로 음미하며 회화에 삶의 가치를 부여하기 때문이다.

---

32) 메를로 뽕띠 지음, 권혁면 옮김, 『의미와 무의미』, 서광사, 1988, p.20.

33) 이영의, 「철학과 마음치유」, 제334회 학·연·산 연구성과교류회《인문학적 마음치유와 한국의학의 만남》, 마음인문학연구소, 한국연구재단, 2012, p.50.

이처럼 미학이란 자연 및 철학과 직결되어 있는데, 그것은 주객 합일의 미학으로서 물아物我의 심미적 융합과도 직결된다. 특히 중국의 회화, 시 속에 드러나는 주객 융합의 서정 미학은 실로 도가철학에게서 영원하며, 오늘날 환경 위기, 자연 파괴는 극단적으로 잘못된 물아物我 관계에서 비롯되는 것이다.[34] 자연과 인간의 일체적 사유를 추구하는 중국의 도가철학은 인간의 무한 욕망을 넘어선 무용無用의 경계, 심미적 융합 속에서 미학의 가치를 부각시켜 왔다.

구체적으로 미학이 철학과 직결되어 있는 것은 장자철학에 잘 나타나 있다. 내성지학內聖之學의 최고 목표인 천인합일의 정신경계를 처음으로 상세히 전개시킨 것은 우리에게 잘 알려진 『장자』로서 이는 높은 생명경계 속에서 철학과 미학 그리고 문학이 고도로 융합된 저작이다.[35] 장자가 거론한 무용無用의 사상은 서양 미학의 심미 활동이나 초공리성의 학설과 아주 흡사하다. 그것은 현대의 미학과 예술이 장자로부터 유용한 소재를 찾는 이유가 되기도 한다.

그렇다면 미학과 관상철학은 어떠한 관계가 있는가? 얼굴의 아름다움을 전하는 눈과 눈썹, 귀와 털, 입과 이빨, 턱 등의 생김새가 미학적 시각에서 볼 수 있으며 그것은 중세 아름다운 조각상에서 나타난다. 6세기 말 성인의 조각상은 특성을 나타내는 묘사와 색깔의 표준화가 관상학의 영역에 속한다. 즉 당시의 동방교회는 교육적인 차원에서 성상聖像을 만들기 시작하였다. 그 배후에는 성인들과 절기節氣를 표현하는 성상 제작의 기준을 확립할뿐더러, 각 성인의 특성을 나타낼 수 있는 묘사와 색깔을 표준화시키는 것이었으며, 이같이 누군가의 모습을 표현하는 시각적 상징

34) 이성희, 「莊子 철학의 미학적 구조-物我 관계를 중심으로」, 『道家哲學』 第2輯, 韓國道家哲學會, 2000, p.197.

35) 金白鉉, 「現代 韓國道家의 研究課題」, 『道家哲學』 창간호, 韓國道家哲學會, 1999, p.333.

성의 영역은 분명히 관상학의 영역이기도 하다.[36] 고대 성현 조각상의 미학이 곧 관상철학의 영역과 조우하게 된 것이다.

조각상의 미학은 고대 점술을 주장하는 샤만(shaman)의 심리와도 관련된다. 샤만은 자신의 정령과 소통하는 것을 보여주기 위해 그 정령을 상징하는 조각이나 그림을 만들어 그것에 기도하고 제물을 바치며, 그들은 정령과 소통하며 미래를 예측하고 병을 치료하며 죽은 자를 떠나보내고 산 자를 맞이한다.[37] 점술사들이 곧 고대의 명리학 내지 관상학자들의 심리와 크게 다르지 않다는 점에서 생명력을 불러일으키기 위해 미학에서 말하는 아름다운 조각상을 만들어내는 것이다.

근대의 조각상의 미학적 가치에 더하여 가장 아름다운 모습으로 미인론이 나타난다. 색채에 대한 미학적 의미를 보면 유럽대륙 내에서도 지역에 따라 조금씩 다르게 나타난다. 눈동자의 경우 이탈리아에서는 갈색이 도는 검은색을 애호하는 반면, 영국에서는 회색 눈동자에 대한 언급이 두드러지고, 프랑스에서는 녹색을 선호하며, 중세 관상학이 가장 아름다운 모습으로 표현된 예는 아마도 이 미인론일 것이다.[38] 조각 형상의 육체는 색채를 지니며 완벽한, 그러나 존재할 수 없는 이상화된 미인론의 여성 모습을 드러낸 것이며, 미학의 관상학에서 이러한 색채는 신체의 기색론에서 비중 있게 거론된다.

미학적 시각에서 본 관상학의 14세기 길상의 여인 모습은 어떻게 전개되고 있는가를 살펴보도록 한다. 곧 당시 파리의 하류계층의 세계를 묘사한 발라드로 유명한 비용은 『아름다운 올미에르의 회한』에서 아름다웠던 궁녀의 옛 모습을 다음과 같이 묘사한다.

---

36) 설혜심, 『서양의 관상학, 그 긴 그림자』, 한길사, 2003, pp.153-154.

37) 김익진, 「문학과 마음치유」, 제334회 학·연·산 연구성과교류회《인문학적 마음치유와 한국의학의 만남》, 마음인문학연구소, 한국연구재단, 2012, p.45.

38) 설혜심, 『서양의 관상학, 그 긴 그림자』, 한길사, 2003, pp.163-164.

매끄러운 이마와
블론드색의 머리칼, 아치형의 둥근 눈썹 ...
넓지도 작지도 않은 그 아름다운 오똑한 콧날과
머리에 붙은 자그마한 귀,
보조개가 움푹 팬 귀여운 턱과
아름답던 진홍빛 입술은 어디에?[39]

여기에서 여인의 아름다움은 이마, 머리카락, 눈썹, 콧날, 귀, 턱과 같이 부분적 육체의 모습으로서 이는 미학적으로 세분화된 양상이며, 미녀에 대한 관상철학의 상징성을 지니고 있다.

다만 관상철학이 미학적인 상징성에 한정된 것으로 좁혀진다면 그것은 외형만으로 평가기준을 정하게 되므로 바람직하지 않다. 여기에서 철학적 관상학에서 미학과 윤리학의 범주를 포함해야 한다. 이를테면 가치에 대한 연구는 일반적으로 미학과 윤리학의 분야로 나누어지며, 미학은 인류가 아름답다고 생각하는 학문이고, 윤리학은 행위에 대해 연구하고 정당화하는 학문이다.[40] 미학의 아름다운 모습의 강조와 윤리학의 윤리적인 마음의 강조가 조화를 이루는 것이며, 관상철학은 바로 이 두 가지를 아우르는 방향에서 접근될 필요성이 있다.

따라서 외형을 중시하는 미학적 가치에 더하여 도덕성을 강조하는 미학이 필요하며 그것은 관상철학에서 지향하는 것이다. 서구 전통에서 발전한 철학적 사고를 종합하면 인격은 다음과 같이 함축된다. 곧 도덕적 책임감의 소유로, 미학적·도덕적 가치가 있으며, 인격 완성은 이에 비례한다[41]는 것이다. 미학적 가치에 더하여 윤리 도덕적 가치가 바로 인격완

---

39) 설혜심, 『서양의 관상학, 그 긴 그림자』, 한길사, 2003, pp.155-156.

40) Jack R. Fraenkel 著, 송용의 譯, 『가치탐구 수업을 어떻게 할 것인가?』, 教育科學社, 1986, p.18.

성의 길이며 관상철학의 이상향이기도 하다.

하지만 중세에는 여전히 여성의 미학에 대하여 외형적 미인상을 추구하는 성향이 있었다. 16세기 여성의 미학에 대한 관상학을 보면, 『여성의 미에 대한 대화』(1548)에 피렌추올라는 미인의 조건을 다음과 같이 정리한다.

> 두발: 섬세한 금발로, 때로는 황금빛으로 때로는 벌꿀로도 비유된다. 밝은 햇빛처럼 빛나며 굽실거리고 풍성하며, 길다.
>
> 이마: 커야 한다. 다시 말해 넓고 높고, 순백으로 빛난다. 평평하지 않고 아주 완만한 아치를 그리듯 생겨야 한다.
>
> 눈썹: 흑단색으로 마치 질 좋은 비단처럼 섬세하고 짧고 부드러운 털로 이루어져 있다.
>
> 눈: 눈동자를 빼놓고는 흰색이어야 한다. 그러나 겨우 식별할 수 있을 정도로 희미한 이마색이 깃들여 있으면 좋다.
>
> 눈동자: 눈동자는 한가운데의 동그란 부분은 제쳐두고 전체적으로 새까맣지 않은 게 낫다. ... 하늘색을 상기시키는 푸른 기가 도는 눈동자를 선호하는 사람 또한 적지 않을 것이다. 일반적으로는 짙은 황갈색 눈동자가 다른 어떤 색보다도 가장 존중되고 있다.
>
> 귀: 루비보다 오히려 백옥과 비슷한 색채 또는 빨간 장미보다는 붉은색이 감도는 백장미색이어야 한다. ... 품위있고 반듯한 주름의 융기는 평평한 부분보다도 밝은 색을 띠고 있다. 그리고 귀 모양을 나타내는 가장자리는 석류 속 알갱이와 같이 붉고 투명하게 빛을 발하고 있다.[42]

인도의 시성인 타고르의 미학에서는 외형의 아름다움만이 아니라 내면의 고귀한 가치가 부각되고 있다. 그는 보름달이 유난히도 맑은 어느 날

---

41) 金勝惠, 「道敎의 人格理解」-老子·莊子·抱朴子를 중심으로-, 제8차 학술세미나 『道敎와 倫理』, 한국도교사상연구회, 1995, p.3.

42) 설혜심, 『서양의 관상학, 그 긴 그림자』, 한길사, 2003, pp.164-165.

밤, 아름다운 강 위에 배를 띄워놓고 크로체의 미학美學에 관한 책을 읽고 있었다. 미학에 대한 크로체의 복잡한 설명을 읽다 피로해진 타고르는 책을 덮고 촛불을 껐다.

> 바로 그 순간 배의 모든 창문을 통해 은은한 달빛이 밀려 들어와 배 안을 가득 채웠다. 타고르는 한동안 고요히 앉아 있었다. 그것은 신비한 느낌으로 가득한 신성한 경험이었다. 그가 배 밖으로 나갔을 때, 고요한 강 위로 달빛이 아름답게 빛나고 있었다. 숲은 적막하기 이를 데 없고, 강물은 소리 없이 흐르고 있었다. 그는 그날 밤의 일을 일기에 다음과 같이 썼다. "아름다운 달빛이 사방에서 나를 에워싸고 있었는데도 작은 촛불이 그 아름다움으로부터 나를 차단하고 있었다. 그 촛불 때문에 달빛이 배 안으로 들어오지 못하고 있었던 것이다."[43]

마음을 환하게 비추어줄 달빛이 이내 차단된 타고르의 일기장에서 미학의 숭고한 가치가 발견되고 있다. 신비한 느낌으로 체험한 달빛을 놓치는 일은 없어야 한다는 것이다. 미학의 심오함이 여기에 있으며 조그마한 촛불이 달빛을 가려버린다면, 외모 지상주의의 조그마한 나의 육체가 우주 대자연의 아름다운 모습을 감추어버리고 만다. 여기에서 관상철학의 미학적 가치가 한껏 살아난다. 체상만으로 관상철학은 만족할 수 없으며 심상의 모습까지 아울러야 한다는 것이다.

21세기가 된 오늘날 서구 관상학의 전통은 다양한 분야에 스미어 있다. 사회학, 의학, 심리학, 종교학에 더하여 미학 등에서도 나타난다. 특히 1950년대 이후 TV의 보급과 더불어 시작된 이른바 텔레비전의 시대는 인간의 외모에 대한 관심에서 새로운 시대를 열었으니, 개인이 시각적으로 경험할 수 있는 얼굴의 수는 상상할 수 없으리만큼 급증하였고, 시청자

---

43) 윤종모, 『치유명상』, 정신세계사, 2009, p.288.

들을 끊임없이 세뇌시키는 미인의 기준 또한 강제되었다.44) 외모지상주의로 흘러가는 미학의 편중된 모습은 관상철학의 등장과 더불어 영성을 키워주는 심학을 아우르는 것으로서 육체와 정신의 상호 관련성을 지향하는 과제가 부여되어 있다.

관상철학의 미학적 가치를 상기해본다면 이러한 과제들은 반드시 해결되어야 한다. 일반적인 과제로부터 철학이 다루어야만 하는 특수한 문제들로서 가장 보편적인 문제들은 논리학, 인식론, 형이상학, 윤리학, 미학 등 5가지 영역으로 나누어진다. 인식론을 제외하고 이들 학문은 이미 플라톤과 아리스토텔레스 이래로 핵심적인 철학 이론을 표현해 왔다.45) 철학의 과제는 좁혀 말하면 관상철학의 과제이며 미학과 철학의 만남에서 관상철학이 갖는 함수가 비중 있게 다루어야 할 것이다.

4 정기신론과 관상철학

정기신은 근본적으로 인간의 생명현상과 관련되어 있다. 우리의 생명을 논함에 있어서 정精은 생명력의 근원을, 기氣는 생생약동하는 생명의 흐름을, 신神은 생명력이 지니는 신묘한 직관적 영감처를 의미한다고 할 수 있다.46) 정이 없으면 생명의 탄생이 불가능했을 것이며, 기가 없으면 생명이 생성되는 과정을 설명할 수 없으며, 신이 없으면 신묘한 세계를 거론할 수 없다. 일반적으로 '정신'과 '육체'를 세부적으로 언급한다면 이 같이 정과 기와 신을 포함하여 언급하는 것이다.

44) 설혜심, 『서양의 관상학, 그 긴 그림자』, 한길사, 2003, p.323.
45) 쿠르트 프리틀라인 저, 강영계 역, 『서양철학사』, 서광사, 1985, p.29.
46) 김낙필, 「性命論과 精氣神論」, 『태동고전 연구』 제3집, 태동고전연구소, 1987, pp.203-204.

정기신은 삼보로 받들어지는데 한방의학의 경우가 이와 관련된다. 삼보와 『동의보감』 정기신 삼보를 바탕으로 인체를 비추어 보게 된 의서는 한의학서 중에서도 우리나라 전래의 『동의보감』이 유일하며, 이 『동의보감』은 권두에 「내경편」을 두고 도교의 사상을 표방하였으며, 「내경편」의 시작 또한 정기신 삼보로 나열하였다.47) 정과 기는 서로 보양하는 관계로서 기가 모이면 정이 충만하고, 정이 충만하면 기가 성하다는 것이다. 한방의학에서 말하는 정기신은 상호 밀접한 관계로서 어느 하나가 결여되어 있으면 생명활동은 어렵다는 것으로 이해한다.

생명활동과 직결된 정기신은 한방의학에 더하여 기철학적 전통을 계승한 것으로 보기도 한다. 기철학의 전통을 충실히 계승한 정기신론은 노자, 장자 등의 초기도가 사상과도 밀접한 관련이 있으며 우주론, 인생론, 실천 수행론의 여러 영역에서 기철학적 고유성을 잘 드러내준다.48) 우주론과 인생론 나아가 수양론의 체계를 정립함에 있어서 정기신 이론은 철학적으로 주목을 받으면서 도교의 기철학과 밀접한 관련을 맺고 있는 것이다.

도교의 기철학은 곧 기수련과 연결되는 관계로서 정기精氣를 단련하여 신神까지 체득하는 경지가 언급되는데, 이는 도교의 성명쌍수性命雙修에서 명命의 수련에 해당된다. 도교가 인간의 정기신 배양을 통해서 성명쌍수를 이루는 것을 목표로 한다고 할 수 있지만, 기공은 "기라고 하는 어떤 종류의 생체 에너지를 사용한 운동법이며, 건강유지·증진이나 병의 예방, 난치병의 치료, 노화방지, 잠재능력의 계발들을 목적으로 하고 있다.49) 정

47) 백남귀, 「東醫寶鑑 내경편의 양생적 고찰」, 한국종교학회 2003년 춘계학술대회 《불교·도교분과》, 한국종교학회, 2003, p.26.

48) 김낙필, 「性命論과 精氣神論」, 『태동고전 연구』 제3집, 태동고전연구소, 1987, p.212.

49) 임채우, 「기공학의 이론으로 본 노자사상과의 관계문제」, 추계학술회의 발표요지《유불도 三敎의 기공학》, 한국기공학회, 2001, p.62.

기신론은 단지 도교의 수련에 한정되는 것은 아니다. 유교사상의 우주론적 기초는 기철학과 관련되어 있으므로 한대의 철학과 송대의 철학에서 정기신론이 응용되었다. 동중서의 천인상응론이 그것이며, 주렴계의 성·신·기誠·神·幾도 정기신론과 관련되며, 『성리대전』(28, 黃勉齋)에서도 정기신론을 거론하고 있음이 주목된다.

이러한 유교와 도교의 정기신론이 철학적으로 관상학에서도 이론적 기반이 되고 있다. 『마의상법』에서 정기신에 더하여 혈血을 언급하고 있다.

> 무릇 형形은 혈血을 기르고, 혈은 기氣를 기르고, 기는 신神을 기르는 까닭에 흠이 있는 모양, 즉 피가 온전하면, 온전한 기가 갖추어지고, 기가 온전하게 갖추어지면 신이 온전해 진다. 이에 형은 능히 신을 기르는 까닭에 기가 열리면 편안해지는 것이니, 기가 불안하면, 신이 사나워지고 안정되지 못하게 된다.[50)]

위에서 주장하는 것처럼 형, 혈, 기, 신이 조명되고 있다. 정기신과 형기신은 생명 존재의 기반을 언급하며, 여기에서 혈이 덧붙여지고 있다. 이 모두가 인간의 생명현상을 언급하는 것이며, 관상이론에서 철학이론이 수렴되고 있다.

고전상법으로서 『신상전편』은 정기신을 어떻게 설명하고 있는가? "기氣는 기름과 같으며, 신神은 등불과 같고, 형形은 기를 바탕으로 길러지는 것이다. 형으로서 혈을 기르고 혈로서 기를 기르고, 기로서 신을 기르니, 형이 온전하면 기 또한 온전하다. 기가 온전하면 신 또한 온전하다"[51)]고

---

50) 『麻衣相法』「論神」, 夫形以養血 血以養氣 氣以養神 故形全則血全 血全則氣全 氣全則神全 是知形能養神 托氣而安也 氣不安則种暴而不安 能安其神.

51) 『神相全編』, 「相神氣唐」, 氣似油兮神似燈形資氣以養之 形以養血 血以養氣 氣以養神 故形全則氣全 氣全則神全.

하였다. 여기서 말하는 혈이란 정精을 말하는 것으로 정기가 온전하게 되면 신이 드러나며 비로소 형체가 드러난다는 말이므로 근본은 혈과 기에 있다는 것이다.[52] 정과 기와 신이 온전하면 형체가 드러난다고 본다.

이처럼 정기신에 더하여 혈을 언급하고 있음을 알 수 있다. 그것은 정기신에 더하여 혈이 없으면 형체도 없다는 것으로 청대의 『신상수경집』에서는 다음과 같이 말한다. "사람이 정·기·신·혈이 생겨나지 않고 오로지 빈 껍질만 있다면 어찌 살아있는 사람이라 할 수 있겠는가?"[53] 정·기·신·혈로써 사람의 형체를 이루고 생명을 기른다는 것을 거론하고 있다. 그러므로 정·기·신·혈이 없다면 빈 껍질에 불과한 것이므로 생명을 잃은 상태이거나 무정물로 이미 변해버린 상태이다.[54] 관상철학에서는 정기신과 혈, 곧 혈색도 중요한 관상부위임을 알 수 있다.

이러한 정기신과 혈 가운데 생명체의 잉태에 대하여 남녀를 연결하고 있는 『유장상법』에서 그 흥미를 더하는데, 그것은 남자는 정精으로, 여자는 혈血로 한 생명체를 만들거나 죽음에 이른다는 것이다.

> 남자는 정신으로써 부귀를 누리고, 여자는 혈기로써 영화롭게 된다. 해석해 말하기를 남자는 정으로써 으뜸으로 삼고, 여자는 혈로써 으뜸을 삼는다. 남자는 정으로써 몸의 근본이 되고, 여자는 혈로써 생명의 원천이 된다. 남자는 정이 마르면 곧 죽게 되고, 여자는 혈이 고갈되면 곧 사망하게 된다. 그러나 비록 정과 신으로써 으뜸으로 삼았지만 상相의 어디를 봐야 할지 모른다.[55]

---

52) 오서연, 『인상과 오행론』, 학고방, 2017, p.101.

53) 『神相水鏡集』, 假如精神氣血不生 惟有虛穀之體 面谷神先枯焉.

54) 오서연, 『관상학 네비게이션』, 학고방, 2020, p.140.

55) 『柳莊相法』「精神血氣」, 男以精神富贵, 女以血氣榮華○解日, 男以精為主, 女以血為主, 男以精生身, 女以血養命, 男子精乾即死, 女人血枯卽亡, 然雖以精神為主, 不知何處可觀.

이처럼 남녀의 관계를 정기신으로 언급하고 있으며, 이것은 마치 남자의 정자가 생명체의 씨앗 역할을 하며 여자는 이를 잉태하여 혈로서 생명 완성을 이룬다는 것으로 이해된다. 이에 더하여 관상학에서는 관상은 정精과 기氣와 신神 가운데 어느 것을 중심으로 보아야 할 것인가에 화두를 던지고 있다.

정과 혈에 이어서 고전상법에서는 정精과 신神의 관계를 언급하고 있다. "신은 정의 싹이 되니 정이 굳세면 신이 맑고, 신이 맑으면 눈이 수려하니, 고로 남자는 칠흑 같은 눈의 광채가 사람을 쏘는 듯해야 한다."[56] 도가의 장자철학에서는 정과 신이 합하여 정신精神의 개념으로 정착되었는데, 정과 신의 관계는 고전상법에서도 구체화된다. 우리가 "정신차려." 라는 말을 하듯이, 정과 신이 굳세고 맑으면 눈동자가 맑게 빛나서 생명활동을 더욱 활발하게 한다는 것이다. 관상에서 정과 신을 하나하나 살펴보아 인간의 정신상태를 살피는 것이 중요하다.

정과 혈, 정과 기, 정과 신과 같이 3가지를 합해서 언급하기도 하고 나누어 상호 관계성을 언급하기도 한다. 정기신이든, 형기신이든 서로 건강하고 조화로워야 한다는 의미이다. 이에 『마의상법』에서는 이들의 관계를 나누면서도 상호관계를 구체화하고 있다.

> 기氣가 건장하며 혈血이 조화로우면 신神이 (편안하고) 견고하며, 혈이 마르고 기가 흩어지면 신이 광채 나고 바쁘다. 뛰어나며 맑고 빼어나면서 심心과 정신이 상쾌하여 기와 혈이 조화로우면 신이 혼미하지 않다. 신神의 맑고 탁함이 형체에 표가 되니 귀와 천을 결정하는데 가장 논의할 수 있다. 신은 드러나지 말아야 하니 드러나면 신이 놀고 반드시 흉하게 된다. 신은 안에 숨음이 귀하니 은연하게 바라보면 두렵고 복종하는 마음이 있게 된다. 가까이 하면 신이 기쁘며 나아가면 귀해진다. 관상은 신이

56) 『柳莊相法』「精神血氣」, 神乃精之苗, 精壯則神清, 神清則目秀, 故男人要漆黑.

> 유여하며 형체形의 부족은 가능할지언정 형체가 유여하며 신이 부족할 수 없다. 신이 유여한 사람은 귀하며 형체가 유여한 사람은 부유하다.[57)]

정기신의 범주에서 형形과 혈血 그리고 심心이 응용되고 있으며, 그것은 후래 유불도 수양론에서 정기신, 형기신, 형기질, 영기질, 이기질 등으로 분류되는 성향을 지닌다. 관상법에서는 이처럼 유불도 철학의 이론을 수용하여 정기신의 각 부위에 대한 상법을 거론하고 있다.

그런데 정기신에서 정기는 정신개념으로, 신에서 형체개념으로 정착되었다는 것이다. 세 가지로 말하면 정·기·신이지만 두 가지로 말하면 정신과 형체가 되는 것이다. 『옥관조신국』에서는 이에 대하여 다음과 같이 말한다.

> 정精이 합한 후에 신神이 생기고, 신이 생긴 다음에 형形이 온전해지며, 형이 온전한 후에 색色이 갖추어진다. 밖으로 드러나서 알 수 있는 것을 형形이라 하고, 마음에서 생겨나는 것은 신이라 하고, 혈육에 있는 것은 기라 하고, 피부에 있는 것은 색이라 한다.[58)]

정신과 형체가 합하여 인간의 존재가 성립되며, 여기는 관상학에서 중요하게 여기는 색을 말하고 있다. 기색이 그것이며 또한 혈색이 그것으로, 관상학에서 길과 흉이 거론되는 핵심부위이다.

---

57) 『麻衣相法』第7章 形神聲氣, 「論神」, 氣壯血和則神, 血枯氣散神光奔. 英標清秀心神爽, 氣血和調神不昏. 神之淸濁爲形表, 能定貴賤最堪論. 神不欲露 露則神遊則必凶也. 神貴內隱, 隱然望之有畏服之心. 近則神喜, 就之, 則爲貴. 凡相은 寗可神有餘, 而形不足, 不可形有餘, 而神不足也. 神有餘者貴, 形有餘者富.

58) 『玉管照神局』,「陳摶先生風鑑」, 人之生也 受氣於水 稟形於火 水則爲精爲志 火則爲神爲心 精合而後神生 神生而後形全 形全而後色具 是知顯於外者謂之形 生於心者謂之神 在於血肉者謂之氣在於皮膚者謂之色.

정기신을 통해서 얼굴의 형상과 성격을 구분하고 있는 것이 관상학의 정수이다. 우리 몸에서 바탕이 되는 것을 정·기·신·혈이라고 하는데, 얼굴 모양도 정·기·신·혈과 같은 맥락에서 접근된다. 이를테면 얼굴이 둥근형인 사람을 정과精科라 하고, 사각형인 사람을 기과氣科라 하며, 역삼각형인 사람을 신과神斗라 하고, 삼각형인 사람을 혈과血科라 한다.[59] 정과는 둥근 얼굴로서 원만형이며, 기과는 각이 있어 잘 머물지만 구르지 못한다. 신과는 역삼각형이므로 상승하는 기운이 강하고, 혈과는 삼각형으로 생겼으므로 하강하는 기운이 강하다. 따라서 정과와 혈과의 사람은 성격이 좋고, 기과와 신과의 사람은 성질이 만만치 않아서 염세적인 성향이 있다.

어떻든 사람의 운명은 정기신 모두에 반영된다. 정기신이 운명에 모두 반영된다는 것은 몸체 내부 오장의 상태 조건, 외부의 기운이 작용하여 그것이 몸체와 얼굴에 반영되는 것이며, 얼굴은 마음의 기와 정과 신 모두가 반영되어진 곳으로 얼굴의 형상과 상태에 따라 운명은 그길로 가는 것이다.[60] 심신의 정기신이 건강한 상태인가, 조화로운 상태인가, 갈등을 일으키는 관계인가에 따라 운명의 길흉이 결정된다는 것이다. 정신과 육체의 조화 및 건강 유무는 정과 기와 신의 조화와 건강 여부에 달려 있기 때문이다.

따라서 정이 올바르면 기도 올바르며, 기가 올바르면 신도 올바르다는 논리이며, 관상학에서는 이들 가운데 어느 하나 소홀히 관찰하지 않을 수 없다. 쉽게 말해서 관상학자의 언급처럼 “정신이 올바르면 기운도 올바르고 몸도 올바르기 때문에 자기 발전과 출세도 할 수 있다. 정신이 올바르지 않은데 출세한 사람은 천하에 아무도 없다.”[61]는 것이다. 관상

---

59) 정창환, 『얼굴여행』, 도솔 오두막, 2006, pp.15-16.

60) 이정욱, 『심상 관상학』, 천리안, 2006, p.41.

61) 미즈노 남보쿠, 화성네트웍스 역, 『마음 습관이 운명이다』, 유아이북스, 2017, p.47.

철학에서 중시하는 '정신'이 올바르면 기운이 좋고, 기운이 좋으면 혈색도 좋은 것으로, 이러한 세 박자가 조화를 이룰 때 좋은 관상을 가진 것으로 길상이라 하지 않을 수 없다.

5 ▸ 학제간 연구의 관상철학

철학의 기원은 무엇일까에 의심을 가져본다면 본래부터 철학이라는 과목이 독립해 있었던 것인가? '철학'이라는 과목은 우주 내자연에 대한 사유에서 비롯되었다고 가정할 수 있다. 서양철학은 자연의 사유로부터 출발하였는데 소크라테스 이전의 그리스 철학은 자연현상이 보여주는 변화의 주기성과 규칙성에 대한 경이驚異에 매료되어 이성을 통해 그것을 설명하려던 자연철학이었다.[62] 고대의 신비적·신화적 패러다임에서 벗어나 이성의 패러다임을 통해 자연의 본질을 연구하면서 철학은 시작된 것이다.

일반적으로 철학은 다른 영역의 학문과 밀접하게 관련되어 왔음은 부인할 수 없다. 고대 서양에서는 플라톤이나 아리스토텔레스의 시대와 같은 철학의 전성기에도, 그것은 정치학이나 윤리학과 같은 어떤 다른 학문들에 의지하였고, 중세의 사람들에게 그것은 신학이었다.[63] 이러한 맥락에서 볼 때 철학은 근세의 베이컨과 뉴턴의 경우 자연과학, 19세기의 사상가들에게는 역사학이나 정치학 혹은 사회학으로 이해되었으니 철학의 정착과정에 볼 때 주변 학문들과의 학제간 교류가 있었다.

독일 철학자 빌헬름 딜타이(1833~1911)도 역사학이라는 학문의 발전에

62) 박재주, 『주역의 생성논리와 과정철학』, 청계, 1999, p.34.

63) 라다크리슈난 저, 이거룡 옮김, 『인도철학사』 I, 한길사, 1996, p.45.

도 학제간 협조가 필요하다고 하였다. 그에 의하면 역사는 예컨대 법학, 경제학, 문학비평 및 사회학과 더불어 그가 정신과학이라고 불렀던 학문이 이에 속한다.[64] 역사철학자 월쉬의 『역사철학』에서 이와 같이 역사학도 그것만으로 발전할 수 없으며, 여기에는 주변학문의 다양한 정보와 지적 체계를 공유해야 한다는 점에서 이와 같은 언급을 한 것으로 이해된다.

동양철학의 경우 학제간 섭렵 속에 발전되어온 노자철학의 경우도 마찬가지이다. 노자사상은 철학이나 정치나 병법, 윤리문제 등과 연관될 뿐 아니라, 고대로부터 양생의 문제와 밀접한 연관을 가지고 있다.[65] 도가철학의 시조로서 노자와 장자는 우주에 대한 경이감을 가지고 그의 철학을 완성했으며, 당시의 시대적 상황이 춘추전국시대였던 만큼 병법도 관련되어 있고, 인간 생명의 존엄성을 강조하는 윤리의 영역에까지도 연결된다. 동서양을 막론하고 철학의 발전에는 주변학문과의 부단한 교류 속에서 발전되어온 것이다.

이처럼 철학이 종합과 분화의 과정에서 이루어진 제반 학문의 종합적 시각이라는 점에서 학제간 연구와 그 체계화가 더욱 용이하다. 라다크리슈난에 의하면 철학이 현대의 다양하게 분화된 여러 학문 분야를 포괄하는 것은 종합적인 시각에서 비롯된 것으로, 서양에서는 지난 수백 년 동안 줄곧 철학에 포함되어 있던 여러 학문분야-경제학·정치학·윤리학·심리학·교육학- 가 하나씩 철학에서 분화되었다.[66] 이러한 분화가 이루어지면서 여기에 철학이라는 기저의 접미接尾를 통해 또 다른 학문으로 이루어진 것이다. 즉 경제철학·정치철학·윤리철학·심리철학·교육철학이라는 학문이 탄생한 것이며, 학제간의 협업의 학문은 세분화되고 전문화

---

64) W.H.월쉬 지음, 김정선 옮김, 『역사철학』, 서광사, 1989, p.65.

65) 임채우, 「기공학의 이론으로 본 노자사상과의 관계문제-柔弱과 養氣의 의미를 중심으로」, 『동양학연구』 제1집, 원광대학교 동양학연구소, 2005, pp.188-189.

66) 라다크리슈난 저, 이거룡 옮김, 『인도철학사』Ⅰ, 한길사, 1996, p.56.

과정을 거치는 것이다.

세분화로서 학제간의 효율성으로 나타나는 어떠한 학문이든 그것은 보다 융합적이고 체계적인 성향을 띤다. 이를테면 종합학문으로서의 철학은 다양한 분야의 전공에 기반이 되는 융합적 성향으로서 철학적 가치가 부여된다. 철학은 때에 따라서는 형이상학, 인식론, 과학론, 가치론, 또는 모든 학문의 종합으로서 규정된다.[67] 그러니만큼 철학 발전사는 제반학문의 융합으로서 체계적 학문적으로 정착되는 것이다.

과거와 달리 오늘날 학제간의 연구는 선택이 아니라 필수적인 상황으로 진개되고 있다. 피터 드러커는 『미래의 결단』이라는 저술에서 말하기를, 오늘날 제약산업은 유전공학과 미생물학에 의해, 그리고 약 40년 전에는 생물학자들이 들어보지도 못했을 이론들에 의해 심각하게 변화하고 있다[68]고 하였다. 한때는 전공의 어느 특수 분야에 한정하여 연구해온 것이 학계의 유행이었지만 이것은 구시대의 유물이 되고 말았다. 의약산업이 공학과 생물학의 도움으로 발전하는 현상은 그것이 갖는 영향력의 확대이며, 새로운 시대의 패러다임은 융합학문이라는 것과 직결되어 있기 때문이다.

새로운 패러다임으로 학제간 연구가 효율성을 드러내기 위해서는 우선 각 분야의 다양한 학자들의 협업 자세가 있어야 가능하다. 전공영역의 학자들이 협업을 통해서 부가가치를 향상시키는 점을 간과할 수 없다는 것이다. 줄리앙 방다(Julien Benda, 1927)는 지식인상에 대해 설명하며 말하기를, 오늘날까지 전 역사를 통하여 그 영향력이 대중의 현실주의자와 직접적으로 상반되는 것이었던 철학자, 문학가, 예술가, 인문학자, 과학자들이 끊임없이 배출되고 있음을 알 수 있다고 한다.[69] 철학자는 물론 문학

---

67) 金桂淑, 『西洋哲學史』, 一潮閣, 1993, p.1.

68) 피터 드러커 著, 李在奎 譯, 『미래의 결단』, 한국경제신문사, 1999, p.100.

가와 예술가, 과학자 등이 학제간 협력을 통해서 새로운 시대에 대응하는 가치창출이 요구되는 상황에서 더욱 그렇다고 본다.

이러한 맥락에서 볼 때 학제간 연구가 활발한 상황에서 관상학의 발전이 이루어졌다. 외국과의 교류가 왕성한 당대唐代에는 많은 관상가가 배출되었는데, 장경장, 원천강, 장사막 등이그들이다. 이 가운데 원천강은 어린 시절 남장을 하였던 중국 최초의 여황제 측천무후의 상相을 보고 "반드시 여자라면 실로 살펴 헤아릴 수가 없으니, 후일 마땅히 천하의 주인이 될 것이다."라고 하였다.[70] 송대에는 유교철학과 음양오행설이 접목되면서 관상학이 전개 되었으며 이때에 『마의상법』이 등장한다. 원나라 때에 관상학자 유병충이 등장하고 있으며, 명나라 때에는 원충철에 의해 『유장상법』이 저술되면서 관상학의 눈부신 발전이 이루어진 것이다. 이처럼 송명宋明 철학이 발전하면서 유불도 3교의 원활환 교류와 더불어 학제간 교류의 맥락에서 관상학이 발전된 것이다.

관상철학이란 이러한 관상학과 주변학문과의 교류에 힘입어 발전되어야 한다는 것이 필자의 입장이다. 예컨대 철학은 학제간 연구의 결실이므로 이 철학에서 패러다임을 빌린 뒤 이를 관상철학에서 응용되어야 한다. 따라서 철학은 물리학에서 패러다임을 빌린 뒤에 그것을 철학에 응용하기 위해서 다시 한 번 추상화시켜 적용한 것이 화이트헤드의 과정철학이라는 점[71]을 관상철학의 모델을 삼아야 할 것이다.

사실 서양관상학은 철학과 의학의 학제간 연구를 통해서 시작되었다. 관상학은 헬라스에서 철학과 의학의 이론적 탐구를 목적으로 연구되기 시작되자, 일상적으로 철학자들이 관상학을 이론적으로 탐구하면서 본격

---

69) 티보 후짜르, 「지식인 개념의 변천」, 알렉산더 겔라 編, 김영범 외 1인 譯, 『인텔리겐챠와 지식인』, 학민사, 1983, pp.67-68.

70) 地平 編著, 李成天 監修, 『관상해석의 정석』, 도서출판 문원북, 2019, p.18.

71) 박재주, 『주역의 생성논리와 과정철학』, 청계, 1999, p.25.

적으로 학문의 위상을 차지하게 된 것으로 생각된다.[72] 당시 철학자들이 인간의 본질적 탐구에 관심을 기울이다가 인간의 외형적 모습과의 연관성에 관심을 가지면서 관상학은 발전했다는 뜻이다. 특히 철학과 의학의 공통된 부분으로 인간의 정신과 신체 사이에 일종의 관련성을 찾아내면서 관상학이 발전하였다는 것으로 관상철학은 이러한 상호의존의 궤적을 참고하여야 할 것이다.

근대 관상학자 라바터 역시 학제간 연구를 통해서 그의 관상이론을 발전시켰다. 그의 저서는 당시 과학적 지식을 모두 동원하여 관상학을 집대성하였는데, 생리학, 해부학, 동물학, 인류학 등과 같은 새로운 학문 분야의 업적과 예술적 표현기법까지도 총망라하며 다루었다.[73] 학제간의 만남이 갖는 효율성이 관상학의 발전이며, 그러한 면에서 관상철학은 주변 학문과의 교류를 통해 지속적으로 접근하는 것이 필요하다. 그리고 관상철학에서 필요한 철학적 지식에 더하여 인간의 존엄성과 우주 만물의 이치를 체계화하는 노력이 요구되는 것이다.

이론의 체계화를 비추어볼 때 근대의 관상학의 핵심으로 등장하는 골상학은 과학적 합리주의와 관련하여 발전의 계기가 되었다. 본 골상학은 19세기 말에는 존재조차 잊게 하는 상황이었으나 골상학을 비롯한 관상학은 20세기 사회에 많은 영향을 끼쳤고, 21세기가 시작된 지금까지도 계속되는 문화적 맥락이다.[74] 이것은 근대화와 더불어 합리주의의 가치가 극대화된 시대적 성향으로, 관상학은 미래 운명을 가늠하는 예언적 기능보다는 타인의 성품을 추론하는 사회적 기능에서 발전을 이루었다. 이는 대인관계의 중요성이 현대인들에게 각인되면서, 사람들의 외모를 통해 그

---

72) 아리스토텔레스 지음, 김재홍 옮김, 『관상학』, 도서출판 길, 2014, p.29.

73) 설혜심, 『서양의 관상학, 그 긴 그림자』, 한길사, 2003, p.264.

74) 위의 책, p.303.

사람의 성격 분석이 가능해졌다는 것이다. 이른바 관상학은 합리적 과학의 도움으로 현대인들의 심리 속에 스며들어 갔다.

여기에서 미래학자 피터 드러커의 다음 언급을 소개해 보고자 한다. "철도에 대한 도전은 철도 자체에서 나온 것이 아니라 자동차, 트럭 그리고 비행기로부터 비롯되었다."[75] 이를 유추한다면 관상학에 대한 도전은 관상 자체에서 나온 것이 아니라 의학, 심리학, 사회학, 철학으로부터 비롯되었다고 할 수 있다. 그것은 관상학이 의학의 신체적 외모탐구, 심리학의 심리탐구, 사회학의 인간관계, 철학의 지혜사랑 등에 의해 더욱 가속도를 밟게 된다는 사실을 염두에 두자는 뜻이다. 관상철학은 여기에서 학제간 발전으로 성숙된 주변학문과 관상학 위에 전반적인 철학의 이론이나 철학적 가치를 심화시키는 일이 남아있다.

6 신비를 벗기는 관상철학

선사시대 고대인들은 문명발전 이전의 신비주의 시대를 살다간 사람들이다. 과학문명의 혜택을 받지 못한 탓에 과학의 합리주의적 사유와 동떨어진 생활을 했을 것이다. 이를테면 우주를 대우주, 인간을 소우주로 보아, 인간의 신체를 우주와 연결시키는 신비적 사유를 한 것으로 인체는 천지의 신비에 의존하고 있었다. 2200여 년 전 중국의 황하 유역에서 화려하게 문명의 꽃을 피웠던 술법이 있었으니 이는 사람의 얼굴과 몸 전체를 보고 미래의 운명을 예지하는 기법이 그것이었다.[76] 신비의 베일에 가린 우주와 인간의 신비적 관상학의 기원이 여기에서 출발한다.

---

75) 피터 드러커 著, 李在奎 譯, 『미래의 결단』, 한국경제신문사, 1999, p.100.
76) 엄원섭, 『관상보고 사람 아는 법』, 백만문화사, 2007, p.13.

고대의 신비와 예언적 관상학이 그 기원으로 접근되는 것은 미완의 인간이 절대적 신과 같은 초자연적 힘에 대한 절대의존에서 출발한다. 특히 동양에서는 언어초월 경향, 신비체험, 직관의 위력이 컸던 것[77]으로, 동양인의 신비와 예언에 대한 의존은 적지 않았다. 인간의 모습을 가지고 점을 치는 예언적 관상학이 등장하였던 것은 초자연적 존재에 대한 의존감정이 강렬하였다는 것으로, 그들은 당시의 세상에 일어나는 현상을 설명하기 위하여 '신의 뜻'이라 하였으며, 신의 뜻에 의해 인간의 길흉이 점쳐진다고 사유한 것은 당시로서는 당연한 일이었다.

중동의 이슬람 문명권에서 관상학 역시 예언자, 신비주의자의 모습으로 전개되었다. 헬라스어의 '관상학'에 해당하는 아라비아어는 'firasa'로서, 이슬람 문화권에서 'firasa'는 그것은 관용적으로 예언가나 신비주의자의 신적인 'firasa' 활동이었다.[78] 이슬람 문명의 예언이나 이에 따른 신비주의적 관상은 한동안 지속되다가 의학과 더불어 발전하였다. 그것은 후기 아라비아의 학자들이 의학과 관상학을 동일한 징표의 범형과 추론 방식을 공유하게 되었다.

이처럼 고대와 중세를 통하여 신화적 세계관이 있어 왔으며 점차 과학의 합리적 세계관으로 옮기게 되었다. 그리스에서 학문(철학)의 시작은 그리스 이전의 신화적·종교적 세계관으로부터 과학적 합리적 세계관으로의 자각과 전환에서 비롯되었다.[79] 그리스 이전의 문명 전통 또한 근본적으로는 자연의 질서에 입각한 경험을 축적한 것이었으므로 신비로부터 과학의 학문적 기반에 근거한 것이었다.

---

77) 이시카와 미츠오 著, 서상문 譯, 『동양적 思考로 돌아오는 現代科學』, 人間社, 1990, p. 104.

78) 아리스토텔레스 지음, 김재홍 옮김, 『관상학』, 도서출판 길, 2014, pp.40-41.

79) 이경무, 「동양의 學과 서양의 學問」, 『범한철학』 22집, 범한철학회, 2000, pp. 274-275.

그럼에도 불구하고 관상학은 오랫동안 신비주의자들의 마법서에서 벗어나지 못하였다. 그들의 마법에 의하면, 일곱 행성을 관장하는 신의 사자들이 등장하는데 그들의 특성은 중세의 관상학적 개념과 관련되었다. 달의 사자는 통통하고 살갗이 늘어진 것 같은 몸매에 색깔은 꼭 칙칙한 구름을 연상시키며 얼굴은 부어올랐고, 두 눈은 빨갛고 물로 가득 차 있으며 대머리였다.[80] 그대로의 생김새가 곧 그 사람의 본질이기 때문에, 외양은 인공으로 꾸며져서는 안 되었다. 당연히 여성의 얼굴 화장이나 머리단장도 허용되지 않는 식의 신비주의적 마법에 걸려 있는 인간 외모의 상학적 현상이었다.

덧붙여 신비주의적 관상학으로 점성술을 거론할 수 있다. 점성학적 관상학에는 그리스의 분석적 관상학에서 나타난 동물과의 비교라는 원칙이 포함되었으니, 황도 12궁에 나타난 상징주의가 바로 그것으로, 대표적 동물들과 그들이 표현하는 상징적 특질들이 이제 별자리와 연결된 것이다.[81] 이는 프톌로마이오스의 우주관과 관련된 양자리는 단순하고 즉각적인 성격, 황소자리는 물질적이고 안정적인 성향을 암시하였고, 사자자리는 자기중심적으로 용기 있으며 귀족적인 사람을 나타내는 형식이었다. 별자리인 12궁의 움직임과 인간의 관상에 상관성이 있다고 보았던 점성학적 관상학은 신비주의의 다양한 측면이다.

결과적으로 신비주의의 관상은 개념적 사유의 부정과 감정차원에서 발생한 것이며, 이것을 점차 극복하며 합리적 사유로 전개된 것이 학문이다. 신비주의는 '신비'의 요소를 파악하기 위하여 개념적인 사유가 할 수 있는 유일한 방법인 부정과 대립을 역설의 단계로까지 강화시키는가 하면, 동시에 신비주의는 '전혀 다른 것'의 적극적인 속성을 감정의 차원, 아니

---

80) 설혜심, 『서양의 관상학, 그 긴 그림자』, 한길사, 2003, pp.154-155.

81) 위의 책, pp.72-73.

감정의 충일한 가운데 지극히 생동적으로 포착한다.[82] 고대 그리스 관상의 역사에서 중요한 변화가 있었던 원인은 관상이 학문의 형태로 거듭나게 되었던 점을 새겨봐야 할 것이다. 신비와 예언의 관상에서 인간의 성격을 추론하는 합리적 가치에 따른 분석적 관상이 나타났기 때문이다.

하지만 예언의 신비주의적 성향은 그 생명력이 질긴 편이다. 여전히 중세의 점술은 수상학手相學으로 발전되어 신비주의적 성향을 지녔다는 뜻이다. 중세 후반으로 넘어가면서 대중들 사이에 가장 보편적으로 성행하였던 관상은 예언과 신비에 초점을 맞춘 수상학이었다. 손금의 모양과 인체의 점이 예언을 끌어내는 주요 매개체이며, 인체는 소우주로, 생김새는 곧 운명을 나타내는 표지로 간주하였음을 보여준다.[83] 집시들이 손금 관상을 보는 일은 중세사회에서 흔한 모습이었다. 신비적인 동경으로 비추어진 것은 12세기에 그려진 뮈토니의 「손금 보는 사람」이었다고 전해진다.

그럼에도 불구하고 과학적 분석이 무시되고 신비가 강조된다면 이성적 판단의 위기가 오는 것이다. 그것은 관상을 체계화하는 관상학의 위기이자 관상철학의 존재성도 불투명하게 만든다. 이성에 대한 신념의 붕괴로 야기된 철학의 위기는 학문 전체의 위기이며, 이는 곧 존재에 이성적 의미를 부여하는 인간성 자체의 위기이다.[84] 이성적 판단을 가능하게 하는 것은 곧 신비주의적 요소를 극복하고 마법적 사유에서 자유롭게 하는 것인데, 여기에서 마찰을 일으킨다면 학문의 위기를 초래한다. 합리적이고 철학적인 사유의 자유가 여기에서 중요한 것이다.

학문의 등장에 따라 미신적이고 마법적 신비나 신화로부터 논리로 넘

---

82) Rudolf Otto 著, 길희성 譯, 『성스러움의 의미』, 분도출판사, 1991, pp.71-72.

83) 설혜심, 『서양의 관상학, 그 긴 그림자』, 한길사, 2003, pp.141-144.

84) 에드문트 훗설 著, 이종훈 譯, 『서양의 위기와 현상학』, 經文社, 1989, 「옮긴이의 말」 p.3.

어온 것은 하나의 중요한 사건이다. 사고방식이 신화로부터 논리로 넘어온 것은 인류사상 획기적 사건이며, 그들의 사색은 실생활의 응용을 도외시하고 순수한 지적 호기심에서 나온 것으로서 학문 자체를 위한 학문이며, 이것은 철학인 동시에 과학이었다.[85] 관상학의 발전도 이러한 학문의 도움과 더불어 맹목적 신비주의나 예언론 위주에서 벗어나는 것이며, 관상철학은 관상의 깊이와 사유의 폭을 키워주는데 큰 도움이 된다.

이제 관상을 보는 시각의 지혜 탐구로서 막연한 경이감의 신비를 벗기는 관상철학의 역할이 요구된다. 철학은 경이감에서 출발한다고 했듯이 관상철학도 경이감에서 출발하는데, 그 경이감은 지적 호기심의 경이감이어야 하며, 예언과 신비의 마법에 빠지는 경이감이어서는 안 된다. 관상학에 관심을 가졌던 고대 플라톤은 놀라는 마음(경이)을 철학의 발생이라 했으며, 아리스토텔레스도 사람들이 철학적 사색을 시작하는 것은 그들의 놀라는 마음에서 발단한다고 하였다.[86] 신비의 경이감보다는 이성에 눈을 뜨는 경이감이 더 황홀하다고 볼 것이다.

프랑스 사회학자 꽁뜨는 인지가 어두웠던 신화에서 벗어나 인지가 발달한 철학에 관심을 갖자고 하였다. 곧 그에 의하면 인지가 어두웠던 고대에는 신화와 종교의 전성시대, 인지가 더 발달된 시대는 철학의 전성시대, 인지가 더욱 발전된 현대에는 실증적인 근거가 중시되는 과학의 시대로서 과학의 시대야말로 가장 진화된 시대라는 것이다. 관상학은 이제 인지가 어두웠던 신화시대를 지나 철학과 더불어 이성을 중시하는 시대로 진입하였으며, 과학의 방법론을 맘껏 공유하는 시대에 접어들었다. 오늘날 명리학자들은 고대와 달리 합리의 총아인 컴퓨터를 통해서 사람의 사주명리를 응용하는 시대에 진입하였다.

---

85) 權寧大 外4人,『宇宙·物質·生命』, 電波科學社, 1979, p.11.

86) 裵宗鎬,『哲學槪論』, 同和出版社, 1984, p.1.

신화, 권위의 구속에서 벗어나는 것이 바로 과학이자 철학의 힘이며, 그것은 보편성의 인식에 근거한다. 명리든 관상이든 베일에 갇힌 신비에서 벗어나서 컴퓨터의 확률 속에서 현대인들에게 접목되고 있다. 마치 경이로부터 출발한 철학은 비합리적 전제, 신화적 설명, 권위와 전통의 구속에서 해방되어 합리적으로 발전한 모든 것을 포괄하는 근본적인 것에 관한 학문이었다[87]는 점을 학식을 갖춘 전문 관상학자들이 깊이 인지하기 시작하였다.

서양의 관상학에 대한 기원을 벗겨 낸 『서양의 관상학』이 등장하여 동·서양의 관상학이 신비에서 과학으로, 또 철학으로 전개되고 있음을 확인하였다. 이러한 변화는 관상에서 신비주의적 측면을 걷어낸 것이고, 더불어 관상가가 지닌 초자연적 해석의 능력을 상당 부분 배제하는 것이며; 이 과정은 예언적 관상에서 '신성에 준하는 영역'이었던 관상가의 독점적 지식을 대치할 수 있는 다른 형태의 지식을 필요로 하는 것이었다.[88] 새로운 관상학의 시대와 맞물려 인간의 외형을 정형화하여 분류하기 시작한 시점에 관상철학자들의 역할을 기대하고 있다.

7 사회담론의 관상철학

인간이 생명을 이어가며 생존하는데 몇 가지 조건이 있다. 이를테면 내적 조건, 사회적 조건, 자연적 조건이라는 세 가지가 뒤따라야 가능하다는 것이다. 이런 생존의 조건들은 바로 우리의 삶을 가능하게 하는 토대이

---

87) 에드문트 훗설 著, 이종훈 譯, 『서양의 위기와 현상학』, 經文社, 1989, 「옮긴이의 말 p.3」.

88) 설혜심, 『서양의 관상학, 그 긴 그림자』, 한길사, 2003, pp.45-46.

면서 동시에 우리의 삶을 제한하는 한계로써 다양한 형태로 인간의 삶에 긍정적이고 부정적인 영향을 끼친다.[89] 여기에서 인간은 살아가면서 길흉의 운명이 뒤따른다. 긍정적인 것이 길조라면 부정적인 것은 흉조인데, 『주역』의 세계에서는 자연과 인간의 생존에 있어 길흉을 거론하면서 자연의 섭리를 따르도록 종용하고 있다. 그리하여 『주역』의 역할은 의리적인 것뿐만 아니라 술수적 예측학으로서 주목을 받기 시작하였다.

자연적 조건에 인간이 순응한다고 해도 혼자 살 수 없는 인간인 점에서 개인 간의 유대를 통해서 사회적 관계를 형성하며 살아간다. 그 유대는 집합체 구성원들의 구체적·개인적 특질과 행위에서 나타나지만 이에 국한되지 않고 집단 활동의 사회적 관계체계에서 차지하는 위치를 규정해 주는 것이다.[90] 인간은 사회적 존재이기 때문에 개인이 갖는 한계를 상호 유대관계를 통해서 구성원으로서 협력을 통해 슬기롭게 바람직한 삶을 유도한다. 아리스토텔레스는 이를 근거로 하여 인간은 사회적 동물이라 하였다.

인간의 사회성에 더하여 인간은 정치적 동물이라고 언급한 아리스토텔레스는 개인이 갖는 한계와 욕망을 동시에 표현하고 있다. 그는 관상학에 관심을 가졌던 초기 인물로서 국가론을 윤리학과 관련시키고 있다. 그에 의하면 사회와 국가는 개인의 덕과 행복에 대한 추구를 가장 잘 촉구하여야 한다고 했다.[91] 사회란 관심사나 주어진 일에 따라 여러 차원에서 형성될 수 있으며, 국가는 이를 통합하여 정치질서를 견지하는 것이다. 사회의 규범과 정치의 질서를 형성함으로써 인간은 고립으로부터 벗어나 공동체 생활을 영유할 수 있다. 인간의 고립이나 고통을 치유하는데 초점을 둔

---

89) 권정안, 「주역의 세계관」, 『초자연현상연구』 창간호, 공주대 초자연현상학연구회, 1993, p.33.

90) A.V. 페트로프스키 저, 김정택 역, 『인간행동의 심리학』, 사상사, 1993, p.222.

91) 쿠르트 프리틀라인 저, 강영계 역, 『서양철학사』, 서광사, 1985, p.83.

관상학이라면 그 속성도 개인의 심리에 더하여 사회와 국가의 속성을 읽어내는 지혜가 요구되는 것이다.

이처럼 사회읽기가 관상학과 관련된다는 점을 염두에 둔다면, 사회의 속성을 파악하는데 두 가지 방법을 소개해볼만한 일이다. 하나는 사회를 움직이는 원리를 통해 현상을 진단하는 것이며, 또 하나는 사회가 움직이고 있는 추세를 현상적으로 파악해서 사회의 본질적 변화를 추론하는 것이다.[92] 따라서 관상학은 사회변화의 원리와 사회현상을 담아내는 지적 이론을 제공해야 한다. 그것은 개인의 길흉이 곧 사회의 구조적 문제와 연관된다는 점에서 상호 유기적 관계 속에 있기 때문이다. 개인만의 문제가 아니라 사회적 문제가 얽히어 그것이 흉으로 전개되는 경우가 적지 않기 때문이다.

여기에서 관상학의 사유작용을 확대해줄 철학, 그리고 사회의 관계는 어떠한가를 알아보고자 한다. 관상학과 마찬가지로 철학도 사회와 직결되어 있으며 관상철학의 출현도 이와 직결된다. 철학은 사회의 현실적 약동과는 관계없는 것 같이 보이면서 절대적으로는 근본적인 연관성을 가지고 있다.[93] 그러므로 철학은 사회의 문제에 응답할 줄 아는 것이 그 시대의 철학이 갖는 의무이자 역할이다. 철학이 고갈된 사회는 고루하기 그지없다는 사실을 인지하자는 것이다. 사회철학이라는 전문 학술분야가 있듯이 관상철학은 개인뿐 아니라 사회 문제에 관심을 갖고 사회철학에 눈을 뜨는 일이 그 영역을 확대하는 길이다.

점차 철학에의 관심이 부여된다면 그것은 사회적으로도 고무적인 일이다. 철학의 역사에서 볼 때 철학의 개조開祖들은 대중 가운데 영성개혁이 범사회적으로 일어날 수 있도록 노력하였다.[94] 세계의 영성을 이끌어온

---

92) 김경훈 편저, 『한국인 트랜드』, 실록출판사, 1994, p.4.

93) 金桂淑, 『西洋哲學史』, 一潮閣, 1993, p.8.

인도철학이라든가, 중국철학, 그리고 서양철학은 그 시대의 사회적 산물로서 인간의 존재에 대한 규명, 인간 존엄성의 확대를 포함하여 인문주의적 토양을 확대해 왔다. 철학은 사회의 문제를 방관하지 않고 해법의 논쟁에 적극 뛰어들었고, 그 주역들은 철학자들이었던 것이다.

여기에서 관상철학자의 귀감이 바로 사회를 읽고 치유한 철학자들이다. 그리스-로마 시대의 분석적 관상학은 강한 사회성을 띠고 있었으며, 집단 사이에 공통적으로 인지할 수 있는, 사람의 성격에 대한 외형적인 스테레오 타입을 만들어내기 때문이었다.[95] 고대철학자로서 아리스토텔레스의 경우를 보더라도 그리스-로마의 관상학은 강한 사회성을 띠고 있었던 점을 눈여겨보아야 한다. 개인과 개인의 관상에도 관심을 기울일 필요가 있지만, 고대철학과 관상학이 사회 집단의 심리를 이해할 수 있는 사회성을 지녀왔던 점들이 관상철학으로서 사회읽기에 소홀히 할 수 없다.

관상철학의 사회적 기능이라면 사회성을 띤 관상학의 사회읽기와 직결된다. 이에 대하여 라바터는 사회의 상징성을 미물인 곤충과 연결시키며 모든 곤충은 동지와 적을 안다고 했다. 누구나 차이는 있을지라도 자기에게 처음으로 다가온 사회구성원의 한 사람을 유심히 바라보고, 서로 비교하며 관상학적 판단을 하는 것이라 했는데, 이는 당시 유럽에서 관상학이 수행하던 사회적 기능에 대한 변함없는 수요가 있었음이 틀림없다.[96] 사회적 수요가 급증하면서 라바터의 관상학 관련 책들이 출판되자 많은 관상학자들이 참조하였던 것이다.

사회 구성원의 수요가 있었기 때문에 라바터와 같은 관상학자와 그의 저술이 인기리에 판매되었다. 그것은 자신의 미래에 대하여 알고자 하는

---

94) 라다크리슈난 저, 이거룡 옮김, 『인도철학사』 I, 한길사, 1996, p.49.

95) 설혜심, 『서양의 관상학, 그 긴 그림자』, 한길사, 2003, p.83

96) 위의 책, p.258.

사회인들의 수요가 증가되었다는 뜻이기도 하다. 앞으로 다가올 미래사회가 어떤 모습일지에 대해 아직 확실하게 말할 수는 없겠지만, 지금부터 10년 또는 15년 후의 사회는 오늘날과는 전혀 다른 모습으로 나타날 것이다.[97] 관상철학자들의 안목이 미래학까지 접근할 수 있다면 그것은 개인의 미래만 판단하는 것이 아니라, 보다 객관적이고 타당한 사회분석의 단면이다.

이제 관상학의 외형적 시각에서 사회성을 살펴보고자 한다.

첫째, 관골과 사회성을 살펴본다. 얼굴의 아름다움이라고 하는 관점에서 광대뼈는 얼굴 윤곽을 결정하는 역할을 하는데, 포동포동하게 나와 있거나 패이고 죽은 곳이 있으면 얼굴의 품위가 바뀌는데 상법에서는 광대뼈로 권세와 성품, 사회성 등을 살핀다.[98] 관상학에서 광대뼈가 돌출되고 살집이 있으면 사회적 지위가 높은 편으로 길격이라 한다. 광대뼈가 빈약하거나 거의 없다면 그의 사회적 활동성이 부족한 편이므로 관상학에서 광대뼈를 통해서 그의 사회적 위상이나 활동 정도를 판가름할 수 있다.

둘째, 뺨과 사회성을 알아본다. 얼굴의 뺨이 포동포동하고 풍부한 사람은 의지가 강하고 행동력이 뛰어나며 인기와 칭찬에 민감하므로 그만큼 사회성이 좋다.[99] 살이 없거나 빈약한 뺨은 성격상 차분하고 점잖은 편이다. 그리고 살이 너무 많이 붙어있으면 운기가 없으며, 이와 반대로 뺨에 가죽만 있는 사람은 신경질적이며 자기주장이 강하므로 사회적으로 사람들과 화합하는데 애로가 적지 않다. 빈약한 얼굴상에 대하여 다소 두툼한 얼굴상이 뺨의 살집도 갖추어져 있어 수형 얼굴을 가진 사람들의 대인관

---

97) 피터 드러커 著, 이재규 譯, 「한국 독자들에게-한국의 새로운 도전을 위하여」, 『프로페셔널의 조건』, 청림출판, 2001, p.7.

98) 地平 編著, 李成天 監修, 『관상해석의 정석』, 도서출판 문원북, 2019, p.189.

99) 위의 책, p.189.

계가 원만하다고 볼 수 있다.

셋째, 이마와 사회성은 어떠한가? 이마의 뼈가 단단한 느낌이어야 한다. 이마에 점이나 흉터 등 흠이 없어야 좋고 이마가 넓고 살이 풍부하게 감싸서 그 모양이 마치 간을 엎어 놓은 듯한 모양이면 제일 좋으며, 그것은 사회성, 직관력이 뛰어나다는 뜻이다.[100] 좁은 이마는 사회성이 떨어지는 상이며, 이에 비해 튀어나온 이마는 사회성이 매우 좋다. 뒤로 넘어간 이마형상의 경우 용의주도함과 더불어 다른 사람들과 잘 어울리므로 처세가 좋은 편이다.

어떻든 관상학의 사회성은 그 시대의 성향과 직결되는 경우가 많다. 이를테면 사회적 관상학이 17~18세기를 지나 개인의 얼굴 화장으로 사회성을 감추는 추세가 되었다. 사회적 관계에 힘입은 르네상스 시기의 관상학은 사람의 몸에 대하여 부분보다는 전체를, 고정된 모습보다는 동적인 모습을, 그리고 의사소통의 수단으로서 몸짓을 보는 경향을 부활시켰다.[101] 그러나 17세기 후반부터 18세기 후반까지 인간의 육체는 이제 두터운 화장과 겹겹이 두른 옷 속으로 감추어졌다. 다만 근·현대로 넘어오면서 사람의 얼굴을 직업에 따라 분류한다는 것은 과거 옷차림으로 사람들을 분류하였던 전통과도 같이 관상의 강한 사회성을 반영한다.

관상의 강한 사회성은 관상의 대상이 단순하게 개인의 외모만을 보는 것이 아니라 개인이 사회와 직결되어 있다는 점이다. 그것은 개인의 인품이 사회적 규범과 전통 속에서 성숙하다는 사실에 있다. 사회는 우연하게 시공을 공유하는 개인들의 집적이 아니며, 개인들은 기존의 규범이나 전통 속에서 모여 있는 것이고, 동시에 그렇게 모여서 생긴 사회적 규범이나 전통과 함께 한다는 것이다.[102] 관상철학에서는 지혜를 중시하여 사회적

---

100) 이남희, 『하루만에 배우는 실전관상』, 도서출판 담디, 2008, p.115.

101) 설혜심, 『서양의 관상학, 그 긴 그림자』, 한길사, 2003, p.235.

담론을 간과할 수 없는 이유가 여기에 있으며, 이에 관상철학자들로서 사회읽기에 소홀히 할 수 없다는 것이다.

8 음양오행론과 관상철학

음양오행론은 동양철학에서 거론되는 만물의 생성이론으로『주역』에 그 기원을 두고 있다. 음양은 상호 대립하고 모순적이며 대대적인 성향을 지닌다. 음양 관념이 우주만물의 생성변화를 설명하는 철학적인 범주가 되었으며,『주역』에서는 음양의 원리로 우주와 인사의 변화원리를 설명한다.[103] 동양고전에 의하면 음과 양의 상호 대대적 관계를 상생의 생명존재의 기반으로 삼았던 것이다. 중국철학에서는 이와 같이 인간과 우주만물이 음양2기의 동정작용에 의한 생명성을 중시해 왔다.

이 음양오행설은 주말周末과 전국시대를 지나 한대에 유행하였다. 음양오행론은『역경』및『상서』尙書에 연원을 두는데 후에 기설奇說을 덧붙여 일어난 설로서 전국시대의 추연과 추석의 무리가 주장한 것으로, 그들은 음양오행설에 인의예지를 섞어서 새 학파를 창시하였다.[104] 한대에는 참위학에 이어서 음양오행론이 흥성하면서 유교가 국교로 되었다. 이때 동중서는 하늘의 의지가 음양오행으로 전개됨을 알고 생극운전生克運轉이 하늘의 의지표현이라고 보았다. 그리하여 양은 하늘의 덕德이고 음은 하늘의 형刑이라고 하며, 음양론을 유교사상에서 적극 전개한다.

이미 천인상응론을 밝힌 동중서에 의하면, 소우주와 대우주의 상호 대

---

102) 정진홍,『종교문화의 이해』, 書堂, 1992, pp.330-331.

103) 이창임,「相學의 음양론에 대한 연구」, 원광대 박사학위논문, 2020. pp.2-3.

104) 柳聖泰,『中國哲學史의 이해』, 학고방, 2016, p.192.

비를 하였다. 이에 천지의 형성은 음양과 직결되며, 그것은 또한 인간의 몸과 비유되어 설명된다. 그는 다음과 같이 말한다.

> 천지의 상징과 음양의 대응물이 항상 우리 몸에 갖추어져 있다. 몸이 하늘과 같고 또 수數가 서로 비견되기 때문에 명命 역시 서로 연계된다. 하늘은 한 해를 마치는 수로 사람 몸을 만들었기 때문에 작은 뼈마디 366개는 한 해의 날수에, 큰 뼈대의 12개는 달수에, 몸 안의 오장은 오행의 수에, 밖의 사지는 사계의 수에 부응한 것이다.[105]

이에 더하여 잠을 자는 것과 깨는 것을 밤과 낮으로 상징화하고, 강과 약을 겨울과 여름으로 상징화했다. 하늘과 인간의 관계의 유기체적 접근이 곧 음양오행으로 연결된다는 것이다.

송대는 음양오행설과 도가학이 발달되던 때로서 마의선사의 『마의상법』이 전해지고 원대에는 『유장상법』이 전해진다. 북송오자北宋五子와 주자는 유교의 우주론에서 거론하는 음양오행설과 도가철학이 전개되면서 관상학도 보급되었다. 이 시기에 오늘날 관상서의 고전으로 알려진 『마의상법』이 쓰였는데, 당시 화산 석실에서 수도하였던 마의선사에게 진단이 사사師事한 후 기록으로 남겨졌다.[106] 그 이후 중국 최초의 통일국가를 이룩한 원나라의 관상가 유병충에 이어서, 명나라의 관상학도 큰 발전을 이루게 되는데 『유장상법』이 관상가 원충철에 의해 저술된 것이다.

그러면 음양오행설이란 무엇인가? 음양은 하늘과 땅의 두 기운으로서 우주 만물의 생성 변화의 근거가 되고 오행이라 함은 목·화·토·금·수

---

105) 董仲舒, 『春秋繁露』「人副天數」, 天地之符, 陰陽之副, 常設於身, 身猶天地, 數與之相參, 故命與之相連也, 天以終歲之數成人之身, 故小節三百六十六, 副日數也, 大節十二分, 副月數也, 內有五臟, 副五行數也, 外有四肢, 副四時數也.

106) 地平 編著, 李成天 監修, 『관상해석의 정석』, 도서출판 문원북, 2019, p.18.

다섯 가지이다. 이 음양오행설이 우주 만물을 형성하는 원기元氣이다. 자연의 이치와 상학의 원리를 쉽게 이해하고 나면, 관상을 보는 이해의 폭이 달라지는데, 그것은 단순히 상학에서 말하는 결과만을 익히는 것이 아니라 근본적인 이치를 깨닫게 되기 때문이다.[107] 상학의 원리에 철학의 생성원리가 적용되므로 인간사와 우주사의 연계작용을 통해 상생상극의 원리를 파악하여 길흉화복의 이치를 알아내는 것이다.

고전상법에서도 음양오행의 원리에 기반을 두고 탄생하는 생명체에 대해 설명하면서 그것이 갖는 길흉화복에 대하여 언급하고 있다. 인간 신체 하나하나의 부위를 음양과 연결시키면서 천인상응의 원리를 적용하는 것이 관상학의 철학이론 가운데 하나임을 다음과 같이 말한다.

> 사람은 음과 양의 기를 받아서 천지의 형체를 본뜨며, 오행의 바탕을 받아서 만물의 신령함이 된다. 그래서 머리는 하늘을 본뜨며, 발은 땅을 본뜨며, 눈은 해와 달을 본뜨며, 음성은 우레 소리를 본뜨며 혈맥은 강하를 본뜨며, 골절(뼈마디)은 금속과 돌을 본뜨며, 코와 이마는 산악을 본뜨며, 터럭과 모발은 초목을 본뜬다. 하늘(머리)은 높고 멀어야 하며, 땅(발)은 모나고 두터워야 하며, 해와 달(눈)은 광명이 있어야 하며, 우레와 천둥소리(음성)는 울려야 하며, 강하(혈맥)는 윤택해야 하며 금속과 돌(근육과 뼈)은 단단해야 하며 산악(코, 이마)은 험준해야 하며, 초목(털)은 빼어나야 한다. 이는 모두 대개이니 곽림종이 사람을 보는 8가지 방법이 이것이다.[108]

---

107) 신기원, 『신기원의 꼴 관상학』, 위즈덤하우스, 2010, p.29.

108) 『麻衣相法』第7章 形神聲氣, 「論形」, 人稟陰陽之氣, 肖天地之形, 受五行之資, 爲萬物之靈者也. 故頭象天, 足象地, 眼象日月, 聲音雷霆, 血脈象江河, 骨節象金石, 鼻額象山嶽, 毫髮象草木. 天欲高遠, 地欲方厚, 日月欲光明, 雷霆欲震響, 江河欲潤, 金石欲堅, 山嶽欲峻, 草木欲秀. 此皆大概也, 然郭林宗 有觀人八法, 是也.

『마의상법』의 이 같은 원리는 동중서가 말한 천인상감의 이론과 유사한 점이 있다. 그는 인간을 소우주로 보고 우주를 대우주로 보면서 상호 유사점을 비유하는 형식을 취하고 있기 때문이다.

하지만 관상학에서 음양오행론이 간과되기도 한다. 동양의 음양오행설을 취하지 않은 서양의 경우, 점성술이나 유물론적으로 접근되는 경우가 그것이다. 동서의 관상학에 대한 시각차이가 있는 것은 동서철학의 시각이 다른 이유이기도 하다. 서양의 상학에서 굳이 음양오행설을 간과하는 것은 하늘의 별자리나 별빛을 보고 시절을 예언하고 국운을 점치듯, 인상도 드러난 겉모양을 읽는데서 능히 구하고자 하는 답을 얻을 수 있다는 사실에 있다.[109] 아이러니하게도 관상학의 창시자 숙복이 이러한 주장을 한 것으로, 그는 서양철학의 고유한 관상이론을 인정한 것이다.

서구의 관상에서는 점성학이 인기였으며, 여기에서는 굳이 음양론이 거론되지 않는다. 동양과 우주론에서 일월성신을 거론하는 점에서는 공통점이 발견되지만, 생명 형성에 있어서 동양의 음양오행론과는 전혀 다른 서양의 원자론이 등장하는 것이다. 또한 점성학적 관상학에는 그리스의 분석적 관상학에서 나타난 동물과의 비교라는 원칙도 포함되었고, 신체의 각 부분이 별자리인 12궁을 대표하며, 별의 움직임이 곧 육체의 변화를 미친다는 개념이 성립되었다.[110] 서양의 이 같은 점성학적 관상학은 프톨레마이오스의 우주관에 근거하고 있으며, 그것은 중세에 더욱 유행하면서, 히포크라테스 의학과 접목이 시작되었다.

그러나 동양의 관상학에서 음양오행론을 거론하지 않는다면 아예 이론조차 성립되지 못한다. 중국의 역사나 중국에 기원을 둔 학문을 접하다보면 음양오행설을 이해하지 못하고는 나아가기가 힘들며, 관상학도 예외일

---

109) 최형규, 『꼴값하네』, FACEinfo, 2008, p.18.

110) 설혜심, 『서양의 관상학, 그 긴 그림자』, 한길사, 2003, pp.72-73.

수 없듯이 자연의 순환법칙론이기도 한 음양오행설에 근거한 해법이 아니면 깊은 곳을 내다볼 수가 없다.[111] 동양의 우주론과 생성론에 있어서 음양오행은 그 추뉴樞紐가 되는 것으로, 음양오행설의 무용론을 주장하는 것은 관상학이 금기의 학이 아니라면 상상할 수 없을 것이다.

이 같은 관상학의 시각에서 볼 때 동양사상의 음양오행론이 중요한 것은 우주와 인간의 마음을 일치하는 성향을 지니고 있다는 사실에 있다. 관상이란 우주의 형상과 인간의 형체를 연구하는 것으로서, 음양오행의 이론이 우주와 인간의 출발이자 유기체적 관계라는 점에서 더욱 그렇다. 우주가 음양오행이듯 우리 마음도 음양오행이며, 동양의 형이상학이야말로 인류가 추구하고 가치를 두어야 할 학문인 것을 일깨우는데 전력하여야 한다.[112] 동양의 형이상학으로서, 또는 자연과학적 관찰이 필요한 것으로서 관상철학은 이를 유념해야 하리라 본다.

음양과 오행은 일치되면서도 세분해서 접근할 수 있다. 음양설을 우주론이라 한다면, 오행설은 서양의 원자론과 같이 만물형성의 기본물질에 대한 것이다. 관상학에서 「오행형상법」 편에서 설명했듯이 목·화·토·금·수 배열의 의미는 상생관계로서 목은 화의 재원이 되며, 화는 불탄 뒤에 남은 재가 굳어 토를 이루게 되고, 토는 금을 잉태하며, 금은 다시 수를 낳고, 수는 다시 목에게 영양공급원이 된다.[113] 이는 우주의 순환이론과 같은 것으로서 오행은 상극과 상생이라는 두 원칙에 의해 전개되지만, 무엇보다 생명 형성의 상생을 중심으로 전개된다. 관상학의 이론 전개에 있어서 필자가 『인상과 오행론』(2017)을 저술한 것도 상생적 오행형상의 원리가 그 중심에 있다.

---

111) 최형규, 『꼴값하네』, FACEinfo, 2008, p.18.

112) 이정욱, 『심상 관상학』, 천리안, 2006, p.86.

113) 최형규, 『꼴값하네』, FACEinfo, 2008, p.362.

그런데 음양론과 오행론을 합하여 인간의 성정을 관찰하며 이에 절제를 요구받는 것이다. 이미 동양사상에서 음양과 오행을 신체에 적용시켜 보고자 하는 것이 바로 오행인에 대한 관상법으로, 이 오행은 각각의 성정을 지니고 있다.[114] 목형은 마르고 긴 것을 꺼리지 않으며, 화형은 뾰족하게 드러나는 것을 꺼리지 않으며, 토형은 두껍고 무거운 것을 꺼리지 않으며, 금형은 네모반듯한 것을 꺼리지 않으며, 수형은 둥글고 기름진 것을 꺼리지 않는 성정을 지니고 있다.

나아가 얼굴은 음양오행으로 이해되는 이치가 있다. 그것이 마음과 오장육부이다. 마음은 오장의 생김과 관련이 있으며, 당시의 오장의 활동과도 관련이 있어 그 사람의 성격과 성질이 형성되고 장기 서로 간의 간섭과 조화가 일어나 당시의 운과 앞날의 운명에 절대적 영향을 미친다.[115] 얼굴과 오장육부의 성격을 파악하고, 오장의 건강과 질병유무의 형태가 마음의 여유 내지 근심걱정이 있고 없음을 결정한다. 오장육부에 병이 있으면 얼굴 바탕도 근심걱정으로 인하여 좋지 않고 결국 운명도 흉함으로 변해버릴 것이다.

음양오행과 관련한 인간의 운명은 이처럼 우주의 섭리이기도 하다. 우주의 원리를 따라 인간은 거역하지 않고 순응하는 방향으로 나아간다면 음양의 두 기운은 상생으로 접근될 것이다. 그리고 생명 존재의 근본요소인 오행의 형상에 따라 인간의 얼굴형상도 그 영향을 받는다. 음양오행인 목화토금수의 기운이 우주 변화를 주관하듯이 마음도 5개 층으로 구분되어져 있어 그 사람의 운명과 숙명의 변화를 이끌어 가는 것이기 때문이다.[116] 특히 인간의 얼굴은 동양철학의 생성원리인 오행형상으로 구분될

---

114) 오서연, 『인상과 오행론』, 학고방, 2017, p.193.

115) 이정욱, 『심상 관상학』, 천리안, 2006, p.52.

116) 위의 책, pp.26-27.

수 있는데, 자신의 얼굴형상에 따른 성정을 제어할 줄 알면 천지의 기운과 인간사의 이치는 서로 조화를 이루어 길운이 다가오는 것이다.

9 시대읽기의 관상철학가

그 시대가 직면한 사회변화의 현상에 반응하는 방식으로 접근되는 것이 시대가 갖는 처방의 특징이다. 영국철학자 화이트헤드(1861~1942)에 의하면 각 시대는 그 시대의 인구가 부딪치는 물질적 사건에 반동하는 방식에 따라 결정되는 그 시대의 특성이 있다고 하였다. 그는 자연과 인간의 상호관계를 이원론적으로 바라보는 서양사상에 대해, 동양의 경우 소박하게 인간 속에서, 자연 속에서 화해한다[117]고 하여 유기체 철학자로서 견해를 밝히고 있다. 화이트헤드는 과거 서구적 사유방식의 시대 한계를 폐기하고, 새로운 동양문화의 시대가 갖는 자연과 인간의 일체적 사유방식을 읽어내었던 것이다.

화이트헤드의 동양지혜를 직시하여 서양과 동양의 철학적 성향을 정확히 읽어내었다. 철학은 그 시대의 철학으로, 시대를 읽지 못하면 그 철학은 죽은 철학이다. 『서양철학사』를 저술한 김계숙에 의하면 모든 철학은 그 시대의 철학이며, 정신적 발전의 전체에 있어서의 한 부분이라 했다.[118] 시대와 동떨어진 철학은 시류時流를 읽을 줄 모르며, 그로인하여 동시대인들의 철학에 대한 공감대를 형성하지 못한다. 고대철학, 중세철학, 근대철학은 그 시대를 대변하는 것이며, 한국철학, 중국철학도 시공간에 함께 하여 시대를 알리는 철학으로 역할을 해온 것이다. 관상철학도

117) 金容沃, 『東洋學 어떻게 할 것인가』, 民音社, 1985, p. 218.
118) 金桂淑, 『西洋哲學史』, 一潮閣, 1993, p.4.

시대를 읽는 철학의 가치에 편승하지 않을 수 없다고 본다.

시대를 읽는 인물들로서 드 살모네와 홉스봄 역시 당시의 시대를 간파하고 그 시대를 특징지었다. 프랑스의 드 살모네는 1647년 펴낸 책에서 자신이 살았던 시대를 '철의 시대'(Iron Age)라고 부르면서 후대 사람들에게 자신이 살았던 이 시기를 '거대하고도 이상한 혁명으로 유명해질 시대'라 했으며, 1954년 유사학자 홉스봄은 '17세기의 일반적인 위기'란 개념을 제창하였다.[119] 16세기의 경기호황과 달리 17세기는 경기침체가 찾아왔고, 혁명과 같은 사회적 혼란이 유럽에 야기되었기 때문이다. 시대를 읽고 시대를 특징짓는 일은 역사적인 일이기도 하지만, 시대를 바르게 향도하려는 전문 관상가의 노력도 필요하다.

사회 지도자들의 시대인식과 더불어 철학자들은 시대를 읽어야 하는 이유로써 동시대를 살아가는 인간의 의식에 머물러 있으면서 일반인의 의식수준을 높여야 하기 때문이다. 모든 학문과 철학적 사변은 언제나 우리에게 주어진 의식에 머물고 있으며, 인도철학은 이러한 의식을 명상의 방법에 의하여 더욱 높은 차원으로 끌어올린다.[120] 인도철학뿐만 아니라 중국철학과 한국철학 역시 중국인과 한국인의 의식을 높여 왔으며, 철학적 사변을 통해서 더욱 그러한 의식은 지속되는 것이다. 관상철학도 철학적 사변을 통해서 내담자의 의식을 높이도록 해야 할 것이며, 그렇게 하기 위해서는 철학적 사유에의 침잠으로서 명상의 시간을 할애해야 할 것이다.

이러한 맥락에서 관상학의 시대읽기는 관상학이 각 시대에 살아남기 위해 어떻게 탈바꿈했는가를 살펴보아야 한다. 고대에서 현대에 이르는

---

119) 설혜심, 『서양의 관상학, 그 긴 그림자』, 한길사, 2003, pp.213-214.

120) 칼 야스퍼스·헨리 리토머스 著, 황필호 譯, 『소크라테스, 佛陀, 孔子, 예수, 모하메드』, 종로서적, 1994, p.44.

역사의 변천에서 관상학이 어떻게 각 시대의 '과학'이라는 틀 속에서 살아남기 위해 탈바꿈을 해왔는가를 살펴보는 것도 중요한 작업일 것이다.[121] 관상학은 고대에는 예언과 신비의 술수학으로서, 중세에는 의학과 접목을 통해서, 근대에는 자연과학과 더불어 발전해 왔으며, 그것은 시대에 편승하며 발전해 왔다.

만일 시대를 거슬러 올라가거나 그 시대가 갖는 한계에 떨어져버린다면 고통스러운 일일 것이므로 이 시대의 선도자는 시대를 선도할 수 있어야 한다. 시대의 안일한 흐름에 영합하지 말라는 것이다. 만일 개인이 시대의 흐름에 빠져 죽지 않고자 한다면, 시대의 충동에 영합하지 않았던 그러한 사람들은 전적으로 스스로 일어나서 노력해야 할 것이다.[122] 시대를 읽으려 하지 않는다는 것은 현재를 과거로 되돌린다거나, 시대의 한계를 모른 채 하는 것과 같다. 또는 시대의 그릇된 흐름에 편승하는 것도 여기에 관련될 것이다. 관상철학을 포함하여 어떠한 학문을 전공하던 간에 그 시대의 인물이라면 시대에 뒤떨어지는 일을 방치해서는 안 된다.

엄밀한 의미에서 시대의 과업은 도저한 학문적 지혜로써 그 시대가 지닌 진실을 파악하는 것이다. 명백히 비연속적이고 호전적인 역사의 굴곡을 통해보면 엄밀한 의미에서의 철학은 우선, 그 자체로 끊임없이 그 시대의 진술들과 지식들을 진리로서 확립한다.[123] 과거의 역사적 굴곡을 돌이켜보아 관상학이 신비와 예언 위주의 수동적 점술서적에 머물렀던 이유를 알고, 그러한 관상학 역사의 굴곡을 성찰하여야 한다. 이것은 관상철학의 영역이 현대라는 시대성이 갖는 과제를 철학적 지혜를 통해서 해결하자는 것이다.

---

121) 설혜심, 『서양의 관상학, 그 긴 그림자』, 한길사, 2003, pp.32-33.

122) 쿠르트 프리틀라인 저, 강영계 역, 『서양철학사』, 서광사, 1985, p.86.

123) 베르나르 시셰르 著, 유지석 譯, 『프랑스 지성사 50년』Ⅰ, 도서출판 끌리오, 1998, p.18.

그러므로 모든 학문을 대변하는 철학은 시대의 표현이므로 철학자는 역사성에 바탕한 시대정신을 가져야 한다. 헤겔은 가장 관념론적인 철학자이면서 철학은 어디까지든 시대의 정신과 불가분의 관계를 가져야 한다고 하였으며, 그 이유로 개인은 모두 그 시대의 산물이며 철학도 역시 그러하다[124]는 것이다. 다시 말해서 철학은 그 시대의 역사를 대변하며, 이를 관상철학에 응용해본다면 그 시대를 반영하는 예측학이어야 한다는 점이다. 철학적·예언적인 지혜가 시대를 반영하지 못하고, 내담자의 의중을 반영하지 못하면 죽은 관상철학이기 때문이다.

시대를 반영한다는 것은 시의時宜를 아는 것으로, 이는 그 시대를 효율적으로 향도하는 길과도 연결된다. 역으로 접근하면 정치를 하면서 시의를 알지 못하고 일에 당해서 실공實功에 힘쓰지 않는다면 설령 성현을 만나더라도 치효治效를 거둘 수 없을 것이라는 율곡의 「만언봉사」萬言封事[125]의 언급이 그것이다. 관상학자들이 고대, 중세, 근대, 현대가 앓고 있는 문제와 이의 해법으로서 시의를 파악함으로써 치유의 효과를 이뤄내야 하는 이유이다. 길흉 상담의 내용이 시의와 동떨어지거나 실효 내지 실용적 효과를 이루지 못할 경우를 고려하자는 것이다.

실용지식에 대하여 언급한다면 프랑스의 17세기 말엽의 학자들을 소개할 필요가 있다. 곧 실용적 지식을 지닌 전문가들을 보면 법률가들로 는 다음과 같다. 몽테스키외, 문필가들로 볼테르 디드로 루소, 수학자들로 달랑베르, 총괄 징세청부인 엘베티우스, 의사들이 바로 그런 사람들이었으며, 그들은 자기들 스스로를 철학자 곧 지혜를 사랑하는 사람들이라고 부르게 되었다.[126] 이들은 당시의 실용지식을 전파하는 철학자들이었다.

---

124) 金桂淑, 『西洋哲學史』, 一潮閣, 1993, p.3.

125) 이동인, 「율곡의 '實' 사상과 실학」, 『한국사회사상사연구』, 나남출판, 2003, p.22.

126) 싸르트르 著, 조영훈 譯, 『知識人을 위한 변명』, 도서출판 한마당, 1983,

관상철학자들은 21세기의 실용지식을 활용하여 철학의 지혜를 사랑하는 의식이 필요하다는 것이다.

이러한 맥락에서 랑게의 철학은 그 시대의 산물이며, 철학자도 그의 산물이라는 말이 깊이 있게 다가온다. 랑게는 발전하는 철학이 따로 있는 것이 아니라 철학은 그 시대의 산물이며, 철학자도 그의 산물이라고 하였다.[127] 철학이 시대의 산물이란 관상학적으로 접근하면 명운론은 그 시대의 치유와 직결되어 있다고 할 수 있다. 이는 관상학이 그 시대에 함께 하는 사람들의 희로애락의 애환과 더불어 치유되는 속성을 지니기 때문이다.

따라서 관상학이 그 시대가 부여하는 실제적인 문제들에 대한 해법을 제시하여야 할 것이며, 그렇게 해야 관상학은 수요자의 신뢰를 받을 것이다. 달리 말해서 개개의 철학체계들은 그 시대가 부여하는 실제적인 문제들에 대한 응답이며, 그 자체의 견지에서 보면 어떤 진리를 담고 있는 것으로 보일 것이다.[128] 철학체계란 동시대 속에서 살아야 하는 어떤 정신세계의 표현이며 그 전개이며, 관상철학의 영역도 당시의 운명을 파악하고, 행복한 삶을 살아가려는 정신세계의 표출인 것이다.

결과적으로 관상학의 세계화 여부는 시대를 치유하는 역할로서 동서관상학의 시대적 보편성을 확보하는 것에 달려 있다. 그것은 이 시대를 살아가는 사람들의 애환을 연구하는 학문으로 남아야 한다는 것이다. 예컨대 현대사회와 이 시대를 현실적으로 살아가는 사람들의 생활 제 측면을 연구의 대상으로 하는 사회학 연구에 있어서 세계화는 중요한 분석축의 하나이다.[129] 사회학의 연구가 세계화를 축의 하나로 삼는 것을 관

---

pp.19-20.

127) 金桂淑, 『西洋哲學史』, 一潮閣, 1993, p.5.

128) 라다크리슈난 저, 이거룡 옮김, 『인도철학사』 I, 한길사, 1996, p.88.

129) 廣瀨卓爾, 「글로벌라이제이션과 영성」, 제19회 국제불교문화학술회의《지식정

상학에서 참조함으로써 예측학과 사회학의 관계를 깊이 있게 접근해야 한다는 것이다.

아무튼 인생 상담의 역할을 하는 지성들에게는 시대정신을 알고 시대가치를 잘 읽는 지혜사랑이 요구된다. 그 시대의 가치관을 인지, 해법을 제시하자는 뜻이다. '시대정신'이란 어떤 형이상학적 가상(假象)을 일컫는 것이 아니라, 시대인들의 가치관의 경향을 가리키는 것이므로 시대인들이 무엇을 원하고 무엇을 소중히 여기는가는 그 시대정신을 결정하는 중요한 인자이다.[130] 명리와 풍수와 관상을 다루는 상담가들로서 시대정신을 얼마나 잘 알고 있는지, 즉 당시의 사람들이 무엇을 원하는지 간파하고 치유법을 제시하는 일이 매우 중요하다고 본다.

보화사회에 있어서 불교-생명과 영성》, 圓光大·日本佛敎大, 2005, p.128.

130) 金泰吉, 『韓國大學生의 價值觀』, 一潮閣, 1981, p.16.

제5편

관상철학의 과제

1 성형수술의 양면성

오늘날 유행하는 성형수술이란 무엇인가? 이는 인간의 아름다움에 대한 내적 욕구에 관련된 것이다. 즉 의학적으로 성형은 신체에 손상의 상해를 입었을 때, 또는 선천적으로 기형의 인체를 회복하고자 할 때, 또한 자신의 신체에 대한 미관상 흉한 신체의 부분을 외과적으로 교정시키고자 할 때 성형수술을 하게 된다. 대표적으로 대중 앞에 나서는 직업을 가진 자들이 자존감을 갖기 위해 낮은 코를 높이는 성형수술을 하는 것으로 성형수술의 의의로 접근할 수 있다.

오늘날 외모 가치가 경쟁력인 세상이 되었다. 자신의 자신감을 간직하려는 측면에서 면접을 위해 성형하는 경우가 적지 않기 때문이다. 세간에서는 외모도 경쟁력이라고 회자되는 상황에서 남자는 물론 여성들은 외형적 미모를 위해서 경제적 부담을 감수하고라도 성형수술을 하는 것이 다반사이다. 근래 20대 여성의 80%가 "예뻐진다면 성형수술을 받겠다."는 여론조사가 있다. 잘 생긴 외모를 갖겠다는 욕구의 분출로 인해, 방학이나 졸업시즌에 맞춰 부모는 젊은 자녀에게 성형수술을 선물하는 경우가 흔하다.

그러면 성형수술은 오늘날에야 급부상한 유행인가? 그렇지 않다. 역사는 성형수술은 5천 년 전으로 거슬러 올라간다. 코는 여전히 성형수술에서 관심이 있었으니 기원전 6세기에 인도를 중심으로 코를 예쁘게 세우는 수술이 유행했다. 눈 또한 외모에 있어서 아름답고자 하는 부분으로 기원전 3세기쯤 여성의 눈을 크게 만드는 수술이 유행했는데, 과연 고대에 이러한 성형이 이미 있었다면 믿을 것인가? 성형수술에는 안면마취가 필요한 일인데, 마취기술이 없었던 고대 의술을 고려한다면 인간으로서 고통을 참고 외형의 아름다움을 추구하려는 열망이 얼마나 강렬한가를 상상해봄직한 일이다.

이처럼 성형수술에 대한 집착은 외모의 열등감에서 발생한다는 사실에 있다. 나와 상대방의 비교심리로서 이분법적 접근으로 생각해본다면 외형의 열등감을 극복하기 위해 코 높이는 수술, 가슴 높이는 수술이 흔한 오늘의 현실이다. 인간의 외양에 매겨지는 가치로 인하여 흑인들 사이에서 코를 높이고, 입술을 작게 만들고, 머리카락을 펴는 성형수술이 만연한 것은 관상학적 위계에서 우월한 것으로 설정된 백인을 따라가려는 몸짓이다.[1] 나보다 외형적으로 아름답다고 느끼는 상대방의 모습을 닮으려고 성형하는 행위를 나무랄 수는 없는 것이다.

내가 이상적으로 삼은 모델의 모습을 보면 닮고 싶은 욕구가 일어나는 것은 어쩔 수 없는 일이다. 상대방에게서 닮고 싶은 우리의 체형은 어느 부분일까? 여기에는 남녀의 차이가 있을 것이다. 남자들의 경우 큰 키를 부러워한다든가, 여성들은 볼륨 있는 가슴이라든가 쌍꺼풀 수술이 있다. 또한 자존감의 표시인 코높이 수술에 더하여 나이가 들수록 주름을 제거하고 싶은 욕망이 있을 것이다. 눈을 키우고 피부를 보다 하얗게 하고 싶은 욕망이 있으며, 날씬한 모델의 체형은 부러움의 대상으로 여겨지는 것이 오늘의 현실이다.

여기에서 보편적으로 많은 성형이 이루어지는 것은 쌍꺼풀 수술인데, 관상법에서 이를 어떻게 받아들일 것인가를 살펴본다. 쌍꺼풀은 건강과 수명, 재물이나 명예에 영향을 끼친다는 설은 없는데도 대부분의 사람들은 쌍꺼풀을 간절히 원하고 있는 것을 보면, 상큼하고 싱그러운 쌍꺼풀은 남녀노소 누구의 얼굴에 있더라도 그것은 분명 부드러운 이미지 연출을 도와준다.[2] 하지만 쌍꺼풀에는 외형적으로 부드러운 점이 있는 반면 절대적으로 길상이라고는 할 수 없으며, 상대적으로 부정적 이미지도 숨겨져

1) 설혜심, 『서양의 관상학, 그 긴 그림자』, 한길사, 2003, pp.320-321.

2) 최형규, 『꼴값하네』, FACEinfo, 2008, pp.226-227.

있음을 알아야 한다. 사회 범죄자의 얼굴에도 쌍꺼풀이 있는 점을 고려하면 쌍꺼풀 하나만으로 그 사람의 인품을 단정할 수 없다. 외형의 쌍꺼풀 수술이 그 사람의 운명을 전적으로 좌지우지할 수 없다는 의미이다.

따라서 성형수술을 한마디로 좋다거나 나쁘다고 잘라 말할 수 없다. 여기에는 긍정과 부정의 양면성이 있기 때문이다. 쌍꺼풀 수술을 했을 때 미적으로 아름답게 보여서 섹시하고 성적 매력이 있는 부분도 있을 것이다. 그러나 인위적으로 조작된 쌍꺼풀이 한편의 미모 연출에 도움은 될지 몰라도, 운명을 개선하는데 큰 도움이 되지 못한다. 도리어 전택궁(눈두덩)은 넓을수록 내림복(상속운)이 많다고 했는데, 이곳에다 주름살(쌍꺼풀)을 새기자면 제 아무리 뛰어난 시술자라해도 기존의 전택궁은 좁혀지기 마련이다.[3] 이것은 쌍꺼풀 수술을 할 때 관상학적으로 부정적 측면의 노출로서, 전택궁이 좁혀질 때 부모로부터 재산상속을 받을 운명이 감소되는 점을 보면 일장일단이 있다고 본다.

얼굴 성형의 장점으로서 긍정적인 예를 들어본다. 흔히 나무뿌리를 가져다가 깎고 닦아서 아름다운 장식품으로 집에 간직한다거나, 하천의 돌멩이를 가져다 수석으로 아름답게 만든다면 좋지 않겠는가? 물론 얼굴을 성형했다고 하여 나쁜 운세가 좋은 운세로 변하겠느냐고 혹평할 수도 있지만 모가 나고 뾰족한 것을 다듬으면 고운 장식물이 될 수 있다.[4] 외모에 자신감이 없는 경우 성형을 했을 때 좋게 보이려는 행위는 자신감 획득의 차원에서 장점이라고 본다.

또한 얼굴성형의 부분적 수술에 장점을 예로 들어본다. 여성들의 눈 주변에 있는 점을 눈물이라 하는데, 이를 성형하는 경우를 보면 이 또한 긍정적이라 본다. 관상은 한 사람의 미래나 운명까지도 포괄하는 개념으

---

3) 최형규, 『꼴값하네』, FACEinfo, 2008, pp.226-227.

4) 최전권, 『체형관상학』, 좋은글, 2003, p.228.

로서 누군가에게 어떤 일이 벌어졌을 때 "그 사람 그렇게 생겼어."와 같이 말하는 것은 그 사람의 생김새가 이후 일어날 사건과 관계가 있다는 의미를 깔고 있다.[5] 부족한 생김새를 그대로 두고 살아가느냐, 아니면 수술을 함으로써 그 스트레스를 없애느냐는 자신의 선택에 달려 있다는 점에서 선택의 판단은 자신에게 있는 것이다.

이에 더하여 관상학에서 얼굴에 주름이나 흉터가 있으면 이성간 안 좋은 운세라고 말한다. 젊은 여성이 이마에 주름이 많으면 남성에게 배신을 당하는, 즉 소박을 맞는 경우가 종종 있으니 성형하는 것이 좋을 것이며, 흉터가 있으면 애정생활이 순조롭지 못하다.[6] 나이가 지긋한 중년기에 주름을 없애기 위해 보톡스를 맞거나, 이마에 난 흉터는 수술을 통해서 없앤다면 마음도 가볍고 자신감을 갖게 되어 성형수술이 좋은 측면으로 작용하는 것이다.

그러나 세상사는 외적으로 화려한 장식과 꾸밈, 물질의 화려한 발전에 비해 내면의 정신세계는 궁핍해 있다는 점을 고려할 필요가 있다. 즉 세계는 외적인 발전으로 통신수단이나 과학의 발명에서 상당한 변화를 가져왔다 할지라도, 그 내면의 정신적인 측면에서는 그다지 큰 변화가 없었다.[7] 이것은 인간 감성의 따뜻한 사랑과 인류애에 대한 관심에 더하여 철학에 있어서의 숙고할 가치를 제외하고 외부의 화려한 장식만으로 극복될 수 있는 것은 아니다. 외형적 변화에 비해 내면의 인격적 변화가 뒷받침되지 못한 경우, 성형 만능에 의한 내면의 많은 고통을 치유할 수는 없는 것이다.

더구나 한국은 성형 1위의 성형대국으로 잘 알려져 있는 상황에서 외국

---

5) 설혜심, 『서양의 관상학, 그 긴 그림자』, 한길사, 2003, p.29.

6) 최전권, 『체형관상학』, 좋은글, 2003, p.229.

7) 라다크리슈난 저, 이거룡 옮김, 『인도철학사』 I, 한길사, 1996, p.35.

인들의 한국행 성형여행도 한동안 붐을 타고 전개되었다. 근래 영국 이코노미스트지 보도에 의하면 한국서 수술한 외국인 포함 1000명당 13.5건으로 최다를 기록하고 있다. 한류 열풍 이후에 한국인이 외국인들로부터 자주 받는 질문으로 "K팝 가수 등 연예인 중 성형미인이 많다는데 사실인가?"라는 점이다. 한국에선 인구 1000명당 13.5건 정도의 성형수술이 이뤄졌던 것을 보면, 비절개 시술인 보톡스가 가장 많이 이뤄지고 있으며 절개수술 중 한국·중국·일본에서 가장 많은 것은 코와 가슴 성형으로 알려져 있다. 이러한 성형이 갖는 미적 욕구 분출에는 허실虛實이 작용하고 있다는 것을 알아야 한다.

성형수술에서 부정적 측면으로 나타나는 경우 허위광고 및 수술의 의료사고를 들 수 있다. 어려운 양악수술이라든가, 턱 교정술 등을 받다가 의료사고가 있어왔던 점을 감안하지 않을 수 없다. 따라서 한국정부는 양악 등 일부 성형 분야에 허위·과장광고가 많다고 보고 시정조치에 나서기도 하였다. 이태휘 공정위 서울사무소 소비자과장은 "의료 광고는 대한의사협회의 사전 심의를 받아 심의번호를 기재하게 돼 있다."며 "광고를 보고 병원을 찾아가기 전에 반드시 심의번호를 확인해야 허위·과장광고로 인한 피해를 막을 수 있다."(중앙일보, 2013.2.1)고 한다. 성형수술을 받다가 의료사고로 숨지는 경우가 종종 발생하고 있어 의료분쟁이 야기되는 경우, 이따금 메스컴에도 등장하고 있다.

성형수술에 대한 관상학적으로 주의해야 할 것이 있다. 성형을 자칫 잘못하면 명운론에서 볼 때 해가 될 수도 있다는 것을 명심해야 한다.[8] 부모로부터 선천적으로 물려받은 외형의 신체 모습을 자랑스럽게 여겨온 과거의 선조들의 교훈을 여기에서 새겨보도록 한다. "신체발부수지부모. 身體髮膚受之父母"라는 문구로서 "신체와 터럭과 살갗은 부모에게서 받은

8) 최전권, 『체형관상학』, 좋은글, 2003, p.228.

것이다."라는 말이 그것이다. 몸이란 부모로부터 받은 것이므로 소중히 여겨야 한다는 뜻에서 공자가 말한 것으로, "몸과 머리털, 피부는 부모님으로부터 받은 것이니, 감히 다치지 않는 것이 효의 시작이라."[9]는 것이다. 선천적으로 물려받은 외형의 자존감을 간직하고 살아가는 가치를 고려해 보면서, 미적 가치가 경쟁력인 현대사회의 흐름에서 성형을 신중히 고려해야 한다는 뜻이다.

2 관상학의 부정적 인식

어느 학문이든 부정적 인식을 극복하려면 그것이 갖는 타당성을 확보해야 한다. 모든 학문의 근본으로서 인지되는 철학이 객관적 타당성을 갖는가와 그렇지 않은가도 얼마나 많은 사람이 그와 같은 방식으로 생각하는지, 그렇지 않은지에 달려 있다.[10] 타당성이 확보되지 못한 학문이라면 그것을 접하는 학자들이나 독자들에게 이론적 공감대를 형성하지 못하기 때문이다. 관상학이 타당성을 확보한 학문으로 정착되어 학위취득자가 등장한 것도 2천 년대를 넘어선 이후의 일이다. 학적 뒷받침이 없이 술수에 떨어져 구시대의 구각舊殼을 벗어나지 못한다면 명운命運의 판단과 인식에 있어서 타당성을 확보하지 못한 결과인 것이다.

그리하여 학문적 타당성을 얻지 못할 경우 치우친 점술의 관상학으로 전락하여 지나친 운명주의로 떨어진다는 것이다. 여기에 철학적 사유와 실재의 이론무장에 관련된 관상철학의 등장은 이미 늦은 감이 있다. 예를 들면 『주역』의 접근에 있어서 의리주역과 술수주역의 두 접근법이 있는

9) 『孝經』, 身體髮膚受之父母.

10) 카알 구스타브 융 著, 金聖觀 譯, 『융心理學과 東洋宗敎』, 1995, p.6.

데, 둘 다 의미는 있지만 후자의 경우 지나치게 운명적으로 접근함으로써 인간 의지의 운신의 폭을 위축시키는 경우가 있다. 그러나 팔괘를 결합한 64괘가 삼라만상을 표상한다는 『역경』의 존재론은 대자연과 인간의 생사화복을 운명론적 결정론 시각에서 본 것이 아니라, 생태학적 생성론의 실재관을 가졌다는 것을 의미한다.[11] 『주역』 뿐만 아니라 상학고전을 해석할 때에도 지나치게 운명적으로 설명하는 것보다는 실재론적 공감대에 더하여 운명개척적 이론을 제시해주어야 명리와 풍수, 관상학으로서 점술에 치우칠 수 있는 술수학의 부정적 이미지를 극복할 수 있다.

다음으로 거론될만한 것으로는 치유적 상담비용에 대한 것으로, 치유방법의 신비주의·미신적 성향에 더하여 치유를 위해서 요구받는 경제적 비용부담이다. 명리 상담을 할 때 상담자는 내담자에게 닥칠 불행 치유의 해법을 제시하면서 "부적을 써야 하거나, 굿을 해야 하는데 경제적 부담이 있어도 하겠느냐?"는 식으로 접근하면 내담자는 불행을 방지하려는 다급함으로 그 요구를 들어주는 경우가 많다. 여기에서 존 리브만의 다음 언급을 소개해 본다. "행복의 요건은 돈, 물질의 풍요, 재능, 권능, 명성 등이다." 그의 말을 듣고 있는 허름한 한 노인이 이렇게 말했다. "당신이 말하는 모든 것이 있다 하더라도 단 한 가지, 즉 당신의 마음속에 평화가 없으면 참된 행복은 있을 수 없다."[12] 진정한 마음의 치유가 아닌 금전만능의 상담이 갖는 술수인·관상가의 부정적 이미지는 전혀 없다고 볼 수 없다.

이러한 무속 관습의 문제점을 슬기롭게 극복하려면 관상학이 지난 역사에 나타난 비합리·비이성의 부정적 이미지를 극복해야 한다. 서양 역

11) 김경재, 「기조발표-동서종교사상의 화합과 회통」, 《춘계학술대회 요지-동서종교사상의 화합과 회통》, 한국동서철학회, 2010, p.20.

12) 윤종모, 『치유명상』, 정신세계사, 2009, p.289 참조.

사에도 관상이라는 관행이 분명히 존재하였으나, 그 관상의 역사는 너무나도 빨리 잊혔고, 부정되었고 감추어졌는데 근대 이후 합리와 이성을 강조하는 학문적 풍토 속에서 비이성·비과학의 영역으로 밀려났기 때문일 것이다.[13] 현대과학의 패러다임은 지난 폐습의 비합리와 비이성을 수용하지 않는다. 관상의 과거 방법론에 있어서 비합리와 비이성은 큰 틀에서 보면 기복祈福 행위를 지나치게 강조해온 부분이며, 현대과학은 그것이 갖는 몰지각·비합리성으로 인해 곡해되는 부분을 우려하지 않을 수 없었던 것이다.

따라서 명리 내지 관상 상담가들이 비합리와 비이성으로 내몰렸다는 것은 외모에 대한 열등감을 지닌 현대인들의 불안심리를 조장해온 감이 없지 않았다는 뜻이다. 『심상관상학』을 저술한 이정욱에 의하면, 공포와 불안 등 부정적인 사고방식은 잠재 의식층에 치명적인 불안감을 조성하여 놓은 것으로 혼탁함과 혼란을 초래하여 더 많은 불행을 만들어냄과 동시에 표면의식에 영향을 주어 인생길을 어지럽게 한다는 것이다.[14] 그의 이 같은 언급은 공포와 불안 등 부정적 사고방식은 순수한 마음에 영향을 주어 때로는 죄의식, 불안의식을 조성함으로써 노이로제, 우울증, 분열증을 야기한다는 것이다.

공포에 더하면 결국 분노와 적개심을 유발하거나 열등의식으로 인간의 마음을 병들게 한다. 관상에 대한 평가는 사람들에게 자칫 상처를 주기 십상이다. 상처를 입은 사람들은 분노, 질투, 열등감, 불안 같은 부정의 감정들을 마음속에서 키우다가 결국 우울증과 같은 부정적 감정들은 암과 같아서, 일단 마음속에 자리를 잡으면 자꾸자꾸 커져가며 마음 전체를 병들게 한다.[15] 이 같은 부정적인 시각을 갖지 않도록 관상 상담의 접근법

13) 설혜심, 『서양의 관상학, 그 긴 그림자』, 한길사, 2003, pp.20-21.

14) 이정욱, 『심상 관상학』, 천리안, 2006, pp.39-40.

에 있어서 세심한 주의가 필요하다. “다 좋은데 얼굴이 좀…”이라는 평가가 갖는 암적인 요인들을 털어내지 못한다면 명리·관상 상담가의 독소는 오래 지속된다.

또한 관상학의 얼굴평가를 오용하면 국가별 차별에 의해 오리엔탈리즘에 떨어질 수 있으며 그것은 인종차별로 이어지기도 한다. 흰색 피부의 백인의 관상은 아름답다던가, 흑인의 관상은 어떻다는 식의 접근법은 상담에 있어서 금기사항이다. 라바터는 유럽 사람들 사이에서도 관상학적으로 볼 때 분명히 국가별 차별성이 드러난다고 보았다. 관상학적으로 국가별로 민족싱을 나타내는, 국가별 특징적인 모습이 있다는 것이다.

> 프랑스인은 가장 특징짓기 어렵다. 그들의 얼굴 생김새는 영국 사람들만큼 특출 나지도 않고 독일인처럼 정밀하지도 않다. 프랑스인을 알 수 있는 방법은 주로 치아와 웃음이다. 이탈리아인들은 코, 눈과 튀어나온 턱으로 구별할 수 있다. 영국인들은 이마와 눈썹으로 알 수 있다. 네덜란드인은 두상이 둥글고 머리카락이 가늘다. 독일인은 눈 주변과 볼에 나타나는 각과 주름살로 알 수 있다. 러시아인은 들창코, 엷은 색 또는 검은 머리카락으로 알 수 있다.[16)]

더욱이 독일인의 인종 우월주의적 유태인 학살이라든가, 미국의 흑백 갈등의 문제, 미국이나 유럽의 아시아인 폄훼와 같은 인종적 차별은 라바터가 말했듯이 피상적 편견에 의한 관상학의 허구성을 여실히 드러낸다.

얼굴 피부색의 보이는 것만으로 판단할 경우, 외적으로 보이는 현상론에 떨어져 마음의 실체를 간과하는 경우가 있다. 마음의 실체를 부정하거나 그 작용을 도외시하는 것은 현상이나 사물이 과학적으로 입증되지 않

---

15) 윤종모, 『치유명상』, 정신세계사, 2009, p.18.

16) 설혜심, 『서양의 관상학, 그 긴 그림자』, 한길사, 2003, pp.312-313.

는다고 하여, 그것을 믿지 않고 부정하고 꺼리는 것은 지나치게 현상론現象論 내지 유상론唯象論에 치우친 것이 아니겠는가.[17] 겉으로 드러낸 모습만 보고, 들리는 음성만 생각한다면 보이지 않고 들리지 않은 마음의 아름다움은 어디에 있다는 것인가? 동물의 세계에서나 시각과 청각에 집착, 평가하는 일이 가능할 것이다. 우리의 생명현상의 기본요소로서 가장 중요한 공기는 보이는가, 들리는가를 고려한다면 우리의 내면에 잠재한 진실성의 마음세계에 눈을 떠야 하리라 본다.

외모지상주의가 낳은 폐단은 얼굴의 어느 부위를 보고 쉽게 판단해버리는 일이다. 이를테면 숱이 뒤엉켜 있는 눈썹은 빛이 없어서 푸석푸석한 느낌을 주는 형도 있고, 들풀처럼 산만하고 뒤엉킨 눈썹이 있으며, 거친 눈썹은 평소의 마음 자세나 몸 안의 에너지가 안정되지 못했을 때, 눈썹이라는 외적 형상으로 나타난 결과이다.[18] 물론 상학에서는 그 역할만큼이나 얼굴의 각 부위에 대한 상학적 평가가 필요한 건 사실이다. 눈썹이나 눈의 크기 등에 대한 분석은 얼굴에서 50%나 차지하는 비중이 있기 때문이라 보며, 여기에서 눈만 잘 생기면 되는 외모지상주의를 부추기는 일이 없도록 하는 관상가의 배려가 필요하다. 체상과 심상의 다양한 부위의 역할론을 거론하면서 흉에서 길로 가는 방안제시가 유효하리라 본다.

외모지상주의는 이미 고대 관상학이 만들어낸 열등한 그룹들 세 가지를 거론함으로써 괴물적인 평가를 내놓고 있다. 독일 황제 오토 1세가 콘스탄티노플에 파견한 리우트프란트는 자신이 만난 비잔틴 황제 니케포루스 2세에 대하여 적대감에 찬 인상을 고국에 적어 보냈다.

> 그는 매우 흉물스럽게 생겼는데, 마치 머리가 거대한 난쟁이 같았고, 노파처럼 작은 눈에, 무성하고 희끗희끗한 짧은 수염으로 더욱 추하게

---

17) 이정욱, 『심상 관상학』, 천리안, 2006, pp.4-5.

18) 이남희, 『하루만에 배우는 실전관상』, 도서출판 담디, 2008, p.139.

보였다. 목은 손가락보다 가늘었고, 길고 무성한 머리는 영락없는 돼지 같았다. 그의 얼굴색은 에티오피아인 같아서, 밤중에 그를 만나기가 꺼려질 정도이다. 그 거대한 배에 어울리지 않는 빈약한 엉덩이라니, 작은 키에 비하면 너무 긴 허벅지와 짧은 다리, 그리고 그에 걸맞은 발목과 발에, 옷은 화려하지만 너무 낡고 색이 바랬으며, 시시니엔 식의 신발을 신고 있었다. 무례한 언사와 여우같은 간계를 가진데다 카이사르처럼 맹세를 저버리고 거짓말을 일삼았다.[19)]

위의 언급에 나타난 외모 위주의 평가에 공통점이 나타난다. 그것은 고대 관상학이 만들어낸 열등한 세 그룹으로서 여자, 이방인, 동물의 이미지를 부정적으로 담아내고 있는 것이다. 외모에 의한 편견적 인간, 이방인, 동물의 이미지를 경시하는 인상을 가져다주기에 충분하다.

관상에 있어서 경시의 대상이 합리적이지 못하고 편견에 치우쳐 있다면 상대방을 보는 각도가 부정적이기 때문이다. "코가 낮아서, 눈이 작아서, 키가 작아서, 곱슬머리여서." 라는 식으로 사람을 바라본다면 자기중심의 외모 편견의 대인관계가 고통스럽게 할 것이다. 세상은 자기 생각대로 굴러가는 것도 아니고 자기주장만 옳은 것도 아니므로 어떤 일이 있을 때마다 타인의 입장에 서서 판단을 해야 하고, 자신보다 남을 먼저 배려하는 습관을 들이는 것이 좋다.[20)] 대인접물에 대한 시각이 왜곡되어 있다면 사고방식마저 부정적으로 변하게 된다. 그것은 대인관계에 있어서 외모중심이나 물질위주의 사유와 다를 것이 없다는 것이 큰 문제이다.

관상가로서 관상상담에서 중요하게 고려해야 할 것은 사람의 인품이나 역량이 얼굴만이 아니라 행위로 나타나는 수행력이라는 것이다. 용모가 수려해서 모든 일이 잘 될 것이라는 안이한 판단이 갖는 오류를 범하지

19) 설혜심, 『서양의 관상학, 그 긴 그림자』, 한길사, 2003, pp.112-113.

20) 이남희, 『하루만에 배우는 실전관상』, 도서출판 담디, 2008, p.139.

말자는 뜻이다. 개인의 인품은 자신의 '행위'를 통해서 나타나며, 다른 사람이 어떻게 여겨진다는 것을 표현해주는 개인의 용모가 그의 참다운 존재일 수는 없다.[21] 헤겔이 언급한 바와 같이 인간의 참된 존재는 어디까지나 얼굴이 아닌 그의 행위를 통해서 나타난다는 것을 명심해야 할 것이다. 명리나 관상 상담가의 즉흥적, 신기에 찬, 섣부른 판단으로 혀끝의 칼날을 휘두르는 부질없는 길흉판단에 집착하는 것을 극복하지 않으면 관상에 대한 부정적 이미지는 지속될 수밖에 없다.

세인의 비판을 받는 관상학에만 매달리면 생긴 대로 죽는다. 이에 대한 발상전환으로 인상학의 대치가 필요하다. 생긴 대로 사는 것이 관상학이라면, 사는 대로 바뀐다는 것이 인상학의 영역으로 거론되는 이유가 무엇인가? 자신의 모순을 발견할 줄 모르고 생긴 대로밖에 살 줄 모르면 정과는 천살天殺, 기과는 인살人殺, 신과는 아살我殺, 혈과는 지살地殺을 피하지 못하므로 생긴 대로 살다가 생긴 대로 죽는다.[22] 사람들은 각자 고유한 본성을 갖고 살다가 난관에 부딪치면 수양력으로 극복해내는 지혜가 요구되며 이에 관상철학이 필요하다. 생긴 대로 사는 것이 아니라 내가 지향하는 방향으로 살아간다면 좋지 않은 운명도 길운으로 바꿀 수가 있으며, 그것은 철학적 혜지慧智를 밝혀가는 주체로서 관상학 전문가의 주요 과제이다.

이러한 과제의 해법 모색에 있어서 시사 받는 것으로, 불교에 진제眞諦와 속제俗諦라는 용어를 여기에서 언급해보고자 한다. 이는 실상과 허상이라는 말로 대치해 볼 수 있는 것으로 속제의 외모집착이라는 허상에 매달

---

21) 「아리스토텔레스와 관상학-서양 관상학의 역사적 연원」 해설 : 이 책은 19세기 이마누엘 벡커가 편집한 『아리스토텔레스의 저작 모음집』에 실린 『관상학』을 번역하고 주해한 것이다(아리스토텔레스 지음, 김재홍 옮김, 『관상학』, 도서출판 길, 2014, p.64).

22) 정창환, 『얼굴여행』, 도솔 오두막, 2006, p.17.

리다보면 진실한 마음이라는 진제의 실상을 보지 못하는 경우가 있다는 것이다. 용수의 시각이 이것으로 진제란 사물을 있는 그대로 반야般若의 눈으로 보는 것으로서 언어를 초월한 공空의 진리를 말하는 것이며, 속제란 세상 사람들의 상식적인 눈으로 보는 세계로서 진리가 가리어진 모습을 말한다.[23] 관상철학에 있어서 속제에서 진제로 중심 이동을 할 수 있는, 관상가의 부정적 이미지 극복을 위한 자신의 철학적 혜안이 요구된다.

3 관상학 저술의 유사도

요즈음 세간에 표절시비로 내몰린 학위논문에 대한 말이 회자되면서 주변의 빈축을 사곤 한다. 대중문학평론가인 김지룡에 의하면 표절은 부도덕한 창작자들에게 부당이득을 안겨주는 동시에 진정한 창작자들이 설 땅을 위협한다고 하였다. 표절을 다른 말로 말하면, 도작, 모방, 모티브차용, 짜깁기, 베끼기 등으로 언급된다. 학위논문이나 문학작품은 창작자로서의 자기 독창성을 담아내는 것을 사명으로 알아야 하는데, 슬쩍 남의 아이디어를 자신의 것인 양 아무런 양심의 거리낌 없이 베끼곤 하는 것이다.

이를 방지하기 위해서 학계에서는 석사논문과 박사학위논문 심사를 하기 앞서 컴퓨터 프로그램의 유사도 검사를 필히 하도록 되어 있다. 대체로 박사학위 논문의 경우 유사도가 10%를 넘기면 심사를 거부하는 편이며, 이에 논문제출자로 하여금 9% 이내에서 수정해오도록 한다. 일반적으로 학위논문의 독창성을 담보하기 위해서는 유사도 검사도 지표는 5% 내외가 되어야 한다고 본다.

이렇듯 '유사도'란 말은 부정적인 측면이 많다. 흔한 용어로 유사종교라

23) 길희성, 『인도철학사』, 민음사, 2007, p.146.

는 단어가 그것으로, 그렇다면 유사철학도 부정적인 것으로 다가오는 것이 궤변철학이다. 이 궤변철학이 점증하면서 기만과 피상성이 확대되기 시작했으니 궤변철학은 현저하게 널리 보급되어 ① 당시까지의 철학자들의 학설을 알려주었고, ② 독립적 사유에 대한 자극을 부여하였다.[24] 유사철학으로서 혹은 유사종교로서 창작의 독립적 사유에 대해 찬물을 끼얹는 현상은 참으로 안타까운 일이 아닐 수 없다.

'유사'라는 말을 붙여서 단체에 탄압하려고 하는 것이 과거 일제의 식민지 사관이었음은 그것이 갖는 굴욕은 뭐라 형언할 수 없다. 한국 민족종교에게 유사종교라는 굴레를 씌워서 종교의 기능을 마비시키려 한 일제의 식민지 사관으로, 그것은 한국민족종교를 말살하여 한국의 민족주의가 활성화되는 것을 미연에 막으려 하였다.[25] 식민지적 탄압수단으로 유사종교 단체란 이름을 명목으로 하여 추방해버린 것이다. 일제가 해방 전 한국불교를 일본불교 즉 황도불교로 만들려는 차원에서 한국의 신흥종교들을 유사종교로 몰아붙인 점은 종교탄압의 모습이다.

그렇다면 학문의 유사도를 극복하기 위해서는 어떻게 해야 하는가? 여기에는 비교와 비판이 뒤따라야 한다는 점이다. 철학은 비교를 전제하며, 비교는 비판의 조건이라는 점에서 비교 없는 비판 없고 비판 없는 비교는 없다는 것이다.[26] 물론 무조건 비판만이 능사는 아니라 본다. 중요한 것은 다른 탐구와 비교해 보면서 그것이 갖는 장점이 있다면 창의성이 깃든 학문적 탐구가 가능하다는 것이다. 비교와 비판을 겸비하면서 철학의 연구와 학문의 연구가 전개될 때 창의성이 담기어 유사학문이 방지될 수

---

24) 쿠르트 프리틀라인 저, 강영계 역, 『서양철학사』, 서광사, 1985, p.54.

25) 尹以欽, 「韓國民族宗教의 歷史的 實體」, 『韓國宗教』 제23집, 圓光大 宗教問題研究所, 1998, p.94.

26) 정세근, 「철학적 비교에서 같음과 다름」, 『범한철학』 제23집, 범한철학회, 2001, p.189.

있다.

이제 관상학의 경우 유사관상학은 없는 일인가? 아리스토텔레스 『관상학』은 친저親著가 아닌 짝퉁 계열 제자의 유사저술이라는 말이 있다. 아쉬움이 남지만 엄밀히 말해서 '아리스토텔레스 이름'으로 알려진 『관상학』은 아리스토텔레스의 진짜 저술이 아니며, 아리스토텔레스의 뤼케이온 학원의 전통을 이어받은 매우 똘똘한 학생인 페리파토스(소요학파) 계율의 짝퉁 아리스토텔레스가 기원전 3세기경에 쓴 것으로 추정된다.[27] 이는 학계의 정설로 받아들여지는 것으로, 그것은 학문방법론에 있어 유사類似 아리스토텔레스 학문이지만, 저삭의 신위여부는 오늘날까지 문제시되고 있는 것이다.

유사관상학이라는 용어에 걸맞게 과학자 라바터가 살았던 시절에 유사과학이라는 말이 거론되었다. 당시 사회적 분위기 속에서 유사과학은 종종 사람들을 신비주의로 몰아가기도 하였으니, 당시 유럽에서 대표적인 유사과학은 관상학과 메스머리즘(mesmerism)이다. 이 메스머리즘은 메스머(1734~1815)라는 독일인 의사가 제창한 것으로 동물 자기(amimal Magnetism)를 이용해 질병을 고치는 것과 관련되는 것으로, "극렬한 두통에는 엄지 한쪽 끝을 이마에 대고 다른 쪽 끝을 머리 뒤쪽에 대어 자기가 통하게 하면 두통이 낫는다."[28]는 것이다. 이것은 원시적 형태의 최면술로써 마취 대용으로 사용하였으니 그야말로 유사의학인 셈이다. 라바터는 관상학을 '법칙화할 수 있는 과학'이라고 하였으니 미리 유사과학임을 시인한 모습이다.

실제 근대로 넘어오면서 이른바 유사과학이었던 것이 관상학으로 인식되었다. 유사과학으로서의 관상학을 보급시킨 사람들은 대부분 과학자 집단 가운데에서도 사회적으로 탄탄한 입지를 다지지 못했던 젊은 층으로

---

27) 아리스토텔레스 지음, 김재홍 옮김, 『관상학』, 도서출판 길, 2014, p.20.
28) 설혜심, 『서양의 관상학, 그 긴 그림자』, 한길사, 2003, pp.262-263.

서, 이들은 때때로 관상학의 내용 자체의 진위나 신빙성보다는 기득권층을 공격하기 위해, 이른바 첨단과학을 표방하면서도 관상학을 도입하곤 하였다.[29] 그로 인하여 관상학은 더욱 과학적으로 포장하기 위해 새로운 기구를 발명하거나 차트, 통계표를 통해 관상학의 묘술을 부리곤 하였다. 이러한 관상학의 선풍의 이면에는 유사과학의 속성, 곧 관상학자들이 정상과학의 틀에서 인정받지 못할 때 대중층에 파고들어 관상학이야말로 과학이라는 범주 속에 진입시키려 하였던 것이다. 여기에서 유사관상학은 관상학의 독창적 이론과 방법론이 핵심으로 자리하지 못하고 과학이라는 것에 기대어 포장하려는 부정적 심리가 발동한 것이다.

무엇보다도 유사도는 관상학이 갖는 독창성이나 특성보다는 주변학문에 빗대어 동일성을 찾는 성향이라는 점에서 그것이 갖는 장점보다는 수많은 오류를 범할 수 있다. 이를테면 철학적 행위가 멀리해야 할 '동일화의 오류'를 지적하고자 한다면, 한마디로 이 철학과 저 철학의 같음만을 말하고 다름을 말하지 않는 것은 잘못되었다는 말이다.[30] 동일화의 오류란 철학에 대한 연구나 저술 내용에 있어서, 학자간의 베끼기가 기승을 부려 창작적 사유의 빈곤이 나타나는 것이다. 훌륭한 저술이나 논문이란 자신의 아이디어가 독창적이어야 한다는 점에서 유사관상학이 갖는 아이디어 빈곤이나 창의성 결여는 이에 파생되는 문제가 적지 않았다.

이러한 '유사'의 문제점은 어제 오늘만의 고통이 아니라 본다. 우리에게 철학이 없는 것 같다는 지적은 달리 말해서 우리에게 진정한 관상철학이 없는 것 같다고 해야 할 것이다. 전 숭실대 안병욱 철학교수는 말하기를 "우리 한국이 언제부터인가 철학이 없는 나라가 된 듯하다. 정치가도 기

---

29) 설혜심, 『서양의 관상학, 그 긴 그림자』, 한길사, 2003, p.322.

30) 정세근, 「철학적 비교에서 같음과 다름」, 『범한철학』 제23집, 범한철학회, 2001, p.186.

업가도 뚜렷한 철학이 없고, 부부도 학생도 철학이 없는 듯 자꾸만 불행한 일들이 생기고 있다."[31]라고 하였다. 비슷한 차원에서 필자로서 말하고자 하는 것은 참으로 독창적인 관상학 관련 몇몇 서적 외에 "근래 간행된 관상학 저술들의 내용들이 천편일률적인 부분이 상당부분 발견된다."라고 한다면 과연 터무니없는 말일까를 상기해 본다.

다만 세간에 읽혀지고 있는 관상서가 모두 천편일률적이라고 한다면 무리일까를 고민할 필요가 있다. 근간된 관상서들이 학문적 가치보다는 일반 독자의 흥미를 위해 저술되는 성향이 적지 않아 일어나는 현상을 빗대려는 것이다. 따라서 관상학을 연구하는 학자들이 많이 나와야 하며, 관상학자들이 저술하는 관상서에는 반드시 주를 달거나, 주를 달 수 없다면 저서 후반부에 참고 서적들을 게재하는 것이 좋다. 이러한 일들이 선행된다면 관상서적의 지적 재산권도 보존될 수 있고, 관상서의 저자들을 파악할 수 있는 것이다.

이제 지적 재산권은 국가 간의 이슈로 등장하고 있다. 앨빈 토플러는 이에 깊은 관심을 표명한 적이 있다. 그는 1989년 음악산업, 컴퓨터산업 및 출판계를 포함한 미국의 저작권 보유업체는 세계 12개국이 미국 경제에 매년 13억 달러의 매출 손실을 가져다주고 있다고 주장하면서 이들에 대해 조치를 취해줄 것을 요구했다.[32] 토플러에 의하면 위에 열거한 12개국에는 중국, 사우디, 인도, 말레이시아, 대만 및 필리핀이 포함되었다는 것인데, 오늘날 한국의 경우도 지적 재산권을 보호해야 한다는 것은 지당한 일로 받아들여지고 있다.

관상학 관련 저술의 경우 이제 지적 재산권이 보다 엄격하게 지켜져야 한다. 필자로서 설혜심의 『서양의 관상학』(2003)을 읽고 참으로 독창적

---

31) 「특별인터뷰 안병욱 교수」,《圓光》291호, 月刊圓光社, 1998, p.117.

32) 앨빈 토플러 著, 李揆行 監譯, 『권력이동』, 韓國經濟新聞社, 1992, p.401.

사유에 바탕한 저술이라든가, 고대로부터 근대에 이르기까지 관상학 역사 서적으로 탄생할 수 있었다는 점에 높은 점수를 주고 싶으며, 설혜심의 본 저술을 인용할 때 반드시 주를 달아서 그의 역작에 찬사를 보내고자 하는 것이다. 그는 말하기를 "옷차림이 한 사람의 모든 것을 대변하는 사회에서 옷차림의 모방은 모방으로 그치는 것이 아니라, 모방하는 대상과의 동일시라는 환각을 내포하게 마련이다."[33] 그가 우려하는 것은 유사관상학의 단초가 '모방'이라는 것에 있다는 것이다. 모방에서 창조가 나오는 것도 사실이지만 상당수가 일상적으로 쉽게 저작하려는 저술 모방이 갖는 환각을 어떻게 할 것인가?

여기에서 우리는 환기해야 할 점이 있다. 즉 모방과 짜깁기로 인한 유사학문, 그리고 유사관상학을 방관한다면 결과적으로 관상학 탐구에 대한 사유의 시간이 줄어들고, 또한 관상철학의 본질인 사유에 곁들인 추론의 시간이 줄어들게 된다는 것이다. 다음의 두 철학자들이 말하는 다음의 비판에 귀 기울여야 할 것이다.

> 우리는 철학적 빈곤함 때문에 많은 철학자들을 수입했다. 수입도 주체적인 수입이라기보다는 주체의 상실 또는 방기를 전제로 한 수입이었다.[34]

> 철학자들은 지식 가운데서 주로 겉으로 드러난 명시적인 측면만을 주목하고 그것을 형식화하고 상징적으로 조작하는 일에 치중한다.[35]

여기에서 강조하고자 하는 것으로 관상철학은 특히 많은 사색의 시간

---

33) 설혜심, 『서양의 관상학, 그 긴 그림자』, 한길사, 2003, p.252.

34) 정세근, 「철학적 비교에서 같음과 다름」, 『범한철학』 제23집, 범한철학회, 2001, p.199.

35) 張相浩, 『人格的 知識의 擴張』, 敎育科學社, 1994, p.28.

이 필요하다는 것이다. 관상학의 사유 빈곤, 겉으로 드러난 측면에 매몰되는 모방적 학습 성과를 간과해서는 안 된다. 더욱 창의적인 아이디어를 통해서 철학적 사유에 근거함으로써 인간 내면의 성격을 추출하여 인간 존재와 삶의 가치 부각에 많은 지면을 할애해야 한다.

4 관상 운명론의 함정

얼굴을 운세를 연구하는 학문은 넓혀보면 다양하다. 이를테면 관상·수상·체상體相 등이 그것으로 인체의 특징을 연구하여 운명을 알아내는 학문이 오래전부터 등장한 것이다. 예컨대 체상을 보면 타고난 대로 살아가고 생긴 대로 쓰인다는 것은 불변의 진리이며, 열 손가락에 있는 지문은 손금과 더불어 운명의 함수를 지니고 있는 운명의 바로미터이다.[36] 지문을 보면 동그란 와문渦紋과 흐르는 유문流紋이 있는데, 유문에 비해 와문이 대부분을 이루면 의지가 강하고 운명적으로 좋다고 한다. 손을 통해 운명을 판가름하는 수상은 여러 학문분야의 하나로서 인간에게 운명론적 시각을 다양하게 열어준다.

체상이든, 수상이든 고금을 통하여 관심이 지속되어 온 것은 자신의 성정性情과 관련한 운명론적 호기심이 발동하기 때문이다. 이를테면 샌더스의 수상학서는 17세기 사람들에게 가장 직접적이고도 빈번한 운명론적 사건을 거론하고 있다. 이를 구체적으로 살펴보면 인간이 통제할 수 없는 외적 요소에 의한 운명적 사건, 사고와 같은 것들이 434개, 그리고 성격과 성향이 309개, 사회적 관계가 171개를 차지한다.[37] 근세의 관상 심리에서는

36) 최전권, 『체형관상학』, 좋은글, 2003, p.153.

37) 설혜심, 『서양의 관상학, 그 긴 그림자』, 한길사, 2003, p.221.

운명진단과 성격파악인 것이 대부분을 차지한다. 이러한 관상심리를 고려하면서 운명론적 성격을 언급할 때 크게 두 가지로 접근이 가능하다. 하나는 상대성의 운명론이냐, 둘은 절대성의 운명론이냐에 대한 것이다. 운명론에서 볼 때 종교도 운명론이며 사주는 물론 풍수지리·무속도 운명론이라 한다. 명命과 생生의 운명론이 상대성 하나의 필연론이냐 아니면 편성 하나의 우연론이냐 하는 것이 운명론의 주된 문제다.[38] 필연과 우연의 운명론이 등장하는데, 어떻든 그것은 인간의 구원문제와 연결되어 그 생명력이 질기게 지속되어 왔다.

필연과 우연 사이에서 과학의 운명론이든, 미신의 운명론이든 그것은 인간의 삶과 불가분의 관계 속에 있다. 자신 스스로가 만든 필연의 운명이라고 하면서도, 자신도 모르게 우연히 주어진 운명이라 보기도 한다. 여기에 우연히 주어진 숙명론적 타율로 보는 성향이 많은데, 『리바이어던』 저술로 유명한 홉즈는 말하기를, 인간은 자신의 삶 동안 저지른 잘못을 모았다가 그들이 운명이라고 부르는 괴물을 창출한다[39]고 하였다. 운명 개척적인 입장이 아니라 피동적 운명의 자세를 취한다면, 우연히 걷다가 나무뿌리에 걸려 넘어졌을 경우 하나님과 부처님으로부터 벌을 받아서 그렇다고 할 때 과연 바람직한 삶인가?

여기에서 궁금증이 하나 있다. 과연 천성은 바꿀 수 있느냐에 대한 것으로 그것은 운명을 개척할 수 있느냐와 연결된다. 저마다의 타고난 천성은 자신의 삶의 방향을 조절하는 운명과도 같은 것으로, 노력하지 않고 살아가는 사람은 천성대로 흘러가게 마련이며, 때로 인정하고 싶지 않더라도 운명이라는 것을 받아들이며 살아가는 것이 인생이다.[40] 천성은 바꿀 수

38) 청천운백, 『생리적 심리운명론 命과 生』, 도서출판 알림사, 1996, p.75.

39) 라다크리슈난 著, 柳聖泰 外 3인 譯, 『轉換期의 宗教』, 圓光大學校出版局, 1986, p.183.

40) 신기원, 『신기원의 꼴 관상학』, 위즈덤하우스, 2010, pp.21-22.

없다는 말을 자주 사용하며 운명을 개척적인 측면보다는 수용적인 측면으로 받아들이는 것이 수동적 운명론자들의 지론인 것이다.

수동적인 운명론의 시각을 가지면 운명 개척의 의지가 약해질 수 있다는데 문제가 있다. 내담자와 관상학자의 다음 대화를 소개해 본다.

> "선생님께서는 비록 관상이 나쁘더라도 늦잠 자지 않고 아침 일찍 일어나는 사람은 운이 차차 좋아진다고 말씀하셨습니다." "아침에 두 시간 일찍 일어나서 밤일을 할 때와 마찬가지로 등불을 밝히고 일을 하면 된다. 그렇게 하면 태양의 운행과 마찬가지로 당신의 생명이 돌고 돌아서 자연히 운기가 좋아지고 차츰 유복, 장수하게 되는 것은 천지의 진리이다."[41]

타고난 관상은 비록 나쁘더라도 후천적으로 노력하면 자신의 운명이 긍정적으로 바뀌어 일이 순조롭게 되고 성공을 할 수 있다는 인식이 중요하다. 태양의 운기가 좋기 때문에 일찍 일어나 그 운기와 함께 함으로써 적극적으로 자기 발전을 이룰 수 있다는 뜻이다.

그러나 우리에게 한번 주어진 운명에 안주해버리는 함정은 없는지를 성찰해 보아야 할 것이다. 어느 관상학자의 다음 언급을 새겨볼만한 일이다.

> 사주나 상학을 공부하면서 주어진 운명과 천성에 안주해버리면 그야말로 생긴 대로 살아갈 수밖에 없어 공부를 하지 않음만 못하다. 이러한 공부를 하는 이유는 자신에게 주어진 운명의 기운을 잘 파악하여, 이를 스스로 조절하고 헤쳐 나가는 능동적인 삶을 살아가기 위해서이다.[42]

운명론자들의 함정은 다른 것이 아니라 "이미 정해진 운명인데 내가

---

41) 미즈노 남보쿠, 화성네트웍스 역, 『마음 습관이 운명이다』, 유아이북스, 2017, pp.155-156.

42) 신기원, 『신기원의 꼴 관상학』, 위즈덤하우스, 2010, p.25.

노력해봤자 안 되는 거야."라고 포기해버리는 일이다. 그리고 내담자가 찾아왔을 때 관상 상담자가 그러한 피동적 방식으로 그를 유도한다면 지도자적 품성이 의심스러운 일이다.

그렇다면 관상학에서 보는 운명론은 어떻게 접근해야 하는가? 예컨대 사학당을 예로 들어보도록 한다.[43] 눈은 관학당官學堂으로서 길고 맑으면 관록이 있고, 짧고 탁하면 천하며, 이마는 녹학당祿學堂으로서 넓고 길면 관록을 얻고 장수하며, 좁고 짧으면 관운도 없고 단명한다. 그리고 입은 내학당內學堂으로서 바르고 그르면 충효와 신의가 있고, 사이가 벌어져 있으면 간사하고 신의가 부족하며, 귀 앞은 외학당外學堂으로서 풍만하고 밝으면 외교外交에 능하고, 어두우면 둔하다. 이처럼 사학당의 관상을 통해 길하고 흉하다는 형식으로 받아들이게 되는 것이 길흉 운명론인 것이다.

사학당의 길흉을 판단함에 있어서 주의할 것은, 운명론은 피할 수 없다는 식으로 단순하게 생각하는 것이다. 수동적으로 살아간다면 그것은 동물의 삶과 다를 것이 없다. 만약 이렇듯 이분법적으로 간단히 분류될 수 있다면 인간이 삶에 대한 사고가 일방적이며 단순하여 동물과 같은 사고방식으로 인하여 생활자체가 본능적으로 간단하여 더 이상의 발전은 원래부터 없었을 것이다.[44] 길한 것은 그대로 즐겁게 받아들이고, 흉한 것은 수동적으로 감당하는데 주로 길들여진다면 흉을 대처할 힘이 없어짐은 물론 이성이 결여되는 삶을 살게 될 것이다.

따라서 운명의 수용에 있어서 수동적 운명론에 떨어져서는 안 된다. 관상학에서 더욱이 운명 개척보다는 운명 수용 쪽으로 학설이 전개된다면 그것은 피동적 운명론의 함정에 빠지게 된다. 상학은 단순히 "당신의 운명이 이러하다."고 선언하는 데서 그치는 것이 아니라, 그것을 통해 자

43) 地平 編著, 李成天 監修, 『관상해석의 정석』, 도서출판 문원북, 2019, p.78.
44) 이정욱, 『음성관상학』, 천리안, 2011, p.26.

신의 삶을 어떻게 바꾸어나갈 것인지를 제시하는 힘을 지니고 있으며, 내 마음 씀씀이가 바로 나의 얼굴과 삶을 바꾸어 놓는 근본이 되는 것이다.[45] 나의 체상이 설사 부족한 데가 많다고 해도 내 마음으로 이를 극복하는 지혜를 짜내는 관상학이어야 하며, 관상철학은 이러한 자율적인 철학의 가치를 키워주어야 한다.

인간의 운명론은 체험과 잠재의식으로서 마음의 심연에서 만들어지는 것이 대부분이다. 즉 우리의 운명이란 당시의 겪는 상황에 따라 결정되어지는 것이 아니라 마음의 깊은 층으로부터 만들어져 있는 어떤 틀에 의하여 결정되는 것으로, 몸제 내부 오장五臟의 상태 조건, 외부의 기운이 작용하여 그것이 몸체와 얼굴에 반영되는 것이다.[46] 따라서 마음작용이 중요하며, 외형적 형상에 구속되는 것을 내면적 심리에 의해 극복하는 삶이 요구된다.

마음작용과 각종 행위들에 영향을 받은 잠재의식이 형성되어 미래를 예시하는 것이 운명론의 출발이다. 즉 잠재의식인 내재의식은 인간의 운명을 미리 예시하는 기능이 담겨져 있다. 그것은 외부로부터 들어온 갖가지 인식되어진 정보를 분류하고 체계화하여 가장 적절한 때에 여러 형태로 형상화함으로써 뇌에 상기될 수 있도록 역할을 하며, 인생길의 중요한 대목에서 앞날의 일을 예시하여 결정적인 역할을 한다.[47] 따라서 밝고 건전한 삶을 유도하고, 또한 기도와 명상을 통해 그러한 삶이 잠재의식으로 침잠되도록 노력하자는 것이다. 부정적인 강박관념으로 산다면 잠재의식에 쌓이는 것은 고통뿐이다. 맑은 영혼의 활동을 통해 밝은 미래를 예시하는 잠재의식을 간직하도록 실제의 생활을 긍정적으로 유도해야 하는

45) 신기원, 『신기원의 꼴 관상학』, 위즈덤하우스, 2010, p.23.

46) 이정욱, 『심상 관상학』, 천리안, 2006, p.41.

47) 위의 책, pp.38-39.

것이다.

따라서 운명론을 초자연적인 것으로 보지 말고 인간이 만들어내는 것으로 인식한다면 좋을 것이다. 에라스무스는 '바람직한 외양이란 사람들에 의해 인지되는 것'이라고 하는데, 이 말은 과거에 '관상'이 누군가의 성품을 주어진 법칙에 따라 판단하는 것이었다면, 이제는 관상에 대한 판단기준이 초자연적 운명이 아닌 인간이 만들어내는 사회적인 것으로 탈바꿈하고 있음을 말해준다.[48] 초자연적 미신의 운명론에 관심을 갖는 것보다는 이제 사회적인 동물로서 인간은 운명을 자율성에 기반한 개척의 자세로 전환해야 한다.

결과적으로 고대 운명론의 관념주의에 떨어지지도 않고, 수동적 운명론에 빠지지 않는 수신修身의 자세를 갖도록 하는 것이 관상철학의 과업이다. 그것은 『주역』 복서卜筮를 참조하되, 수신修身의 기능을 갖춘 철학적 운명론자가 되어야 한다는 뜻이다. 인간의 의식이 성장하면서 다시 경經에 해설서인 십익十翼이 더해지면서 『주역』은 도덕적 수신의 기능을 갖춘 철학서·도덕서로 발전하게 되었다.[49] 술수 위주의 점서占筮 『주역』에 머물지 않고 이상과 사유의 영역을 키워주는 철학의 『주역』을 겸수하는 인품이 요구되는 것이다. 그것이 바로 관상철학의 바람직한 해법 제시의 길이 되리라 본다.

5 표정의 이중성을 주의하라

『주역』의 우주론에서 언급하는 이론 가운데 두 구조 즉 이중성은 자연

48) 설혜심, 『서양의 관상학, 그 긴 그림자』, 한길사, 2003, pp.178-179.
49) 강임숙, 「주역의 生生윤리 연구」, 경상대 박사학위논문, 2005, p.2.

스런 현상이다. 음양의 대대對待가 바로 이중성의 다른 표현이다. 땅보다는 하늘이, 죽음보다는 생이, 여자보다는 남자가 강조됨으로써, 음·양 두 가지의 대대가 나타난다. 이것은 이른바 '억음존양抑陰尊陽'의 논리로서 『주역』 「계사전」 상편에서 천존지비天尊地卑와 같은 이중적 관계 규정은 실제적인 의미에 있어서는 역易이 역동적인 과정의 논리와 궁극적인 이상을 제시하는 논리가 함께 존재함을 의미하는 것이다.50) 음과 양 대대의 논리는 이중적 관계로서 생성의 생생약동성을 의미한다.

이처럼 동양의 고전에서 말하는 이중성의 의미는 양면성이라 할 수 있으며, 이 양면성이란 긍정적인 측면에 관련된다. 이를테면 사각진 얼굴형의 사람은 마음의 바탕에도 규모가 있고 반듯하여 원칙을 중요시하며, 남과 타협을 하기보다는 내 결정과 주장을 소중히 여겨 양보를 잘 안 하지만, 타인의 주장이나 뜻이 대의大義에 합당하면 적극적으로 수용하는 양면성을 가졌다.51) 관상학적으로 네모형의 상은 양면성의 성격을 지닌다는 것으로 이는 부정적인 의미의 이중성과는 차이가 있다.

이와 달리 언급하고자 하는 이중성이란 말에는 부정적인 의미도 들어있다. 특히 이중인격이란 용어가 이의 대표적이다. 우리가 이중인격이라 불리는 이중성에 길들여진 이유는 무엇인가? 우리는 인간을 이성적 마음과 본능적 신체라는 두 구조를 지닌 이중적 존재로 생각하는 경향이 있다는 데서 그 실마리가 풀린다. 이중적 존재로서 나의 이중성은 불신을 낳게 되고, 또 내가 하는 일은 무엇이나 상대방은 조작적인 것으로 인식하므로 아무리 훌륭했다 해도 그 결과는 아무런 성과를 내지 못한다.52) 그것은

50) 권정안, 「주역의 세계관」, 『초자연현상연구』 창간호, 공주대 초자연현상학연구회, 1993, p.45.

51) 이정욱, 『심상 관상학』, 천리안, 2006, p.80.

52) 스티븐 코비 지음, 김경섭 외 옮김, 『성공하는 사람들의 7가지 습관』, 김영사, 2001, p.27.

마음과 몸이 다르게 작용하는 탓이며, 결국 상대방에게 신뢰를 가져다주지 못하는 원인이 된다.

사실 겉으로 드러난 상대방 얼굴표정의 이중성을 파악하기란 쉽지 않다. 자신을 쉽게 드러내 보이려 하지 않으려는 인간의 심리 때문이다. 우리의 얼굴은 사실 어떤 사람을 바로 앞에 놓고 그의 됨됨이를 파악하기란 참으로 힘든 일이다.[53] 자신을 숨기려는 속성이란 자신이 상대방에게 노출되는 것을 꺼리는 것과 관련된다. 노출을 꺼리는 것은 나의 이중적 행태가 조금이라도 보인다면 자신의 신뢰에 손상이 가는 결과를 가져다주기 때문이다. 이에 자신의 면면을 숨김으로써 자신을 보호, 위장하는 효과도 가져다준다.

인간의 선입견은 자신을 위장하는 외모가 내면과 연결된다는 사유방식에서 기인한다. 외모 중심의 사유를 하다보면 외양을 좋게 보이려는 것이 곧 내면도 좋게 보일 수 있다고 착각하는 단순 사고이다. 결과적으로 외양이 내면을 투영한다는 논리에 의해 이중성이 거론되며, 그것은 외양이 내면을 대변하는 논리로도 들린다. 겉으로 드러난 몸을 읽는 관상학은 기본적으로 외양이 내면을 투영한다는 논리를 바탕에 깔고 있는데, "얼굴이 안 좋은데 무슨 일 있어?"라는 식의 흔한 표현은 이런 맥락에서 나오는 것이다.[54] 사람의 얼굴 생김새가 앞으로 일어날 사건과 직결된다는 식의 사고를 쉽게 해버리는 것이 관상학자들의 단순한 착각이다.

관상 상담가들도 인간의 심리적 바탕에는 이분법적인 이중성이 자리하고 있다는 것을 모르는 것이 아닐 것이다. 자신의 외양을 관찰함으로써 자신의 신분을 다른 사람과 차별화하여 이분법적으로 위장하고 잘 보이게 하려는 심리는 공통적이기 때문이다. 나와 타자를 이분법적으로 분리

---

53) 신기원, 『신기원의 꼴 관상학』, 위즈덤하우스, 2010, p.38.

54) 설혜심, 『서양의 관상학, 그 긴 그림자』, 한길사, 2003, p.29.

하는 관상학에서 열등하게 설정된 집단은 외양에 매겨지는 가치로 인하여 사회적 위치에서 불이익을 받는데, 그 폐해는 사람들 내면의 자아 존중감까지 박탈하는 결과를 나타내기도 한다.[55] 자타의 이분법적 이중성은 외부 지향적 가치판단과 관련되며, 그것은 개인적으로 피해의식을 유발하며 자존감의 상실은 여기에서 나타난다.

자존감의 상실과 피해망상으로 인해 자신의 관상이 조금만 불만스럽게 보인다고 해도, 무섭게 화내는 이중적 성향이 나타난다. 또한 인상이 서글서글하더라도 관상학적으로 불길하여 나쁜 영향이 미치는 경우가 많으며, 대부분의 사람들은 상이 나쁜 사람이라도 항상 웃는 얼굴로 자신에게 대해주면 그가 친절한 사람이라고 생각하기 마련이다.[56] 여기에서 외양평가로 속상한 일이 벌어지면 돌변하여 화를 내거나 상대방에게 공격을 가하여 심리적 충격을 주기도 한다. 이처럼 외모 지향의 이중성은 피해의식을 가중시켜 상호 갈등관계로 나가게 한다.

외모판단에 의한 피해의식은 결과적으로 생김새의 차별적 위계를 만들어내는데, 그것은 내면의 이중성에 기인한다. 관상학은 고대로부터 생김새를 통해 차별적인 위계를 만들어왔다[57]는 점을 참고할 일이다. 동양인에 대한 서양인의 우월주의는 '오리엔탈리즘'을 만들었고, 남성에 비해 여성은 늘 주변인으로 설정되었다. 생김새의 위계질서는 차별화라는 박해로 이어져 외양이 내면을 투영한다는 논리로 합리화되어 왔다. 외모 우월적 사유로 인해 피상적 생김새가 판단의 기준이 될 경우 얼마나 비합리적이고 비이성적인가를 망각하기 쉽다. 생김새의 차별적 위계란 고대와 중세의 관상학에서 영향을 미쳤으며, 현재에도 그러한 사유방식이 존재하고

---

55) 설혜심, 『서양의 관상학, 그 긴 그림자』, 한길사, 2003, pp.320-321.

56) 신기원, 『신기원의 꼴 관상학』, 위즈덤하우스, 2010, pp.38-39.

57) 설혜심, 『서양의 관상학, 그 긴 그림자』, 한길사, 2003, pp.319-320.

있다.

이제 관상학적으로 하나하나 이중성이 어떻게 접근되는지 살펴보도록 한다. 우선 얼굴 좌우가 현저하게 차이가 있다면 이중적 성격일 가능성이 있다. 또한 양 눈이 짝짝이면 성격이 이중성일 수 있다. 사람의 얼굴은 좌우가 똑같지는 않는 경우가 있다. 그러나 좌우가 현저하게 차이가 있다면 부모의 체질이나 성격 등이 잘 융합되지 않은 결합이었다고 보면 되며, 그런 사람은 이중적인 성격이거나 운명에 심한 기복이 있다.[58] 좌와 우의 완벽한 일치는 아니라 해도 외관상 차이가 나타나면 비대칭이므로 그것은 인간의 성격에 영향을 미친다는 것이다.

그리고 얼굴의 기색에서 암색이 가득하면 성격상 이중성일 가능성이 크다. 암색이란 기색이 탁하고 어두운 색을 말한다. 이러한 암색의 어두운 기운이 뜨는 것은 고전 상법에서는 어떻게 보는가? 『마의상법』에서는, 유년과 부위에 따라 어두운 암색이 나타나면 그에 해당하는 운로가 지장을 받는다고 하였고, 『유장상법』에서도 암색이면 운로가 막힌다 하였다. 암색은 탁색으로서 위로 오르면 오장을 구별하지 못하고, 갑작스럽게 생겨 얼굴에 가득하면 겉과 속이 밝지 않고, 궁의 자리도 구별하지 못한다.[59] 이 암색이 얼굴에 가득하면 심신의 겉과 속이 달라 이중적이라는 것이다.

또한 눈썹 모양으로 첨도미尖刀眉의 이중성을 거론할 수 있다. 첨도미는 날카로운 칼날을 의미하는 것으로, 눈썹꼬리가 날카로운 칼처럼 되어 있으므로 성격이 과격하여 외관상으로는 온화하게 보이지만 실제로는 집요하고 악랄하다.[60] 상학에서 말하는 것처럼, 눈썹의 생김새에 따라 성격에

58) 이영달, 『얼굴을 보면 사람을 알 수가 있다』, 행복을 만드는 세상, 2008, p.21.
59) 地平 編著, 李成天 監修, 『관상해석의 정석』, 도서출판 문원북, 2019, pp.208-209.
60) 위의 책, p.134.

큰 영향을 미친다. 첨도미의 눈썹을 가진 사람은 외적으로 온화한 측면이 없지 않으나, 실제로는 날카롭고 격려한 측면이 있어서 이중적 성향이 적지 않다는 것이다.

잠을 자는 태도에서도 이중성이 보인다. 이를테면 반듯하게 누워서 양 무릎을 올리고 자는 사람의 성격은 어떠한가? 천성이 근면하며 조심스러운 사람이다. 또한 쾌활하여 항상 주위 사람들을 기분 좋게 만들며, 겉보기에는 단정하고 성실하지만 이성과 단둘이 만났을 경우에는 어떻게 저렇게 변할 수 있을까 할 정도로 보수적인 일면과 함께 개방적인 이중성을 지닌 형이다.61) 겉으로는 단정하지만 이성과의 교제에 있어서는 급변하는 성격으로서 활동적인 측면이 없지 않다.

한편 연기자들의 천사적인 성격이 실제의 삶에서는 그의 반대적 성품이 있다. 연기를 직업으로 하는 자는 순한 천사의 역할을 할 때는 부드러운 이미지 일색이다. 그러나 한편으로 그녀가 악독하고 비천한 역할을 맡아, 뛰어난 연기력으로 그 역을 소화하여 박수를 보내면서도, 사람들은 마음 한편에 서늘함을 느끼게 된다.62) 연기자의 직업의식에서 어쩔 수 없는 일이지만, 배우나 가수들이 대중 앞에서는 천사 같고 우상 같아 보이지만, 그들의 실제적 삶에 있어서는 소외감 및 우울증에 시달리는 사람이 많고, 화면에 나타난 모습과 정반대의 생활을 하는 사람들이 상당수라는 점은 이중적 삶을 말한다.

더구나 지배집단의 허위의식은 장관이다. 국가의 권력자들은 허위의식 속에서 통치를 위한 그들의 위장술이 뛰어나다. 특히 권력의 정당성이 희박한 지배집단일수록 그들의 허위의식은 아름다운 수사修辭로 포장되어 있으며, 이 같은 이중성과 위선을 지식인은 꿰뚫어보아야 한다.63) 관상

61) 최전권, 『체형관상학』, 좋은글, 2003, pp.55-56.

62) 신기원, 『신기원의 꼴 관상학』, 위즈덤하우스, 2010, pp.38-39.

철학에서는 이러한 이중적이고 위선적인 일에 관심을 갖고 외형과 겉치레에서 오는 표리부동한 모습을 지혜롭게 잘 읽어야 한다. 그러한 사람들을 상담을 통해 바른 치유의 길을 제시하여야 한다.

6 점술기복의 극복

동아시아에서 점복 혹은 복서는 고대로부터 유행하였다. 점복에서의 복卜은 거북점을 치는 점법이라면 복서에서의 서筮는 주역점법으로, 고대에 복에서 서로 변했다. 당시의 점복은 어떻게 전개되었는가? 복卜은 불로 거북껍질을 구워 갈라진 무늬를 보고 길흉을 점치고, 서筮는 시초라는 풀을 가지고 헤아려서 괘를 구해 길흉을 판단하는 점이다.[64] 또한 주역점에서는 시초蓍草는 다년생 국화과 풀의 가지 50개를 가지고 헤아려서 점을 친다. 이처럼 점복이란 거북껍질과 시초라는 풀을 가지고 괘를 알아내어 인간사의 길흉을 판단하는 것이다.

잘 알려진 것처럼 고대 『주역』은 신비적 점술서로 시작되었다. 오늘날의 『주역』은 체계화된 철학서로 통하는데 그것의 초기단계에서는 체계적인 출발이 아니었다. 그것은 오히려 길흉을 판단하는 신비적 점술서로 시작되었으며, 고대 사회에서 인간의 삶에 결정적인 영향을 준다고 생각한 인격적 주재자인 신의 의사를 파악하는 방법을 담은 책이었다.[65] 『주역』 이전의 연원적 고전으로는 하나라의 연산역, 은나라의 귀장역이 있으며, 그 뒤에 『주역』으로 점차 체계화 과정을 밟은 것이다.

---

63) 韓完相, 『民衆과 知識人』, 正宇社, 1993, p.51.

64) 김정혜, 『토정비결의 숨결과 지혜』, 학술정보(주), 2018, pp.27-28.

65) 권정안, 「주역의 세계관」, 『초자연현상연구』 창간호, 공주대 초자연현상학연구회, 1993, p.32.

『주역』의 신비로움과 더불어 신비의 예언적 길흉을 모색하기 위해서 하는 것이 점쟁이들의 관습적 점법으로 한동안 지속되어 왔다. 그러나 오늘날의 관상이 이러한 신비적 예언기능만 하는 경우가 있다면 고대의 점법과 다를 것이 없다. 관상의 도란 그 사람이 머무는 곳을 보고 마음이 움직이는 곳을 관찰하여 그 사람에게 맞는 명덕明德을 설명하고 그렇게 하도록 마음이 반석처럼 움직이지 않는 것을 얻게 하는 것으로서 이것이 관상의 요체이다.[66] 점쟁이의 점법은 죽은 관상법과 같으며, 이에 부정적이고 퇴행적인 길흉 이해보다는 상법으로서 활물活物을 지향하는 것이 관상의 방향이라는 것이다.

한동안 관상술이 점술에 사용된 매체와 같았다. 동물의 뼈나 별자리로 치는 점과 비교해볼 때 관상은 점술에 사용된 매체와 점술의 대상이 같다는 점에서 크게 다르지 않으며, 이는 인간의 몸이 점을 치는 대상이자 도구였음을 말해주는 것으로, 기타 무생물이나 생물로 치는 점에 비하여 한 단계 높은 방법일 수 있었다.[67] 관상술이 점술과 대상이라는 측면에서 큰 차이가 없지만 고대의 신비 예언적 길흉을 중심으로 나간다면 그것이 갖는 가치는 수준 높은 방법과 동떨어질 수 있다는 것을 인지해야 한다.

관상법이 체계화된 학문과 더불어 전개되는 것을 벗어나 점술수단에 지나지 않는다는 잘못된 인식으로 이어진다면 그것은 관상술의 자존심 문제와 관련된다. 최형규에 의하면, 남달리 이른 나이부터 관심이 많았던 자신으로서는 참기 어려운 자존심 문제였다며, 문제는 관상법을 학문이 아닌 한낱 점술수단에 지나지 않는다는 잘못된 인식이 낳은 현상이라고 토로한다.[68] 그리하여 그는 『꼴값하네』라는 저술을 통해 전래의 관상법

---

66) 미즈노 남보쿠, 화성네트웍스 역, 『마음 습관이 운명이다』, 유아이북스, 2017, p.130.

67) 설혜심, 『서양의 관상학, 그 긴 그림자』, 한길사, 2003, p.40.

68) 최형규, 『꼴값하네』, FACEinfo, 2008, p.372.

을 과감히 손질해 그간 자신이 연구했던 새로운 상법의 도입과 함께 누구에게나 유익한 인간정보학으로 격을 한층 높여 세상에 그의 관상서적을 출판하였다고 한다.

점술 수단에 치우친 관상학이라면 학문으로 성립하기 어려울 것이며, 이러한 현상은 동서를 불문하고 바람직하지 않을 것이다. 서양에서 관상이 빨리 잊히고 부정된 이유가 있었는데 그것은 신비와 이적을 지향하는 비과학이었기 때문이다. 서양 역사에도 관상이라는 관행이 분명히 존재하였지만 그 관상의 역사는 너무나도 빨리 잊혀졌고, 부정되었는데, 그것은 관상이 근대 이후 합리와 이성을 강조하는 학문적 풍토 속에서 비이성·비과학의 영역으로 밀려났기 때문일 것이다.[69] 합리를 추구하는 현대과학의 패러다임에 비추어 고대 서양의 비합리적 관상은 상대적으로 열등한 것으로 치부되어버렸던 것이다.

이러한 맥락에서 중세의 무속적인 변질이 센더스의 관상서에 나타났다. 17세기 대중들 사이에서 민속화된 기독교 등으로 인해 사람들이 혹독하고도 불확실한 환경이 가져오는 엉뚱한 것들에 대처할 수 있게 하는 마법魔法이 필요하였다. 그에 따른 예언이 대중들의 심리에 작용하던 역할을 극대화시키는 것이었는데, 몽테뉴는 이에 말한다. "내가 나 자신의 눈으로 봐온 것은, 세상이 어지러워지면 자기의 운명에 놀란 사람들이 완전히 미신에 빠져 자신의 불행 원인과 징조를 하늘에서 찾는 일에 매달리게 된다는 것이다."[70] 센더스의 관상서에 나타나듯이 관상술에 마법이 등장하고 불안한 미래에 미신이 판치는 상황에서 관상학과 같은 점복이 내포하는 예언 내용은 당시 사회에 보편적으로 통용되던 위기나 두려움을 반영한다는 것이다.

69) 설혜심, 『서양의 관상학, 그 긴 그림자』, 한길사, 2003, pp.20-21.

70) 위의 책, pp.215-218.

결과적으로 중세 점술의 관상법은 여전히 무속적인 모습과 혼재되어 진행되었다. 중세에 흔히 통용되던 점술로는 다음과 같다.[71] 기후, 대기, 악마, 물, 흙, 성령, 불, 인형, 영혼, 장기臟器, 짐승, 새, 물고기, 꿈, 약초, 돌, 이름, 숫자, 수학의 대수, 가슴에서 배까지의 길이, 손, 배에서 나는 소리 또는 배의 형태, 배꼽, 발, 이마, 손톱, 재, 연기, 향, 머리, 톱, 양초, 물이 담긴 그릇, 거울보기, 종이에 쓰기, 칼, 반지, 체, 금속, 별, 그림자, 피부, 뼈 또는 체변, 주사위, 포도주, 치즈, 원, 곡물가루, 곡물, 닭, 촛불들 가운데 관상과 관련이 있는 점술은 가슴에서 배까지의 길이, 배에서 나는 소리 또는 배의 형태, 배꼽의 모양, 손금, 발, 이마 손톱 등을 들 수 있다. 물론 중세 점복 관상학이 점차 사라졌지만 신비적 점성술은 유행하였다.

19세기의 관상학은 사이비 과학으로 간주되기도 하였다. 관상학은 외면적 생김새로부터 인간의 내면이 지닌 본질을 읽어내는 기술로 정의할 수 있는데, 고·중세를 거쳐 근대에 접어들어서도 관상학에 대하여 과학적으로 접근하려는 시도가 여러 번 있었지만, 19세기 중반 이후로 골상학과 관상학은 사이비 과학으로 전락하고 말았다.[72] 왜냐하면 당시의 관상학이 대중들의 취미 정도로 취급되어 이성적이고 합리적인 판단보다는 인간의 이데올로기적 선입견을 야기하였던 것이다. 이를테면 서양의 관상학과 골상학의 학문적 전통이 백인의 우월주의적 관상에 대한 흑인과 황인에 대한 뿌리 깊은 인종적 편견의 사이비적 성향을 띠었기 때문이다.

1970년대 이전의 경우 민간신앙, 주술은 사이비로서 비과학으로 도외시되었다. 그러나 점복의 생명력은 끈질기다는 점은 다 아는 사실이다.

---

71) 설혜심, 『서양의 관상학, 그 긴 그림자』, 한길사, 2003, pp.119-120.

72) 「아리스토텔레스와 관상학-서양 관상학의 역사적 연원」 해설 : 이 책은 19세기 이마누엘 벡커가 편집한 『아리스토텔레스의 저작 모음집』에 실린 『관상학』을 번역하고 주해한 것이다(아리스토텔레스 지음, 김재홍 옮김, 『관상학』, 도서출판 길, 2014, pp.59-60).

그것은 미래의 길흉을 알고 싶은 인간의 본능이 잠재해 있기 때문이다. 앞날이 어떻게 변화할 것인가, 미래의 길흉은 어떠한지를 알고 싶어 하는 것은 인간의 본능적인 욕구이므로 점은 동양이든 서양이든 고대로부터 현재에 이르기까지 인류가 행해온 오랜 습속이다.[73] 이처럼 점복의 역사는 생명력 있게 인류생활과 함께 전승되어 왔다. 그러나 1970년대 이전까지 이성, 자유주의, 진보의 발전과 더불어 민간신앙, 민속, 주술을 포함한 '비과학'의 영역들은 민중들의 시선과 멀어지는 듯하지만, 오늘날 여전히 그 생명력을 지니고 있다.

끈질긴 생명력으로 지속되어온 점복의 의미를 무조건 미신으로만 생각하는 것을 극복하는 것이 필요하다고 본다. 점복에 비과학적인 면이 있다고 해도 동양의 고전으로 전해져온 역易의 원리를 철학적으로 음미할 필요가 있다는 것이다. 요즘 사람들은 점복이라 하면 미신이라 하여 경원시하는 경향이 있지만 점복의 본래 뜻은 미신과 거리가 있으며, 점을 치는 여러 방법 속에 수많은 과학적·철학적 이치가 내재되어 있다는 점을 간과해서는 안 된다.[74] 주역점이 미신으로 취급되고 타부시되어 과학적 사고의 바깥 범위에 있어 보이지만, 역易의 원리에 바탕한 철학적 이성이 존재하고 있는 것이다. 미신으로 취급되는 것을 벗어나기 위해 술수주역에서 의리주역까지를 아우르는 관상철학의 적극적인 역할이 필요한 이유가 여기에 있다.

『주역』의 철학적 접근이 동양문화에 있어서 설득력 있고 인성을 인지하는 학문으로 등장하고 있는 점은 매우 고무적인 일이다. 이것은 『주역』의 점복문화를 비과학의 영역으로 내모는 것을 극복하여 건전하고 합리

---

73) 김정혜, 『토정비결의 숨결과 지혜』, 학술정보(주), 2018, p.26.

74) 권일찬, 「주역점의 원리와 과학성의 평가」, 『한국정신과학학회지』 제4권 제1호, 한국정신과학회, 2000, p.7.

적 이성에 바탕한 인성을 순화시키는 방향으로 인도해야 한다. 『주역』 『계사전』 상5에서 "점을 쳐서 다가올 미래사를 안다."라고 했는데, 이는 수동적인 미신의 점복문화가 아니라 능동적인 미래 대응의 길사를 맞이한다는 뜻이다. 점자占者는 단순히 수동적으로 다가올 일을 맞이함에 그치지 않고 가능한 변통시켜 길이면 더욱 확대하고, 흉이면 축소하거나 이를 피하려 한다.[75] 이를 응용하면 관상철학의 응용을 통해서 타율적·피상적 점복문화에 의한 지난 허물을 뉘우쳐 반성함으로써 정도正道를 활용하자는 것이다.

수동적이 아닌 능동적 인간사의 개척, 즉 과거 점술기복에 치우친 관상학의 틀을 벗어나는 것이 시급하다. 얼굴 생김의 좋고 나쁨을 판단하여 그 사람의 운명을 점치는 하찮은 방술 정도로 상학을 생각한다면, 참으로 안타까운 일이다.[76] 상학은 상을 통해 인간의 본질을 탐구하는 학문이라는 점을 고려하면 외형에 의한 관상학의 영역을 내면의 관상철학의 영역으로 끌어들이는 지혜가 필요하며, 그것이 인간의 본질을 탐구하는 본연으로서 관상철학가들의 자질이자 희망이이다.

외형이 불만족스러워서 자괴감을 갖는 자로 하여금 내면을 충실히 살아가도록 자신감을 갖게 해주는 전문 상담가의 자질이 중요하다. 인간은 본래 선하게 태어났고, 그리하여 천명天命을 어기지 않고 살면 흉한 일이라도 길한 일로 변화되는 이치를 터득해나가도록 인도하는 관상철학의 역할이 요구된다는 것이다. 퇴행적 점술기복에 치우치는 마법을 벗어나 합리적 사유와 이성의 철학적 지혜를 심어주는 관상철학가의 역할과 과제는 무한하다고 본다. 비유컨대 고갱이 한때 마법에 걸린 고백을 새겨봄

75) 곽신환, 「주역의 자연과 인간에 관한 연구」, 성균관대학교 박사학위논문, 1987, p.112.

76) 신기원, 『신기원의 꼴 관상학』, 위즈덤하우스, 2010, p.19.

으로써 마법에서 벗어나는 노력이 요구된다. "나는 타이티 (포마레왕) 왕비의 '마오리적인 매력'이 거는 마술에 걸렸음을 느꼈다."[77] 구시대의 마법에 걸린 관상가들이 있다면 고갱의 독백을 참조할 필요가 있다.

7 동물 유비類比의 허실

관상의 대상으로서 우리에게 다가오는 실상이 있다면, 그러한 실상마저 무상으로 다가오는 경우가 적지 않다. 일반적으로 주변에 있던 사람이 죽으면 무상하다고 하는데, 실상이 더 이상 존재하지 않기 때문이다. 관상에도 실상이 있고 무상이 있으므로 사람은 만물의 격을 아는 것을 근본으로 삼아야 한다.[78] 관상을 실상으로만 생각한다면 그것이 갖는 문제점은 적지 않다. 실상이란 관상의 대상이 절대적이라고 생각하는 사유 잔존이며, 관상에 허상(무상)이 있다는 것을 안다면 초월적 관조觀照 의식이 있다는 것으로 해탈의 심경을 갖게 되는 것이다. 고대 관상학자들이 인간의 관상을 동물의 실상과 유비하여 그 사람의 성격과 미래를 판단하는 성향이 있었는데 그것이 갖는 함정이 적지 않다.

동물의 형상을 인간의 실존과 대비함으로써 인간의 성격을 추론하는 것이 갖는 함정은 고대에는 미처 생각하지 못한 것 같다. 관상법으로서 개별적인 사실들의 관찰로부터 일반적 결론을 이끌어내는 방법을 통해 동물에서 나타나는 징표가 인간의 경우에는 어떤 성격의 징표로 드러나는지를 보여주었다.[79] 그것이 갖는 무리한 비교를 인식하지 못한 채 동물

77) 폴 고갱 著, 남진현 譯, 『고갱의 타이티 기행』, 서해문집, 1999, p.17.
78) 미즈노 남보쿠, 화성네트웍스 역, 『마음 습관이 운명이다』, 유아이북스, 2017, p.114.
79) 아리스토텔레스 지음, 김재홍 옮김, 『관상학』, 도서출판 길, 2014, pp.58-59.

과 인간의 상호 대비의 관상학적 방법이 헬라스인의 예술세계, 인물의 조각, 문학 속에 인물의 성격 묘사가 나타나 있다는 것이다. 동물의 형상과 인간의 형상, 동물의 성격과 인간의 성격을 비교하는 유비적 관상이 갖는 실상과 허상을 인지하지 못했기 때문이다.

아리스토텔레스 이전의 헬라스 관상을 보면 인간과 동물의 비유가 유행하였다. 아리스토텔레스의 『동물 생성론』 제4권 3장에는 아리스토텔레스 이전에도 헬라스에 관상학자가 있었다는 것이다. "어떤 관상학자는 모든 인간의 외적 인상의 모습을 둘 혹은 세 동물에게로 되돌려서, 사람들에게 말함으로써 종종 납득시켰다."[80] 그가 이를 소개하는데 있어서 그보다 이전의 헬라스 관상학자들이 이러한 유비적 관상론을 전개하였기 때문에 본 저술에 소개한 것으로 보인다. 이 책의 「논고 A」 서두에서 '동물의 비유 방법'에 근거한 관상학을 비판적으로 검토하고 있음을 알 수 있다.

인간과 동물이 설사 지구상에서 공기와 물과 곡식을 필요로 하는 생명체라는 점에서 유사한 점이 있다고 해도 인간과 동물 양자를 직접적으로 대비시키려는 무리를 범해서는 안 된다. 이를테면 새들은 자연에서부터 음식을 얻는데 사람의 음식을 탐내면 그것은 새가 아닌 것[81]임을 알자는 것이다. 인간과 동물이 다른 점에서 새는 그에 맞는 먹이가 있는 것이고 인간은 인간에 맞는 음식이 있다는 점을 고려하면, 이 양자를 지상에서 살아가는 생명체라는 유사점만으로 비교하는 것은 무리가 따르는 것이다.

그럼에도 불구하고 고대 플라톤과 아리스토텔레스의 동물 유비의 경우

---

80) 「아리스토텔레스와 관상학-서양 관상학의 역사적 연원」 해설 : 이 책은 19세기 이마누엘 벡커가 편집한 『아리스토텔레스의 저작 모음집』에 실린 『관상학』을 번역하고 주해한 것이다.(아리스토텔레스 지음, 김재홍 옮김, 『관상학』, 도서출판 길, 2014, p.36).

81) 미즈노 남보쿠, 화성네트웍스 역, 『마음 습관이 운명이다』, 유아이북스, 2017, p.105.

관상학적으로 무리한 비교가 있었다. 아리스토텔레스는 관상학의 책을 썼고 플라톤도 동물과 비교하여 관상학을 설명하고 있는데 "사자족의 인간은 도량이 크고 용감하다." 라는 식이며, 그 후 계속해서 관상학이 연구되었는데, 영국의 조지 왕은 관상학 연구자를 탄압한 적도 있다.[82] '사자족의 인간'이라는 표현을 한 것은 외형상으로 본 사자형상을 인간의 성격으로 언급하는데, 과연 그러한 형상을 지닌 인간이라 해서 그를 유비적으로 사자와 같은 성격으로 관상을 본다면 허상의 측면이 적지 않다고 본다.

이와 같이 인간과 동물의 형상과 성격이 유사하게 비교가 된다면 인간은 동물과 별반 다를 것이 없으며, 또한 인간은 만물의 영장으로서 문명을 발전시켜 오지 못했을 것이다. 만약 사람의 마음이 이렇듯 이분법적으로 간단히 분류될 수 있다면 인간이 삶에 대한 사고가 동물과 같은 사고방식으로 인하여 생활자체가 본능적으로 간단하여 더 이상의 발전은 원래부터 없었을 것이다.[83] 인간은 동물처럼 단순하지 않다. 사자가 사납고 무서운 형상인데, 인간도 사자 형상을 지니고 있다고 하여 사납고 무서운 사람으로 본다면 이보다 어리석은 일은 없을 것이며, 실상과 허상의 차이가 극명하다.

그럼에도 불구하고 고대 플라톤은 동물과 인간의 성격을 비유하고 있다. 그의 「대화편」 여러 곳에서 동물과 인간의 성격의 유비를 내놓고 있는데, 그의 생각이 관상학적 관심을 표명한 것이라고 말할 수는 없겠지만, 인간이 가질 수 있는 다양한 성격을 동물의 어떤 특징과 비교하고 있음은 분명해 보인다.[84] 『파이돈』의 일부를 소개하면 탐식과 방탕과 탐주를 일삼으며 삼가지 못한 사람들의 영혼은 나귀 부류나 그런 짐승의 부류라는

82) 이영달, 『얼굴을 보면 사람을 알 수가 있다』, 행복을 만드는 세상, 2008, pp.14-15.

83) 이정욱, 『음성관상학』, 천리안, 2011, p.26.

84) 아리스토텔레스 지음, 김재홍 옮김, 『관상학』, 도서출판 길, 2014, pp.71-72.

것이다. 동물 유비의 관상학이 인간에게 그대로 투영되어 성격 규정의 문제점이 적지 않다는 뜻이다.

인간과 동물의 유비적 관상학이 갖는 추론 형식은 다음 대전제와 소전제에 이어 결론에 이른다. 대전제로서 하나의 특정한 신체 표지는 하나의 특정한 특성에 대해 환위 가능한 징표이며, 소전제로서 이 동물은 이 특정한 신체표지를 가지고 있으며, 결론으로는 이 동물은 저 규정된 특성을 가진다[85]는 것이다. 만일 이러한 전제로 유추를 해본다면 "사자가 용맹하다. X는 사자를 닮았다. 그러므로 X는 용맹하다."는 것이 되지만, 얼굴이 크고 외관상 무섭게 생겼다고 해도 내면의 마음이 유순하고 성격이 고운 사람이 적지 않을 것이다.

어떻든 동물과 인간의 성격 비유에 있어서 아리스토텔레스의 원칙은 사람과 동물 사이의 유사성이 특정 부위에 제한된다는 것이다. 이는 어떤 사람도 특정 동물의 전체 형상을 닮을 수는 없다는 것인데, 이 원칙은 이후 사람의 신체를 부분별로 조각조각 고찰하게 하고, 전체를 보지 못하게 하는 한계를 가져왔다.[86] 그의 관상학 원칙대로 몸을 나눌 경우 몸의 한 부분은 미덕을 나타내지만, 다른 부분이 악덕을 드러낼 수 있다는 모순을 지니게 된다.

후대의 관상학자 라바터도 아리스토텔레스와 같이 관상 유비의 한계를 범하고 만다. 즉 라바터는 흑인도 백인만큼이나 다양한 종류가 있다고 한다. 여기서 흑인의 종류가 다양한 것은 동물의 세계에서 다양한 종이 있는 것과 마찬가지라는 암시를 준다. 흑인의 튀어나온 입은 "원숭이들에게서 나타나는 현상으로, 뜨거운 기후 때문에 지나치게 성장하고 부어오른 것"이라는 것이다.[87] 그는 흑인처럼 매우 다른 모습의 인종이 생기는

---

85) 아리스토텔레스 지음, 김재홍 옮김, 『관상학』, 도서출판 길, 2014, pp.162-163.
86) 설혜심, 『서양의 관상학, 그 긴 그림자』, 한길사, 2003, p.54.

이유를 다음과 같이 설명한다. 즉 열대기후는 동물이 자라고 흑인이 생겨나는데 매우 적합하다는 등의 비합리적 인종차별의 차원에서 접근하고 있다.

서양만이 아니라 인간과 동물의 유비를 통해서 동일화시키려는 관상론이 중국의 춘추전국시대에도 있었다. 당시 군왕이 사람의 상을 통해 인재의 선발과 왕가의 길흉 등을 판단하였다. 『춘추좌씨전』에 의하면 초나라 사마자량이 아들 월초를 낳자, 자량의 형인 자문이 그 아이를 보고 상을 보았다. "반드시 아이를 죽여야 한다. 이 아이는 곰과 호랑이 용모에 이리와 승냥이의 목소리를 지니고 있으니, 죽이지 않으면 반드시 약오씨 집안이 멸망할 것이다."[88] 호랑이와 이리는 야생 본능이 있으므로 이 아이를 어떻게 키울 수 있겠느냐는 무리한 논리로서, 인간과 동물의 외모를 통해 미래의 길흉을 판단하는 고대의 관상법에 허상이 적지 않게 발견된다.

동물은 동물의 형상과 특성을 지니고 있으며 인간은 인간의 형상과 인간의 특성을 지니고 있다. 따라서 외형의 유사점으로 인간과 동물의 관상을 대비적으로 본다는 것은 관상의 실상에 의존하지 않고 인간의 편견으로 형성된 허상에 놀아날 따름이다. 세상의 모든 사람은 자신의 본성에 따라서 살고 있을 뿐이며, 동물은 본능에 따라 살고 인간은 본성에 따라 산다.[89] 동물이 아무리 상이 좋다고 해도 동물일 따름이며, 그것이 만물의 영장인 인간의 관상에 비유될 수 있는 것은 아니다.

오늘날도 인간의 관상을 동물과 연관시켜 유추하는 성향이 있음은 부인할 수 없다. 이를테면 개犬 형상의 마음바탕은 가벼워 이익이 되는 곳을 미리 알아차려 달려가고, 이익이 없으면 바로 돌아서는 동물적 본능이

---

87) 설혜심, 『서양의 관상학, 그 긴 그림자』, 한길사, 2003, pp.309-310.
88) 地平 編著, 李成天 監修, 『관상해석의 정석』, 도서출판 문원북, 2019, p.15.
89) 정창환, 『얼굴여행』, 도솔 오두막, 2006, p.17.

많다는 것이며, 뱀 형상의 마음바탕은 지독하여 아주 찬 것이 특징이다.[90] 요즈음에도 거론되는 관상법으로서 사람은 맹견처럼 보여서 성격이 사납다든가, 저 사람은 뱀눈을 가지고 있어서 냉정하게 보인다는 추론을 하곤 한다. 관상학의 발전과 관상철학의 석·박사들이 인문학적 소양과 과학적 데이터를 통해 관상의 새로운 학으로서의 가치를 확보해야 한다. 실상과 허상에 있어서 인간과 동물을 직접적으로 비교하는 일은 여전히 고대적 관상의 유물을 답습하는 어두운 단면이다.

인간은 스스로 만물의 영장이라고 하면서 여전히 고대의 동물적 관상 유물을 전승하려 한다면 관상학의 발전을 퇴보시키게 된다. 인간은 작업 도구의 생산능력으로 인하여 동물계를 벗어나면서, 타인과의 공동 활동 및 의사소통으로 사회적 발달의 길에 들어서게 되고 물질세계, 사회 그리고 자기 자신을 인식하고 능동적으로 변모시키는 주체가 되었다.[91] 동물계를 벗어났다는 것은 인간의 존재가 최고의 존재라는 뜻으로 사회적 동물로서 문명을 발전시키고 인류 문화를 승계하는 주체자임을 잊어서는 안 된다.

8 심상을 중시하는 지혜

고대의 성현들은 인격형성에 있어서 '마음'에 비중을 크게 두고 있다. 외형적 가식보다는 내면적 심성의 중요성을 인지하도록 하기 위함이다. 공자는 만상불여심상萬相不如心相, 석가는 화엄경에서 일체유심조一切有心造, 예수는 원수를 사랑하라고 하여 모든 것은 마음에서 연유한다고 설파

90) 이정욱, 『심상 관상학』, 천리안, 2006, pp.263-235.

91) A.V. 페트로프스키 저, 김정택 역, 『인간행동의 심리학』, 사상사, 1993, p.219.

하였다.[92] 성자들이 강조한 마음 작용의 중요성은 아무리 강조해도 지나치지 않다. 자신의 품행이 묻어나오는 것은 신체적 활동의 영향이 있겠으나 마음을 바르게 사용하는 것이 더 큰 영향을 미치기 때문이다.

마음을 잘못 사용하면 성자들의 가르침과 달리 죄악의 고통을 겪는 상황으로 전개될 수 있다. 인간의 본성이란 동물과 다름에도 불구하고 동물처럼 살아간다면 모순된 삶으로 이어진다. 세상의 모든 사람은 자신의 본성에 따라서 살고 있는데, 동물은 본능에 따라 살고 인간은 본성에 따라 살기 때문에 사주가 좋아도 관상이 나쁘면 복이 없고, 관상이 좋아도 심상이 나쁘면 복이 없다.[93] 복이 달아나는 삶은 동물처럼 자행자지하는 생활이므로, 그에게 아무리 사주가 좋다고 해도 흉한 미래만이 있을 따름이다. 그의 관상이 아무리 좋아도 동물처럼 행동한다면 불행을 자초하는 일이다.

따라서 관상학에서 심상心相이 중요시되는 이유가 체상의 외형보다는 내면의 충실한 삶과 직결되기 때문이다. 심상은 비물질인 마음을 주제로 하여 상대를 알아보는 학문으로, 이를 비현실적·비과학적인 것으로 도외시한다면 이는 실로 큰 오해가 있으며, 본시 마음이라는 것은 누구나 직면하게 되는 현실적인 문제이다.[94] 체상학에 대해 심상학이 간과할 수 없는 것은 그 주종의 문제를 거론하자는 것이며, 그리하여 인간 내면의 마음구조를 이해해야만 행복한 삶을 누릴 수 있는 것이다.

관상학에서 행복을 연결시켜주는 심상의 출발은 어디에 근거하는가? 심상은 마음을 근본으로 보고 있다는 점에 기인하는데, 마음이 근본이란 말은 마음이 주인이니 몸은 마음을 따르는 것이라는 의미이다.[95] 인간의 구조는 정신과 육체로 이루어져 있으며, 육체는 정신작용에 영향을 받는

---

92) 엄원섭, 『관상보고 사람 아는 법』, 백만문화사, 2007, p.15.

93) 정창환, 『얼굴여행』, 도솔 오두막, 2006, p.17.

94) 이정욱, 『심상 관상학』, 천리안, 2006, p.5.

95) 오서연, 『인상과 오행론』, 학고방, 2017, p.170.

다. 심신 주종에서 마음이 주인이라는 것이 이것이며, 주인인 마음이 육체를 조종하는 힘을 갖는 것이고, 조종을 잘 함으로써 어떠한 어려운 일이라도 극복할 수 있는 힘을 얻는다. 이 같은 사실에서 심상의 출발이 무엇인가에 대하여 알아둘 필요가 있다.

그러나 외모가 심성의 표지라는 가정은 일반 관상학이다. 외모의 중요성은 어제 오늘만의 일은 아니다. 외모의 중요성 못지않게 인간의 내면 가치를 고려하면 도덕성의 문제가 뒤따른다. 곧 관상은 외모가 심성의 표지라는 이유 때문에 여러 가지 도덕적 가치를 수반하는 개념으로, 사람들은 관상의 정확한 개념을 모르면서도 관습적으로 체득하며, 이 과정은 도덕적 가치를 포함하는 많은 편견을 학습하는 과정이기도 하다.[96] 이유야 어떻든 간에 관상학이 그동안 중요시해온 외모지상주의가 갖는 한계를 인지하지 못한다면 심상의 도덕적 가치는 무시될 수밖에 없다.

분명한 점은 유형의 상은 무형의 상에 의해 지배를 받는다는 것이다. 유형이라는 외모의 수려함이라 해서 길상으로 이어진다는 법이 없는 것은 무형의 상, 곧 마음에 의해 그러한 외모의 상이 지배를 받기 때문이다. 유형의 상은 형상이 있으나 마음은 형상이 없으며, 이에 유형의 상은 무형의 마음에 의해 지배되어 변화한다.[97] 내면에 기쁜 일이 생기면 외면의 얼굴이 환해지거나, 마음에 화가 날 때에 외형의 얼굴이 찌푸려지는 것도 이 때문이다. 유형의 상은 무형의 상에 의해 영향을 받는다는 것은 이처럼 주종의 측면에서 신체는 정신에 영향을 크게 받는다는 의미이다.

육신은 정신에 영향을 받는다는 사실에서 볼 때 아무리 면상面相이 좋아도 교양과 바른 마음이 없다면 빛이 바랠 것이다. 마음은 눈에 보이지 않는 법이지만 심상의 대부분은 결국 면상에도 나타나므로 모든 것은 마

---

96) 설혜심, 『서양의 관상학, 그 긴 그림자』, 한길사, 2003, pp.29-30.

97) 地平 編著, 李成天 監修, 『관상해석의 정석』, 도서출판 문원북, 2019, p.22.

음이 가장 중요하고, 마음먹은 바는 대개 얼굴에 나타나는 것이다.[98] 이것은 아무리 강조해도 지나치지 않는 것으로, 뛰어난 용모와 좋은 체격을 지녔다고 해도 마음조절을 통해 자신을 가꾸지 않으면 흉상으로 변한다. 관상에 있어서 심상이 중요한 이유가 여기에 있다.

관상에서 이처럼 중시되는 '심상'心相을 거론한다면 오늘날 마음의 상相을 볼 수 있는 심상의 중요성은 아무리 강조해도 지나치지 않다. 실제 무속이나 사주 점쟁이들의 영역을 돌이켜보면 과거 종교의 영역이었다는 점을 고려하면, 오늘날 각 종교는 '심상'의 중요성을 강조함으로써 마음공부 내지 마음 인문학 연구의 영역까지 이어지고 있다는 점에서 관상이 심상으로 연결된다[99]는 점은 바람직한 일이라고 본다.

따라서 관상에서 심상은 기본적으로 상담자는 물론 내담자의 정신부터 가다듬어야 한다는 논리이다. 정신을 가다듬지 않으면 인상도 나빠져서 상대방에게 비호감으로 이어진다. 인상을 개선하자면 정신부터 가다듬어야 하는 이유는 무형의 정신력은 유형의 인상을 바꾸어놓기 때문이다.[100] 항상 인상을 찌푸리는 사람의 성향은 비뚤어진 행동에 더하여 정신상태가 산만한 것이다. 관상철학의 지혜로 접근한다면 미래의 행복을 가져다주는 관상이 정신과 직결되어 있다는 점에서 심상이 급부상하고 있는 현실은 매우 고무적이다.

건전한 정신이 중요하므로 육신을 조절하는 삶을 살아간다면 그것은 길운으로서 행동의 건전함으로 이어지는 것이다. 건전성이란 정신만 해당되는 것이 아니고 육체에만 해당되는 것도 아니다. 정신과 육신을 아울러 건전함이 뒷받침될 때 그것은 관상학에서 말하는 길한 상이라 할 수 있다.

---

98) 오현리 편, 『정통오행상법 보감』, 동학사, 2001, p.5.

99) 오서연, 2020.「관상의 성립과 심상에 관한 연구.」『한국종교』 47. 원광대학교 종교문제 연구소. 전반 참조.

100) 최형규, 『꼴값하네』, FACEinfo, 2008, pp.229-231.

심신이 일체가 된 상태에서 언행도 바르게 되고 결국 실천력을 갖춘 인격자가 되는 것이다.

인격자로서 우리가 원하는 관상은 어떤 마음가짐으로 살아가느냐는 기로에 서서, 분명 인생사가 원하는 방향으로 결정된다. 무엇보다 상은 사주와는 달리, 어떠한 마음가짐으로 삶을 살아가느냐에 따라 바뀔 수 있다는 점에서 더욱 실제의 삶과 밀착된 분야라 할 수 있다.[101] 무엇이든 적극적이고 왕성한 것이 대세를 지배하게 마련이다. 사주가 관상만 못하고 관상은 심상만 못하다는 것으로, 이것은 상이 마음의 쓰임새를 당하지 못한다는 논리이다. 인간의 삶은 마음을 바르게 쓰느냐, 아니면 자행자지하며 사느냐에 따라 개인의 운명이 달라진다는 것은 관상학의 지론이다.

이러한 맥락에서 마의선사는 심상의 중요성에 대하여 매우 구체적으로 밝히고 있다.

> 여래에는 동신動神이 있고 정신이 있고, 출신出神이 있고, 입신이 있고, 궁신窮神이 있으니 5신이 족하면 여래를 보게 된다. 여래는 육안이 있고, 천안이 있고, 혜안이 있고, 법안이 있고, 불안이 있으니 5안이 충족되면 여래를 보게 된다. 제자 감심이 말하길 우리 조사가 사람을 보는 신묘함은 총괄한 비결 제1절, 2귀, 3매의 이치에 있으나 쉽게 추측하지 못하며, 감히 망령되게 해석하지 못하니, 내가 억측으로 대략 제2, 제3, 제4구절의 뜻을 해석하겠다. 신상身相 구절에 귀, 눈, 입, 코의 여러 몸의 상이 모두 좋음은 마음이 좋음만 못하다고 말하므로 만약 마음으로 상을 취해야 바른 상이다. 마음이 없으면 상이 마음을 따라서 없어질 뿐이다.[102]

---

101) 신기원, 『신기원의 꼴 관상학』, 위즈덤하우스, 2010, p.25.

102) 『麻衣相法』 第3篇 「總結第一」, 如來有動神, 有靜神, 有出神, 有入神, 有窮神, 五神足 即見如來. 如來有肉眼, 有天眼, 有慧眼, 有法眼, 有佛眼, 五眼足 即見如來. 弟子鑒心日, 我祖鑒人 神妙在總訣第一節二歸三昧之理, 未易推測, 不敢妄解, 聊以臆見 略釋第二第三第四節之意. 身相節 言耳目口鼻諸身相 俱好, 不如

상相을 마음으로 취해야 바른 상이라 한 것은 모든 관상을 볼 때 만상보다는 심상이 최고라는 뜻이다. 외형으로 보는 육안을 벗어나 혜안으로 보라는 것도 일종의 심상으로 세상을 비춰보라는 뜻이다.

심상이 좋아야 행동도 바르게 된다. 외형의 만상에 유혹되면 마음이 요란해지는 것이다. 내면의 안정된 마음으로 바라보면 정신기운도 바르게 된다. 정신이 올바르면 기운도 올바르고 몸도 올바르기 때문에 자기 발전과 출세도 할 수 있으며, 정신이 올바르지 않은데 출세한 사람은 천하에 아무도 없다.[103] 외형의 가식에 흔들리는 간판주의적 사유는 출세하는데 우선 쉬울 줄 모르지만, 자신의 진정한 발전을 위해서는 마음을 바르게 보고 바르게 사용하는 마음의 상이 중요하다. 이것은 정신이 올바른 생활이 진정한 길상이라는 뜻이다.

만약 부부가 외형의 관상에 초점을 두어 남편의 관상이 좋지 않다고 원망하고 고통스런 마음으로 살아간다면 그것은 과연 바람직한 삶인가라고 성찰해야 한다. 비록 남편의 관상이 나쁘더라도 아내가 신중하고 마음가짐이 좋으면 자연히 남편의 운을 도울 수 있다.[104] 부부의 아름다운 삶은 외형의 상보다는 내면의 상으로 바라보며 살 때 서로 단점을 보충해주고, 긍정마인드를 심어주어 행복한 가정을 이룰 것이다. '가화만사성'이란 말이 있듯이 부부의 대화 자세가 상대방의 외모보다는 아름다운 마음에 있다는 데서 출발한다.

따라서 관상학적 활용에 있어서 외형보다는 심상을 더 중시해야 한다. 아무리 타고난 외형의 상이 탁월하더라도 무형의 상인 마음씨, 즉 심상이

心好, 故曰, 若心取相, 即是相. 無心 相隨心滅耳.

103) 미즈노 남보쿠, 화성네트웍스 역, 『마음 습관이 운명이다』, 유아이북스, 2017, p.47.

104) 미즈노 남보쿠, 화성네트웍스 역, 『마음 습관이 운명이다』, 유아이북스, 2017, p.158.

야말로 마의가 말한 '만상이 불여심상'이라 할 것이며, 여기에서 관상학적 활용법으로는 마음을 보는 것, 즉 심상을 바로 보아 인격도야의 길을 모색해야 한다.[105] 인격을 밝게 함양함으로써 수양력을 갖춘 심성을 갖게 되며 매사 자신감을 얻게 되리라 본다. 관상에서 심상이 중요한 이유가 여기에 있다.

9 관상철학가의 난제

오늘의 세상은 현대인의 심리적 스트레스가 많이 발생하는 탓에 치유의 해법이 중시되는 성향이므로 이를 치유하려는 많은 방법들이 거론되고 있으며 여기에는 종교적 명상이나 운동, 여행 등이 있다. 이러한 시류에 맞물려 명리적 시각에서 과제(숙제) 혹 난제를 중심으로 접근해보고자 한다. 중국에서 쓰는 한자와 우리 한자가 쓰임이 다른 것으로 우리가 말하는 '숙제'를 중국에서는 작업作業이라 한다.[106] 이를 견주어 말한다면 숙제는 중국말로 말하면 작업이라는 것으로, 명리적 작업이 이러한 난제를 해결하는 것으로 이해한다면 도움이 될 것이다.

시류時流 처방에 편승하는 관상학에서 상담 전문가들이 해결해야 할 것으로, 작업이든 난제든 관심을 두지 않으면 풀어내기 어렵다.

첫째, 관상철학의 난제로는 탐구대상의 어느 분야든 초기에 형성된 고전 독해나 역사에 대한 이해가 요구된다. 특히 동양의 학문으로서 명리분야는 초기에 성립된 고전이해가 필수라 본다. 관상학의 경우 대표적 고전으로 『마이상법』과 『유장상법』 등이 있다. 구체적으로 골상학이라 일컬

105) 오서연, 『인상과 오행론』, 학고방, 2017, p.170.
106) 한비야, 『중국견문록』, 푸른숲, 2001, p.74.

어지는 『태청신감』, 『마의상법』, 『수경집 』, 『월파동중기』, 『석실신이부』, 『인륜대통부』, 『상문정의』, 『신상철관도』』, 『빙감』, 『공독상법』 등의 고전이 있는데[107] 고전 해독능력이 요구되는 것이다. 특히 관상고서로서 앞에서 말한 『마의상법』과 『유장상법』의 원전 이해는 필수적이라 본다. 관상을 본다는 상담자들의 상당수가 이러한 고전의 독해력이 부족하다면 그것이 바로 난제인 것이다.

둘째, 관상가로서 문사철 가운데 철학서적의 독서결여 내지 철학적 지혜가 부족한 현실을 어떻게 볼 것인가? 엄밀한 의미에서 기존 명리 상담가들은 고학력자보다는 개인적으로 사사받은 경우가 많기 때문에 대학 강단에서 철학수업의 수혜를 받지 못한 경우가 많다. 소크라테스, 아리스토텔레스나 중세의 관상가들로는 철학자들이 상당수였음을 참조할 필요가 있다. 과거에 그들이 중시했던 관상학의 새로운 접근법은 철학적 방법임을 인지하지 않을 수 없다. 아리스토텔레스 『관상학』의 해제에서 언급하기를, 관상학의 연구는 특정한 사람들의 이런저런 성격을 추론해내는 것을 목표로 하므로 신체상의 징표만을 토대로 이끌어낸 추론으로서 관상학을 연구하는 새로운 방법은 '철학적 방법'이라[108]고 했다. 그렇다면 철학이라는 깊은 사유와 철리哲理의 이해 없이 상담에 임한다면 관상학자로서 새로운 관상철학의 방법론 제시라는 난제에 직면할 것이다.

셋째, 관상학자에 대한 엄정한 비판의 시각에서 자주 거론되는 것으로 예언 위주의 점복관상학 극복이라는 과제가 있다. 서양에서도 기원전 2000여 년경 메소포타미아 문명의 유적서 발굴된 서판書板에는 점복적 성격이 있는데 이는 고대의 상법이라는 점에서 관용적일 수 있다. "어깨에 곱슬곱슬한 털이 난 남자에게는 여자들이 따를 것이다."라는 기록이 나타

107) 오현리 편, 『정통오행상법 보감』, 동학사, 2001, p.21.
108) 아리스토텔레스 지음, 김재홍 옮김, 『관상학』, 도서출판 길, 2014, p.170.

나는데, 이것은 주로 예언적 또는 점복의 성격을 지녔던 관상학이었다.[109] 그러나 오늘날 여전히 예언의 점복관상학이 유행하고 있는데, 이는 명리학 전반 분야의 성향이다. 점복의 신비나 비합리성에 의존하는 관상학가들이 즐비하게 있다면 이 또한 관상학의 방법론적 전개에 있어 난제가 발생하는 것이다.

넷째, 관상 상담의 상투적인 현상이 내담자에 대한 관상가의 입지적 권력과 카리스마를 강화하는 수단으로 이용되는 경우가 있다. 이를테면 관상가 자신의 카리스마로 내담자에게 길흉운명을 논하며 호통을 치는 경우가 있나는 뜻이다. 이러한 관행으로 관상은 중세에 신학을 강화하는 수단으로 이용하고 권력의 강화를 위해 마술과 같은 부류로 취급되어 탄압을 받기도 하였다.[110] 이에 현재의 관상가들은 18세기 말, 라바터가 등장하여 의사이자 관상가로서 권력이나 마술로부터 관상학을 합리적으로 접근하기 시작하였음을 시금석으로 삼아야 한다.

다섯째, 관상학적으로 풀어주는 길흉의 폐해만 언급할 뿐 길흉이 무엇인가에 대한 근본적인 깨달음을 주지 못하는 것이 난제이다. 아직도 관상학의 기본을 실행하지 않는 관상가는 남의 관상을 보고 왜 길흉이 있는지 그 근원을 알아야 하는데 그것을 모르는 관상가가 대부분으로, 이러한 관상학의 오묘한 진리를 모르는 관상가는 도적이라 할 수 있다.[111] 철학의 장점은 본질적으로 인간의 존재 근거를 밝히는데 주력한다. 관상가들도 길흉의 폐해보다는 길흉이 무엇인지에 대한 본질적인 깨달음으로 인도해야 하는 과제가 있는 것이다.

여섯째, 관상학을 전공하는 관상가로서 자기 수행적 명상은 줄어들고,

---

109) 地平 編著, 李成天 監修, 『관상해석의 정석』, 도서출판 문원북, 2019, p.14.
110) 위의 책, p.14.
111) 미즈노 남보쿠, 화성네트웍스 역, 『마음 습관이 운명이다』, 유아이북스, 2017, pp.215-216.

가식적이고 인위적이며 그럴듯한 상담논리만 들이대는 것은 아닌지에 대한 고심이 필요하다. 관상철학에서 참조해야 할 것으로, 철학자 라다크리슈난은 말하기를, 삶의 심원한 문제들에 대한 명상은 점차 줄어들고, 인위적인 논의들만 무성해지고 전통이라는 것은 그 자체의 부담스런 재산으로 우리를 막아서고 있다[112]고 비판하였다. 관상학 이론의 해박한 지식도 필요한 일이지만 관상가의 명상시간이 배려되지 못한다면 그 논의는 설득력을 잃고 만다. 철학적 명상을 통해 '상학'을 화두로 삼으며 자신의 내면을 풍요롭게 할 수 있는 수련이 필요하다는 것이다.

일곱째, 상담료의 사용에 있어서 사회에 선행을 베풀지 못하고 자신의 부富 축적에 몰두하는 관상가들이 늘어나고 있다면 관상가의 인격상에 흠결이 생길 수 있다. 만일 관상가가 지선至善에 머물지 못하면 자연히 하늘을 깨닫지 못하며 하늘의 이치를 깨닫지 못한 관상가는 참 관상가라 할 수 없다.[113] 관상가로서 이처럼 비판을 받고 있는 상황을 고려하면, 사회와 인간의 고통 치유에 동참해야 하는 일에 도외시할 경우 그들은 자신의 밥그릇 챙기기에 바쁜 일상의 사업가들과 다를 것이 없다. 상담비의 일정부분을 자선행위로서 사회에 환원하는 심법을 갖지 못한다면 이는 자신의 의식주 풍요에 함몰된 점쟁이의 역할에서 벗어나기 어려운 일이다.

여덟째, 관상학에서 흔히 간과하기 쉬운 길흉판단에 있어서 선·악 이분법적 판단에 머무는 경우가 있다. 이를테면 관상에는 길운과 흉상이라는 두 가지로 말하는 것이 상투적으로 거론되는데, 그러한 관상법은 낡아빠진 관상법이다. 세상을 선·악 이분법으로만 보거나, 흑백논리로만 판단

---

112) 라다크리슈난 저, 이거룡 옮김, 『인도철학사』Ⅰ, 한길사, 1996, p.82.

113) 미즈노 남보쿠, 화성네트웍스 역, 『마음 습관이 운명이다』, 유아이북스, 2017, pp.222-223.

해버린다면 흉한 운세에서 길한 운세로 접근하려는 마음을 차단시켜버린다. 또한 기색판단에 있어서 "홍색을 이루었다고 좋다고 할 수 없고, 각월 부위에 흑색 백색이 나타났다고 흉하다고 단정할 수 없다. 천변만화하는 오묘한 기밀 중에서 가장 좋은 것은 사람을 살리는 활법이다. 한 가지 길만을 취하지 말라."[114]는 것을 알아야 한다. 관상의 기색을 살핌에 있어, 단순히 길·흉의 이분법적 구분으로 몰아가는 것도 흑백논리에 불과하다.

여타 관상학 분야의 난제로 등장하는 대표적인 것으로 의사가 자신의 병을 치료하기 힘들듯이, 관상가는 자신을 먼저 성찰하지 않고 상대방의 관상만을 평가하려는 것이 문제이다. 그러면 상대방의 관상에 어떠한 유익을 줄 수 있을 것인가? 만물이 유전하고 날로 새로워진다는 사실에 생각이 미치지 못하여 남의 관상을 봐도 관상을 보는 사람에게 해를 끼치게 되고 또한 불이익이 될 뿐이므로 실로 두려운 것이다.[115] 수신修身에 이어 제가齊家가 있듯이, 자신 성찰을 먼저 한 후에 타인을 치유할 수 있는 힘이 생기는 지혜를 터득해야 하는 것이 관건이다.

또한 관상철학의 영원한 난제로는 관상학이 유사과학에 머무르는 학문인가, 보편과학에 머무르는 학문인가를 모르며 접근하는 관상학자들의 일상성이다. 유행하는 얼굴이 바뀌는 것처럼 관상학은 과학의 틀이 바뀔 때마다 그 틀을 차용하며 살아남아 왔지만, 과학의 패러다임의 변화에 따라 정상과학의 영역에 군림하던 관상이 어느 순간 유사과학으로 전락하기도 한다.[116] 관상학이 술수의 점술이냐 과학의 영역에도 포함되느냐의 논란이 있어온 것도 관상가의 일상성 때문이다. 이 난제의 극복은 관습

---

114) 地平 編著, 李成天 監修, 『관상해석의 정석』, 도서출판 문원북, 2019, pp.202-203.

115) 미즈노 남보쿠, 화성네트웍스 역, 『마음 습관이 운명이다』, 유아이북스, 2017, p.194.

116) 설혜심, 『서양의 관상학, 그 긴 그림자』, 한길사, 2003, p.322.

의 관상을 업으로 삼는 관상가를 냉철하게 비판할 수 있는 실력 갖춘 관상 철학가의 등장 여부에 달려 있다.

여기에서 최상의 관상가와 보통의 관상가의 차이에 대하여 고전상법의 지혜를 빌리고자 한다. 달마조사 관상비결「비밀전수」제5법을 통해서 관상학의 난제를 풀 수 있는 실마리를 노정시키려는 뜻이다.

> 친구를 선택하여 교류함은 눈에 있다. 눈이 나쁘면 정情이 반드시 엷다. 눈이 교류함에 피해가 있으나 노출이 되면 마음이 없으니 자세히 관찰하지 않을 수 없다. 귀함을 물음은 눈에 있다. 눈이 신神이 없고도 귀하며 또한 장수함이 있을 수 없다. 부유함을 물으려면 코에 있다. 코는 토土이며 토는 금金을 생성하니 두터우며 풍성하게 융기하면 반드시 부유하다. 장수를 물음은 신神에 있다. 신이 부족하고도 장수하며 또한 귀함이 있을 수 없다. 신이 부족하면 비록 귀하나 또한 요절한다. 온전함을 구함은 목소리에 있다. 선비, 농부, 공인, 상인은 목소리가 밝으면 반드시 성공하며 밝지 않으면 끝이 없다. 최상의 관상가는 이 5가지 방법을 벗어나지 않고, 입, 귀, 눈, 눈썹, 이마, 손, 발, 등, 배의 사이를 고집하는 사람은 보통 관상가이다.117)

최상의 관상가와 보통의 관상가의 차이를 위에서 열거하고 있는 것이다. 철리哲理에 바탕한 정통의 관상법을 고수하느냐, 아니면 관상의 지엽적인 것에 매달리느냐의 선택은 자신의 상법수준과 관련된다.

따라서 상법수준을 상향시키는 일은 앞으로 관상철학을 정립해야 하는

---

117)『麻衣相法』「達摩祖師相談秘傳」第5法, 擇交在眼. 眼惡者 情必薄. 交之有害然露者 無心 不可不祥察也. 問貴在眼 未有眼而無神而貴且壽者. 問富在鼻. 鼻爲土, 土生金, 厚而豊隆 必富. 問壽在神 未有神不足, 而壽且貴者. 縱貴 亦夭也. 求全在聲. 士農工商, 聲亮必成, 不亮無終. 上相不出此五法, 拘於口耳目眉額手足背腹之間 凡庸相士也.

난제가 아닐 수 없다. 아리스토텔레스 『관상학』의 해제에서 해법을 제시하고 있는데[118) 「논고 A의 구조 분석」은 다음과 같다. 첫째, 관상학 연구의 토대 신체와 영혼의 상호 의존성, 둘째, 관상학의 새로운 방법으로서 논리적 징표 추론의 새로운 철학적 방법 도입이 한 방법이다. 또한 「논고 B의 구조 분석」은 다음과 같다. 첫째, 신체와 영혼의 상호적 영향과 동시적 영향, 둘째, 관상학자의 능력으로서 실천적 훈련, 전체인상으로부터의 추론적 방법이 다른 방법이다. 이 두 가지에서 난제의 해법이 등장하는데, 그것은 신체와 영혼의 상호의존과 영향, 관상학의 철학적 방법도입과 관상학자의 수련 여부이다.

오늘날 무엇보다 관상철학의 정립은 시급한 과제가 아닐 수 없다. 관상학은 몸을 인식하는 사람들의 사고방식과 그 변화를 보여주는 것으로, 이 주제를 연구하는 것은 다양한 분야에 대한 관심을 요구하기 때문에 철학과 접목이라는 학제간 접근의 중요성을 강조하는 현실[119)]을 인지하자는 것이다. 관상학의 역사에서 알 수 있듯이 신화와 미신적 성향에서, 철학과 학제간 접목을 통해 관상학의 합리적·이성적 영역을 확대하여 왔다. 그리고 의학과 과학과 같이 제 분야의 학제간 교류를 통해 관상철학의 난제에 대한 해법 제시는 가능하리라 본다. 필자가 '관상철학'이라는 저술을 세상에 첫선 보이는 이유 중의 하나가 여기에 있다.

118) 아리스토텔레스 지음, 김재홍 옮김, 『관상학』, 도서출판 길, 2014, p.150.
119) 설혜심, 『서양의 관상학, 그 긴 그림자』, 한길사, 2003, p.32 참조.

제6편

관상철학의 응용

1 학업운과 관상

관상에 자신의 학업에 재능과 인연이 나타난다면 어떠한 것들이 있는지 관심을 가져볼 일이다. 여기에는 학업을 지속할 경제적 여력이 있는지, 학문적 열정이 있는지, 영민하여 학업을 수월하게 할 수 있는 지에 대한 견해들이 거론될 수 있다. 학문의 외부적 환경과 내부적 재능이 맞물려 학업운이 점검된다는 것이다. 이에 『유장상법』에서는 다음과 같이 말한다.

> 학문적인 재능은 사람의 내부에 있는데, 이를 어찌 알 수 있는가? 대왈對曰, 서書에 말하기를 눈썹에는 산천의 수려함이 모여 있고, 가슴에는 천지의 기틀을 감추고 있으며, 눈이 번개와 밝은 유성과 같으면 자연히 나라를 평안케 하는 지략智略이 뛰어난 사람이라 하였다.[1)]

학문적 재능이 얼굴의 생김새와 관련되며, 그리고 또 자신의 내면의 마음 자세와도 관련되어 있다는 뜻이다.

또한 학업운에 있어서 팔학당八學堂이란 용어가 흥미롭다. '학당學堂'이란 개념은 곧 학문과 연결되어 있다는 점에서 관상철학에서 직시해볼 사항이다. 팔학당 가운데 두 개 학당이 학업운과 직결되어 있다. 먼저 인당으로서 광대학당廣大學堂이 있다. 광대학당에서는 인당이 거울처럼 밝고 넓으면 학업을 성취하고, 흠이 있거나 좁으면 학업을 이루기 어렵다고 하였다. 『유장상법』에서도 "거울과 같이 밝게 빛나면 모든 학문에 능통할 수 있다."[2)]라고 하였다. 명궁이 바로 인당으로서 광대학당을 통해서 학업운을 살펴볼 필요가 있는 것이다.

---

1) 『柳莊相法』「才學在人」, 才學在人腹內, 何能得知〇對曰, 書云 ,眉聚山川之秀, 胸藏天地之機, 目如電灼流星, 自有安邦高策.

2) 『柳莊相法』「命宮」, 光明如鏡 學問開通.

이어서 팔학당 가운데 명수학당明秀學堂이 있으니, 눈빛은 명수학당이니 흑광이 나면 귀상이요, 몽롱하면 천상이라고 한다. 곧 눈이 길고 깊고 빛과 윤기가 도는 사람은 귀하고, 눈빛이 검고 빛나는 사람은 학문의 문장이 훌륭하며, 눈이 새벽별처럼 반짝반짝 빛나는 사람은 부귀할 상이다.[3] 눈이 초롱초롱 빛날 때 영특한 지혜가 솟아나오는 것이다. 일례로 여자의 72가지 천한 상 가운데 양쪽 눈의 눈빛이 희미하고 흐리멍덩하면 학문을 수월하게 할 수 없다.

다음으로 오행형상으로 본 학업운을 살펴보고자 한다. 오형이란 수형, 목형, 화형, 토형, 금형을 말하는데, 이 가운데 대체로 목형이 학업과 관련한 직업을 갖는다. 대학교수들의 얼굴형상을 보면 목형이 많은 것도 이와 관련된다. 『유장상법』에서는 이에 다음과 같이 말한다.

> 목형 같은데 목기를 얻으면 자질과 재주가 풍부하다. 수형 같은데 수기를 얻으면 학문이 높다. 화형 같은데 화기를 얻으면 기틀이 깊다. 토형 같은데 토기를 얻으면 재록이 풍족하다. 만일 체형이 상생되어 서로 도움을 얻게 되면 좋은 상이 되며, 서로 깎이는 걸 얻게 되면 꺼리게 된다.[4]

이에 더하여 '수국화형'의 경우를 보면 머리의 영민함이 뒤따라 학업운이 좋다. 다시 말해서 수극화형의 장점은 두뇌의 회전속도가 빠르며 자기가 맡은 일은 빈틈없이 잘 처리하는데 있다. 상식과 일반적인 사무 처세의 지식이 풍부하며 위급한 일을 당할 때 해결책이나 수습방안을 잘 모색한다.[5] 아울러 정신적인 가치에 대한 식견과 가치관이 짧아서 사회계층의

---

3) 地平 編著, 李成天 監修, 『관상해석의 정석』, 도서출판 문원북, 2019, p.127.

4) 『柳莊相法』「總論」, 似木得木資才足, 似水得水文學高, 似火得火見機深, 似土得土財祿足, 如得其生扶為妙, 得其剝削為忌也.

5) 오서연, 『인상과 오행론』, 학고방, 2017, p.239.

상위직 진출에는 고충이 있지만 대국적 견지에서 학문과 견문을 넓히면 좋은 것으로 알려져 있다. 학문에 대한 지식을 넓힌다면 더욱 학업운이 좋아 매사를 성공으로 이끌 수 있다.

아무리 학업운이 좋다고 해도 시절인연을 잘 만나야 한다. 과거 경제적으로 어려웠던 시절에는 머리가 좋아도 부모의 복을 타고나지 못하면 상급학교에 진학할 수 없었다. 또한 부모의 자녀교육에 대한 열정이 뒷받침되어야 학업도 지속적으로 할 수 있으므로 학업의 길운에는 부모 복을 타고나야 한다. 인생은 부모 복을 타고나지 못해 조실부모하는 것만큼 큰 불행은 없으며, 사람은 동물과 달라서 학문을 닦아야 하는데 부모 복을 타고나지 못하면 배울 수가 없다.[6] 자녀의 학업 성취여부는 그들의 노력이 필요하지만 자녀교육과 관련한 부모덕을 타고나야 학문 성취를 통해 출세할 수 있는 것이다.

학업을 연마하는 당사자로서 부모덕 외에도 관상학적으로 인생의 나이 가운데 학업운은 어떠한가를 살펴보도록 한다.

> 20세 나이에 목의 살이 부스럼이 있으면 반드시 안자와 같다. 50세에 자궁에 살이 일어나면 학문하기 어려움이 공자의 제자 상구와 같다. 상구는 50세에 이르러 비로소 자식이 있었으나 살이 일어남은 군살이므로 자식이 없다.[7]

오늘날 대학생들이 공부해야 할 시기인 20세에 청년기에 학업운이 있어야 한다는 것이다. 인생의 초로기인 50세에 학문의 운이 잘 따라주지 않기 때문에 『마의상법』에서는 인생의 전반기인 청소년기로서 공부할 시

---

6) 地平 編著, 李成天 監修, 『관상해석의 정석』, 도서출판 문원북, 2019, p.89.

7) 『麻衣相法』 第3篇 「總結第三」, 二十 頸項肉臃 定同顏子. 五十 子宮肉起, 難學商瞿. 商瞿 五十 方有子 肉起妒肉也 故無子.

기의 학업운을 간접적으로 암시하고 있다.

학업운에 있어서 특히 관심 있게 보아야 할 관상으로 이마이다. 이마는 상정上停의 상·중·하 세 부위로 나뉘는데, 이마의 상부에 흠집이 없는 사람은 뇌기능과 신경기능이 모두 좋고 향학열과 사고력, 이해력을 천성적으로 타고나며, 학문을 구하는 과정 또한 순조롭다.[8] 그리고 이마의 관상이 반듯하면 적극적으로 배우려는 향학열이 돋보이며, 중앙 발제 부위 곧 이마 중앙의 잔주름을 보면 학업을 일찍 중단할 상이다. 이처럼 이마의 형상이 인간의 향학열과 관련되어 있음을 알 수 있다.

학업운의 관상은 그 외에도 산근과 관련시켜 보면 흥미롭다. 이를테면 인당 아래 코 뿌리인 산근에 흠결이 있으면 학업의 간판은 많지만 산근이 좋은 사람보다는 못하다. 산근에 흠이 있는 사람은 학문을 많이 닦았다 해도 산근이 좋은 사람에게 밀리는 것은 한창 경쟁 중에 병액에 걸려 발전이 멈추는 수가 많기 때문이다.[9] 그러므로 학업운이 좋다고 해도 몸이 허약한 체질이거나 질병에 노출될 때에는 학문을 할 운세에 이르지 못하므로 산근에 흠결이 없어야 좋다.

다음으로 입의 형태로서 학업운을 거론해 본다. 사자구四字口는 학문에서 두각을 나타낼 운이다. 『마의상법』에서는 이와 관련하여 다음과 같이 말한다.

> 사자구는 총명하며 다시 또한 재주와 학문이 많으니 부귀가 반응해서 자주색 고급관리의 관복을 입을 것이다. 입의 양쪽 끝이 모나고 가지런하고 바르며 대략 위를 향하여 들려 올라가면서 구각이 윤택하면 사자구四字口라고 칭한다. 길게 이런 종류의 입은 총명하며 지혜가 있고 박학하며 재능이 많고 바로 최고로 과거를 급제하니 지위가 고관에 있게 된다.[10]

---

8) 오현리 편, 『정통오행상법 보감』, 동학사, 2001, p.67.

9) 地平 編著, 李成天 監修, 『관상해석의 정석』, 도서출판 문원북, 2019, p.102.

『마의상법』에서 말하는 사자구四字口란 입의 모습이 사자四字 형태이며, 이러한 입의 모습을 지닌 자는 총명하고 재능이 뛰어나므로 학문 성취도에서 부귀공명을 이룬다.

학업운과 관련한 얼굴의 형상에서 또한 직시할 부위는 귀의 윤곽이다. 『유장상법』에서 귀는 외학당外學堂으로서 문서文書가 막힌 것은 두 눈썹의 끝이 청색이기 때문이라 했는데, 또한 귀의 윤곽이 한 번 어두워지면 문서가 흩어지고 공허하게 되니 학문의 재주가 없는 사람이라고 하였다. 이는 『유장상법』 하편의 「기색분해-윤곽명문輪廓命門」에 나와 있는 내용이다. 귀와 관련된 곳으로 인수골印綬骨이란 귓바퀴의 아래쪽으로 뺨·턱과 인접해서 뼈가 솟은 것으로, 이것이 있는 사람은 매우 총명하고 지혜가 뛰어나 고금의 학문에 두루 통달한다.[11] 인수골이 선명하면 학문에 뛰어남은 물론 예술 분야에도 재능이 많고 말재주가 있다고 전해진다.

다음으로 노복궁에서 턱이 뾰족한 사람은 사회조직 속에서 구성원들과 함께 하기 쉽지 않으므로 직업으로는 학문을 연구하는 학자가 좋다. 곧 노복궁은 턱을 말하는 것으로, 턱이 뾰족한 송곳 턱을 가진 사람은 부하를 두기 어려우므로 학문을 연구하는 학자나 길을 가는 것이 좋다는 것이다.[12] 얼굴이 갸름하고 턱이 뾰족한 경우는 대체로 얼굴형상으로 보아 목형에 관련된다. 목형의 경우 대체로 두터운 턱보다는 뾰족한 턱의 형상을 지니므로 학문을 직업으로 삼아 공부하는 학자의 운세를 타고났다고 보면 좋을 것이다.

이어서 치아의 두께와 학업운을 연결하여 본다. 일반적으로 치열이 바

---

10) 『麻衣相法』第2篇 各論, 第10章「相口」, 四字口 … 聰明更又多才學, 富貴應須著紫衣.【譯文】嘴脣兩角端方齊正, 略向上仰起, 口角潤澤稱爲四字口. 長有這種口的聰明智慧, 博學多才, 定能金榜題名, 位居高官.

11) 오현리 편, 『정통오행상법 보감』, 동학사, 2001, pp.23-24.

12) 地平 編著, 李成天 監修, 『관상해석의 정석』, 도서출판 문원북, 2019, p.100.

른 사람은 운세가 좋고 바르지 않은 사람은 이와 반대형상을 지닌다. 치아가 희고 가지런하며 두터운 것이 좋다는 뜻이다. 『유장상법』에서는 다음과 같이 말한다.

> 여인의 치아가 상아빛으로 큰 것이 좋은 상이고, 남자의 치아는 34개면 귀인이 된다. 치아가 32개면 역시 복수福壽를 누리고, 30개가 되면 보통 사람이고, 28개가 되면 수명이 짧아진다. 또 다른 이름으로 내학당이 되고, 바르고 가지런한 것이 가장 중요하며, 희고 크며 두터운 치아는 학문을 이루게 된다.[13)]

이처럼 치아는 내학당內學堂이라 부르며, 치아가 옥색처럼 하얗고 가지런하며 두텁고 커야 한다는 것이다. 치아의 사이가 벌어지고 드물면 반드시 요절하고, 치아가 짧으면 어리석게 된다는 것도 치아가 관상의 영역에서 매우 중요하게 다루어진다는 뜻이다.

또한 손바닥을 통해 학문의 운을 살펴보도록 한다. 『유장상법』에서는 손바닥이 홍색이고, 손가락 마디가 윤택하면 학문의 폭이 넓기 때문에 어찌 과거에 등용하지 못할까를 근심할 것인가라고 하였다. 또한 손바닥이 홍색이며, 손가락의 등이 희면 학문이 뛰어난 선비로서의 등용길이 열릴 것[14)]이라고 하였다. 아울러 손금을 볼 때 무명지와 미지가 유문인 백무문大吉命의 경우 두뇌가 총명하고 지략이 뛰어나며, 학문이 깊고 견식이 탁월하며 손윗사람의 도움으로 초년부터 학문의 운이 발전한다.[15)] 손바닥과 손금이 학업운과 관련되어 있는 것은 관상과 학업운의 묘한 이치

---

13) 『柳莊相法』 上篇, 「齒」, 女人治宜黃大為妙, 男齒生三十四個主貴, 三十二亦主福壽, 三十中平, 二十八壽少, 又名內學堂, 最要整齊, 白大厚者, 有學問.

14) 『柳莊相法』 下篇, 「氣色分解-掌心紅潤」, 掌心紅, 指節潤, 博學廣文, 何愁不去登雲. O解曰, 凡掌心紅, 指背白, 乃有學問之士, 何愁不顯達登雲.

15) 최전권, 『체형관상학』, 좋은글, 2003, pp.158-159.

가 있는 것 같다.

그러나 학업운이 아무리 좋다고 해도 자신이 배우고자 하는 학업의 열정이 뒷받침되어야 한다. 그리고 철학적 사색을 통한 지적 호기심[16)]내지 정성이 매우 중요하다는 것이다. 진리를 탐구하고 지식을 확장하는 학업운은 결국 관상학의 영역에서 거론되지만, 기위 관상적으로 학업운을 타고난 사람으로서 진리탐구와 지혜사랑의 관상철학에 더욱 관심을 가져야 하리라 본다.

2 중년운과 관상

인생의 중반으로서 중년기는 '회룡고조回龍顧祖'와 같이 자신이 그동안 살아왔던 삶을 되돌아볼 시기이다. 청소년기에 어떻게 살아왔느냐에 따라 중년기가 달라지며, 이 중년기를 어떻게 보내느냐에 따라 말년운도 달라지는 것이다. 예를 들면 40~50대 중년기 남성들을 힘들게 하는 것은 1) 퇴직이나 사업실패, 고혈압과 당뇨, 자녀의 진학 실패, 아내의 무관심 및 외도, 직장에서의 승진누락, 형제간의 불화, 이혼 등이 있을 것이다. 중년은 또 하나의 사춘기를 겪는 사춘기라고 하는데, 그만큼 무사히 건너기가 어렵다는 뜻이다.

중년기에는 경제적 여유가 있을 시기이기도 하다. 그래서 경제적 부를 통한 사치와 술·담배·과로와 같은 무절제 생활로 병들기 쉬운 때가 중년기이다. 무과불급無過不及이라 했던가, 달도 차면 기운다는 것이 자연의

---

16) 사색은 실생활에 응용을 도외시하고 순수한 지적 호기심에서 나온 것으로서 「학문 자체를 위한 학문」이며, 이것은 철학인 동시에 과학이었다(權寧大 外4人, 『宇宙·物質·生命』, 電波科學社, 1979, p.11).

진리이다. 가정의 재산이 없어지거나 후손을 못 볼 수도 있으므로 중년에서 노년에 접어들 때까지 식생활에 절도가 정해져 있지 않으면 악재를 당하거나 뜻하지 않은 손실을 입어 쌓아놓은 것을 잃게 되며 평생 마음고생이 끊이지 않는다.[17] 산전수전 겪어온 중년기에는 다른 어느 때보다 절제된 삶과 경제적 축적은 물론 사업 확장으로 인한 손익 계산을 해야 할 때인 것이다.

중년기의 상相에 있어서 관상학적으로 『유장상법』에서는 먼저 오악을 보라 하였다. 중년운과 관련하여 12궁 가운데 열두 번째가 상모궁相貌宮인데 용모를 총론하면서 길흉과 연계하여 오악과 삼정을 살펴보라고 하였다.

> 먼저 오악을 관찰하고, 다음으로 삼정을 살핀다. 만약 오악이 서로 마주 보고, 삼정이 균등하며, 행주좌와가 위엄이 당당하면 존중받는 위인이다. 이러한 사람은 부귀와 영화를 모두 누리게 된다. 만약 오악이 기울고 삐뚤어지고, 삼정이 균등하지 않으면 평생 가난하고 고생스럽다. 이마는 주로 초년을 보고, 코는 주로 중년을 맡고, 입과 지각은 말년을 보는데, 한 곳이라도 좋지 않으면 흉악한 상이라 판단된다.[18]

삼정 가운데 '코'를 보는 것은 중년기의 운세를 가늠하는 것으로, 코는 자존감 내지 자신감과도 연결되기 때문에 중년의 운세는 이 코와 관련된 측면이 적지 않다.

좀 더 구체적으로 삼정과 중년 운세를 살펴보고자 한다. 삼정이란 얼굴을 삼분하여 상부, 중부, 하부로 나눈 것으로 상정은 발제에서 인당까지로

---

17) 미즈노 남보쿠, 화성네트웍스 역, 『마음 습관이 운명이다』, 유아이북스, 2017, pp.31-32.

18) 『柳莊相法』「相貌宮」十二相貌宮 ,相貌者, 乃總論也, 先觀五嶽, 次察三停, 若五嶽朝歸, 三停平等, 行坐威嚴, 為人尊重, 此人富贵多榮, 如五嶽歪斜, 三停不正, 一世貧苦, 額主初限, 鼻主中限, 水星地閣, 主末限, 有一不好, 斷為凶惡.

초년운(15세~30세)을 지배하고, 중정은 산근에서 준두까지로 중년운(31세~50세)을 지배하고, 하정은 인중에서 지각까지로 말년운(51세~75세)을 지배한다.[19] 중년기의 시작이 31세로서 중정이 좋은 사람은 어떠한가? 이때는 사회적 지위의 안정을 얻고, 형제와 친구들의 덕을 많이 입는 것은 물론 사업에 있어서 실패를 하지 않은 길운으로 전·후반을 잇는 중요한 시기가 되는 것이다.

중년기의 삶은 청소년기와 말년기 사이에 있는 시기로서, 이때는 적극적으로 사업에 뛰어드는 때이며, 신체적 기력도 왕성하다. 따라서 중정의 길운을 보면 적극적인 의욕과 기력이 왕성해서 자신의 의지를 곧바로 행동에 옮겨 현실사회에서 크게 분발하기 때문에 목적을 틀림없이 달성하는 까닭에 중년운의 견실함을 나타내고 있다.[20] 그러나 중정이 발달하지 않은 중년의 운세는 성격의 소극성에 더하여 독립정신이 부족하다. 중년기에 얻어야 할 성취감도 적어지므로 양쪽 눈썹 사이, 곧 인당의 하단에서 시작해서 코의 형상 눈썹·눈·광대뼈 등의 부위가 발달해야 결혼, 경제적 안정, 사회적 지위가 갖추어진다. 특히 31~35세까지 중년기의 모든 운세가 순항하도록 해야 한다. 그러나 관상만으로 중년운을 보장하기 어려우며, 중정이 부족하다 하더라도 부단한 노력으로 이를 극복하는 지혜가 요구된다.

특히 얼굴 광대뼈와 중년운을 주시할 필요가 있다. 왜냐하면 광대뼈가 낮게 꺼져 있으면 품행이 고귀하지 못하거나 의지가 약하고 그로 인하여 사회적 권력도 없어진다. 이에 광대뼈가 불룩 솟은 상[骨豊起]의 중년운은 성격이 자유분방하며 책임감이 강해서 중임重任을 맡겨도 잘해내고, 일처리에 있어서 선견지명과 통솔력을 가지고 있다.[21] 광대뼈의 기세가

---

19) 地平 編著, 李成天 監修, 『관상해석의 정석』, 도서출판 문원북, 2019, pp.68-69.
20) 이영달, 『얼굴을 보면 사람을 알 수가 있다』, 행복을 만드는 세상, 2008, p.24.
21) 오현리 편, 『정통오행상법 보감』, 동학사, 2001, p.35.

위로 천창을 찌르면 자신감이 생기지만, 광대뼈만 두드러져 보이면 곳간이 없어 실패하는 경우가 적지 않다.

상법 고전에서는 뼈와 살의 균형이 중년운에 직결된다면서 재물과 관련시키고 있다. 중년기의 30대에 중정이 갖추어진다면 인생행로가 좋아진다고 다음과 같이 말한다.

> 만약 살이 견실하면 재물이 늘어나고, 뼈와 살이 모두 배합이 맞으면 반드시 좋은 상이다. 만약 살이 지나치게 많은데 뼈가 너무 허약하면 36세에 재물을 지키기 어렵게 된다. 만일 체형이 두텁고 살이 견실하며, 골격이 단정하고 안신이 강하면 대부의 상이 된다.[22]

> 만일 이마가 높고, 턱이 두터우며, 코가 반듯하고, 관골이 열리면 이는 영화로움을 갖춘 격이라 한다. 만일 이마가 뾰족한데, 두 눈이 밝게 빛나고, 눈썹의 술이 수려하게 길어도 젊어서는 절대 좋은 상이 되지 못한 것이니 조상과 부모의 근기가 약하기 때문이다. 그래도 중년 30대에는 인생의 행로가 좋아지게 되며, 재차 일찍 죽거나 실패할 일이 없게 된다.[23]

위의 언급에서 나타나듯이 중년의 운세에 있어서 길상의 경우에는 사업성공, 사회적 권력, 재정적 성취 등이 거론된다. 이러한 운세가 뒷받침되지 못한다면 말년의 고독이 뒤따르므로 중년기는 초년운과 말년운에 비해서 매우 중요한 시기인 셈이다.

그러면 관상 부위와 중년운에 대하여 다음 몇 가지 사항을 중심으로

---

22) 『柳莊相法』「富貴貧賤」, 若肉發宜實, 骨肉兩配方妙, 如肉多骨少, 四九不保, 若體厚肉實, 骨正神强, 大富之相,

23) 『柳莊相法』「榮枯得失」, 如天高地翼, 土正頼開, 乃有榮有得之格, 如天停削, 日月明, 眉毛秀, 少年未必全美, 祖父根基小, 在中年三十以外, 一路行來方好, 再無夭損, 如下有虧, 還有一失復困苦也, 書云, 天高地薄, 初發達中建難成, 中正顴高, 到中年可成基業, 鼻如懸膽, 白手興隆, 顴削鼻低, 一世窮苦到老,

하나하나 살펴보고자 한다.

첫째, 각액이마의 형태와 중년운에 대하여 언급한다. 각액이마란 이마와 머리카락의 경계가 일직선이고 양끝이 모가 난 형상이다. 이런 사람은 사회의 실정에 통달해 일을 꼼꼼하게 처리하는 실무적인 인물이므로 알맞은 직업으로는 실업가, 과학자 등으로 중년이 지나야만 성공할 수가 있다.[24] 각액이마의 경우 이마 폭이 좁은 것도 포함되며, 다소 예민하여 스케일이 작아 일을 처리하는데 주의를 요한다. 그러나 일처리가 꼼꼼하므로 실무에 밝아서 중년을 넘기면서 성공할 운세이므로 크게 걱정할 필요는 없다고 본다.

둘째, 눈썹과 중년운에 대하여 설명하고자 한다. 눈썹이 산만하고 눈이 밖으로 튀어나와 안신이 없으면 중년에 사업이 실패할 수 있으며, 눈썹머리와 눈의 앞부분이 가까운 것을 나계일월교정羅計日月交征이라고 하는데, 이런 사람은 30~40세 사이에 특별히 건강에 유의해야 하고 차도 조심해야 한다.[25] 눈썹이 짧아 눈에 미치지 못하거나 눈썹 중간이 성기고 엷은 경우에도 성격이 급하여 감정적으로 일을 처리하여 31~45세 사이에 부부간의 고비가 있음을 주의할 일이다. 30~40대는 인생의 중요한 시기이므로 건강관리를 조심할 것이며 욕심을 부려 사업 확장에 조급함을 갖지 말아야 한다.

셋째, 중년기에는 얼굴에 주름살이 늘기 시작하는 때이므로 주름과 중년운을 참조할 필요가 있다. 이마에 내 천川자 주름이 있는 사람은 중년에 명성과 덕망이 드러난다. 그리고 중지와 미지가 유문인으로서 백자문인 경우 선견지명이 있어 기회를 잘 포착한다. 또 철저한 계획을 세워 차근차근 목표를 향해 나가므로 중년쯤 되면 상당한 기반을 쌓으며, 미지의 유문

24) 이영달, 『얼굴을 보면 사람을 알 수가 있다』, 행복을 만드는 세상, 2008, p.29.
25) 오현리 편, 『정통오행상법 보감』, 동학사, 2001, pp.208-210.

인으로서 백진문인 경우 30세 이전에는 노력해도 노력한 만큼 얻기 어렵지만 35~36세부터 운이 들어와 인간관계도 좋아지고, 사업도 활발히 진행되어 행운을 잡게 된다.[26] 어미문魚尾紋의 경우 눈초리의 주름으로, 이 주름은 중·노년이 되면 나타나는데, 그중 1개가 길게 새겨진 사람은 통솔력이 있어 지도자가 되며, 부하나 후배들에게도 깊은 신뢰를 얻는다.

넷째, 코와 중년운에 대하여 알아본다. 현담비懸膽鼻는 코의 형태가 담낭과 같으며, 준두가 솟아 있고 산근이 끊어진 것이 없으면 부귀영화를 누린다고 알려져 있다. 또한 난대와 정위가 확실하지 않고 작은 사람은 중년에 이르러 부귀의 운이 나타난다.[27] 『마의상법』에서도 코와 중년운에 대하여 거론하고 있는데, 콧대가 높고 일어나면 부귀가 뒤따른다고 하였으며, 주름이 중년[코]을 재촉하여 수명이 길지 않게 한다. 지각地閣이 풍성하고 둥글고 토지가 왕성하면서 천정天庭이 평평하고 넓으면 자손이 창달한다[28]는 것이다. 코는 삼정 가운데 중정에 해당하므로 중년기의 코는 큰 산맥이 형성되는 때이다.

다섯째, 입술과 중년운에 대하여 살펴보도록 한다. 『면상비급』에서는 입술 위에 주름이 있으면 늙도록 자식이 없다며 다음과 같이 언급하였다.

> 입술이 베로 만든 포대자루처럼 생기거나 새의 부리처럼 생긴 사람은 놀고먹는 무리로서 자식이 없다. 토끼 입술로 새의 부리처럼 뾰족한 사람은 아이에게 결함이 있다. 인충人沖이 넓고 넓어 뚜렷하지 못한 모양이면 떨어진 하나가 어른이 되니 자식이 외롭다. 붓도랑인충 밑바닥이 평평하게 고르지 못하면 51세에 질서 없이 뒤얽혀 변하니 이롭지 못하다.[29]

---

26) 최전권, 『체형관상학』, 좋은글, 2003, pp.157-158.

27) 地平 編著, 李成天 監修, 『관상해석의 정석』, 도서출판 문원북, 2019, p.150.

28) 『麻衣相法』 第2篇 各論, 鼻梁高起尋常, 紋促中年壽不長. 地閣豊圓田地盛, 天庭平闊子孫昌.

29) 『面相秘笈』 「六親訣」, 布袋嘴者, 無子, 兎脣嘴者, 缺兒. 人沖泛泛孤子成半, 溝

관상학적으로 입술의 형상에 따라 재산의 여부와 가족 평화가 연결되어 있으며, 중년기의 삶에 영향이 적지 않다고 했다.

여섯째, 법령과 중년운에 대하여 설명하고자 한다. 법령이란 코 아랫부분에서 양 입 사이로 패인 주름을 말하는 것이다. 이 법령에 점이 있으면 한쪽 부모와의 인연이 없으며 중년 이전까지는 고난이 있을 상으로서 급격한 직업의 변화가 있을 상이다.[30] 법령의 자색과 같은 기색도 중요하며, 관록, 식록, 재록 등의 길운이 될 조짐이다. 어떻든 법령의 선은 사업, 직업, 권위, 수명과 관련한 중년기의 운세이며, 법령선이 나타나지 않을 경우 게으르거나 전직轉職을 자주 할 운세이다.

이제 신체의 각 부위를 망라해서 『유장상법』에서 중년운에 대하여 전반적으로 하나하나 밝히고 있다.

> 18개의 중귀中貴는 청고한 상이면 요직의 관료가 된다. 해왈解曰 ... 눈썹이 가로로 길면 아버지의 벼슬자리를 이어받게 된다. 이마에 천川 모양의 3개의 기둥이 서고, 귀의 수주가 입을 향하면 맨손으로 중년에 크게 현달하게 된다. 배꼽이 1촌정도 깊고, 허리둘레가 사위가 되면 변방을 수호하는 3군의 장군이 된다. 팔의 길이가 3척이면 변방을 지키는 장수가 된다.[31]

위의 언급처럼 눈썹이 가로형상으로 길면 중년기에 부친의 업을 잇게 되며, 이마, 귀, 입, 배꼽, 허리둘레, 팔의 길이 등이 좋은 운세의 관상이라면 중년기의 삶은 사회적 권위와 직장의 운세, 자녀의 운명에 좋은 영향을 미칠 것이다. 그러나 외적 관상만이 아니라 내적 심상의 중요성을 알고

底不平五一變亂不利.

30) 이남희, 『하루만에 배우는 실전관상』, 도서출판 담디, 2008, p.88.

31) 『柳莊相法』「十八中貴相」, 十八中貴, 清高要職○解日, … 額有川紋, 耳珠朝海, 白手中年大顯, 臍深一寸, 腰大四圍, 可保三邊掛印, 臂長三尺, 可保位至邊將.

지성으로 노력하여야 한다. 곧 중년기의 성공된 삶은 청년기에 뿌린 씨앗 덕택임을 알고 잘 가꾸어가는 일이 필요하다.

3 사업운과 관상

인생에서 사업 성공만큼 자신의 삶을 윤택하게 해주는 것은 많지 않을 것이다. 일생을 살면서 사업을 위해 진력하는 인간의 욕구는 의식주의 풍요를 위함일 것이다. 이에 직장선택과 성공여부는 무엇보다 중요한 것이다. 예를 들면 내담자가 "저는 가업으로 여러 가지 사업을 했지만 하나도 성공한 것이 없습니다. 그 밖에 남다른 재주도 네다섯 개 정도 가지고 있습니다. 선생님께서 제게 맞는 가업을 하나라도 가르쳐 주셨으면 좋겠습니다."라고 요청하였다. 이에 관상 상담자는 말하기를 "당신의 관상을 보니 참고 견디는 힘이 없다."며, 몇 년 동안 그 일에 정신을 집중하고 노력하지 않으면 안 된다며 '평생 직업만 쉽게 바꾸다 지쳐서 죽게 될 것'[32]이라고 하였다. 원론적으로 관상 여부를 떠나 사업의 성공여부는 인내와 노력이 답일 것이다.

평생 자주 직업을 바꾸는 관상이 있다면 왜 그러한 현상이 나타나는가? 여러 현상 가운데 여기저기 떠돌아 방랑하는 사람이라면 한 직장에서 정착하지 못할 것인데, 토끼형의 마음을 가진 사람은 여유로움이 적고, 한 직업을 오래 갖지 못하여 생활에 어려움도 많다.[33] 또한 손의 지문 가운데 백사문인 경우, 무명지만 유문流紋인 경우 교제 폭이 넓고 수단이 좋으며

---

32) 미즈노 남보쿠, 화성네트웍스 역, 『마음 습관이 운명이다』, 유아이북스, 2017, pp.202-203.

33) 이정욱, 『심상 관상학』, 천리안, 2006, p.254.

관찰력도 뛰어나지만 성격이 급한 관계로 한 가지 직업에 만족하지 않고 직업이나 직장을 자주 바꾸므로 사업운이 별로 좋지 않다.

그러면 인간의 관상을 사업운과 관련하여 하나하나 언급해 보고자 한다. 먼저 얼굴의 삼정을 통해본 사업운은 하정에 해당한다. 얼굴의 삼정에는 상정, 중정, 하정이 있으며 얼굴의 13부위로서 하정은 자식이나 직장의 부하직원, 직업이나 토지, 주택에 관한 것이다.[34] 상정이란 얼굴의 중앙에서부터 천중, 천정, 사공, 중정, 인당을 말한다. 중정은 산근, 연상, 수상, 준두까지이다. 여기에서 사업운에 관련된 하정은 인중, 대해, 승장, 지각을 말한다. 사업운에 있어서 하정의 관상은 직장과 관련되며, 사업을 같이 하는 직원과의 관계가 포함된다.

사업운은 또한 형제궁에 해당하는 눈썹의 형상과 관련되어 있다. 눈썹이 삼각형인 사람은 간교하고 의롭지 못하며 결단력이 부족하여 평생 사업에 성공하기 어렵고, 또한 눈썹이 굵고 짙으며 세밀하게 덮인 사람으로서 나아갈 때와 물러설 때를 잘 알아 일처리가 확실하며, 사업에도 반드시 큰 성과가 있다.[35] 눈썹이 어떻게 생겼느냐가 사업과 연관된다는 점에서 흥미롭게 다가오는 부분이 이것이다. 이를테면 눈썹이 성기면서 눈이 밖으로 튀어나오고 안신이 없으면 중년에 '사업이 실패할 수 있다. 사업에 실패할 뿐만 아니라 수명도 짧고 자식운 또한 없다고 보면 좋을 것이다.

또한 여러 운세의 십이궁 가운데 사업운은 관록궁과 관련된다. 관록궁이란 이마 전체를 말하는 것으로, 천정, 사공, 중정 등이 해당된다. 관록궁은 십이궁 중에서도 가장 중요한 곳으로, 직장의 높은 지위를 가진 공무원이나, 직장의 임원이나, 사장의 경우 이마가 죽은 사람은 거의 없다 해도 과언이 아니다.[36] 아무리 좋은 스펙을 지녔다 해도 이마가 죽은 사람은

---

34) 地平 編著, 李成天 監修, 『관상해석의 정석』, 도서출판 문원북, 2019, p.75.
35) 오현리 편, 『정통오행상법 보감』, 동학사, 2001, pp.206-208.

사업운이 좋지 않아서 지위를 오래 보전할 수 없다. 그러나 관록궁이 아름답고 두둑하게 생긴 사람은 직장에서 높은 지위를 얻음은 물론 신분이 점점 향상되어 관록이 높아지지만 이마가 쑥 들어간 사람은 평생 관운이 부족하다. 또 이직을 많이 하고 낮은 지위로 인해 고민하는 성향이다.

구체적으로 아래 부분이 튀어나온 이마의 직업운은 어떠한가? 하부가 다소 돌출된 이마 형상을 지닌 사람의 사업은 비교적 사업운이 좋다고 본다. 왜냐하면 그는 관찰력과 분석력이 좋고 진취적이기 때문이다. 그리고 일각과 월각이 솟은 이마는 순발력과 직관력이 발달해 있어서 대인관계에서 리더의 자질을 갖추고 있으므로 명예운이 좋음은 물론 직업으로는 많은 사람 앞에 나서는 업종이 잘 어울린다.[37] 이러한 이마 형상을 지닌 경우 공직이나 사업가로 활동하면 사업운이 좋아 성공할 상이라 본다.

그리고 직장에서 높은 위치에 있는 간부가 있다면 당연히 낮은 지위의 회사원이 있으므로 이들의 관계가 원활해야 사업에 성공할 수 있는데, 이는 관상에서 노복궁과 연결된다. 노복궁은 턱을 말하는 것으로, 사회생활에서는 직장의 아랫사람으로서 턱이 모지고 두꺼운 사람은 부하가 많고, 턱이 좁고 뾰족한 사람은 부하와의 인연이 적다.[38] 그리고 턱이 이중으로 되어 있으면 많은 부하를 통솔할 수 있으며, 턱이 넓은 사람은 여러 사람의 지도자가 될 수 있다. 상대적으로 턱에 검은 점이 있거나 흠이 있는 사람은 사업에서 부하로 인해 실패를 겪는 경우가 많다. 따라서 뾰족한 턱을 지닌 사람은 부하를 부리기보다는 낮은 직에서 역할을 하는 편이 낫다.

다음으로 오형의 얼굴 형상과 사업운을 거론해본다. 일례를 들면 화형

36) 地平 編著, 李成天 監修, 『관상해석의 정석』, 도서출판 문원북, 2019, pp.88-89.
37) 이남희, 『하루만에 배우는 실전관상』, 도서출판 담디, 2008, pp.116-117.
38) 地平 編著, 李成天 監修, 『관상해석의 정석』, 도서출판 문원북, 2019, p.100.

인은 사업운이 없어 무직인 경우가 많다. 『유장상법』에서는 이에 대하여 다음과 같이 말한다.

> 화형인은 위는 뾰족하고 아래가 넓으며, 행동이 산만하며 수염이 적고, 얼굴이 홍색이며 코가 높다. 체색滯色이 띄지 않고 맑고 윤택한 홍색이면 마땅하며, 또한 모발의 숱이 적어야 마땅하고, 배가 크고 입이 크면 마땅치 않다. 화형인은 귀해도 무직無職에 불과하며, 부자라도 백금에 불과하고 대부 대귀의 상은 아니다.[39]

『유장상법』의 언급처럼 오행의 형상 가운데 화형을 예로 들며 무직의 운세는 행동이 산만하고, 흥분을 잘 하는 경우가 있어서 얼굴이 자주 상기되어 홍색을 띠는 현상과 연결된다.

관상에서 흥미를 끄는 것으로, 삼각진 얼굴의 형상은 뇌를 이용하는 직업에 잘 어울린다는 점이다. 삼각의 얼굴형은 성격이 각진 영향으로 원만하고 부드러움보다는 날카로움이 많다. 그러나 마음의 기氣가 무척 강하여 정신력이 남보다 강하고 이 정신력이 뇌수를 자극하여 뇌수활동이 원활하니, 뇌를 이용하여 삶을 영위하는 직장에 잘 어울려 연구, 학자, 교육, 철학, 종교 등에 매우 진취적인 활동을 한다.[40] 이러한 형상의 얼굴은 육체노동보다는 정신노동을 선호한다. 같은 맥락에서 역삼각형의 얼굴로서 목국목체상은 체력이 열악한 관계로 체력을 요구하는 일터는 부적합하다는 것이다.

아울러 관상에 있어서 사업운과 관련이 있는 부분으로는 법령선이 있다.

---

39) 『柳莊相法』「火形」, 凡火形人上尖下闊, 形<行>動躁, 鬚少面紅, 鼻喬, 不帶滯色, 宜明潤而紅, 又宜髮少, 不宜腹大, 不宜口大, 凡火形, 貴不過武職, 富不過白金, 非大富大貴之相也.

40) 이정욱, 『심상 관상학』, 천리안, 2006, pp.84-85.

우리가 상식적으로 알고 있듯이 법령은 복대福帶이다. 이 복대란 다름 아닌 직업 줄이며, 직업 줄이 튼튼해야 복을 얻을 수 있으며, 중년 이후의 직업운의 인정 여부는 법령에서 본다.[41] 사업운에 있어서 남성의 법령선이 선명하고도 넉넉하게 나타나 턱에 이른다면 개인으로서 정년이 없을 정도로 사업운은 말년까지 오래간다. 이와 달리 법령이 매우 짧고 희미한 경우는 중년기에도 직업의 안정을 얻기 어려운 관계로 직종을 바꾸기도 하고 실직에 이르기도 한다. 무엇보다도 법령선의 범위가 넓고 균형이 잡혀 있으면 사업운이 좋고 직업의식도 강한 편이다.

법령선 못지않게 관골은 사업운과 관련이 깊다. 얼굴의 5악 중에서 양 광대뼈는 동악과 서악을 말한다. 여기에서 중악인 코를 양쪽에서 보좌하여 신하의 역할도 한다. 따라서 코가 아무리 잘 갖추어져 있어도 보좌 역할을 하는 광대뼈에 맺힌 데가 없으면 아무 소용이 없으며, 상법에서는 광대뼈로 권세와 사회성 등을 살핀다.[42] 따라서 광대뼈 곧 관골은 사업운에 있어서 중요한 부위로 그가 사업가로서 권세를 지닐 경우 그 운은 크게 번성하게 된다. 그리고 왕자상王字相으로서 이마의 양쪽 측면과 관골 사이에 살집이 깎였을 경우 광대뼈가 불거진 꼴로, 계산 능력이 뛰어나며 책임감도 강하기 때문에 직장에서 경리직이나 참모역할을 잘 한다.

다음으로 코와 사업운에 대하여 살펴보고자 한다. 코가 왕성하고 광대뼈가 솟아 있으며 서로 조화를 이루면 중년의 사업운이 순조롭고, 코는 좋으나 광대뼈가 부실하면 중년의 운세가 좋지 않을 수 있다.[43] 코와 광대뼈가 조화를 이루어야 사업운이 좋고 관록의 재산 축적으로 부를 이룬다. 그러나 코는 좋지만 광대뼈가 좋지 않거나, 코는 있는데 광대뼈가 없거나

---

41) 최형규, 『꼴값하네』, FACEinfo, 2008, pp.288-289.

42) 地平 編著, 李成天 監修, 『관상해석의 정석』, 도서출판 문원북, 2019, p.189.

43) 오현리 편, 『정통오행상법 보감』, 동학사, 2001, p.279.

흠집이 있는 사람과의 동업을 하는 것은 금전의 손실을 입을 수 있으므로 조심해야 한다.

또한 관상에 있어서 명궁(인당)과 직업의 관계에 대하여 살펴보고자 한다. 옛사람들이 인당을 제일 명궁이라 정한 것도 명궁이 관상에서 가장 중요한 부위이기 때문이며, 운명과 수명, 직업에 이르기까지 이 인당의 상태로 추측할 수 있다.[44] 그리고 명궁에 흉터가 있거나 점이 있는 사람은 직업을 자주 바꾸는 성향이다. 명궁에 흑점이 있는 사람은 사업을 접고 종교 성직자가 되는 것이 좋다. 또한 음양의 시각에서 볼 때 양적 기운을 지닌 명궁은 원기 있게 활동하는 사람이므로 국가의 정치가, 군인, 사회의 실업가가 되면 좋을 것이다.

사업운과 관련하여 관상학상으로 하나 더 거론할 것은 귀의 관상이다. 귀의 모양이 넓은 형태의 귀는 사업운에 있어서 성실함을 기반으로 해야 한다. 즉 귀 위쪽이 넓고 부드러운 사람은 큰 이상을 지니고 있으며, 약속을 잘 지키고 인정도 많은 편으로, 한 번에 승부를 내는 사업가보다는 성실한 직장인일수록 이런 귀를 가진 사람이 많다는 것이다.[45] 그리고 두터운 귀는 대인관계의 원만함과 더불어 매사에 열심히 노력하므로 신중함과 더불어 실수가 없으므로 사업가적 기질이 적지 않다.

4 이성운과 관상

고조의 장인이었던 여공이 남자의 상을 보고 사위로 삼았다는 기록이 있다. 『사기』에서 말하는 것이 그것으로, 한 고조의 장인이었던 여공呂公

44) 地平 編著, 李成天 監修, 『관상해석의 정석』, 도서출판 문원북, 2019, p.82.
45) 위의 책, p.117.

이 당시 사수지역의 말단 관리에 불과했던 유방劉邦의 상을 보고 사위로 삼았다는 기록이 나타난다. 여공이 스스로 관상에 관심이 있어 상을 보는 것을 좋아하여 많은 사람의 상을 보았는데 유방 당신과 같은 관상을 본 적이 없다고 하였다. 여공은 이어서 자신에게 딸이 있는데 사위로 삼고 싶다고 하였다. 유방의 아내가 된 여후가 바로 후에 여공의 딸이었으니, 이성운이 인생의 운명을 바꾸어 놓은 것이다.

근래 미국 전 대통령 클린턴의 영부인으로서 힐러리의 이성관도 흥미롭게 다가온다. 그녀가 웰즐리 대학시절에 부모에게 소개할 만큼 진지하게 사귄 남자친구가 두 명 있었다. 아버지는 내가 데이트한 남자들에게는 엄격한 태도를 취했기 때문에 부모님과 내 남자친구의 만남은 사교적인 만남이라기보다는 고문이었다.[46] 이성관계는 자녀에 대한 부모의 호·불호에 따라 달라지곤 하지만, 힐러리는 고문 속에서도 이성에 대한 관심이 적지 않았다. 왕후로서, 영부인으로서 이성에 대한 운세는 중매나 연애라는 매체로 인하여 길운이 뒤따르는 것이다.

그러면 관상학에서 본 이성운에 대하여 살펴보고자 한다. 이성운에 있어서 안면 팔분법八分法을 보면 삼정법보다 조금 더 세밀한 관상법이다. 일본의 다이와大和 田齊眠씨가 거론한 팔분법의 하나를 소개해 본다. 이성운을 달리 말해서 처첩궁이라 해서 본처나 첩에 관계되는 운을 점쳐왔지만, 지금은 개념의 폭을 넓혀 나와 관계되는 모든 이성운을 이곳에서 판단한다.[47] 처첩궁은 부부궁이라고 하며 오늘날 폭넓게 이성운으로 그 영역을 확대한 것이다.

처첩궁을 상기하면서 관상학적으로 이성운을 하나하나 구체적으로 언급해 보고자 한다.

---

46) 힐러리 로댐 클린턴, 김석희 옮김, 『살아있는 역사』, 웅진닷컴, 2003, p.56.

47) 최형규, 『꼴값하네』, FACEinfo, 2008, pp.84-85.

첫째, 눈빛과 이성운은 어떠한 관계가 있는가를 살펴본다. 눈빛이 마치 물위에 햇빛이 반사되듯 번쩍이면 남녀 간에 응기가 강해 이성 편력에 분주한 사람이다.[48] 사랑이란 눈빛으로 말한다는 말이 있듯이 눈빛이 강렬하면 이성에 대한 관심도가 높다는 것이다. 눈빛과 관련된 안상眼相이 맑으면 정신 또한 맑고, 안상이 어두우면 정신 또한 탁하므로 이성간에 안상이 맑고 밝게 빛나는 관상이면 길상이라 본다.

둘째, 눈썹과 이성운에 대하여 언급해 본다. 춘심미春心眉라는 것이 있는데, 눈썹이 가늘고 둥글게 높이 떠서 조금도 흩어지지 않은 채 길게 눈을 지나는 상이다. 눈이 활처럼 가늘게 휘어지는 눈썹을 가진 사람은 총명하지만 허위가 많고, 담은 약하나 매우 호색하여 연애 사건을 많이 불러일으킨다. 예술방면에 종사하면 좋다.[49] 춘심미가 갖는 어의는 봄마음 곧 춘심春心의 눈썹이듯이, 봄날의 기운을 받은 남녀의 이성은 스캔들이 생긴다는 것으로 상호 절제 있는 데이트가 요구된다.

셋째, 가슴과 이성운은 어떠한가를 알아본다. 남성의 가슴은 근육질을 상징하고 여성의 경우 성애적 의미가 있다. 풍만한 가슴은 성애의 기교에 있어서 그 능란함을 돕기 때문에 남성으로 하여금 만족감을 주기에 충분하지만, 남편이 가정을 중시하지 않고 아내를 자상하게 돌보지 않는다면 곧 자신만을 사랑하는 남자를 찾아 가버릴 수도 있다.[50] 물론 남녀 가슴의 외형적 측면에 치중하여 이성적 탐닉에 빠지는 것은 절제할 필요가 있다.

넷째, 점과 이성운은 어떠한가? 손바닥의 점은 건강이나 남녀 애정문제에 나쁜 영향을 끼치는데 여자는 남자에 의해 정신적 고통을 당하던가, 아니면 이성관계가 매끄럽지 않다.[51] 하지만 손가락 점의 경우 지혜롭고

---

48) 최형규, 『꼴값하네』, FACEinfo, 2008, pp.229-231.

49) 地平 編著, 李成天 監修, 『관상해석의 정석』, 도서출판 문원북, 2019, p.130.

50) 최전권, 『체형관상학』, 좋은글, 2003, p.40.

51) 이남희, 『하루만에 배우는 실전관상』, 도서출판 담디, 2008, pp.104-105.

손재주가 있으며, 손등의 점은 부지런한 편이다. 또한 인중의 점은 이성 혹은 배우자 때문에 마음고생을 하는 편이며 성기능에 장애가 생길 수 있다. 점이 갖는 길흉 때문에 현대인들이 레이저 성형으로 점을 빼는 일은 흔하게 있는 일이다.

다섯째, 주름과 이성운에 대하여 살펴보도록 한다. 주름으로 중조문重操紋이 있는데, 이것은 쌍꺼풀의 기점과 종점이 눈에서 떨어져 있는 것으로 쌍꺼풀의 선을 말한다. 이 주름은 어느 한쪽이 눈에 연결된 것이지만, 가까이에 있으면서 그 양쪽 모두 눈에서 떨어져 있는 사람은 남들보다 조숙하고 성에 일찍 눈을 뜨며, 여성의 경우 이른 나이에 남성 편력을 거듭하게 된다.[52] 여성들에게서 흔히 나타나는 주름은 좋은 현상은 아니다. 그것은 이성운이 좋지 않다는 것으로 결혼운이 없거나 연인과 배우자로 인하여 고통을 겪는다.

여섯째, 귀와 이성운에 대하여 살펴본다. 귀는 인간의 운을 차지하는 비중이 적은 편으로 5%정도이다. 귀가 뒤집힌 여성은 배우자와 해로하기 어렵고, 귀가 지나치게 앞으로 붙은 사람은 애정이 적어 이성에게 무관심하며, 귀가 지나치게 붙은 사람은 격정적이어서 정에 치우치기 쉽다.[53] 귀가 뒤집히면 배반할 상으로 알려져 있는 관계로서 남녀운이 좋지 않다. 상호 무관심하여 애정이 쉽게 식는 경우가 적지 않기 때문이다.

일곱째, 곱슬 체모의 이성운의 관계도 흥미롭다. 어깨에 곱슬곱슬한 털이 난 남자에게는 여자가 많이 따른다는 관상학적 예언이 있다. 이는 "곱슬곱슬한 체모를 가진 사람이 여성을 많이 유혹한다."가 아니라 "여성들이 그를 따른다."는 형태로 이야기되는 것이다.[54] 곱슬곱슬한 털을 가진

52) 地平 編著, 李成天 監修, 『관상해석의 정석』, 도서출판 문원북, 2019, p.179.

53) 위의 책, pp.118-119.

54) 설혜심, 『서양의 관상학, 그 긴 그림자』, 한길사, 2003, p.41.

사람의 관상학적 예언처럼 어떤 미래의 일들로서 불행과 관련되기도 한다. 곱슬머리는 머리가 좋다거나, 고집이 세다거나 하는 관상학적 의견도 있지만, 이를 이성적으로 본다면 이성이 많아서 여성편력이 있다거나 여자 문제로 미래가 불행이 온다는 것이다.

여덟째, 입술과 이성운에 대하여 살펴본다. 윗입술과 아랫입술을 황금덮개 내지 황금을 실은 수레라고 한다. 상하의 입술은 인체에서 몇 안 되는 성감대의 하나로서, 젊은 남녀가 구애활동이 일어날 때면 입술은 그 전위적 역할을 한다.[55] 여성의 붉고 도톰한 입술은 관능미의 극치이자 구애의 손짓이다. 20대, 30대 숙녀의 입술이 지나치게 얇은 경우 이성교재는 순탄하지 않고 혼인 적령기도 늦어진다. 여성의 입술이 도톰하고 다소 붉은 입술, 위아래가 가지런한 입술을 복상으로 삼는다.

아홉째, 종아리가 풍만하면서 날씬한 여성의 이성운에 대하여 언급해 본다. 이러한 상을 가진 사람은 독자적인 즐거움을 누릴 줄도 알고, 감정을 중시하기 때문에 사랑하는 남성을 위해서는 득실을 따지지 않으며, 끊임없이 남자친구를 바꾸기도 하고, 남자친구가 없는 날들은 공허하고 무료하다고 생각한다.[56] 날씬한 다리의 여성은 미모의 체형을 가지고 있으며, 남성의 다리는 굵직하면서 근육질이라면 건강하여 여성에게 어필할 수 있다.

열째, 배꼽의 위치와 이성운을 알아본다. 이는 배꼽의 위치와 관련되며 배꼽이 비뚤어지거나 제 위치가 아닌 사람은 사람에 대한 혐오감이 커서 이성간 처세에 지장이 있다. 그리고 성인이 되어서도 튀어나온 배꼽을 지닌 사람의 경우 이성과의 관계에 변화가 많아서 인생에 굴곡이 많다.[57]

---

55) 최형규, 『꼴값하네』, FACEinfo, 2008, pp.308-309.

56) 최전권, 『신 체형관상학 입문』, 좋은 글, 2003, p.21.

57) 이남희, 『하루만에 배우는 실전관상』, 도서출판 담디, 2008, p.28.

유난히 튀어나온 배꼽을 지닌 경우 건강에 이상이 있을 수 있다는 점도 새겨둘 일이다. 상학적으로 균형이 좋은 만큼 기형적인 모습은 건강이든, 이성적 매력이든 좋지 않은 경우가 많다.

종합적으로 이성운에 있어서 여성과 관련한 측면이 적지 않다. 이는 이성관계를 여성에 초점을 두는 것으로 여성들에게는 다소 어색한 측면이 없지 않을 것이다. 그럼에도 불구하고 관상학에서 '여성체형 관상학'이란 여성의 얼굴, 목, 가슴, 허리, 배, 어깨, 다리 등을 관찰하여 신체 각 부위의 특징으로써 운세(이성운, 재운, 애정운, 성생활 등) 전반을 판단해내는 것이다.[58] 어떻든 '체형 관상학'은 남녀 상호 간에 개성을 파악하는데 도움이 될 것이다. 이성운과 관상학은 남녀 공히 서로를 이해하고, 바른 관계설정에 도움이 되는 측면에서 지속적으로 연구될 필요가 있다.

5 부부운과 관상철학

세상을 살아가면서 가정 행복의 기초가 되는 것이 부부의 화목한 삶이다. 부부의 행복한 모습이나 불행한 갈등의 문제가 지상에 자주 등장하는 이유도 가족의 기초가 부부화합이기 때문이다. 부부의 관상 가운데, 어느 한 사람의 상이 좋지 않아 집안이 어려워진다고 원망하는 경우가 있다. 부인이 자기 관상은 좋은데 남편의 관상이 나빠서 원망하지만, 남편의 관상이 나쁘더라도 아내가 신중하고 마음가짐이 좋으면 자연히 남편의 운을 도울 수 있다.[59] 부부 사이에 설사 좋지 않은 관상이 있다고 해도

---

58) 최전권, 『신 체형관상학 입문』, 좋은 글, 2003, p.19.

59) 미즈노 남보쿠, 화성네트웍스 역, 『마음 습관이 운명이다』, 유아이북스, 2017, p.158.

원망하지 않고 협력하며 살아가는 쪽으로 유도하는 것이 관상학자의 상담 방향이어야 하는 이유이다.

일반적으로 간문(눈옆)은 처첩궁이자 부부운이다. 처첩궁은 어미魚尾에 있으며 이를 간문이라 한다. 『유장상법』에서는 간문과 관련하여 부부운을 다음과 같이 언급하고 있다.

> 화간문에 주름이 없이 윤택하게 빛나면 사덕四德을 갖춘 처를 만나게 된다. 간문이 풍륭하고 평만하면 처를 얻어 재백의 상자가 가득 차게 된다. 관골이 천창으로 올라가면 처로 인하여 복록을 얻게 된다. 간문이 깊이 꺼지면 항상 새롭게 결혼을 하게 된다. 어미에 주름이 많으면 부인이 비명횡사하는 것을 예방해야 한다. 간문이 짙은 검푸른 색을 띠면 오랫동안 생이별을 하게 된다. 간문이 어둡고 막힌 듯하고, 어미에 기울어진 주름이 있으면 서출 아들을 많이 둔다. 시왈詩曰, 간문이 밝게 윤이 나면 처첩궁이 좋고, 시종 재물의 상자가 가득 차 있게 된다. 만약 간문에 검푸른 색이 띄고 기울어진 주름이 많고 어둡게 막힌 듯하면 소실의 아들이 있게 된다.[60]

부부의 처첩궁에 대한 구체적인 언급이 이것으로, 간문으로서 여성의 어미는 눈꼬리가 없거나 짧은 것이 길상이다. 또한 간문이 넓고 살집이 있으면 남편은 사회적으로도 안정된 위상을 지닌다. 남성의 경우 눈과 눈꼬리가 다 같이 길면 귀한 아내를 얻는다.

이어서 양쪽 눈의 크기와 부부운에 대하여 살펴보도록 한다. 짝눈에 대한 관상이 그것으로 좌우의 눈 크기가 두드러지게 차이가 나기 때문에

---

60) 『柳莊相法』「妻妾宮」, 光潤無紋, 必保妻全四德, 豐隆平滿, 娶妻財帛盈箱, 顴骨侵天, 因妻得祿, 奸門深陷, 常作新郎, 魚尾多紋, 妻防惡死, 奸門深陷, 長要生離, 暗帶斜紋, 子多庶出, 詩曰, 奸門光潤保妻宮, 財帛盈箱見始終, 若是奸門生黲黯, 斜紋暗滯子偏生.

자웅안雌雄眼이라고 한다. 남성의 오른쪽 눈이 왼쪽 눈보다 작으면 공처가에 가까운 애처가이며, 여성의 왼쪽 눈이 지나치게 작으면 남편 복이 없다.[61] 이러한 자웅안에 대하여 『마의상법』에서는 다음과 같이 말한다.

> 눈 아래에 무늬와 주름이 없으면 많은 여인에 자손이 많다. 눈 아래 와잠이 있으면 족히 여인이 다시 남아를 조금 낳게 된다. 눈 아래에 광채가 침범하여 어지럽다면(질펀하면) 간음하면 한탄할 수 있다. 우측 눈이 작으면 여인이 남편을 두려워하며, 좌측 눈이 작으면 남편이 부인을 두려워한다.[62]

눈 아래의 무늬와 와잠에 이어서 짝눈일 경우에 한정한 것으로 자손과 부부운에 대한 상호 관계를 설명하고 있다.

또한 얼굴형상과 부부의 궁합에 대하여 살펴본다. 부부의 얼굴형상이 너무 닮아있다면 성격도 닮을 가능성이 있기 때문에 항상 곁에서 사는 입장에서 싫증이 날 수 있다. 이에 관상학상 남녀의 궁합은 남성의 얼굴이 둥글면 여성은 길거나 모진 얼굴이 좋고, 남성이 모질거나 긴 얼굴이면 여성은 둥근 얼굴이 좋다.[63] 그리고 얼굴의 정면은 밝은데 측면이 어두우면 화려한 바깥생활에 비해 내면생활에는 고통이 있고, 얼굴 정면은 어두운데 비해 측면이 밝은 얼굴이면 바깥생활은 고달프지만 내면생활 곧 부부생활은 좋다고 볼 수 있다.

다음으로 이마와 부부운에 대하여 살펴보고자 한다. 여성의 이마가 좁은 사람은 남편과 해로하지 못하고 재혼할 가능성이 있다. 옆 이마가 세로 주름일 경우 부부가 이별하기 쉽고, 이마가 한 가닥의 주름이 극단적으로

---

61) 최형규, 『꼴값하네』, FACEinfo, 2008, p.213.

62) 『麻衣相法』 第2篇 各論, 第7章「相目」, 目下亂理, 多友人多子孫. 目下有臥蠶, 足女還少男. 目下光漫, 奸淫須可嘆. 右小女怕夫, 左小夫怕婦.

63) 地平 編著, 李成天 監修, 『관상해석의 정석』, 도서출판 문원북, 2019, p.96.

짧으면 부부사이가 나빠질 주름이다.[64] 그럼에도 불구하고 부부사이가 좋다면 부인은 병약해질 가능성이 있는데, 그것은 성욕이 강하고 잔정이 많기 때문이라 본다. 따라서 이마가 좁거나 혹 이마의 주름이 짧거나 세로 주름의 경우 부부사이가 좋지 않은 것이다.

이어서 눈썹과 부부운은 어떠한가를 알아본다. 윤기가 흐르고 눈의 길이보다 긴 눈썹의 경우 이상적인 눈썹의 형상이다. 이런 눈썹의 소유자는 성격변화가 크지 않고 의리도 있고 온화하고 정의로워서 혈육, 부부, 대인관계가 좋다.[65] 또한 부부가 같은 형태의 눈썹을 지니면 백년해로한다고 전헤진다. 그리고 눈썹의 털이 산만하고 눈으로부터 멀리 떨어져 있으면 좋은 상이며, 부부가 사자눈썹을 지니고 있다면 위엄이 있을 뿐만 아니라 부귀영화를 누릴 수 있는 상이다

덧붙여 눈썹 사이를 인당이라고 하는데 여성의 인당과 부부운은 어떠한가? 여성의 인당이 평평하여 넓고 윤기가 돌며, 산근이 받쳐주고 어떤 결함도 없으면 반드시 성공한 배우자를 얻을 뿐만 아니라 남편을 돕고 자식을 흥하게 하며 일생 동안 복이 많다.[66] 그러나 인당에 나쁜 주름이 있으면 가족을 극할 상이므로 결혼생활도 쉽지 않아 남편을 극하거나 심하면 이혼에까지 이른다. 또 인당에 현침문이 있으면 남편과 자식을 극하거나 자녀가 없을 상으로 관상학적으로 좋지 않다. 인당의 주름 결이 복잡하다면 남편의 운수도 좋지 않고, 시부모와도 화목하게 지내지 못한다. 인당이 함몰되어 있을 경우도 부부인연이 좋지 못하다는 점에서 인당을 통해 부부운의 길흉을 판단하는 경우가 적지 않다. 부인 인당의 기색이 좋을 경우 남편운도 좋아서 건강이나 사업운도 번성할 상이다.

---

64) 이남희, 『하루만에 배우는 실전관상』, 도서출판 담디, 2008, p.68.

65) 위의 책, p.136.

66) 오현리 편, 『정통오행상법 보감』, 동학사, 2001, p.425.

한편 귀와 부부운은 어떠한가도 궁금한 일이다. 귀가 잘 생긴 것이 일단 귀상이다. 여기에서 잘 생겼다는 것은 귀가 뒤집어지지 않고 두터우며 단단한 경우를 말한다. 귀는 운의 5%밖에 지배하지 못하므로 눈이 좋은 사람은 성공해도 귀만 좋아서는 성공을 보장할 수 없으며, 귀가 뒤집힌 여성은 배우자와 해로하기 어렵다.[67] 또한 여자의 귀는 남자의 귀보다 관상적인 면에서 더 중요하다. 귀가 길고 높이 솟은 사람은 신분이 높고, 귀가 두텁고 둥근 사람은 의식이 풍족하다는 점에서 귀가 엷거나 밖으로 향한 것은 그다지 길한 상이 아니다.

이어서 법령선과 부부운은 어떠한가? 법령선이 2개이면 본 직장에 더하여 부업을 갖는다. 여성의 경우 두 개의 법령선일 경우 주부의 역할을 하면서 남편이 운영하는 곳에서 일을 도와준다거나 직접 큰 회사를 운영할 수도 있다.[68] 법령선의 기색도 참고할 필요가 있다. 법령선이 미색을 띠며 하얗게 빛나면 매사가 순조롭게 전개되며, 남편의 사업에 만족하는 부인이라면 법령선이 미색으로 나타난다. 그러나 법령선의 색상이 커피색이라면 남편의 사업이 잘 풀리지 않는다.

부부운에서 또 코를 보면 자존심과 관련되는 부위이다. 콧잔등에 상처가 있거나 흠이 있으면 자식농사가 잘 안 되고 부부간에 상극을 이루어 해로하기가 어렵고, 콧날 끝부분이 너무 뾰족하면 좋은 인연을 만나기도 힘들고 결혼해도 불화가 많다.[69] 코의 뼈가 솟아서 여러 계단형인 코는 까다로운 성격으로, 배우자와 이혼할 상이다. 그리고 콧구멍이 환히 보이는 사람은 사치가 많아 금전을 모아두기 힘든 형상이다. 콧잔등의 상처가 있거나 코끝이 뾰족한 경우도 부부운이 좋지 못하므로 상호 조심해야 할 것이다.

---

67) 地平 編著, 李成天 監修, 『관상해석의 정석』, 도서출판 문원북, 2019, pp.118-119.

68) 위의 책, pp.187-188.

69) 최전권, 『체형관상학』, 좋은글, 2003, p.230.

다음으로 입술과 부부운에 대하여 언급해보고자 한다. 입술의 색이 붉고 윤택하면 부부의 연이 좋으며 결혼생활이 원만하지만, 입술색이 흐린 사람은 부부의 연이 박하고 성격도 괴팍스러우며 완고하다.[70] 그리고 입술이 붉은 사람은 지조가 있으며, 아랫입술이 앞으로 돌출되어 있으면 남녀 모두 혼인의 연이 박하며, 이혼할 가능성이 크다. 또 아랫입술이 밑으로 처진 사람은 아내와의 인연이 좋지 않다. 기색으로 볼 때 입술이 붉은 여성은 부부간의 사랑은 물론 남편의 사업운도 좋다. 이처럼 여성의 입술 기색이나 형상이 남편과의 결혼생활 및 애정문제나 사업운에 있어시 중대한 영향을 미친다.

또한 턱과 부부궁에 대하여 알아본다. 『마의상법』에서는 이에 다음과 같이 말하고 있다.

> 눈썹이 눈을 누르며, 턱이 광대뼈를 침범하면, 부인이 남편의 권리를 빼앗는다. 좌측 간문에 흑색이며 우측 눈썹이 높고 첩이 처의 지위를 양보받는다. 걸을 때 머리를 숙이고, 앉아서는 발을 떨고 곡하듯이 웃고, 잠잘 때 입을 벌리면 간사하지 않으면 고독하다.[71]

위의 언급처럼 턱이 광대뼈를 침범할 경우 부인이 강한 성격으로 남편의 위치를 가볍게 본다. 그리하여 남편의 권리까지 빼앗는다는 것이다.

다음으로 잠자는 모습으로 본 부부 애정도는 어떠한가 궁금한 일이다. 일반적으로 아내의 왼쪽에서 자지 않으면 잠을 이루지 못하는 남성은 모성애를 그리워하는 사람으로, 늘 아내의 따뜻한 보살핌을 원하고, 동조를 얻고 나서야 일을 진행하는 타입이며, 아내의 오른쪽에서 자기를 좋아하

---

70) 오현리 편, 『정통오행상법 보감』, 동학사, 2001, p.324.

71) 『麻衣相法』 第3篇 「總結第三」, 眉壓眼 頤侵顴, 妻奪夫權. 左奸黑, 右眉高, 安讓妻位. 步垂頭 坐抖料足 笑如哭, 睡開口 不奸則孤.

는 남성은 기개가 강인하다.[72] 또한 아내의 오른쪽에서 자면 불안한 남편이 있고, 아내의 왼쪽에서 자지 않으면 잠을 못 자는 사람도 있으므로 수상으로 본 부부운은 흥미롭기까지 하다.

관상학적으로 부부가 만족할만한 상을 갖추었다면 좋겠지만 그렇지 못한 경우가 있다. 부부운은 반드시 관상이 좋아야만 부부생활이 잘된다는 확신도 금물이다. 서로 사랑하고 아껴주는 후천적 부부애가 있어야 하기 때문이다. 상대방이 나의 배우자감으로서 만난 사람이라면, 나의 부족한 부분을 보완해줄 수 있는 사람인지, 그 사람의 부족한 부분을 내가 메워줄 수 있는지 등을 알아야 할 것이다.[73] 그리고 상호 사랑을 전제로 한 배우자의 만남이라면, 이혼상담에 임하여 관상철학가의 시각에서 부부애의 가치에 더하여 가정행복의 가치를 강조해 주어야 한다.

6 건강운과 관상철학

고대의 관상학 가운데 의학과 관련하여 초석을 이룬 사람은 히포크라테스이다. 그 이후 의학 분야와 관련된 관상학은 일상생활에서 응용되어 왔으며 그 이유로는 사람들의 질병 징후와 체질이 그대로 얼굴에 나타나기 때문이다. 히포크라테스의 의학적 관상학의 실제를 소개해 본다.

> 수염 없는 남자는 허약하다.
> 입술이 창백하면 건강이 안 좋은 것이다.
> 입술이 보랏빛이면 죽음이 가까워진 것이다.
> 살찐 얼굴은 건강의 상징이다.[74]

---

72) 최전권, 『체형관상학』, 좋은글, 2003, p.57.

73) 신기원, 『신기원의 꼴 관상학』, 위즈덤하우스, 2010, p.20.

오늘날의 건강판단 기준과는 다소 차이가 있다고 해도 관상학적 건강을 의술과 관련짓는 것은 관상학의 과학화가 고대부터 전개되었다고 할 수 있다. 수염 없는 남자는 반드시 허약한 것은 아니라 해도 의학적으로 입술이 창백하면 건강을 잃은 상이라는 것은 고금을 통하여 공통된 부분이다.

중세 르네상스 시대에는 질병에 의학적 관상학이 발전하여 질병과 관상을 연결시키고 있다. 질병을 신이 내린 벌이라고 해석하였던 기독교의 영향 아래서 의학적 관상학은 종종 생김새와 질병 간의 상호관계뿐만 아니라 그 사람에 대한 도덕적 판단이나 가치까지도 포괄하기 시작한다.[75] 같은 맥락에서 당시 대중 관상서 『저명한 의사 아칸담』은 사람의 생김새를 건강과 도덕성에 연결시키고 있는데, 머리가 작은 사람은 길상이 아니며, 그 이유로 머리속에 뇌가 별로 없고 소화기관이 작기 때문이라는 것이다. 상호 관련성에 무리가 있다고 해도 도덕성이 결여된 사람이 건강도 좋지 않다는 생각은 중세인의 도덕성을 가늠하게 해준다. 정신상태가 건강하지 못하므로 건강도 좋지 않다는 판단은 일면 의미가 있어 보이는 것이다.

건강의 문제는 생명체를 가진 인간으로서 매우 중요시여기는 분야이다. 이에 관상학적으로 건강을 중시하지 않을 수 없으며 그 가운데 '질액궁'을 진단함으로써 건강 여부를 판단한다. 질액궁이란 질병 혹은 건강상태를 진단하는 곳이다. 즉 질액궁의 산근은 안면 12궁 중의 한 부위로서 이곳을 관상법상 가장 중요한 기관으로 지목하는 12궁의 일원에다 둔 것은, 인간이 살아있는 동안 가장 큰 관심사이기도 한 건강운이 거기에 있다 해서이다.[76] 관상이나 사주를 봄에 있어서 자신의 건강운, 사업운과 가정

---

74) 설혜심, 『서양의 관상학, 그 긴 그림자』, 한길사, 2003, pp.125-126.

75) 위의 책, pp.126-127.

76) 최형규, 『꼴값하네』, FACEinfo, 2008, p.197.

운 등이 주요 이유인데 무엇보다 건강에 대한 관심도는 단연 우선적이다. 생명보다 중요한 것은 없기 때문이다.

건강의 중요성이 우선이기 때문에 『마의상법』에서도 건강의 문제를 중시하여 자세히 이를 설명하고 있다.

> 형체가 유여함은 머리와 정수리가 둥글고 두터우며 허리와 등이 풍성하고 솟으며 이마가 사방이 넓고, 입술이 홍색이며 치아가 백색이며, 귀가 둥글고 이륜耳輪이 완성되며 코는 쓸개처럼 곧고, 눈은 흑백(검은자, 흰자)이 분명하며, 눈썹은 빼어나서 성글고 길며, 어깨는 넓고 배꼽은 두툼하며, 가슴 앞이 평평하고 넓고 배가 둥글고 아래로 드리워지며 가고 앉음이 단정하고 오악五嶽이 조응하여 일어나며, 3정이 서로 균형이 맞고 살이 기름지고 뼈가 가늘며 손이 길고 발이 방정하다. 바라보면 높은 듯이 오며 보면 기쁜 듯이 가니 이는 모두 형체가 유여함을 말함이다. 형체가 유여하면 마음이 넓고 몸이 건강하며 활달하며 크게 방정하므로 사람이 무병장수하며 보배처럼 부귀와 영화하게 된다.[77]

위의 언급처럼 형체와 건강의 문제, 그리고 각 부위와 건강의 문제가 전반적으로 다뤄지고 있다. 균형감각, 윤기, 여유 등이 갖추어진 상태의 신체적 건강함이 유지된다는 것이다.

건강유지 차원에서라도 질병의 명운과 관련한 관상학은 지속적으로 전개되어 왔다. 질병이라는 것이 인간의 역사에서 변함없는 골칫거리였기 때문에 의학 분야에서 나타난 관상학은 기타 관상학이 부정을 겪는 변화

---

77) 『麻衣相法』第7章 形神聲氣, 「論形有餘」, 形之有餘者, 頭頂圓厚, 腰背豐隆, 額滿四方, 肩紅齒白, 耳圓成輪, 鼻直如膽, 眼分黑白, 眉秀疏長, 肩寬臍厚, 胸前平廣, 腹圓垂下, 行坐端正, 五嶽朝起, 三停相稱, 內膩骨細, 手長足方. 望之 巍巍然而來, 視之, 怡怡然而去, 此皆謂之有餘也. 形有餘者, 心寬體健, 豁達大方, 故令人長壽無病, 富貴之榮矣.

속에서도 쇠퇴하지 않고 지속되는 경향을 보인다.[78] 이를테면 갈레노스의 체액설이 점성학의 교류를 통해 관상학의 의학적 이해가 인간의 삶에 깊숙이 관련되었다. 아무리 관상학적으로 좋은 운을 타고 났다고 하더라도 후천적으로 질병에 노출되었다면 그것은 인생의 행복가치에 부정적 영향을 미친다는 점에서, 관상학과 의학의 접근은 합리적이고 과학적인 효율가치를 결부한 것이다.

이어서 과학적 관상론의 전개에서 골상학에서 건강의 비결도 거론될 수 있다. 골상학적 개혁은 웰스 가문으로 대표되는 '건강개혁'의 한 축을 이루는 것이었나. 특히 골상학 잡지는 새로운 과학적 담론들에 지대한 관심을 보이며 생리학적 이론들을 대중적으로 전파시키는데 일조하였다.[79] 채식주의라든가, 건강에 해로운 음식이나 기호식품을 금지하는 등 건강문제는 골상학에서 깊은 관심을 보였다.

그러면 구체적으로 뼈와 살의 건강운에 대하여 살펴보도록 한다. 뼈를 감싸고 있는 살결이 곧고 부드러워야 하는데, 이에 거스르면 건강으로도 좋지 않다는 것이다.

> 살은 곧고 순조로워야 한다. 가로지른 살은 요절함이 많고 형체가 뜨면 요절함이 많고, 긴장되면 천함이 많다. 광채와 윤채남이 귀하니 대개 살이 뼈를 이김은 보통이다. 행동을 봄이 중요하니 위풍당당하지 않고 무거우면 천하고 가난하다. 오래 건강한 사람은 편안하고 부귀하다. 산악처럼 앉고 어깨와 허리와 등이 곧아서 단단하기가 봉우리 형상이면 반드시 부귀하다. 오래되어 어깨는 턱보다 지나고 근육과 뼈가 권태롭고 약하면 오래가지 못하는 상이다.[80]

---

78) 설혜심, 『서양의 관상학, 그 긴 그림자』, 한길사, 2003, p.100.

79) 위의 책, p.291.

80) 『麻衣相法』 第3篇 「總結第五」, 內要直而順, 精肉多夭而形浮者多夭, 緊者多賤.

『마의상법』에서 거론하는 건강론을 살펴보면, 살결의 광채와 어깨와 허리 등의 단단한 뼈 구조가 건강에 좋고 부귀를 가져다준다는 것이다. 근육과 뼈가 조화롭지 못하고 약하면 당연히 건강운도 좋지 않기 때문이다.

관상학과 건강운에서 빼놓을 수 없는 것은 기색이다. 기색에 있어서 홍색이나 홍황색이 가득하면 건강하다거나, 길운이 있다는 방식이 이것이다. 물론 기색을 살필 때는 인당과 준두가 가장 중요한데, 기쁠 때는 명궁이 환해지고, 슬플 때는 명궁이 찌푸려진다. 일반적으로 명궁이 좋은 사람은 가슴도 넓고 건강하지만 명궁이 좁은 사람은 가슴이 좁아서 건강하지 못하다는 것이다. 『마의상법』 7장의 「논신論神」에서 기氣가 건강하며 혈이 조화로우면 신神이 광채나며 심신이 상쾌하면 기혈이 조화를 이룬다고 하였다. 『유장상법』에서도 기색에 대하여 다음과 같이 말한다.

> 첫 눈에 어두운데, 오래 보니 밝고 윤택하면 복수福壽와 강녕을 하게 된다. 해왈, 기색이 첫눈에 희미한데, 오래 보니 밝고 윤택하면 이는 피부 안에서 피부 밖으로 나오는 색이니 바로 근본이 견실한 것이다. 가지와 잎이 무성하지 않은 것을 어찌 근심하느냐? 이는 발복發福과 발재發財를 하는 징조이다. 노인의 색이 여리면 처자를 형극하고 수고롭게 고생하게 된다. 50세 이후에 색이 여리면 마땅치 않게 된다. 젊은 사람이 빛이 들뜨게 되면 파패破敗가 있고, 정처 없이 방랑하게 된다고 말한다. 젊은 사람은 20세 전후이며, 빛이 들뜨게 된 것은 마땅치 않다.[81]

光潤者爲貴, 大抵肉勝骨者凡庸. 相行要重, 不昂藏者, 重而賤貧. 久疆建者 安而富貴. 坐如山嶽, 而肩腰背須直 硬如峰巒之狀, 必富貴. 悠久而肩過於頤, 筋骨倦弱者, 不永之相也.

81) 『柳莊相法』 下篇, 「氣色分解-一見昏昏」, 一見昏昏, 久看明潤, 必然福壽康寧O解曰, 凡氣色一見如朦, 久視明潤, 乃是皮内膜外之色, 正是根本堅實, 何愁枝葉不茂, 乃發福發財之兆也. 老人色嫩, 刑妻剋子主辛勤. O凡五十外不宜色嫩, O少年光浮, 言破敗, 言飄蕩, O凡年少二十前後, 不宜光浮.

기색이 윤택하고 밝아야 건강하다는 것이며, 이에 청소년기와 장년기의 기색과 그 변화를 잘 살펴야 한다는 것이다.

다음으로 얼굴표정과 성격의 건강운에 대하여 언급하여 본다. 아리스토텔레스에 의하면 얼굴표정에 있어서 씁쓸한 표정과 격정적인 표정, 온화한 표정, 소심한 표정[82]으로 구분하여 그 나름의 건강에 대하여 언급하고 있다. 씁쓸한 표정은 이를 '윽' 물면서 어두침침한 얼굴색을 띠며, 격정적인 사람의 경우 신체는 활기가 넘치고 불그스름하고 힘이 넘치며 건강한 모습으로 비추어진다. 그리고 온화한 사람의 표정으로는 강건한 외모에 실찐 모습을 지니며, 소심한 사람의 표정은 작고 섬세하면서 작은 눈과 작은 얼굴로 표상되고 있다. 씁쓸한 얼굴표정이나 격정적인 경우 또는 소심한 경우는 길상으로 보지 않고 건강운도 크게 따르지 않는 것이다.

또 눈과 건강운은 어떠한가? 눈은 얼굴 미모에서 중요한 부위로서 눈은 선악을 판단하는 기준이 된다. 눈은 오장육부 중에서 간에 소속되어 있어, 간이 피로하면 눈이 어두워지고 간이 건강한 사람은 눈이 윤택하고 밝다.[83] 건강하지 못한 사람은 눈이 잘 보이지 않고 동공의 기색도 밝지 못하다. 눈의 부위는 오장의 정기精氣와 관련되어 있으므로 자신의 건강 정도를 살펴보려면 두 눈을 섬세하게 관찰함으로써 몸의 건강상태를 확인할 수 있다.

한편 정신적인 건강은 인당 사정에서 점검하고 육체적인 건강은 질액궁에서 사정한다고 하는데, 여기에서 인중과 건강운을 살펴보고자 한다. 인중을 가리켜 수당壽堂이라고도 하며 51세 이후에 생식기 및 소화배설기 계통에 병이 생기면 당연히 노년의 건강과 수명에 영향을 끼치게 된다.[84]

---

82) 아리스토텔레스 지음, 김재홍 옮김, 『관상학』, 도서출판 길, 2014, pp.104-106.
83) 地平 編著, 李成天 監修, 『관상해석의 정석』, 도서출판 문원북, 2019, p.120.
84) 오현리 편, 『정통오행상법 보감』, 동학사, 2001, p.354.

인중이 길면 장수한다고 하는데, 그들은 건강함은 물론 질병을 거의 앓지 않는다. 이는 인중의 생김이 좋지 못하면 노년기의 건강이 순조롭지 못하다는 것이다. 인중이 짧으면 수명도 짧으므로 인중에서 수명을 점칠 때 법령과 턱 사정을 참고하면 잘 알 수 있다.

다음으로 치아와 건강운은 어떠한가? 치아는 오복 가운데 하나로 간주되어 건강과 치아는 밀접한 관련을 지니고 있다. 『마의상법』에서는 이에 대하여 다음과 같이 말한다.

> 치아가 빠지고 짧으면 매우 우매하다. 치아가 타고 마르면 요절한다. 말할 때 치아가 드러나지 않는 사람은 부귀하다. 건장하나 치아가 빠지면 수명이 감소한다. 38개 치아는 왕후이다. 36개 치아는 경과 재상이거나 거부이다. 34개 치아가 있으면 거부이다.[85)]

치아는 음식을 분쇄하는 역할을 하므로 소화기관에 중요한 영향을 미친다는 점에서 치아가 견고해야 함은 물론 치열 또한 균형을 갖추어야 한다. 건강한 치아의 역할로서 소화기관이 좋으면 건강유지와 수명연장에 도움을 주는 것이다.

배꼽과 건강운에 대해서도 알아보도록 한다. 성인이 되어서도 튀어나온 배꼽은 인생에서 굴곡이 적지 않고 건강에 이상이 있을 수 있다.[86)] 또한 배꼽이 흐리멍덩한 사람은 사물에 끈기가 없고 운도 약하며, 배꼽이 아래로 향해 있는 사람은 어떤 일을 해도 오랫동안 지속하지 못하며, 배꼽이 넓고 깊은 사람은 지혜와 복록이 많고, 배꼽이 좁고 얕은 사람은 어리

---

85) 『麻衣相法』第2篇 各論, 第13「論齒, 短缺者, 下愚. 焦枯者, 横夭. 言不見齒者, 富貴. 壯而落齒者, 壽促. 三十八齒者, 王侯. 三十六齒者, 朝郎巨富. 三十四齒者, 朝郎巨富. 三十二齒者, 中人福祿.

86) 이남희, 『하루만에 배우는 실전관상』, 도서출판 담디, 2008, p.28.

석고 복록이 없다.[87] 배꼽이 튀어나오고 흐리멍덩하며 얕은 사람은 인생사의 고통이 뒤따르며 건강이 좋지 않은 것으로 본다.

하나 더 염두에 둘 것으로는 식록食祿과 건강의 관계이다. 하늘에는 성명性命이 있고 땅에는 식록이 있는데 사람이 그것을 향유함으로써 복, 재산, 장수를 유지하지만, 식록의 정량을 넘겨 과도하게 먹는 자는 반드시 복, 재산, 장수에 손상을 입게 된다.[88] 음식의 절제가 없다면, 그리하여 대식大食을 한다면 질병으로 인하여 목숨도 짧기 때문에 소식을 할 때 복, 재산, 장수를 유지할 수 있다는 것이다. 과식은 병에 노출되고 소식은 건강을 좋게 만들 수 있기 때문이다.

7 재산운과 관상철학

재산운은 금전운과 재물운 그리고 주거운, 식록궁 등을 포함하여 거론된다. 아파트 부동산도 재산운에 포함되는 현 상황에서는 더욱 그렇다. 안면 팔분법에서 세 가지 운을 포괄하는데, 일본의 다이와씨가 발표한 내용을 소개해 본다. 금전운은 주로 현금의 비축력, 관리력, 유통력을 말하고 재물운은 식생활 걱정이 없는 지금은 후천적인 재산운을 판단하며, 주거운은 주택, 대지, 전답 등 부동산 운을 턱 모양을 통해 판단한다.[89] 이처럼 재산운은 여러 가지를 포함하는 것이다.

여러 측면에서 거론되는 재산운은 관상학의 12궁 가운데 두 번째에 해당하는 '재백궁'을 말한다. 이에 『유장상법』에서는 재백궁에 대하여 구체

87) 地平 編著, 李成天 監修, 『관상해석의 정석』, 도서출판 문원북, 2019, p.220.
88) 미즈노 남보쿠, 화성네트웍스 역, 『마음 습관이 운명이다』, 유아이북스, 2017, p.211.
89) 최형규, 『꼴값하네』, FACEinfo, 2008, p.85.

적으로 말하고 있다.

> 절통비節筒와 현담비懸膽가 되면 천 개의 창고와 만 개의 상자가 있게 된다. 비량이 곧게 솟고 준두가 풍융하면 평생 부귀를 누리게 된다. 비량이 곧고 바르며 삐뚤어지지 않으면 복록이 끊임없이 계속되는 것을 알 수 있다. ... 시왈詩曰, 코는 재백이라 하며 높고 또한 풍융해야 한다. 양정조의 구멍이 텅 비지 않아야 한다. 비공이 드러나게 되면 재산과 양식이 없게 된다. 준두와 지각이 서로 마주 보아야 곡식과 재록이 풍성하게 된다.[90]

재산운으로서 재백궁에서 말하는 것은 부귀를 누리고 복록을 누리는 얼굴 부위와 연결하는 것이다. 이는 수많은 창고와 보물상자가 있어 재산과 양식이 보관되는 운세가 재백궁으로서 재산의 운세임을 설명하는 셈이다.

수많은 창고가 있다는 것은 곧 천창天倉으로서 하늘의 창고를 말한다. 복덕궁을 일명 천창이라 하는데 이곳이 부실하면 비록 부잣집에서 태어났다 해도 물려받을 재산이 없으며, 만약 유산이 있다 해도 그 재산은 오래 지니지 못한다.[91] 따라서 재산운이 뒷받침된 사업가로서 복덕궁이 발달했다면 국가가 관장하는 사업에 참여할 경우 큰 이윤을 얻게 되며, 사업의 지속적인 성장을 가져다주는 역할을 하게 된다.

복덕궁으로 천창과 지고를 살펴보는데 있어서, 그것이 재산운과 관련되는 것은 오복 가운데 하나가 재산에 관련되기 때문이다. 복덕궁이란 이마의 양각과 천창天倉과 지고地庫 등을 통해서 재산운을 가늠하는 것이

---

90) 柳莊相法』「財帛宮」, 二財帛宮○解口 鼻乃財帛 位居土宿 截筒懸膽 天倉萬箱 聳直豐隆 一生富貴 中正不偏 須知福祿滔滔 … 詩曰 鼻乃財帛高隆 兩邊井灶莫教空 仰露永無財與栗 地閣相朝穀祿豐.

91) 최형규, 『꼴값하네』, FACEinfo, 2008, p.115.

다. 천창이 풍만하고 오악조공五岳朝貢, 즉 얼굴이 깎이지 않고 좌우 관골이 코를 싸 주고 지각地閣이 안으로 이곳에서 이마를 바라봐야 하고 이마도 뒤로 자빠지지 않고 지각과 상응하면 평생 복록이 많다.92) 오복은 건강, 재산, 지위, 부모, 배우자, 자녀와 관련되는 다섯 가지의 복으로서 천창과 하정이 조화를 이루면 덕행과 오복이 넘치게 되는 것이다.

다음으로 육위六位와 재산운에 대하여 살펴보고자 한다. 육위란 삼양三陽과 삼음三陰을 말하는 것으로, 이에 대하여 『유장상법』에서는 다음과 같이 거론한다.

> 육위가 만약 청색과 암색이면 재산을 소모하게 되고, 밝은 황색이면 재산이 쌓이게 된다. 해왈解曰, 육위는 삼양과 삼음이다. 눈의 위를 또 용궁이라 부르니 청색과 암색을 꺼리며, 황색으로 밝으면 좋은 기색이고, 건조하면 꺼리며, 홍색으로 윤택하면 좋은 기색이다. 고운古云, 용궁이 움푹 꺼지면 자녀와 인연이 없다고 하니, 바로 이를 말한 것이다.93)

고전상법에서 육위를 기색과 관련시켜 재산운을 거론하고 있다. 육위와 기색에 있어서 밝은 색이면 재물이 많아지는 운세이고, 어두운 색이면 재산상의 손상이 올 운세라는 것이다.

기색이 재산운과 연결되는 것은 얼굴에 밝고 온화한 색깔을 띠는 것이면 사업이 잘 되는 운세인 관계로 그 영향을 미친다고 보기 때문이다. 이러한 기색 가운데 자색紫色에 대해 『마의상법』에서는 매우 귀한 색이라 하였다. 또한 영화와 복록이 있는 색으로 자색이 뜨는 부위를 말한다면,

---

92) 地平 編著, 李成天 監修, 『관상해석의 정석』, 도서출판 문원북, 2019, p.89.

93) 『柳莊相法』 下篇, 「氣色分解-六位青暗」, 六位若青暗者消, 明黃者積. O解曰, 六位乃三陽三陰, 眼上又名龍宮, 忌青暗, 喜黃明, 忌枯乾, 喜紅潤. 古云, 龍宮陷, 兒女無緣, 正此謂也.

얼굴의 상부인 천정에서부터 하부인 지각에 이르기까지 자색은 그 뜨는 부위에 따라 관록, 식록, 재록 등의 귀한 운세가 발현될 수 있음을 말한다.[94] 기색에 있어서 자색은 귀한 기색이고, 좋은 징조라는 것이며, 또한 홍색이 이마에서 턱에 이르면 식록이 천석에 이르므로 자색과 홍색 등은 재물운으로서 좋은 징조인 셈이다.

다음으로 살집이 두터운 사람은 재운이 있다. 이를테면 살집이 좋은 광대뼈가 그것으로, 좌우 광대뼈의 균형과 더불어 살집마저 도톰하면 재운이 뒤따른다는 것이다. 살집이 없거나 피부가 거칠면 그 반대가 된다. 살집과 부귀빈천에 대하여 『마의상법』에서는 다음과 같이 말한다.

> 부·귀·빈·천 해왈解曰, 이 4가지를 말하자면 부자는 반드시 몸이 좋아져야 재물이 스스로 들어오게 되는 것이다. 안신이 빛나게 되면 재물이 스스로 들어오게 된다. 몸이 좋아지지 않으면 재물이 들어오지 않게 된다. 안신이 빛나지 않으면 재물이 반드시 들어오기가 어렵다.[95]

부귀하거나 가난한 것은 살집 여부와 관련되는 것이며, 몸이 좋지 않아 살집이 없으면 재물운이 없게 된다는 것이다. 몸집이 어느 정도 있어야 한다는 것으로, 과거에 사장은 회전의자에 앉아있는 상징성과 더불어 배가 나와 있는 것을 연상하면 좋을성싶다.

이어서 이마와 재산운에 대하여 언급해 본다. 나이가 들면 이마에는 대체로 3개의 주름이 생긴다. 위의 주름의 모양은 이상을 향한 태도와 윗사람과의 관계를 나타낸다면, 가운데 주름은 인격이나 자아의 힘, 본인

---

94) 地平 編著, 李成天 監修, 『관상해석의 정석』, 도서출판 문원북, 2019, pp.203-204.

95) 『柳莊相法』「富貴貧賤」, 富貴貧賤O解, 此言四者, 凡富須要身發財自發, 神來財自來, 身不發, 財不來, 神不來, 財定難發.

의 재산, 건강을 나타낸다. 그리고 가장 아래에 있는 주름은 아랫사람과의 관계나 자손과의 관계, 가정, 명예를 나타낸다.[96] 그리하여 가운데 주름이 재산운과 관련되는 것이며, 아래 주름만 가진 사람은 삶을 대체로 물질적 안정면으로만 본다. 요즘 성형수술을 통해 주름을 없애는 성향이지만, 나이가 들면 주름이 있어서 인자하거나 부귀를 상징한다는 점에서 인위적으로 없애는 것만이 능사는 아니다.

재물운을 거론할 때 또한 눈의 관상을 고려할 수 있다. 우안牛眼은 소의 눈을 닮은 눈으로서 대부호가 되는 상이며, 용안龍眼은 고위관직에 오르는 상이다. 『마의상법』에서는 이에 다음과 같이 말한다.

> 눈이 빼어나고 길면 반드시 군왕을 가까이 모신다. 눈이 붕어와 같으면 반드시 운명이 쓸쓸하고도 살찐다. 눈이 크고 안면이 광채가 나면 많은 전답과 장원莊園을 가지게 된다. 눈머리가 깨지고 흠결이 있으면 집 재산이 감소하고 쉬게 된다. 눈이 노출되어 사백안四白眼이면 전장에서 죽고 병기로 생명이 끊어진다.[97]

고전상학의 언급처럼 눈이 크고 수려하여 안면에 광채가 있으면 주거운으로서 전답과 정원과 같은 부동산을 소유하여 부자의 상이라는 것이다.

나아가 재물운과 코의 관계를 주시하여보도록 한다. 코의 길흉이 재물운과 직접적인 관련이 있다는 것은 잘 알려진 사실이다. 코끝 좌우를 난대정위라 하는데 난대를 금궤, 정위를 갑궤라 하여 재산을 간직할 금고의 의미를 지닌다. 코가 작은 사람은 재산가가 되지 못하며 또한 코와 콧구멍이 큰 사람도 사치와 투기성이 있어 손재가 뒤따른다. 코의 재산운에 대한

---

96) 地平 編著, 李成天 監修, 『관상해석의 정석』, 도서출판 문원북, 2019, p.170.

97) 『麻衣相法』 第2篇 各論, 第7章 「相目」, 目秀而長, 必近君王. 目似鯽魚, 必定家肥. 目大面光, 多進田莊. 目頭破缺, 家財歇滅. 目露四白, 陣亡兵絶.

상법의 견해는 어떠한가?

> 코는 재성財星으로 그 부위가 토성에 있다. 천창과 지고, 급갑(양쪽 콧방울), 콧구멍, 콧구멍, 정조井部(코입구) 등이 모두 재백궁이라고 한다. 코가 반드시 풍만하고 밝고 윤택하여야 재물이 넉넉할 것이다. 코가 홀연히 마른듯해지거나 살이 없어 깎인 듯하거나 어둡고 흑색을 띠게 되면 재물이 결핍하여 소멸하게 된다. 코가 대나무를 쪼개어 엎어 놓은 듯하거나(절통) 짐승의 쓸개를 매어 단 듯하면(현담) 천개의 창고와 만개의 돈 궤짝을 갖는 부자가 된다. 콧대가 반듯하게 솟고 풍만하게 솟았다면 일생동안 재물이 왕성하고 부귀를 누리게 된다.98)

코가 재성財星이라고 하는 이유는 관상학적으로 재물운과 직접적인 관련성이 매우 크기 때문이다. 하여튼 콧구멍이 위쪽으로 들리게 되는 사람은 가르치지 말라고 하였는데, 이러한 관상을 지닌 자는 하룻밤 먹을 양식조차 없다고 본 것이다.

아울러 입술과 재물운에 대하여 살펴보도록 한다. 만궁구灣弓口라고 하여 그것은 휜 활이나 상현달과 같은 입의 형태를 말한다. 입 상하의 입술이 두껍고 붉고 선명하면 부귀를 누린다고 하는데, 정신이 맑고 기가 깨끗하기 때문에 사회에 공헌할 수 있는 인물이 되어 부귀를 누리고, 중년에 재운이 저절로 찾아온다.99) 입술이 얇거나 기색이 흐리면 빈천하다는 것이며, 이와 달리 두꺼운 입술과 선명한 기색의 입술은 부귀의 재물운이 뒤따른다.

턱과 재산운을 관련지어보는 것도 흥미로운 일이다. 턱은 관상학적으로

---

98) 『麻衣相法』「十二宮-財帛宮」, 鼻內財星, 位居土宿. 天倉,地庫, 金甲, 二陰, 井竈, 總日財. 須要豐滿明潤, 財帛有餘. 忽然枯削昏黑, 財帛乏消. 截筒懸膽, 千倉萬箱. 聳直豊隆 一生材旺富貴.

99) 地平 編著, 李成天 監修, 『관상해석의 정석』, 도서출판 문원북, 2019, p.143.

상봉하솔의 통솔을 알아보는 곳이다. 이중턱의 경우 특히 그러하며 재운이 있어서 말년운이 좋다. 특히 턱에는 지고地庫라는 창고가 있어서 코처럼 재산의 저축상태를 가늠할 수 있다. 이에 턱은 마음의 여유와 안정성을 대표적으로 나타내는 곳[100]으로서, 마음의 여유가 있고 안정성이 있다는 것은 지고라는 창고가 넉넉하여 많은 저축을 하고 있다는 것을 의미하기도 한다. 미래보다는 현실에 충실하여 재정을 대비하는 성향인 것이다.

여타 심상이나 예절에 있어서 재산운을 보면, 일반적으로 다리를 떠는 사람은 복이 달아나 재운이 없다고 한다. 눈을 습관적으로 자주 깜빡이는 사람은 신경질적이며 재산이 흩어질 수 있는 사람이며, 대화할 때 다리를 떠는 사람은 재산이 모이지 않고 새나간다.[101] 관상학적으로 재산운과 관련하여 길운이 있다고 해도 그의 행실이나 대인관계의 태도에 있어서 그릇된다면 재운은 곧 달아나기 십상이다. 따라서 자신의 생김새에 더하여 마음의 자세를 바르게 갖고 근면하게 사는 것이 재정적으로 차분하게 대비하는 길이라는 것이다.

그리하여 음덕을 쌓고 절약하면 만년에 재산운이 돌아온다는 것은 당연한 일이다. 집안의 주인 된 사람은 천지에 음덕을 쌓고 집안사람들에게 모범을 보이며 혼자만이 스스로 절약을 실천해야 만년에는 재산도 모으게 되고 천운을 받아 무병, 장수할 것이다.[102] 구두쇠처럼 자신만을 위해 부를 축적하고 베푸는 자세가 갖추어지지 않는다면 그러한 재산은 빛바랠 수가 있다. 세계적으로 부유한 사람들은 가난한 사람들에게 자선을 베풀고 선한 일에 기부행위를 많이 하고 있음을 참조할 일이다.

---

100) 이정욱, 『심상 관상학』, 천리안, 2006, p.226.

101) 이남희, 『하루만에 배우는 실전관상』, 도서출판 담디, 2008, p.60.

102) 미즈노 남보쿠, 화성네트웍스 역, 『마음 습관이 운명이다』, 유아이북스, 2017, pp.168-169.

8 말년운과 관상철학

군 제대를 앞둔 병사들에게 "말년을 조심하라."는 말이 있다. 제대 말년에 몸조심하라는 뜻이다. '말년'을 상기하면 지금은 고생하지만 말년에는 잘 살겠다는 관상가들의 상법은 희망을 불러일으킨다. 그러나 "저 사람 지금은 돈 몇 푼 번다고 안하무인격이지만 말년에는 고생좀 할 걸."[103]이라고 한다면 그의 인생 후반기는 불안하게 전개된다. 인생을 살아가면서 초년운과 중년운 그리고 말년운이 있는데, 마지막 단계의 운세는 인생 후반기로서 말년 운세이며, 인생의 마감을 잘해야 한다는 점에서 이 말년의 운세에 소홀히 해서는 안 된다.

인생 명운의 세 단계에 대하여 얼굴을 삼분한 관상법이 있다. 곧 얼굴을 상·중·하로 나누어 운수를 판단하는 것이 그것이다. 상정은 초년의 운세로서 조상, 부모, 윗사람, 지력, 관록, 숙명 등을 보며, 중정은 중년운세로서 자기의 역량, 의지, 재운 등을 보며, 하정은 만년의 운세로서 자손, 손아래사람, 부하, 집안의 운기, 지위의 안정 등을 본다.[104] 따라서 말년 운세란 얼굴의 삼정 가운데 하정을 말하는 것이다. 여기에는 자손, 부하, 집안, 지위 등을 망라하여 말년의 길한 운은 안정된 것으로, 흉한 운은 불안한 것으로 판단한다.

이어서 얼굴 기색과 말년운에 대하여 살펴보고자 한다. 얼굴 기색에 따라 그 사람의 운세를 판단하자는 것으로, 상학고전 『유장상법』에 다음과 같은 언급이 있다.

---

103) 최형규, 『꼴값하네』, FACEinfo, 2008, p.82.

104) 이영달, 『얼굴을 보면 사람을 알 수가 있다』, 행복을 만드는 세상, 2008, p.22.

> 난파선이라도 순조로운 바람을 만나면 또한 항해할 수 있음이오. 골격이 보통이나 얼굴이 바른 색을 만남이 이것이나 마침내 몸은 오래 갈 수 없다. 진짜 옥이라도 돌에서 나오지 않으면 한갓 스스로 산에 묻힐 뿐이다. 골격이 마르고 건강하여도 색이 정체되어 열리지 않음이 이것이니 한번 열리면 조정의 관리가 된다. 형체가 승려나 도사와 같으면 반드시 외로우니 신상과 같은 사람은 딸이 있으나 아들은 없다. 얼굴이 복사꽃과 같으면 반드시 요절하고, 귤껍질과 같으면 만년에 예쁜 자식을 얻는다.[105)]

위의 언급처럼 얼굴 기색이 화사하면 목숨이 위태롭고 귤껍질과 같으면 말년운이 좋아 귀한 자녀를 둔다는 것이다.

한 가정에서 자녀가 잘 된다는 것은 부모로서 인생 후반기의 말년운과 관련된다. 나이가 들어 자식자랑을 할 수 있느냐, 자식의 고통을 겪어야 하느냐에 따라 그의 말년기는 행과 불행으로 이어진다. 자식은 만년의 재산이므로 비록 유복한 삶을 살고 있다 하더라도 만년에 자식이 없으면 빈궁해진다.[106)] 그러나 말년의 운세가 좋으려면 음덕을 쌓아서 세상 사람들을 위해서 기도하고, 자손을 위해 정성을 다해 기도를 올리는 것이 좋다고 본다.

다음으로 얼굴 형상을 일례로 들어서 본 말년운을 살펴본다. 사각진 금형의 얼굴에서 볼 때 사각진 얼굴이 짧다면 인생말년으로 가면서 중장년에 쌓아놓은 둑이 한 번에 무너지는 운을 비켜갈 수 없어 불운해질 수 있다.[107)] 또 오형 가운데 목형인이 수려한 눈썹이면 말년운이 좋다. 『마의

---

105) 『麻衣相法』第3篇「總結第三」, 破船 遇順風 亦能航海. 骨骼庸面得正色 是也, 然終不永. 真玉不出石 空自埋山. 骨骼清健, 色滯不開, 是矣 一開則廊廟也. 形如僧道者, 必孤 如神象者, 有女無子, 面如桃花者, 必夭 如橘皮者, 晩得佳兒.

106) 미즈노 남보쿠, 화성네트웍스 역, 『마음 습관이 운명이다』, 유아이북스, 2017, p.142.

상법』에서는 다음과 같이 말한다.

> 목형인은 풍채가 좋고 마르며 막대기와 같이 곧고 길고 관절 머리가 노출되며, 융성하면서 이마가 솟고 혹은 뼈가 무겁고 살이 쪘다. 허리와 등이 두루 엷으면 목형인이 좋지가 않다. 시詩에서 말하길 목형의 바탕과 형체는 모나며 마른 뼈이니 늠름하며 다시 길다. 목형이 수려한 기氣로 눈썹과 눈이 있으면 만년에 광채가 남을 알 수 있다.[108]

금형의 얼굴과 목형의 얼굴에서 말년의 운세에 대해 이와 같이 추론할 수 있다. 그러나 어떠한 얼굴의 형상이든 오행의 형상만으로 길흉을 판단하는 것보다는 평소 긍정적 삶의 자세도 그 비중을 차지한다는 점도 새겨 볼 일이다.

이어서 인중이 인생의 말년기와 관련된다. 즉 인중은 인생 말년기에 접어드는 시발점으로서 건강상의 적신호, 신분이나 재물의 득실, 가족 간의 이합집산 등 다양한 내용이 인중에서 집중적으로 일어나므로 인중을 또 하나의 변화궁이라 한다.[109] 인중이란 인생의 검문소로서 인생 전반을 감정 받게 되는 곳이다. 길한 인중의 형상은 홈이 뚜렷하여 곧고 길게 뻗어난 꼴이다. 그리고 인중이 길어야 장수한다는 것도 인생의 말년기에 있어서 인중의 차지하는 비중이 적지 않다는 뜻이다.

말년의 운세는 또한 인생을 정리하는 매우 중요한 기간으로서 간과할 수 없는 것으로, 특히 입·지각(턱의 악골)이 말년기의 운세이다. 『유장상법』에서 말하기를 "이마는 주로 초년을 보고, 코는 주로 중년을 맡고, 입

---

107) 이정욱, 『심상 관상학』, 천리안, 2006, pp.80-81.

108) 『麻衣相法』 第6章 五行論, 「五形象說」, 木形 昂藏而瘦, 挺而直長, 露節頭, 隆而額聳, 或骨重而肥. 腰背薄遍, 非木之善. 詩曰:稜稜形瘦骨, 凜凜更修長. 秀氣生眉眼, 須知晩景光.

109) 최형규, 『꼴값하네』, FACEinfo, 2008, p.277.

과 지각은 말년을 보는데, 한 곳이라도 좋지 않으면 흉악한 상이라 판단된다."[110]라고 하였다. 지각으로서 턱의 악골을 보면 주걱턱은 말년운이 좋지 않다. 그러나 턱이 좋지 않아도 이마가 넓으면 말년운이 좋다고 보는 것이다.

이어서 말년운으로 법령선을 거론해 보고자 한다. 법령이란 나이가 들면서 연륜으로 생긴 것으로서 인중 좌우로 뻗은 주름이다. 이 법령은 일에 대한 운세의 관찰점으로서 자신의 업무에 대해 성심으로 노력하는지 법령 주름의 길고 짧음과 깊고 얕음, 넓고 좁음을 통해서 살펴본다. 좌우 법령의 길이가 일치하는 사람은 평생 부지런하고 성실하게 자신의 일과 사업에 몰두하거나, 이와 반대로 전념하지 못하고 다른 생각을 가지거나 직업을 바꾸게 된다면 만년에 중대한 변화를 맞이하게 된다.[111] 당연히 법령 주름이 짧으면 일생 동안 권력이나 사업에 성과가 없으니 말년운이 좋지 않다.

다음으로 광대뼈와 말년운은 어떠한가를 살펴본다. 『마의상법』에서는 말년운을 광대뼈와 관련시켜 구체적으로 다음과 같이 언급하고 있다.

> 양쪽 광대뼈가 높아 일어나나 뼈가 드러나지 않으면 46세에 길운이 발생한다. 광대뼈, 턱, 아래턱, 입은 정情이 있어야(풍륭하고 윤택한 것) 하니 만년의 운이 이 분야에 적중된다. 수염은 맑고 성글며 단단하여 가장 힘이 있으면 50세의 관상에 이익과 명예가 더해진다. 귀는 어릴 때 운으로 평가(의거)에 족하지 않으니 노년과 유년은 정精과 신神에 있다.[112]

110) 『柳莊相法』「相貌宮」額主初限, 鼻主中限, 水星地閣, 主末限, 有一不好, 斷為凶惡.

111) 오현리 편, 『정통오행상법 보감』, 동학사, 2001, pp.367-368.

112) 『麻衣相法』第3篇「總結第二」, 兩顴高起不露骨, 發在四十六. 顴頤頦口, 要有情, 晚運此中分. 鬚清疏硬最有力, 五十利名益. 耳當孩運不足憑, 老幼在精神.

이처럼 살집이 좋은 광대뼈와 좌우 광대뼈가 균형을 이루며, 이마와 턱, 광대뼈가 모두 코를 향해 부풀어 올라 있으면 말년에 이르기까지 재운이 좋다고 본다.

그리고 귀와 말년운의 관계는 어떠한가에 대해서 알아보고자 한다. 귀의 종류와 운명을 보면 금이金耳는 눈썹 위에서 손가락 한 마디 정도 높은 곳에 붙어 있다. 귓바퀴의 위쪽 부분으로서 천륜은 작고, 각이 없는 둥근 형태로서 귀가 안색보다 희고 귓불이 구슬처럼 늘어져 있는 것을 금귀라 하는데, 이 귀는 부귀공명을 누릴 상이지만 말년에 고독할 가능성이 있다.[113] 다음으로 목이木耳는 귀 윤곽의 외측 부분이 뒤쪽으로 뒤집어져 폭이 좁고 긴 모양의 귀이다. 목이의 위쪽은 넓고 아래쪽은 좁으면 가족 간에 정이 없고 곤궁할 뿐만 아니라 자식운도 없다고 보는 것이다.

다음으로 『마의상법』에 구체적으로 나타나 있는 것으로 누당과 콧구멍, 산근 등 얼굴의 구체적인 부분을 종합해서 말년운과 관련시켜 본다.

> 누당이 평평하고 가득하면서 살이 편안함이 중요하니 급하면 자식이 손상되고 해치게 된다. 자식궁의 피부가 주름이 있어서 위를 보면 죽이면서 거역한 끝에 범한다. 산근이 단절되면 백에 하나도 완성하지 못하니 응당 죽음이 한정됨이 분명하다. 연상, 수상, 준두가 모두 일어나야 하나 과다하게 솟으면 자식에게 방해된다. 콧구멍이 들리며 나오면 재물이 출입하니 노년에 이르러 가산을 세우기 어렵다.[114]

인간 얼굴의 각 부위와 관련하여 볼 때 길흉의 관상이 이처럼 자세하게

---

113) 地平 編著, 李成天 監修, 『관상해석의 정석』, 도서출판 문원북, 2019, p.113.

114) 『麻衣相法』 第3篇 「總結第二」, 淚堂平滿要肉安, 急則子相殘. 子宮皮皺紋朝上, 殺逆終須犯. 山根斷折, 百無成, 當限死分明. 年壽準頭具要起, 過聳妨兒子. 鼻孔掀薄, 財出入, 到老家難立.

설명되어 있다. 특히 말년기에는 자식운과 재물운이 중심이 되기 때문에 『마의상법』에서 이처럼 자세하게 설명하고 있는 것이다.

한편 얼굴의 형상 못지않게 바른 행동을 통해 말년운도 중요하다고 본다. 이를테면 젊어서 자행자지의 행동을 하거나 음식을 절제하지 못하면 말년운이 좋지 않다. 아무리 관상이 좋다고 해도 행동규범이 어긋난다면 그것은 말년운이 어두움으로 가득하게 된다. "당신의 상을 보니 하늘로부터 받은 봉록이 적고 세상에서 빌어먹을 상이다. … 당신과 같은 상을 가진 자가 포식하는 경우는 비록 재산가라 할지라도 당대에 거지가 되는 것은 시간문제이다."[115] 본 언급처럼 심신을 절제하지 못하는 삶은 말년기에 고독의 상이라는 것이다.

무엇보다 말년기의 안정된 삶을 위해서는 일단 마음의 안정이 필요하다. 분수에 맞는 생활을 하며, 당장 생활이 궁핍하고 힘겹더라도 마음의 여유를 가지고 인생을 여유 있게 개척해 나간다면 대부분 젊었을 때는 고생하지만 말년에는 안정된 가정을 꾸린다.[116] 건전한 생활을 통해 낭비를 없애고 상하좌우의 인연들에게 닥친 어려움을 잘 해결해준다면 말년운은 그간의 은덕隱德으로 좋은 결과를 가져온다는 것이다. 그러나 마음의 여유가 없고 궁핍한 생활에 적응하지 못한다면 이와 정반대의 말년기를 맞이하게 된다.

결과적으로 말년운은 외형의 관상도 중요하지만 젊어서 방탕한 생활을 하면 말년은 고통일 따름이다. 음식을 조절하지 못하면 질병에 노출되고, 행동의 절제를 못하고 어긋난 젊은 시절을 보낸다면 결과적으로 누더기 옷을 입는다. 검소한 식사보다 미식을 즐기면 거만해져서 중한 병에 걸리

---

115) 미즈노 남보쿠, 화성네트웍스 역, 『마음 습관이 운명이다』, 유아이북스, 2017, p.141.

116) 최전권, 『체형관상학』, 좋은글, 2003, p.92.

게 하고 본심을 가진 당신을 포박하며 나아가서 빈궁단명의 일생을 보내게 한다.117) 말년운이란 초년기에 열심히 공부하고, 중년기에 절제된 삶을 꾸려간다면 말년에는 길운이 찾아와 그의 여생은 행복할 것이지만, 이와 반대의 삶은 고통만이 기다릴 따름이다.

9 관상철학가의 운명관

인간이 불안과 공포를 느끼는 여러 이유 가운데 하나는 자신의 운명과 미래를 바로 알기 어렵다는데 있다. 닥칠 운명의 불확실성이 있다는 것이다. 사주 명리를 통해서, 관상읽기를 통해서 어느 정도 운명을 가늠할 수 있다고 하지만 이 역시 정확하게 들어맞는 것은 아니다. 같은 날, 같은 시에 태어나 장군과 도적, 정승과 사공으로 운명이 갈라진 예들이 얼마나 많은가? 명나라 때 태조인 주원장과 같은 사주를 가진 사람으로 중원의 갑부 심만섭이 있었고, 거지 조목탁이 있었다. 이들 세 사람은 사주는 같지만 상이 서로 달라서 주원장은 사람의 우두머리인 인중지왕人中之王, 심만섭은 재물의 우두머리인 재부지왕財富之王, 조목탁은 거지의 왕인 걸개지왕乞丐之王의 자리에 각각 올랐던 것이다.118) 세 사람이 사주가 같다고 해도 자신의 마음작용과 인격, 의지적 노력에 따라 갈라진 운세이다.

그럼에도 불구하고 사람들은 스스로 "운이 없다." "재수가 없다."라고 하며 원망하는 경우가 많다. 정말 운이 없다고 포기하는 사람이 있다면 인생에 있어서 큰 고통이 아닐 수 없다. "운이 없다고 한탄하는 사람은

117) 미즈노 남보쿠, 화성네트웍스 역, 『마음 습관이 운명이다』, 유아이북스, 2017, p.122.

118) 신기원, 『신기원의 꼴 관상학』, 위즈덤하우스, 2010, p.25.

당신뿐만이 아니다. 운이 없다고 하늘을 원망하는 사람이 많다."라고 말하는데, 운은 바로 목숨이므로 운명이라고 하는 것이다.119) 운명이 목숨인데 운이 없다고만 한다면 그 목숨은 슬프게도 활력이 없어지며 결국 소멸될 뿐이다. 명리학자 내지 관상학자들은 바로 이러한 사람들에게 다가서서 운명론적으로 그릇된 사유를 하는 사람들에게 다가서서 따뜻하게 보듬어 주어야 하는 것이다.

우리 인간의 삶이 자신의 의지와 상관없이 운명에 의해 좌우된다는 사유를 하는 경우가 적지 않다. 참고로 관상학에 등장하는 운명론, 성격, 사회적 관계와 관련하여 샌더스의 수상학서는 17세기 사람들의 운명관을 조사하였다. 이를 구체적으로 보자면 운명적 요소, 즉 인간이 통제할 수 없는 외적 요소에 의한 운명적 사건·사고와 같은 것들이 434개, 그리고 성격과 성향이 309개, 사회적 관계가 171개를 차지한다.120) 단연 운명적인 것이 성격보다 앞서 있음을 알 수 있다. 자신의 타고난 성격에 의해 앞날이 결정된다기보다는 운명에 의하여 앞날이 이미 정해져 있다는 견해가 앞서는 것이다. 관상철학자들은 인간의 심리는 이처럼 운명론적 사유에 길들여져 있다.

인간의 잠재적 심리 가운데 운명론적 사유가 깊숙이 있음을 인지하면서 운명의 속성은 무엇인가를 알아야 할 것이다. '운'이라고 하는 글자는 "돈다."는 의미로서 길흉지간에 자기가 하는 탓에 따라서 돌고 돌아온다는 것으로 운은 보상의 뜻이 있는 말이다.121) 운은 누구에게나 인생사에서 작용하는데 어느 한 부분에 치우치며 산다면, 곧 자기의 일시적인 쾌락

---

119) 미즈노 남보쿠, 화성네트웍스 역, 『마음 습관이 운명이다』, 유아이북스, 2017, p.164.

120) 설혜심, 『서양의 관상학, 그 긴 그림자』, 한길사, 2003, p.221.

121) 미즈노 남보쿠, 화성네트웍스 역, 『마음 습관이 운명이다』, 유아이북스, 2017, pp.160-161.

이나 즐거움만을 추구하며 산다면 그에 대한 고통의 대가만 따르는 속성이 있다. 인생사가 고통이라고 석가모니가 말하였듯이, 우리에게 닥치는 길흉을 피할 수는 없다. 그러나 운은 보상의 속성을 지니므로 밝게 살면 밝은 운이 다가오고 어둡게 살면 어두운 운이 다가온다는 생리를 알아둘 필요가 있다는 것이다.

여기에서 자신의 운명론에 대한 수용의 자세가 필요하다. 아무리 자신의 성격을 절제하면서 인생을 개척한다고 해도 주어진 운명은 피할 수 없다. 발자크, 스탕달, 디킨스, 조지 엘리엇 등은 라바터의 관상학에 큰 영향을 받은 작가들인데, 발자크의 소설은 특히 라바터와 그의 영향을 받은 갈(Joseph Gall)의 관상학을 참조한 부분이 100군데가 넘으며, 그는 관상학의 법칙이 정확하다고 찬탄하면서 비단 사람의 성격만 들어맞는 것이 아니라 인생의 정해진 운명까지도 알 수 있는 학문이라고 정의하였다.[122) 이것은 정해진 운명을 성격적으로 조절하는 길을 제시하면서도, 관상의 길흉이 자신의 운명에 미치는 법칙이 있으므로 이를 '감수'하는 것을 알아야 한다는 것이다. 아무리 후천적으로 노력을 해도 선천적으로 주어진 관상의 길흉은 피할 수 없기 때문이다.

어찌되건 닥쳐오는 길흉의 운명을 피할 수는 없지만, 운명의 물꼬를 밝게 풀어가는 지혜를 가르치는 학문으로는 여러 가지가 있다. 관상·수상·체상體相 등은 개인별로 타고난 인체의 특징을 연구하여 운명을 알아내는 학문으로 발달했다.[123) 타고난 대로 살아가고 생긴 대로 쓰인다는 것은 상학의 진리이다. 이에 운명을 깊이 연구하고 고통을 치유할 수 있는 학문방법이 다름 아니라 명리, 풍수, 관상이 그 대체적 방법론이다. 관상철학에서는 이를 포괄함으로써 자신의 외모에 대한 관상을 통하여 길흉

---

122) 설혜심, 『서양의 관상학, 그 긴 그림자』, 한길사, 2003, pp.275-276.

123) 최전권, 『체형관상학』, 좋은글, 2003, p.153.

화복을 잘 대처할 수 있는 능동적 역할과 미래지향적 방법론 개발이 무엇인가를 알아야 할 것이다.

상학의 법칙이 길흉이라는 운명론으로 어쩔 수 없이 받아들여만 하는 수동성은 있지만, 이에 대하여 무조건 수용해야 한다는 체념으로 가서는 안 되며 이를 극복할 인품이 또한 필요하다. 상학의 목적이 좋은 사람 나쁜 사람을 가리는 판단기준으로만 적용되어서는 안 될 것이며, 어떤 경우의 만남이라도 상대방의 외적 조건보다는 근본 됨됨이와 그릇을 먼저 아는 것이 중요하다.[124] 운명의 수동성에 대한 인식에 못지않게 능동성에 의한 운명 개척의 자질을 갖추게 하는 철학적 시혜를 통하여 고통을 치유하도록 하는 것이 관상학자들의 역할이다.

이처럼 관상을 바라보는 인품에 더하여 관상학적 운명론을 다음 몇 가지로 접근해보고자 한다.

첫째, 사학당과 운명론을 연결시켜 보고자 한다. 눈은 관학당官學堂이니 길고 맑으면 관록이 있고, 짧고 탁하면 천하다는 것이다. 또 이마는 녹학당祿學堂이니 넓고 길면 관록을 얻고 장수하며, 좁고 짧으면 관운도 없고 단명하며, 입은 내학당內學堂이니 바르고 그르면 충효와 신의가 있고, 사이가 벌어져 있으면 간사하고 신의가 부족하며, 귀 앞은 외학당外學堂이니 풍만하고 명운 하면 외교에 능하고, 어둡고 함하면 둔하다.[125] 이처럼 관상의 사학당과 운명을 눈, 이마, 입, 귀 등을 예로 들어 운명론에 접근할 수 있다.

둘째, 명궁 곧 인당과 운명론은 어떠한가? 명궁이란 곧 인당으로서 이곳은 주로 선천적으로 타고난 학식이나 성격, 직업 등을 판단하는데, 명궁이 깨끗한 사람은 선천적으로 좋은 운명을 타고난 사람이며, 명궁이 깨끗

124) 신기원, 『신기원의 꼴 관상학』, 위즈덤하우스, 2010, p.20.

125) 地平 編著, 李成天 監修, 『관상해석의 정석』, 도서출판 문원북, 2019, p.78.

하지 못하면 불운한 사람이다.[126] 이에 명궁이 밝고 산근이 인당까지 연결된 사람은 학문이 성공할 운이며, 명궁이 들어가고 주름살이 있으면 비관적 사유에 젖기 쉽다. 명궁은 또한 기색이 모이는 곳으로, 사람의 정신은 명궁에서 나타나며 두뇌의 좋고 나쁨도 명궁의 기색과 관련된다.

셋째, 배꼽과 운명론을 보면 배꼽이 나약하면 운이 약하고 강하면 운이 좋다. 또한 배꼽이 깊으면 마음의 의지가 분명하고 끈기가 있지만 그 반대일 경우 의지가 없고 일도 순조롭게 풀리지 않는다. 『마의상법』에서는 이에 다음과 같이 말한다. "어깨는 넓고 배꼽은 두툼하며, 가슴 앞이 평평하며 넓고 배가 둥글고 아래로 드리워지며 가고 앉음이 단정하고 오악五嶽이 조응하여 일어난다."[127] 즉 배꼽이 두툼하며 어깨와 가슴이 튼실하며 단정할 때 운명론적으로 길운이라는 것이다.

따라서 관상학적으로 선천적으로 나타난 부위의 길흉운명론에 대하여 부인할 수는 없을 것이다. 다만 상학에 대한 수동적 운명론은 자유의지와 동떨어진 시각을 갖게 한다. 관상학자들의 사유방식과 치유태도가 이러한 수동적 운명론을 벗어나게 하는데 기여를 해야 한다. 일례로 남북조 시대에 달마대사가 불교를 포교하러 인도에 건너왔다. 달마가 불교를 전파하고자 했던 시기는 술수 역학易學을 마치 신앙처럼 섬기던 사람들에게 내세론의 이야기가 먹혀들 리 없어서 포교활동을 중단할 수밖에 없었던 달마는 그 길로 입산하고 말았다.[128] 달마는 피동적인 사람들에게 마음의 깨달음을 전파하기 쉽지 않아서, 운명 개척의 자율의지를 중시하면서 상법을 연구하였던 것이다.

좋지 않은 운도 행동이 선량하면 운명도 밝게 바뀐다. 누구나 처음에는

---

126) 地平 編著, 李成天 監修, 『관상해석의 정석』, 도서출판 문원북, 2019, p.80.

127) 『麻衣相法』第7章 形神聲氣, 「論形有餘」, 肩寬臍厚, 胸前平廣, 腹圓垂下, 行坐端正, 五嶽朝起

128) 최형규, 『꼴값하네』, FACEinfo, 2008, pp.369-370.

좋은 얼굴을 가지고 있더라도 행동이 좋지 못하면 얼굴이 점점 악하게 변하고, 행동이 선량하면 비록 검은 점이나 흠이 있어도 점점 윤택해져서 운명도 좋게 바뀐다.[129] 아무리 얼굴이 잘 생기고 기색이 좋다고 해도, 그의 행동이 비윤리적이고 자행자지의 삶을 살아간다면 그 운명은 점차 좋지 않은 방향으로 전락된다. 부부의 사주가 맞지 않다고 해도 서로 노력하는 것이 요구되며, 설사 선천적 흉한 관상이라 해도 후천적으로 화목한다면 이보다 더한 좋은 부부운으로 나아가게 되는 것이다.

이처럼 관상학자들은 누구나 자신의 관상에 나타난 길흉의 장단점을 알아서 참된 주인공이 되도록 인도해야 한다. 일부 상학자들이 "악상惡相으로 내 운명을 살릴 수 없어." 라든지, "타고난 천성을 어떻게 바꿔?" 하는 말들을 자주 쓴다.[130] 이러한 사람들에게 따뜻한 명리상담을 통해서 마음을 북돋워주고 희망의 인생을 살아가도록 인도해야 한다. 참된 주인공은 자신이다. '천상천하유아독존'에서 '독존獨尊'의 개념은 이 세상에서 나는 가장 존중받을 존재라는 것이다. 관상철학자들은 운명의 장단점을 파악하는데 길잡이가 되어주어야 한다는 것이다.

결과적으로 운명을 바르게 바꾸어주는 상담자의 마음 자세가 가장 중요하다. 마음이 바뀌면 얼굴이 변하고 얼굴이 변하면 운명이 달라진다. 얼굴이란 식물로 치자면 한 송이 꽃이다. 그 해의 기후 불순으로 인해 설령 못생긴 꽃이 피었다 하더라도 그것은 문제가 되지 않는다. 꽃이 비록 시들어도 뿌리만 살아 있다면 좋은 비료를 줌으로써 다시 한 번 훌륭한 꽃을 피울 수도 있다. 그 뿌리는 인간으로 비유하면 영혼이다.[131] 영혼이란 마음을 의미하는데, 운명을 개척하는 관상의 비밀은 결국 우리마음에

---

129) 地平 編著, 李成天 監修, 『관상해석의 정석』, 도서출판 문원북, 2019, pp.95-96.

130) 신기원, 『신기원의 꼴 관상학』, 위즈덤하우스, 2010, p.21.

131) 주선희, 『얼굴경영』, 동아일보사, 2014, p.31.

있다는 뜻이다.

이러한 마음을 중시하는 정신자세에 대해 관상서 「신상전편」에도 다음과 같이 언급하고 있다.

> 차라리 정신이 훌륭하고 관상이 부족할지언정 관상이 훌륭하고 정신이 부족해서는 안 된다. 인仁은 마음에 보존해야 하고 의義를 처신해야 한다. 어찌 맑은 눈동자와 높은 코로 하여야 하겠는가? 심상心相을 먼저 보아야 하고 형상을 보는 것은 그 다음에 해야 한다.[132]

마음 중시에 대한 고전의 메세지는 '만상이 불여심상'이란 의미를 다시금 되새기게 한다. 마음은 모든 것을 정화시킨다는 사실을 알아야 한다. 마음이 절제된 얼굴 속에 우리의 인생이 있고 마음이 안정된 얼굴 속에 우리의 미래가 있다고 해도 과언이 아닐 것이다.

필자는 대학원 박사과정 학생들에게 상학적으로 운명론을 가르치면서도 '심상心相'의 중요성을 항상 강조한다. 마음은 복잡하고 미묘한 진리하에 움직이면서 몸체를 관리하고 유지시키며 운명을 만드는 역할을 한다.[133] 우리의 마음 바탕은 본래 선한 성품을 간직하고 있다. 다만 외적인 물욕物欲에 흔들려 잠시 살랑살랑 흔들리는 마음방황의 현상이 나타나는데, 관상철학자들은 그들에게 어버이와 같은 심경으로 보듬어주는 일이 요구되는 것이다. 『관상철학』이라는 과목을 세상에 첫 선보이는 것이 학덕의 불비함은 아닌지 겸허한 마음을 되새겨 본다.

---

132) 김동완, 『관상심리학』, 도서출판 새빛, 2020, p.7.

133) 이정욱, 『음성관상학』, 천리안, 2011, p.26.

| 지은이소개 |

오서연

원광대학교 한국문화학과 문학박사(인상학 전공)
현) 원광대학교 대학원 한국문화학과 외래교수

연구논문
• 오행에 따른 인상연구(박사논문)
• 관상학의 성립과 심상에 관한 연구(대표논문)

대표저서
인상과 오행론
관상학 네비게이션

관상철학

초판 인쇄 2021년 9월 15일
초판 발행 2021년 9월 30일

지 은 이 | 오서연
펴 낸 이 | 하운근
펴 낸 곳 | 學古房

주 소 | 경기도 고양시 덕양구 통일로 140 삼송테크노밸리 A동 B224
전 화 | (02)353-9908 편집부(02)356-9903
팩 스 | (02)6959-8234
홈페이지 | http://hakgobang.co.kr/
전자우편 | hakgobang@naver.com, hakgobang@chol.com
등록번호 | 제311-1994-000001호

ISBN 979-11-6586-415-6 93180

값 : 30,000원

■ 파본은 교환해 드립니다.